교육과정

손충기 저

태영출판사

머리말

필자는 교육학을 공부하고 연구하며 학생들과 함께 논의하면서 '교육학은 실행학'이라는 점을 강조해 왔다. 이 점은 필자의 하나의 관점과 태도로 자리 잡고 있다. 특히, 교육과정이라는 교육학의 분야는 더더욱 그러하다는 것이 필자의 생각이다. 교육과정 이론가가 탐구하여 발견해 내는 이론은 그 실천가들에게 활용될 때 가치가 있는 것이며, 교육과정 실천가들은 이론이 안내하고 비춰주는 길을 따라 자신의 모습을 부단히 개선해 나갈 때 교육의 효과성과 효율성이 증진된다고 믿는다. 물론 대부분 교육과정 학자와 교사가 서로 다르고, 그래서 이론의 영역과 실제의 영역이 존재하는 것은 분명하지만, 교육과 교육학 혹은 교육과정의 실제와 교육과정 이론이 서로 분리되어 제각기 자기 갈 길을 간다면 그것은 무엇이란 말인가? 이 말은 교육과정 이론에 정통한 교육과정 학자가 그렇지 않은 교사에 비해 교육과정을 보다 잘 운영한다거나, 교육과정 이론은 언제 어디서나 모든 실천가들이 활용해야 한다는 말은 아니다. 교육과정 이론가에게는 교육의 실제로부터 한시도 눈을 떼지 않아야 한다는 점을, 교육과정 실천가에게는 이론이라는 뿌리 없이 열매맺기를 기대해서는 안 된다는 점을 강조하는 말이다.

사실 이와 같은 생각, 즉 교육과정 이론과 그 실제가 하나의 체제로 통합된 관점을 제시해 봄으로써, 교육과정을 학문적으로 탐구하는 사람이나 교육과정의 실제의 세계를 살고 있는 사람은 둘이 아닌 동일한 사람이어야 한다는 생각으로 책을 써 보고 싶었다. 그러나 책을 써 가면서, 필자는 하나의 주제를 두고 교육과정을 연구하는 탐구자로서, 학생을 가르치는 교사로서, 그리고 교원임용시험 준비를 시켜야 하는 학원 강사라는 세 가지 입장을 동시에 지녀야 하는 현실에 부딪칠 수밖에 없었다. 이 책의 내용 중 교육과정 이론보다는 한국 교육과정의 변천과정(제5장), 한국의 학교교육과정 편성·운영의 기준(제6장), 교육과정 개발(제7장, 제8장, 제9장, 제10장) 등 이론과는 거리가 있는 내용에 비중을 둔 점이나, 각 장의 말미에 '형성평가'를 통하여 각 장의 내용을 충실하게 학습해 내도록(잘 기억하여 시험을 잘 치르도록) 구상해 본 것은 이러한 세 사람 몫을 해 보고자 한 시도였다.

그러므로 이 책은 그야말로 교육과정에 관한 기본적인 이해와 실제에의 입문서나 개론서에 지나지 않는다. 교육과정에 관한 입문서나 개론서 성격의 책을 쓴다는 것도 필자에게는 매우 힘든 일이었다. 이 책으로 공부하거나 이 책을 들여다 볼 기회를 가지는 분들의 비평을 들어가며 잘 못 기술된 부분은 고쳐가고자 한다.

책 쓴다고 잠을 설치게 만든 아내와 자식들에게 미안하고, 필자의 학문적 성장에 영향을 미친 행동과학으로서의 교육학자이신 정범모 선생님과 백용덕 선생님, 인지론자로서의 교육학자이신 이홍우 선생님 등 세 분 은사님의 은혜를 다시 되뇌어 본다. 그리고 어려운 출판 여건에도 불구하고 책이 출판되도록 애써 주신 태영출판사의 김현태 사장님과 편집부 여러분의 헌신을 오래 기억하고자 한다.

2012. 8.

손 충 기

차 례

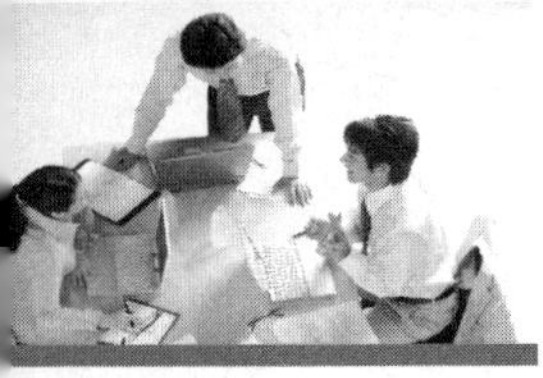

제 1 장

교육과정의 기초

이 장의 개요

1. 교육과정은 교육, 학습자, 교사, 학교와 같은 대상, 현상, 사상에 관한 가정과 기본적인 견해, 가치부여 방식, 작용현상을 설명하는 방법 등에 따라서 다양하게 파악되는 개념이다.
2. 사람들이 '교육과정 현상'에 대하여 지니는 기본 가정이나 관점 등을 '교육과정 접근'이라고 한다. 사람들이 지니는 접근은 행동주의적, 관리적, 체제적, 학문적, 인간주의적 접근, 그리고 재개념주의 접근 등이 있다.
3. 교육과정은 이와 같은 다양한 교육과정적 접근에 따라서 그 의미가 매우 다양하다. 여러 학자들이 정의하는 바를 종합하면, '학습자의 성장과 발달에 도움을 줄 것으로 기대되는 모든 교육내용과 학습경험의 체계'로 정의할 수 있다.
4. 교육과정 개념은 표면적 교육과정을 근간으로 전개한 교육과정, 실현된 교육과정, 잠재적 교육과정, 영교육과정 등으로 개념의 확대 현상을 올바로 이해해야 그 실체를 올바로 파악할 수 있다.

인간은 말과 글, 혹은 표정 등을 통하여 의사소통을 하고 의미를 찾고 생성하고 전달하며 사물과 현상과 사건을 기술하거나 설명하면서 살아가는 존재이다. 이러한 것들을 문화라고 할 수 있는 바, 학문의 세계에서도 그 학문영역에서 사용하는 기본적인 용어나 개념이 누군가에 의해서(주로 학문공동체 혹은 학자들) 창안되거나 개발되어 이용되기 마련이다. 이러한 개념은 학문을 구성하는 최저 단위이다.

이러한 실제와 학문의 세계에서 이용되는 개념을 정확하게 이해하지 못하면 그 실제세계와 학문공동체 내에서 의사소통이 어려울 뿐만 아니라 오해를 불러일으키기도 한다. 교육과 교육학 혹은 教育課程이라는 학문에서 바로 교육과정을 올바로 이해하지 못하게 되면, 교육과정에 관한 그 무엇을 한다고 하면서 그에 유사하거나 다른 어떤 일을 하게 마련이며, 이 일은 특히 학교 현장 교사들에게서 더 중요한 의미를 지닌다. 교사는 한 마디로 교육과정을 구성하여 이를 운영하는 사람이다. 교사가 하는 일을 '교과내용을 가르치는 일', '생활지도와 상담하는 일', '특별활동을 운영하는 일', '행정업무를 수행하는 일', '학급을 운영하는 일', '학부모와 사회인과의 관계를 유지 · 발전시키는 일' 등으로 나눌 때 이와 같은 일들은 모두 교육과정이라는 범주에 포함된다. 이러한 일들을 올바로 할 수 있을 때 비로소 교사를 전문가라고 할 수 있다. 교사의 일거수일투족은 모두 그것이 교육과정과 어떤 관련을 맺는가, 교육과정의 기본 정신에 얼마나 부합되는가를 묻게 된다. 학생들에게 지식은 왜 습득시키고 어떻게 습득시켜야 하는가, 지식교육과 인성교육의 조화는 가능한 것인가, 특별활동은 어떤 교육적 의미를 지니는가, 열린교육이 이상적인 교육의 모습인가, 컴퓨터 등 다양한 교수-학습 보조 기자재의 활용은 과연 학습력을 증진시키는데 기여하는가 등 숱한 교사의 문제의식과 역할과 활동은 모두 교육과정에 관련된 문제들이다. 그러므로 教育課程의 개념 정의(의미)를 올바로 해 두는 일은 교육과정 학습의 출발점이 됨과 동시에 교사 역할 수행의 총화인 셈이다.

또한 학문적 개념으로서의 교육과정은 이 개념을 사용하는 사람의 교육과 삶이라는 현상을 보는 일종의 '눈'이요 관점이다. 따라서 개념을 명확하게 이해하지 못하거나 그 본질과는 다른 어떤 방식으로 이해하고 있다면 비뚤어진 눈,

왜곡된 관점으로 교육현상을 보게 되는 것이며, 그 현상의 탐구는 정상을 벗어나게 된다.

교육과정(教育課程, Curriculum)은 교육과 교육학의 중심적인 개념이다. 교육과정이 교육의 중심적 개념이라 함은 교육과정이라는 개념이 정확하게 파악되지 않으면 교육이 교육답지 못하게 된다는 의미이며, 교육학의 중심적 개념이라 함은 교육학의 학문 구조상 교육과정이 중핵적 위치에 놓인다는 의미이다. 오늘날 교육학이 지나치게 사변적이며 교육현실로부터 유리되어 전개되고 있다는 비판이 제기되고 있다는 점에서 교육학의 모든 하위 분야들이 교육과정과의 관련성을 보다 밀접하게 하려는 노력이 요구되고 있다. 따라서 교육과 교육학을 올바로 이해하고 그 활동이 타당하기 위해서는 '교육과정'의 개념을 올바로 이해하는 것이 필요하다.

이 장에서는 교육과정의 개념을 이해하기 위해서 먼저, 교육과정에 관한 몇 가지 접근(관점)을 살펴보고, 다양한 방식으로 정의하고 있는 여러 학자들의 견해를 검토하며, 교육과정이라는 학문 혹은 실체가 어떤 요소들로 구성되는가를 살펴봄으로써 교육과정의 여러 측면, 특히 교육과정 개발에 요구되는 지식을 이해하기 위한 기초를 마련해 보고자 한다.

제1절 학교교육과 교육과정

교육이라는 개념은 매우 다양한 방식으로 정의되며 이해되고 있다. 이 개념은 인간에 관련되어 있기에 이 개념을 규정하려는 사람의 인간을 보는 관점, 즉 인간관에 따라서 달라질 수 있고, 교육은 사회 속에서 작용하는 현상이며, 사회와 주고받는 것이 있는 일이므로 이 개념을 규정하려는 사람의 사회관에 따라서 달라질 수 있기 때문이다.

그러나 분명한 것은 '교육(教育, Eeducation)'이라는 개념은 유독 인간에게만 적용되며, 인간을 위해 만들어진 용어라는 점이다. 가르치거나(教) 기르는(育) 일이 인간에게만 사용되는 것은 아니다. 사람은 개나 말을 가르치고 기르며, 식물을 기르는 일을 한다. 그러나 인간이 아닌 동물을 가르치고 기르는 것은 훈련이나 사육이라고 하지 교육이라고 하지는 않는다. 식물을 기르기 위해 물을 주고 잡초를 뽑아 주며 비바람을 막아 주는 일을 하되 이 일을 재배라고 하지 교육이라고 하지는 않는다.

일찍이 Kant가 인간은 교육받지 않으면 안 될 유일한 피조물이라고 갈파했듯이, 인간은 교육에 의해서만 인간다운 인간이 될 수 있다. 인간은 태어나는 순간에는 갓 동물 중에서 가장 무능 · 무력한 존재일 뿐만 아니라 영장으로 이르는 성장의 세월이 어느 동물의 것보다 가장 긴 존재가 바로 인간이다. 인간을 만물의 영장이라고 하지만, 긴 성장의 세월 동안 교육 없이는 인간도 다른 동물과 다를 바가 없다. 도리어 다른 동물보다 못한 존재일는지 모른다.

그러면, 교육 특히 학교교육의 어떤 특징이 교육과정의 개념이나 현상을 드러내고 있는가, 그리고 교육과정의 모습을 이해하기 위한 교육의 요소나 측면들은 어떤 것들인가를 살펴보자.

1. 학교교육의 특징

교육은 가정교육, 학교교육, 사회교육 등과 같이 교육이 이루어지는 장에 따라서, 취학전 교육, 학교교육, 평생교육 등과 같이 교육이 이루어지는 시기에 따라서 여러 가지 형태로 드러난다. 그런데, 다른 교육의 형태와 학교교육을 구분지우는 몇 가지 준거를 생각해 볼 수 있다. 다른 교육에 비하여 학교교육은 뚜렷한 목적을 지니는 의도성(意圖性)을 가지고, 계획성(計劃性)으로, 체계성(體系性)으로 이루어진다는 점을 특징으로 한다. 물론, 학교교육이 아닌 여타의 교육도 이러한 특징을 지니고 있기는 하지만 학교교육에 비하여 그 특징이 두드러지지 않다.

첫째, 학교교육의 의도성 특징은 교육을 통하여 어떤 인간을 길러낼 것인가에 대한 치밀한 연구와 논의를 거쳐 목적을 밝히고, 이를 달성 성취하기 위한 분명한 의도가 그 교육 속에 내재되어 있을 뿐만 아니라 이를 부단히 추구한다는 것이다. 간혹 '무의도적 교육'이라는 말을 듣는 경우가 있다. 학교교육 외의 어떤 교육을 이렇게 표현할 수 있을는지 모르나 이 말은 논리적으로 성립되지 않을 뿐더러 이는 학습심리학에서 검토할 '학습' 개념의 범주에 포함된다.

학교교육에서의 교육 개념 자체에 '의도성'이 내포되어 있다는 말은 가치지향성, 즉 어떤 기준 혹은 준거에 의해 선택 결정된 가치추구를 포함하고 있다는 말임과 동시에, 인간의 다양한 성향들(지식, 능력, 품성, 태도, 가치관, 동기, 자아개념, 습관, 행동 등)을 통합적으로 가르치고 기른다는 의미가 포함된 용어라는 의미이다(김호권 · 이돈희 · 이홍우, 1983 : 20).

둘째, 학교교육의 계획성 특징은 교육목적을 달성하기 위한 계획이 치밀하게 수립되고, 계획에 따라서 활동이 전개되며, 계획에 의해 목적 달성 여부를 평가하고, 그 결과는 다시 계획에 따라서 다음의 계획에 반영하기 위해 피드백된다는 것이다. 학교교육은 무계획적으로 교사와 학생이 무엇인가 열심히 하면 어쩌다 좋은 성과가 나타날 것이라는 막연한 기대감이나 우연성으로 이루어지는 것이 아니다.

셋째, 학교교육의 체계성 특징은 교육받을 대상자의 연령 간, 학년 간, 학교급 간, 혹은 동일 연령 내, 학년 내, 학교급 내 종적 · 횡적으로 교육목적과 교육내용들이 유기적인 연계성을 지니면서 활동의 순서나 단계가 있다는 것이다. 학교교육은 교육활동의 시간계열에 따라서 앞단계와 뒷단계의 활동이 유기적인 연계성을 지니며, 동일 시간대의 교육활동은 서로 통합되어 전인적 성장에 도움을 준다는 것을 특징으로 한다.

教育이라는 한자의 뜻대로 '인간을 가르치고 기르는 일'로 이해한다고 해서 그 의미가 충분히 드러나는 것은 아니다. 그 다음에 제기될 수 있는 질문은 '어떤 인간을, 무엇을 가지고, 어떻게 가르치고 기를 것인가' 하는 것이다. 여기서 우리는 교육과정의 대략적인 모습을 드러낼 수 있다. 즉, 교육은 사람을 가르치

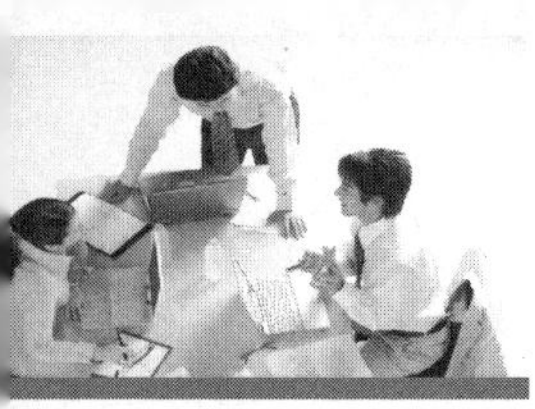

고 기르는 일인데, 막연히 가르치고 기르는 일이 아니라 어떤 인간이 되도록(교육의 목적), 무엇을 가지고(교육의 내용), 어떻게 가르치고 기를 것인가(교육의 방법), 교육받은 인간의 모습을 어떻게 확인하며 개선과 진보를 위해 어떤 조치가 필요한가(교육평가) 등과 같은 것들이 곧 교육과정의 관심사다.

이처럼 학교교육으로서의 교육을 특징짓는 준거로 지적한 의도성, 계획성, 체계성은 교육과정의 모습을 드러내는 것들이다. 즉, 교육은 길러 내려는 인간의 모습에 관한 의도를 체계적으로 계획하여 수행하는 일이며, 이러한 준거들에서 교육과정의 모습을 발견하게 된다. 그러므로 교육과정이라는 용어는 산업체나 사회기관 혹은 군대에서 특정 기능을 숙달시키려는 목적으로 구성한 1주 혹은 1개월 프로그램을 '○○○ 교육과정'으로 표현하는 것이 불가능한 것은 아니다. 그러나 비교적 긴 기간에 걸쳐 학생들의 전인간적 성장과 발달을 의도하는 통합적이고 체계적인 교육프로그램으로서의 '학교교육과정'이라는 용어에 비하면 매우 어색하고 부적절하다. 더구나 가정에서 자녀가 태어나면서부터 사회성원으로 성장하고 발전하기까지의 부모의 가르침과 지도활동을 '가정교육과정'으로 부르는 것은 더더욱 부적절하다. 따라서 교육과정이라는 용어는 가정이나 사회교육 등에서보다 학교교육에서 사용하는 것이 적절하다.

2. 교육과정 관련 질문들

학교 교육과 관련된 교육과정 관련 질문들을 살펴보는 것은 교육과정의 기본적인 관심사가 무엇이며 교육과정 분야의 기본적인 개념이나 원리들, 연구대상 등에 대한 조망력을 지니는데 도움을 줄 수 있다. 그러면, 교육과정에 관한 질문은 어떤 것들이 있는가?

Ornstein과 Hunkins(1993 : 12-13)는 1930년과 1987년 두 해에 걸쳐 다음 〈표 1-1〉, 〈표 1-2〉와 같이 각각 18개와 15개의 질문을 제시한 바 있다.

표 1-1

교육과정의 기본적인 질문들 : 1930년의 18개 질문

1. 생의 어느 시기에 삶의 목적으로 고려할 학교 경험을 시킬 것인가?
2. 성인생활에 효과적으로 참여할 수 있는 교육과정을 어떻게 마련할 것인가?
3. 학교 교육과정 결정자들은 학생들이 국가의 문명의 장점과 단점에 관한 견해를 형성하기 위한 의무를 갖는가?
4. 학교를 사회를 개선하기 위한 공인된 기관으로 생각해야 하는가?
5. 교육과정의 내용은 어떻게 이해해야 하며, 어떻게 기술할 수 있는가?
6. 교육의 과정에서 교과의 위치와 기능은 어떻게 되는가?
7. 어느 정도의 비율로 "일반 공통적인 것"과 "특수한 것" 또는 "직업적인 것" 또는 순전히 "선택적인 것"으로 교과를 구성해야 하는가? 어느 정도로 일반과정과 직업과정을 함께 개설해야 하며, 어느 정도로 전자를 완성한 뒤에 후자가 뒤따르도록 해야 하는가?
8. 교육과정은 진보하도록 만들어야 하는가?
9. 학생들이 배울 교과는 어느 정도로 "구조화"되어야 하며, 전문적인 교육과정 개발자들의 구성은 어떻게 하고 이들에 의한 계획은 어느 정도 되어야 하는가?
10. 학습은 언제 일어나는가?
11. 학생들이 "자연적인" 장면에서 학습되도록(예컨대, "생활장면에서) 어느 정도로 훈련되어야 하는가?
12. 어느 정도로 개인차에 적응하는 교육과정을 제공할 것인가?
13. 교육과정 구성에서 사용되어야 할 "최소 필수"의 개념은 어느 정도인가?
14. 교육과정의 조직형태는 무엇이어야 하는가? 다음 어느 하나를 택할 것인가, 아니면 다른 어떤 것을 취할 것인가?
    a. 활동들과 연결되어 사용할 수 있는 교과를 참고하여 학년별로 융통성이 있는 일련의 활동들을 제안할 것인가? 아니면,
    b. 각각의 활동들을 포함한 교과들로 엄격하게 정해진 학년별 활동을 제안할 것인가? 아니면,
    c. 교과가 관련되는 활동을 위한 제안과 더불어 교과목의 학년별 계열이 적합한가? 아니면,
    d. 달성할 수 있는 학년 목표의 사용을 통하여 각 학년에서 기대되는 성취의 기술, 제안된 활동목록의 기술, 관련되는 교과의 윤곽을 기술할 것인가? 아니면,
    e. 활동들의 어떤 특별한 관련 없이 교과와 교과서, 참고 자료들과 관련지어 학년 목표를 진술할 것인가?
15. 아동들의 내재적인 흥미를 유발하기 위해서 어떤 방법을 사용할 것인가?
16. 어떤 형태의 자료들(활동, 독서, 문제와 주제에 대한 토론, 집단 과제 등)이 학생들이 실제로 관여할 활동을 위하여 교육과정 제작자들에 의하여 분석되어야 하는가?
17. 학습방법은 어느 정도 표준화할 수 있는가?
18. 교육과정 구성에 대한 행정적 문제들로서,

a. 몇 시간 단위로 교육과정을 조직할 것인가?
b. 어떤 지역단위로 교육과정을 조직할 것인가(국가 수준, 시 · 도별 수준, 지역교육청 수준, 학교수준 등)? 교수요목을 출판하기 위한 최적의 형태는 무엇인가?

표 1-2
교육과정의 기본적인 질문들 : 1987년의 15개 질문

1. 교육과정을 어떻게 정의할 것인가?
2. 우리의 교육과정에서 어떤 철학과 이론들로 의사소통하고, 어떤 철학과 이론적인 입장에 설 것인가?
3. 어떤 사회적, 정치적 힘이 교육과정에 작용하는가? 어떤 것의 영향이 가장 커야 하는가? 어떤 것이 제한을 억제하거나 강요하는가?
4. 학습은 어떻게 일어나는가? 어떤 학습활동이 학습자들의 욕구를 충족시키는데 가장 적합한가? 그러한 활동들을 조직하는 가장 좋은 방법은 무엇인가?
5. 교육과정의 영역은 무엇인가? 지식인가? 교육과정 지식의 가장 본질적인 형태는 무엇인가?
6. 교육과정의 핵심적인 부분은 무엇인가?
7. 교육과정에서 변화는 왜 일어나는가? 변화는 교육과정에 어떻게 영향을 미치는가?
8. 교육과정 전문가들의 역할과 책임은 무엇인가?
9. 교육과정을 조직하는 가장 좋은 방법은 무엇인가?
10. 교육과정 조직에서 교사와 학생의 역할과 책임은 무엇인가?
11. 교육의 목적과 목표는 무엇인가? 어떻게 그것들을 수업목표로 전환시킬 수 있는가?
12. 교육적 필요란 무엇을 뜻하는가? 누구의 필요인가? 그 필요들의 우선순위를 어떻게 정할 것인가?
13. 어떤 교과목과 내용이 가장 가치 있는 것인가? 내용의 가장 좋은 형태는 무엇인가? 어떻게 그 내용들을 조직할 것인가?
14. 우리가 달성하려고 노력한 바를 어떻게 측정하고 확인할 것인가? 성취결과에 대해서 누가 책임을 질 것인가? 무슨 책임이며, 누구에 대한 책임인가?
15. 교육과정과 수업간의 가장 적절한 관계는 무엇인가? 교육과정과 장학, 교육과정과 평가와는 어떤 관계인가?

또 Colin J. Marsh는 교육과정 이해를 위한 주요 개념으로 30개를 제시한 바 있다(박현주 역, 1998). 30개의 개념들 중 중요한 것을 질문 형태로 제시하면 〈표 1-3〉과 같다.

표 1-3
Marsh에 의해 제기된 교육과정 이해를 위한 질문들

영 역	교육과정적 질문
1. 학생 시각	1.1 학습환경은 학생들의 학습에 어떤 영향을, 어떻게 미치는가? 1.2 공식적 교육과정 외에 학교교육은 학생들에게 어떤 영향을 미치는가? 1.3 성 편향 문제를 어떻게 해결할 수 있는가? 1.4 시험의 기능을 어떻게 설명할 수 있는가? 1.5 교육활동에서 학생의 참여범위는 어떻게 되는가?
2. 교사 시각	2.1 교육에서 교사에게 어느 정도의 권한과 자율이 주어지는가? 2.2 교사평가는 교사들의 전문성을 신장시킬 수 있는가? 2.3 교육과 학교장의 지도력과는 어떤 관계가 있는가? 2.4 교과서는 학생과 교사에게 가치 있는 교육적 자원이 되고 있는가?
3. 교육과정 계획과 개발	3.1 교육과정 개발에서 이용하는 틀은 무엇이며, 교육과정 틀을 이용하는 것은 어떤 이점이 있는가? 3.2 상황분석 및 요구사정의 요인과 절차는 어떠하며, 이것이 갖는 장점 및 문제점은 무엇인가? 3.3 내용을 조직하는 방법은 어떤 것들이 있는가? 3.4 교육에서의 평가는 어떻게 이루어져야 하는가? 3.5 중앙집권적 교육과정 개발이 갖는 장점과 한계는 무엇인가? 3.6 교육과정을 개발할 때 적용하는 모형들에는 어떤 것들이 있는가? 각각의 특징 및 장 · 단점은 무엇인가? 3.7 교육목적, 목표, 수업목표들은 어떻게 다르며, 어떻게 관련되는가? 3.8 교사의 현장연구는 어디에 어떻게 도움이 되는가? 3.9 학교중심 교육과정의 성격은 무엇이며, 이를 어떻게 개발할 것인가?
4. 교육과정 운영	4.1 학교교육의 혁신과 변화를 어떻게 유도할 것인가? 4.2 협동적인 교육과정 운영 방식은 어떻게 개발할 수 있는가? 4.3 효과적인 학교와 학교 개선을 위한 방안은 무엇인가? 4.4 학교운영위원회의 교육적 기능을 어떻게 강화할 수 있는가? 4.5 학교평가의 목적 및 방법을 어떻게 개발할 것인가? 4.6 교육과정 시행의 성공전략은 무엇인가?

영 역	교육과정적 질문
5. 교육과정 이데올로기	5.1 교육에 영향을 미친 사조 혹은 사상은 교육과정 변화에 어떻게 영향을 미치며 오늘에 이르고 있는가? 5.2 학생들에게 가르쳐지는 교과는 어떤 면에서 정당성을 지니는가? 5.3 전통적인 학교교육에는 어떤 문제가 있는가? 교묘하게 은폐되어 있는 이데올로기가 있는 것인가? 5.4 지식사회학자들이 관심 갖는 학교교육에 대한 문제는 무엇인가? 5.5 교육과정 개혁을 가로막는 요인은 무엇인가? 개혁을 성공적으로 이끌기 위한 전략은 무엇인가?

이상의 내용을 검토해 보면 교육과정 분야가 매우 광범위함을 짐작할 수 있을 것이다. 그러나 아직 교육과정에 관한 이해가 부족한 경우에는 '교육과정'이라는 용어를 사용한 위의 예들을 통하여 분야의 광범위함이나 다양한 영역에 관한 학문이거나 매우 복잡한 교육학의 하위 분야라는 짐작 말고는 별로 도움이 되지 않을 수 있다. 따라서 교육과정에 보다 직접적으로 관련된다고 판단하는 질문들을 다음과 같이 교육목적 및 목표, 교육내용, 교수-학습 방법, 교육평가 등 네 영역으로 나누어 제시해 본다.

표 1-4
교육과정에 관련된 질문들

가. 교육목적과 목표 영역

1. 학교는 유능한 인간, 사람다운 인간을 교육시켜 내고 있는가? 그리고 유능한 인간, 사람다운 인간이란 어떤 특성을 지닌 인간인가?
2. 학교는 어떤 교육목적과 교육목표를 설정하는 것이 바람직한가?
3. 교육목적과 목표를 설정할 때 고려해야 할 요소는 무엇인가? 여러 가지 교육목적 혹은 교육목표들 중에서 우선순위를 어떻게 정할 것인가?
4. 교육은 지식의 체계적인 습득, 사회화, 미래의 사회생활에 필요한 기능, 창의력이나 문제해결력 육성, 건강한 신체의 유지와 발달, 좋은 인성을 기르는 일 중에서 무엇이 보다 중요한가? 이들을 조화롭게 가르치고 기르는 것이 가능한가?
5. 현재의 학교교육은 진로를 개척하고 직업을 준비시키는 데 성공하고 있는가? 이에 관한 문제는 무엇인가?

나. 교육내용 영역

6. 초등학교, 중학교, 고등학교에 공통적인 필수교과가 있는가? 그것을 결정하는 준거는 무엇인가?
7. 교과나 교육내용을 학생들로 하여금 선택하도록 하는 것이 바람직한가? 선택의 폭이 좁을 때와 넓을 때 가지는 이점은 무엇이며, 어떤 문제가 있는가?
8. 국어, 수학, 영어와 같은 교과 수업시간이 음악이나 미술과 같은 과목에 비해 많은 이유는 무엇인가? 교과별로 수업시간의 양이 달라야 하는가?
9. 가르쳐야 할 가치가 있음에도 불구하고 가르치지 않고 있는 지식이나 내용이 있는가?
10. 학교교육을 위한 계획을 수립하는 데 적용할 수 있는 어떤 모형이나 절차가 있는가?
11. 연령이나 학년을 기준으로 먼저 가르쳐야 할 지식이나 교육내용은 무엇이며, 학년별 전후 내용 조직상의 어떤 원칙이 있는가?
12. 학생이 배울 교육내용을 국가와 학교, 혹은 교사가 선정할 경우 각각 어떤 장점과 문제점을 갖는가?
13. 학생을 가르치는 교사에게 교육적 결정권은 어느 정도인가? 교사가 교육적 결정권을 많이 갖는 경우 어떤 문제가 발생할 수 있는가?
14. 교육의 지역화는 교육적 평등에 기여하는가, 아니면 불평등을 조장하는 것인가?
15. 교육은 학생중심이어야 하는가, 사회중심이어야 하는가, 아니면 학문(교과)중심이어야 하는가?
16. 교육에서의 편향의 예는 어떤 것들이 있는가? 어떻게 교육적 편향이 발생하고 있으며, 어떻게 해결할 수 있는가?
17. 학교장의 지도성은 학교교육에 어떤 영향을, 어떤 방식으로 미치는가?
18. 학생들에게 지식을 가르치는 이유는 무엇인가? 지식을 지식답게 가르친다는 것은 무슨 뜻인가?
19. 특별활동이 갖는 교육적 의의, 가치는 무엇인가? 이는 더 강화되어야 하는가, 축소해야 하는가?
20. 잘 가르치고 잘 배우도록 하기 위한 교육내용의 조직 원리가 있는가?

다. 교수-학습 방법 영역

21. 수업방법을 결정할 때 적용하는 어떤 원칙이나 기준이 있는가?
22. 교과 혹은 교육프로그램에 따라서 공통적인 교수-학습 방법이 있는가? 있다면 그것은 무엇인가?
23. 교과 혹은 교육프로그램에 따라서 수업방법 적용상 유의할 사항은 무엇인가?
24. 어떻게 가르치는 교사가 잘 가르치는 교사인가?

라. 교육평가 영역

25. 시험은 반드시 필요한 것인가? 시험이 주는 부정적 영향을 최소화하기 위한 방법이 있는가?

26. 교사평가를 실시한다면 그 이유는 무엇인가, 어떤 영역의 어떤 내용이 주로 평가가 되어야 하는가?
27. 교육에서 평가는 어떤 대상에 대하여 이루어져야 하는가?
28. 학교평가를 하는 이유는 무엇이며, 무엇을 평가해야 하는가?
29. 사람들이 교육에 대하여 어떤 주장을 하거나 입장을 밝힐 때, 거기에 어떤 가정과 전제를 가지는가?

여기에 제시한 교육과정 관련 질문들은 교육과정적 질문들을 망라하려는 필요성 때문이 아니라 교육과정을 전체적으로 살펴보기 위한 조망의 이유 때문에 제시한 것들이다. 우리는 위의 몇 가지 질문들을 통하여 교육과정의 범주(학문으로서나 실천의 대상으로서나)가 매우 광범위함을 이해할 수 있을 것이다.

제2절 교육과정 접근

인간은 자신의 독특한 관점이나 시각으로 현상이나 사상, 그리고 세상을 본다. 그러한 개인의 독특한 관점과 시각이 개인차의 핵심이다. 교육현상에 대해서 사람들은 자기 나름의 특수한 렌즈로 본다. 훌륭한 교육, 훌륭한 인간, 좋은 교육을 받은 사람의 모습, 학교의 기능, 교사의 역할 등에 관하여 사람들은 완전히 일치된 견해를 지닐 수 없다. 이 점은 교육과정에 대해서도 마찬가지다.

한 개인의 교육과정에 대한 접근은 그 사람이 실제를 어떻게 지각하며 그가 매우 중요하다고 생각하는 가치가 무엇이고, 그가 지니고 있는 지식이 어느 정도 되는지를 포함하여 그 개인의 세계관을 나타낸다. 그러므로 교육과정 접근은 한 개인의 교육과정에 대한 전체적인 입장이나 지향점, 교육과정의 기초들(개인의 철학, 역사관, 심리학과 학습이론에 대한 관점, 사회문제를 보는 시각 등)에 관한 생각, 그리고 교육과정의 영역(영역 내의 보편적이며 중요한 지식)과 교육과정의 이론적 실제적 원리를 망라한다. 그러므로 교육과정 접근은 교육과정의 개발과 설계에 대한 관점, 교육과정 계획에서의 학습자 · 교사 · 교육과정 전문가들의 역할에 대한 관점, 교육과정의 목적과 목표에 대한 관점, 그리고 교육과정과 관련하여 검증되거나 평가될 필요가 있는 중요한 문제를 보는 관점 등이 망라되는 것이다.

또한 교육과정 접근은 우리들 자신의 학교와 사회를 보는 관점을 반영한다. 한 마디로, 교육과정 접근은 교육과 교육과정에 관한 모든 것을 포괄하는 觀이라고 할 수 있다. 한 개인의 교육과정 접근을 이해하면, 그리고 그 사람이 일하고 있는 학교나 지역의 교육과정 접근을 이해하면 공식적인 조직의 견해와 그 사람의 전문적인 관점간의 갈등이 무엇인가를 찾아낼 수 있게 될 뿐만 아니라 이를 해결하는 방법을 강구할 수 있게 된다.

사람들은 교육에 대하여 다양한 시각과 관점을 나타내기 마련이다. 그들의 교육을 보는 시각이 다르기 때문이며 이는 매우 자연스러운 현상이다. 마찬가지로 사람들은 교육과정을 한 가지 방식으로 보지 않는다. 많은 교육자들은 교육과정에 관한 하나의 접근만을 취하지는 않는다. 오히려 어떤 경우에는 한 가지 접근을 강조하다가도 다른 상황에서는 몇 가지 접근을 복합적으로 취하기도 한다. 그러다가도 상황이 달라지면 지니고 있는 특정 교육과정 접근을 포기하거나 다른 많은 접근들에 영향을 받기도 한다.

교육과정 접근은 기술적인 것과 비기술적인, 또는 과학적인 것과 비과학적인 조망으로부터 추출될 수 있다. 여기에서 비기술적, 혹은 비과학적이라는 말은 부정적이거나 격이 낮은 것을 의미하는 것이 아니며, 이들 두 용어를 대비시키기 위하여 사용한 것이다.

기술적-과학적 접근은 전통적인 교육이론과 모형에 부합하는 것이며, 이미 이루어져 있고 공식적인 학교교육의 방법을 반영한다. 비기술적-비과학적 접근은 선구자의 역할을 자처하며 교육에 대한 실험적 철학과 정책을 전개한다. 즉, 그들은 이미 형성되어 있는 공식적인 교육의 실천에 도전하는 경향이 있다.

여기에서 필자는 Ornstein & Hunkins(1993 : 1-9)가 종합하고 있는 여섯 가지 교육과정 접근을 고찰하려고 한다. 첫 세 가지 접근은 기술적인 또는 과학적인 것으로 분류되며, 나머지 세 가지는 비기술적인 또는 비과학적인 것으로 분류된다.

1. 행동주의적 접근

시카고 대학에 뿌리를 두고 있는 이 학파는(Bobbit와 Charters로부터 Tyler와 Taba에 이르기까지) 교육과정 접근 중 가장 오래된 전통을 지니고 있으며 현재도 여전히 중요한 위치를 지니고 있다. 수단-목표 접근으로서 이 접근은 논리적이며 처방적이다. 이 접근은 기술적이고 과학적인 원리에 근거하고 있으며, 교육과정 구성을 위하여 모형들, 계획, 단계적인 전략 등을 강조한다. 교육목적과 목표는 구체화되어야 하며, 교육내용과 학습활동은 목표와 관련하여 계열화되어야 하고, 학습결과는 목적과 목표에 바탕하여 평가될 수 있어야 한다고 주장한다.

오늘날 3분의 2가 넘는 대부분의 교육과정 전문서적에 적용되고 있는 이 접근은 다른 교육과정 접근들의 참조체제를 제공하고 있다. 이 접근과 동일하게 사용될 수 있는 다른 명칭은 논리-실증주의, 개념적-실증주의, 경험주의, 그리고 이 접근이 기술적이고 과학적이며 이론가와 실천가들을 위한 원리들을 다룬다는 점에서 기술주의 등이 포함된다.

행동주의적 접근은 기업조직의 영업과 산업에 의하여 영향을 받은 효율성의 아이디어로 출발했다. 시간과 동작 연구를 통하여 공장의 생산 능률성을 분석하여, 각 근로자는 특정의 시간에 산출한 생산 단위에 의해 측정된 것으로 그의 생산성에 바탕하여 급료를 받아야 한다고 결론지은 Frederik Taylor의 과학적 경영 이론에 바탕하고 있다. 학교의 효율적인 운영은(그리고 다른 사회적인 조직도) 때로는 이를 비판하는 사람들은 기계이론이라고 부르기도 하지만, 1920년대에 중요한 목표가 되었다.

가끔 학교의 효율성을 높이기 위해서는 소규모 학급을 제거하고, 학생 대 교사의 비율을 높여야 하며, 행정가의 수를 줄이고, 교사의 봉급을 낮추며, 운영비를 현행대로 유지하거나 감소시키는 것 등을 의미하기도 하며, 적은 비용이 든다는 것을 보이기 위하여 차트나 도표를 준비하기도 한다. Raymond Callahan은 이러한 생각을 "효율성 숭배"라고 꼬집은 바 있다. 일반적으로 학교를 보다

과학적으로 운영하고 교육과정을 과학적으로 구성하려고 노력하며 교육목적이나 효과는 측정할 수 있는 활동과 일치하도록 명확하게 교수와 학습을 설계하려고 노력한다.

Franklin Bobbitt은 초등학교 학년별 교수요목을 조직하는데 따른 문제를 기술하면서 행동주의적 접근을 적용한 바 있다. 즉, 그는 "우리는 교육과정 구성의 원리를 필요로 한다. 그럼에도 불구하고 우리는 사회적 필요에 대한 연구로부터 먼저 목표를 정해야 한다는 점을 모르고 있다. 우리는 계획은 수단이지 목적이 아니라는 점을 배우지 않았다"고 지적하였다.

Bobbitt은 1920년대 초에 '교육과정을 어떻게 만들 것인가' 라는 저서에서 그의 목적과 활동 접근법을 개발하였다. 그 책에서 그는 학생들의 요구와 필요를 조사하여 학생의 필요와 일치하는 목표와 관련된 활동을 800개 이상을 제시하였다. 이들 활동들은 "이빨 · 눈 · 코 · 목구멍 등을 관리하는 것, 좋은 작업 조건을 갖추도록 집안의 설비들을 정리하는 것 등으로 부터 철자와 문법에 이르기까지 매우 광범한 것이었다. Bobitt의 방법은 그 당시 매우 이상적인 것이었으나, 그가 지지했던 기계나 공장에 비유된 수많은 목표들과 활동들의 목록은 비판을 받기도 하였다.

시카고 대학에서 Bobbitt과 함께 여러 과목을 가르친 Ralph Tyler도 지나치게 구체적이거나 융통성이 없는 행동적인 목표의 필요성을 주장하였다. 즉, 교육과정 구성의 기본적인 기법, 수업, 그리고 평가는 단순한 계획에서 결합된 것이었다. 그의 아이디어는 학교(또는 지역교육청)의 철학을 목표에 관한 결정을 하는데 이용하는 것이었다. 따라서 그는 교육과정을 계획하기 위한 매우 폭넓고 가치로운 준거들을 제시하였다. Tyler의 방법은 행동주의와 결합된 것이며(목표가 중요한 고려사항이었다), 진보주의(학습자의 필요를 강조한 것)로서 Thorndike의 영향을 받았고, 그의 고전적인 저서(Basic Principles of Curriculum and Instruction, 1949)는 지난 수십 년 동안 교육과정 구성에 있어 과학적인 운동을 주창한 Dewey의 영향을 받았다.

이러한 행동주의적 접근을 가지고 책을 쓴 사람들로서 James Beane, Peter Oliva, J. Galen Saylor, Jon Wiles, Joseph Bondi 등을 들 수 있다. 이들은

다른 접근도 강조하는 경향이 있다. 오늘날 소수 순수 행동주의자들은 새롭고 경쟁적인 철학과 학습이론들이 도출되고 확장되기 때문에 교육과정 전문서적을 쓰고 있다. 그럼에도 불구하고, 행동주의적 접근으로 분류되는 저자들은 교육과정을 만들기 위하여 처방적인 면밀한 계획을 세우며 계열적이고 구조적인 활동으로 계획하여야 할 대상으로, 그리고 교육과정 운영자들 사이에 역할이 사전에 결정되어야 할 것으로 교육과정을 본다. 이들은 개발과 설계의 기술적인 문제들에 보다 많은 관심을 기울인다. 교육과정을 계획하고 개발하는 대부분의 사람들은 그들 스스로 자신들을 어떤 접근부류로 분류하는지에 관계없이, 또는 다른 사람들이 자신들을 어떻게 분류하는지에 관계없이 행동주의적-합리적 접근의 유용성을 인정한다.

2. 관리적 접근

이 접근은 학교를 하나의 사회체제로 인식한다. 학생들, 교사, 교육과정 전문가, 행정가들은 어떤 규범이나 행동들을 따라서 상호작용하는 것으로 본다. 이 접근을 강조하는 교육과정 관련자들은 프로그램들, 일정, 공간, 자료, 설비, 인적 조직, 자원 등과 관련하여 교육과정을 계획한다. 이 교육과정 접근은 교육과정 결정에 참여할 사람들의 선정과 조직, 감독 등을 강조한다. 이 접근은 위원회, 집단과정, 의사소통과정, 지도성의 방법과 전략, 인간관계, 의사결정 등에 신중한 고려가 주어진다.

행동주의 접근의 한 분파인 관리적 접근은 계획, 합리적인 원리들, 논리적인 단계 등에 기초하지만 반드시 행동주의적인 접근을 취하지는 않는다. 관리적 측면은 교육과정의 감독과 행정적 측면, 특히 조직 과정과 실행 과정을 중시하는 경향이 있다.

이 접근의 신봉자들은 변화와 개혁, 그리고 교육과정 전문가와 감독자들이 어떻게 이러한 과정을 촉진하는지에 대하여 관심을 가지고 있다. 교육과정 전문가는 이론가가 아니라 실천가이며, 교육적인 지도자, 즉 변화의 주도자요 자원

인사이며 촉진자로 이해된다. 교육과정 전문가와 장학사는 행정가에게 보고하는 역할을 수행하며 학교의 임무와 목적을 따른다. 학교가 변화의 필요성을 인정하지 않는 경우 일을 변화시키는 교육과정 전문가의 역할은 최소화된다. 만약 학교가 혁신적이고 개혁적이라면, 변화가 기대되고 학교문화는 변화에 필요한 문화를 창조하고 지속시킨다. 그러나 만약 학교가 3R을 강조한다면 교육과정 전문가들은 거기에 맞게 계획을 세우게 된다. 변화를 추구할 것인가, 아니면 안정을 추구할 것인가에 관련된 대부분의 단서들은 관리자로부터 공식적 · 비공식적(신체적 언어, 대화 등)인 의사소통망을 통한 교사들과의 의사소통인 것이다.

미국에서 관리적 접근은 개별화, 분류화, 무학년제, 학급 집단의 구성, 홈룸, 그리고 작업-공부 활동중심의 혁신적인 교육과정과 수업계획의 중요성을 강조한 시기인 1900년대 초기 학교 조직모형과 행정적 모형에 그 뿌리를 두고 있다. 이 시기는 미국의 여러 학교구 계획들이 교장들에 의하여 학교의 수평적 · 수직적으로 변화를 시도된 시기였다. 계획의 명칭은 통상 지역교육청의 이름이나 조직의 명칭을 사용하였다. 예를 들면, New York의 Batavia Plan, Colorado의 Denver Plan, New Jersey의 Elizabeth Plan, Colorado의 Pueblo Plan, Indiana Gary의 Platoon Plan, Oregon의 Portland Plan, California의 Santa Barbara Plan, New York City의 Study Hall Plan, Illinois의 Winnetka Plan 등이 그것이다. 교육장들과 부교육장들은 교육과정에 관한 지도력으로 매우 많이 관여하였고, 가끔 한 학교구의 계획을 개발하기도 하고, 새로운 구에 계획을 실행하기 위하여 다른 구에 의해 채용되기도 하였다. 따라서 관리적인 기술과 교육과정 지도 기술이 혼합된 행정가들은 많은 지역을 이리저리 뛰어다녀야만 했다.

관리적 접근은 1950년대와 1960년대에 지배적인 교육과정 모형이 되었다. 이 시기 동안에는 교장은 교육과정 지도자와 수업 지도자로서의 위치가 중요시되었으며, 일반적인 관리자에 대한 아이디어와 혼동되었던 때이다. 이 시기는 중서부 지역의 학교 행정가와 교수들이(행정적인 배경을 지닌) 교육과정과 수업의 정책과 우선순위를 정하고, 변화와 개혁의 방향을 설정하였으며, 그리고 교육과정을 계획하고 조직함으로써 교육과정 분야를 지배하였다.

관리적 접근을 취한 학교 행정가들은 내용보다는 조직과 개정에 보다 관심을 가졌다. 그들은 또한 교과서, 교육방법, 자료 등 보다는 광범한 체제에 바탕한 정책, 계획, 인사조직 등과 관련된 교육과정의 개선에 보다 많은 관심을 가졌다. 그들은 그들이 자원을 관리하고 학교를 재구성함으로써 교육과정의 변화와 혁신을 시도하였다.

오늘날, 학교를 개혁하고 재조직해야 한다는 우리들의 새로운 생각의 많은 것이 1950년대와 1960년대를 특징지웠던 변화와 개혁의 아이디어에 뿌리를 두고 있다. 즉, 오늘날 한국의 경우 정부가 개혁에서 중요한 역할을 하는 것처럼, 미국의 그 시대에는 지방 통제가 당연시되었다. 학교에 관련된 현재의 많은 계획들은 오래된 경력 구조와 이전 시대의 직원 차별화 모형에 바탕하고 있는 관리와 능력주의에 기초하고 있다. 교육과정과 수업을 개선하기 위한 새로운 입법적 · 행정적 지원의 많은 것은 1950년대와 1960년대에 각광을 받았고, 이제 다시 전문직으로 변모한 교육과정과 수업의 지도자로서 교육장과 교장의 역할에 디딤돌 역할을 하였다.

3. 체제적 접근

인간과 정책을 조직하는 관리적 관점으로부터 체제 속에 교육과정을 조직하는 것으로 옮긴 것은 그리 오래된 것이 아니다. 체제적 측면은 전체와의 관련 속에서 하나의 조직을 여러 단위와 하위 단위로 보는 것이며, 조직표, 일의 진행을 보이는 차트, 위원회 조직 등이 교육과정 계획을 소개하고 보이기 위한 것으로 그려진다. 때로는 교육과정 공학이라는 말로 표현되는데, 이 접근이 감독자, 지시자, 협력자, 교장들과 같은 기술자들에 의해 교육과정이 계획되고, 단계들(개발, 설계, 실행, 평가)과 구성(교과, 과정, 단원계획, 학습 계획) 등이 교육과정 계획에 필요한 과정들로 포함되기 때문이다.

교육과정의 체제적 접근은 체제 이론과 체제 분석에 의해 영향을 받은 것이다. 이들 개념은 1950년대와 1960년대에 사회과학자들에 의해 개발되었으며, 이것이 행정 이론과 조직 이론의 한 부분으로서 학교 관리자들에 의해 사용되고 논의된 것이다. 체제적 접근이 가장 광범위하게 사용된 것은 군대와 기업체의 영업조직 및 산업체 등으로, 이들 조직에서는 모든 구성원들이 그들이 수행하는 과제가 무엇이든지 그 과제를 완성하는 것과(국가의 방위나 기업체의 이익은 그들의 직무를 수행하는 사람들에 의존한다), 그들이 체제를 도입함으로써 필요한 조업개시 비용을 산출할 수 있기 때문이다(새로운 교육과정은 인력, 자원들, 자료들에서 비싸다).

교육과정에 대한 체제적 접근은 전체 지역교육청이나 학교의 부분들이 서로 밀접한 관련성과 영향 하에 있을 때 주로 적용된다. 부서, 인적 조직, 설비, 일정 등이 사람의 행동과 기대에서 변화를 창조하기 위하여 계획된다. 정보는 통상 대안과 선택을 고려하는 행정가들에게 전달된다.

체제적 접근의 특수한 적용의 하나가 Rand 회사에 의하여 개발되어 급격하게 정부와 기업 등지로 퍼져나간 것을 들 수 있다. 그것은 계획세우기(Planning), 프로그램을 만들기(Programming), 예산세우기(Budgeting) 등으로 PPBS라고 부르며, 이것은 이 세 가지 요소를 체제의 구조와, 기능과 능력과를 결합시키는 것이다. 우리의 경우, 체제는 교육과정이다.

잘 알려진 다른 체제적 접근으로는 국방성에 의하여 소개된 프로그램 평가와 재검토 기법(PERT, Program Evaluation & Review Technique)이 있다. 이는 1960년대에 영업부문과 기업체로 널리 퍼져 나갔다. PPBS와 마찬가지로, 이것이 교육에 전용된 것이다. 프로그램의 여러 측면의 진전과 장애요소들이 계산되고 분석되어 행정가들에게 전달된다. 진행보고서가 계속적으로 작성되어, 일정의 변경, 예상되는 곤란점의 규명, 성취율의 변경 등에 반영된다. 두 체제적 접근에서 교육과정은 행정가들에 의해 면밀히 검토된다. 즉, 이러한 보고서에 바탕하여 수정과 조정이 이루어진다.

처음으로 교육과정에 대한 체제적 이론을 기술한 사람은 George Beauchamp이다. 그는 교육이론을 동일한 중요성을 갖는 5개의 영역으로 나누었다. 즉, (1) 행정, (2) 상담, (3) 교육과정, (4) 수업, (5) 평가 등이 그것이다(George Beauchamp, 1981). 많은 교육학 교수들은(교육과정 전공이 아닌) 자신들의 전공 영역이나 학문분야를 중시하기 때문에, 그리고 교육과정을 큰 체제의 요소나 하위

체제로 보기 때문에 동일한 중요성을 갖는다는 이러한 견해를 받아들이지 않는다. 예컨대, 학교 행정가들은 가끔 특히 관리측면에서 그들의 중요한 지도성 역할로 보아야 할 교육과정 문제를 장학사들에게 위임해 버린다. 한편, 교육과정 전문가들은 교육과정을 중요한 체제로 보며 교수, 수업, 장학 등과 관련된 분야는 교육과정의 실행을 돕는 하위체제로 본다.

그러나 Beauchamp가 시사하려고 한 바는 교육의 5대 이론을 교육의 기초, 즉 심리학, 사회학, 역사, 철학 등으로부터 끄집어 낸 아이디어들을 지식의 영역에 적용하는 것이었다. 무엇이 중요한 체제이고 어떤 것이 하위체제냐를 논하기보다는 실제 세계에 적용 가능한 절차를 설계하고, 실천가들에게 도움을 줄 수 있는 이론을 사용하는 것이 보다 중요하다.

체제적 접근의 가치를 인정하는 교육과정 전문가들은 교육과정을 거시적 또는 광의의 관점을 취하며, 특정 교과나 학년이 아니라 전체 학교나 학교체제에 관련된 문제나 교육과정 문제에 관심을 갖는다. 그들이 관심 갖는 것은 교육과정을 다른 프로그램과 내용영역과 어떻게 관련 맺도록 할 것이며, 참가자들의 필요와 훈련, 그리고 여러 가지 학생 성취의 확인방법과 평가결과 등을 학교 또는 학교 체제의 서열이나 조직의 배치에서 어느 정도로 교육과정에 반영할 것인가 하는 문제에 관심을 갖는다. 장기계획은 단기나 일시적인 계획을 융합시킨다.

교육과정 책들은 어느 하나의 교육과정 체제를 강조하는 것은 아니지만, 체제 접근은 James Beane, Francis Hunkins, Peter Oliva, David Pratt 등과 같은 저자들에 의해 개발이나 설계를 다루면서 폭넓게 논의되고 있다.

4. 학문적 접근

때때로 전통적, 사전적, 개괄적, 또는 지식지향적 접근과 관계되는 학문적 접근은 교육과정의 중요한 관점과 경향, 개념 등을 분석하고 종합하려고 노력한다. 이 접근은 성질상 역사적, 철학적이며, 사회적인 경향은 약하다. 교육과정

형성에 대한 논의는 통상 학술적이고 이론적이며(실제적이지 않음), 교육에 대한 연구를 포함하여 매우 넓은 범위의 학교교육과 관련된다. 학교의 교과목과 관련된 이러한 교육과정의 확대된 영역은, 그리고 교육과정을 지적 사고로 취급하는 것은 많은 배경적인 정보와, 사건과 인간에 대한 넓은 관점을 반영한다.

이 접근은 John Dewey, Henry Morrison, Boyd Bode 등의 철학과 지적 업적에 뿌리를 두고 있다. 이 접근은 1930년대와 1950년대 사이에 인기가 있었으며, Caswell과 Cambell, L. Thomas Hopkins, John과 Mary Norton, B. Othanel Smith, 그리고 Florence Stratemeyer 등에 의하여 그 장점이 확인되고 지적 교육과정 작업이 이루어졌다. 이 시기 동안 교육과정에 관련된 새로운 주제의 폭증은 다양한 경향과 논쟁점들을 포함시킴으로써, 그리고 다양한 수업방법, 교수-학습방법, 생활지도와 평가방법, 장학과 행정절차 등이 포함됨으로써 교육과정 영역을 확장시켰다. 이 시기에 출판된 책들이 교육과정 지식과 교과목들을 축적시킴으로써 그 영역에 모든 것들을 포괄하게 되었다.

1950년대 후 교육과정에의 주요 관심은 학문의 구조와 질적 방법을 중심으로 전개되었다. 따라서 학문적 접근은 교육과정 관련자들 간에 매력을 잃기 시작하였다. 여전히 이러한 접근을 반영하고 있는 책들은(John Miller와 Wayne Seller, William Schubert, Daniel과 Laurel Tanner 등에 의해 쓰여진 책과 같이) 교육과정의 주제에 관한 배경이 되는 정보와 철학적 · 역사적 통찰이 부족한 교육과정 연구의 초심자들을 자주 당황하게 만든다. 이들 저서들은 이 분야의 대학원생들과 교육과정 전공 교수들에게 더 적합한 것 같다. 이들 저자들에 대한 비판적인 논쟁은 주관적일 수 있으며 때때로 초점을 흐리게 만들 위험이 있다.

기초적인 주제들(보통 역사적, 철학적, 사회적, 정치적)에 대한 다른 학문적 노력은 교육과정에 대한 광의의 또는 일반적 관점을 나타낸다. 이들 저자들 중 어떤 사람들은 그러한 관점을 통하여 교육과정에 관한 사고방향을 제시해 주는 것이 사실이지만 이러한 책들의 내용은 간혹 고도로 간략화된 형태를 나타내며, 중요한 개념과 기술적인 방법을(개발과 설계) 분석할 수 있는 기회를 제공하지 못한다는 비판을 받기도 한다. 실로, 너무 많은 것이 시도되기 때문에 핵심적인 자료가 누락되는 경향이 있다.

5. 인간주의적 접근

또 다른 교육과정 학자들은 앞에서 기술된 교육과정 접근들이 너무 기술공학적이고 융통성이 없다는 점을 지적한다. 그들은 과학적 · 합리적 접근을 시도하는 교육과정 학자들은 학습자들 사이에 자기반응성과 자아실현을 위한 필요를 고려하지 않음으로써, 그리고 교실과 학교의 사회 · 심리학적 역동성을 무시함으로써 교육과정과 수업의 예술적이며 인간적 측면을 소홀히 한다고 지적한다.

이러한 관점은 진보주의 철학과 1900년대 초 아동중심 운동에 뿌리를 두고 있다(학생들의 자연적인 발달과 호기심에 바탕한 진보적인 수업 방법을 발전시킨 John Dewey, Charles Judd, Fracis Parker 등이 시카고 대학교에서 첫 출발을 시켰다). 1920년대와 1930년대에 진보주의 운동은 동부로 이동하여, 콜럼비아 대학교 사범대학의 Frederick Bosner, Hollis Caswell, L. Thomas Hopkins, William Kilpatrik, Harold Rugg와 같은 교수들과 John Dewey에 의하여 주도되었다. 이러한 접근은 아동심리학(아동들의 필요와 흥미를 다루는)과 인간주의 심리학(가치화, 자아 일체감, 심리학적 건강, 학습을 위한 자유, 개인적 충족 등을 다루는)의 발전에 따라서 1940년대와 1950년대에 더욱 촉진되었다.

이러한 접근으로부터 주로 초등학교 수준에서 생활경험, 집단게임, 집단적인 해결과제, 예술적인 노력, 극화, 현지여행, 기업체의 방문 학습, 관심 있는 기관의 방문, 그리고 숙제와 개인교수실 등에 바탕한 학습들이 포함된 다양한 교육과정 활동들이 출현하였다. 이러한 활동들에는 문제해결과 적극적인 학생 참여가 강조되었다. 즉, 활동들은 가정과 학교, 지역사회간의 유대가 공고히 됨으로써 학생들의 사회화와 생활적응에 강조점을 두었다.

그들은 Parker, Dewey, Kilpatrik, Washburne(Parker와 Washburne은 교육장이었다)의 이상적인 학교와 그들이 학교 현장에 투입한 종류의 교육과정 활동들을 대표한다. 그리고 지금도 Chicago에 있는 Parker 학교, 시카고 대학교에 있는 John Dewey의 실험학교, Illinois주 Winnetka에 있는 Washburne의 학교구,

그 외에 많은 사립과 대학교 실험학교와 상 · 중층 학교구에서 운영되고 있다. 실제로, Lincoln학교는 Abraham Flexner에 의하여 설립되었다. 특히 Kilpatrik의 많은 아이디어들이 그러한 학교들을 발전시키는데 기여하였다.

인간주의적 교육과정은 상위 성취자들과 더불어 중류층과 상 · 중류층의 학생들에게 보다 도움이 되는 것 같다. 이들 학생들은 학습에서 높은 독립성을 나타내며, 자신이 스스로 상황을 주도하도록 되어 있는 경우에 보다 높은 성취를 나타낸다는 증거들이 이를 뒷받침한다. 하류층과 낮은 성취자들은 자기훈련에 필요한 내적 통제력이 부족하며 독립적인 학습에 필요한 인지적 기술이 결핍되어 있을 가능성이 높다. 이러한 학생들은 보통 학급에서 엄격하게 정해진 규칙과 고도로 구조화된 활동들을 필요로 한다.

다양한 발달이론과(Erikson, Havighurst, Maslow 등) 아동중심적 방법(Fröbel, Pestozzi, Neill)의 출현은 인간주의적 교육과정을 구성하는데 영향을 주었다. 공식적이고 계획된 교육과정만을 유일한 교육과정이라고 생각하지 않았다. 비공식적이고 숨겨진(잠재되어 있는) 교육과정도 가치가 있는 것으로 인식되었다. 또한 이러한 접근이 단순히 인지적인 측면만을 발달시키는 것이 아닌 전인형성에 필요하다고 생각하였다. 학습에 대한 인간주의적 이론은 여러 교과나 활동들은 동일한 비중을 가지며, 때로는 행동주의적 이론과 인지적 이론보다 더 강조되기도 한다. 음악, 미술, 문학, 건강교육, 인간학 등은 과학이나 수학, 또는 다른 학문적인 교과들과 마찬가지의 중요성을 지닌다.

이 접근을 신념하는 교육과정 전문가는 협동학습, 독립적인 학습, 소집단 학습, 사회적 활동 등에 강조점을 두고, 경쟁적, 교사 주도적인, 대규모 학습, 그리고 단지 인지적인 수업만을 강조하는 것을 배격한다. 이 접근에 따르면, 개개 학습자는 교육과정에서 고려되어야 할 투입요인을 지니고 있다. 그리고 학습자는 교육과정을 계획함에 있어서 부모, 교사, 그리고 교육과정 전문가들과 더불어 참여와 책임을 공유하고 있다. 교육과정 지도자와 장학사들은 교육과정 결정에서 교사들이 보다 많이 개입하는 것을 허용하는 경향이 있으며, 전문성에서 평등한 권리를 지닌다는 아이디어와 견해가 이러한 접근을 채택하는 학교에서 보다 두드러진다. 교육과정 위원회들은 위에서부터 아래로(top-down) 지시적이

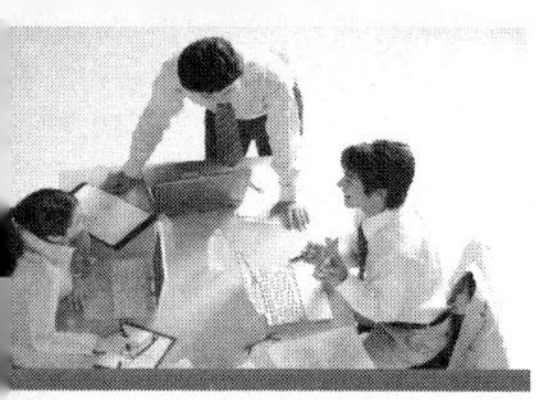

고 전달적인 것이 아니라 아래에서부터 위로 올라가는(bottom-up) 운영체제를 가졌으며, 교육과정 개발과 관련하여 학생들의 경험을 참고하고 내용에 대한 의견을 들어 보기 위하여 교육과정 회의에 학생이 참여하기도 한다.

인간주의적 접근은 교육의 학생에의 적절성, 급격한 학교 개혁, 개방 교육, 대안적인 교육 등이 교육에서 개혁운동의 일환으로 강조된 1970년대에 다시 각광을 받게 되었다. 그러나 오늘날 교육적 수월성과 학문적 생산성에 대한 강조는 인간주의적이 아닌 인지발달에, 그리고 미술이나 음악이 아닌 과학과 수학 같은 교과를 보다 강조하는 결과를 초래하였다. 인간주의적 접근은 보통 학교 내의 교육과정 지도자들 간에 소수의견에 불과한 실정이다. 대부분의 교육자들은 교육과정의 기초, 즉 초등학교에서의 3R과 중등학교에서의 중핵 또는 기초적인 학문적 교과에 관심을 갖고 있다. 그리고 이제 인간주의는 부차적인 견해로 밀려나 있으며, 기초로 돌아가야 한다(back to the basic)는 견해, 비판적 사고를 길러야 한다는 주장, 그리고 엄격한 학문적 표준을 달성하도록 되어야 한다는 입장 등에 의해 빛을 잃게 되었다.

인간주의적 입장을 반영하고 있는 교육과정 학자로는 Elliott Eisner, Glenn Hass, Gene Shepherd, William Ragan 등이 있다. 이들은 아동들의 개인적 사회적 발달, 학습이론(인지적 · 정의적), 그리고 학습자의 자아개념과 자기존중감 등을 강조하는 경향이 있다. 그들은 교사를 그들의 학생들이 상호작용하고 문제를 해결하며 탐구하도록 하는 촉진자와 자원으로 간주한다. 학생들은 수동적이지 않으며, 학급, 학교활동을 계획하는데 참여하는 적극적인 존재로 생각한다.

6. 재개념주의 접근

몇몇 교육과정 서적은 교육과정에 대한 재개념화를 시도하고 있다. 그러나 재개념주의자들은 교육과정 개발과 설계를 위한 모형(또는 교육과정을 다루는 기술적인 측면)의 탐구는 소홀히 하고 있다. 오히려 이들은 교육의(교육과정만이 아니라) 보다 넓은 이념적, 도덕적 문제에, 그리고 사회의(학교만이 아니라) 경제적 · 정치적 구조 등에 초점을 맞춘다. 이러한 이유 때문에, 그리고 교육과정 계획을 위한 모형을 결하고 있다는 이유로 인하여 우리는 그들의 입장을 교육과정 접근으로서가 아니라 철학적인 또는 정치적인 맥락에서 논하는 것이 적절하다고 생각한다.

재개념주의자들은 학교를 사회의 연장 혹은 확대선상에서 본다. 그들은 교육과정의 목적을 현존하는 질서를 통제하거나 유지하는 것 대신 기존 질서나 통제로부터 학습자를 해방시켜야 한다고 주장한다. 이러한 재개념주의자들의 대부분은 교육과정 전문서적을 쓰지 않는다. 그 대신 그들은 특정 철학적 · 정치적 입장을 피력하는 교육적 비판가인 경향이 강하다.

Counts, Rugg, Benjamin과 같은 초기 재개념주의자들의 철학과 사회적 활동에 뿌리를 둔 이 새로운 재개념주의자들의 관점은 전통적인 교육과정에 관한 재사고, 재숙고, 재개념화를 원한다. 그들은 전통적, 과학적, 합리적인 교육과정관에 도전할 뿐만 아니라 그들 자신의 주관과 불완전한 가치관을 정당화하기 위하여 전통적, 과학적, 합리적 관점을 비판하기도 한다. 교육과정에 대한 그들의 접근은 주관적이며, 정치적이고 이념적이다. 그리고 그들은 해답을 추구하기 위하여 체계적인 과학이나 실증적인 방법 어느 것에도 의존하지 않는다.

제3절 교육과정의 의미

우리는 흔히 '교육과정 정상화'니, '교육과정의 파행적 운영'이라는 말을 듣는다. 또 학교는 교문에 부착되어 있는 문패 이름에 의해서가 아니라 바로 그 학교 안과 밖에서 운영되는 교육과정의 모습에 의하여 그 학교의 성격이 드러나는 것이라고 주장되기도 한다. 어떤 사람은 학생들의 교육을 위한 종합적인 계획이 교육과정이라고 주장하는가 하면, 어떤 사람은 학생들이 학교생활을

하는 동안에 하게 되는 모든 경험이 교육과정이라고 주장하기도 한다. '교육과정'의 의미가 무엇인가에 대하여 교사를 비롯한 교육실천가 뿐만 아니라 교육학자들, 심지어는 교육과정 학자들까지도 대략적인 수준에서조차 의견의 일치를 이루지 못하고 있어 매우 혼란스러운 상황이다. Portelli(1987)는 교육과정 전문 서적에 출현하고 있는 교육과정에 관한 정의의 종류가 120개를 넘는다고 하였다.

교육을 성립시키는 요소는 가르치는 사람(교사), 배우는 학생, 가르치고 배울 내용, 가르치고 배울 활동공간으로서의 환경 등으로 기술할 수 있다. 이들 요소 중 어느 하나라도 충족되지 않으면 교육이 성립될 수 없다. 이 중에서 내용을 교육과 교육학의 전문적인 용어로 '교육과정'이라고 한다.

역사적으로 교육이라는 말로 표현할 수 있는 현상이 존재한 곳에는 항상 교육과정이 존재했다. 단지 오늘날 우리가 사용하고 있는 교육과정이라는 용어로 표현하지 않았을 뿐이다. 먼 옛날 농촌의 한 장소에 마을 아이들을 모아 놓고 글을 가르친 경우라든지, 먹을 양식을 구하는 방법을 가르쳤다든지, 맹수로부터 안전을 지키는 방법을 가르쳤을 수도 있다. 이처럼 정형화된 개념으로써 교육과정이라는 용어를 사용하지 않았지만 교육이 있는 곳에는 필연적으로 교육과정이 존재한 것이다.

학생들은 학교생활을 통하여 무엇인가를 배우고 경험한다. 그러한 배움과 경험을 통하여 성장과 발달이 이루어지면서 사회구성원으로 살아간다. 그 배우고 경험할 바의 대상을 교육과정이라고 할 수 있다. 학생들이 학교에서 배우고 경험할 것들이 너무 다양할 뿐만 아니라 먼저 배우고 경험해야 할 것이 있고, 어떤 것을 배우고 난 다음에 배우는 것이 학습의 효과성을 높일 수 있는 것이 있으며, 어떤 내용과 경험은 집중적으로 가르쳐야 하고, 어떤 것은 학생들 스스로의 학습에 의해 더 잘 배우고 경험하는 것들이 있다. 그러므로 학생들이 배우고 경험할 것들을 체계적으로 조직할 필요가 있다. 이것이 교육과정 계획이요 편성이며 구성이다.

교육과정의 역사로 보면, 먼 옛날의 교육과정은 짐작컨대, 편성 혹은 구성이 체계적이지 못해 매우 조잡했을 것이다. 가르치는 사람의 판단에 의해 가르칠 내용이나 경험시키려는 사항이 결정되거나, 내용의 선후 관계도 과학적인 근거에 의해 지지되기 어려웠을 것이다. 그러다가 인지가 발달하고, 계획적이고 체계적으로 교육할 필요성이 제기되면서 내용과 경험의 분류에 의해 영역이 분화되고, 가르칠 내용의 우선순위를 정하는 작업이 수행되기도 하였다. 또 여러 가지 요소를 고려하면서 먼저 가르쳐야 할 내용과 뒤에 가르쳐야 할 내용에 관한 논의과정이 필요했을 것을 짐작할 수 있다.

이러한 실재한 교육과정의 구체적인 모습은 한국의 경우 고려시대의 국자감에서 논어, 효경, 주역 등 9경(九經)과 산술을 비롯한 7개의 보충과목을 이수하도록 한 것이나, 이조시대의 성균관이 4서 5경을 배워야 할 핵심적인 교과로 규정한 것에서 발견할 수 있다.

좀 더 가까이는 1895년 소학교 심상과는 수신, 독서, 작문, 습자, 산술, 체조, 역사, 지리, 도화, 외국어, 재봉(여학생) 등을, 고등과는 수신, 독서, 작문, 습자, 산술, 역사, 지리, 외국 역사, 외국 지리, 이과, 도화, 외국어, 재봉(여학생) 등의 과목을 가르칠 교과목으로 정한 것 등으로 발전해 왔다.

서양의 경우에는 중세까지 7자유과(seven liberal arts), 즉 3학(주로 언어능력 육성 과목)인 문법, 수사학, 변증법과 4과인 산수, 기하, 천문학, 음악 등을 주요 교과로 정해 학생들을 가르친 것에서 교육과정의 현대적인 실재적 기원을 발견할 수 있다. 그러나 한국이나 서양 모두 이 때까지는 이와 같은 교과목들의 편성을 오늘날 우리가 사용하고 있는 '교육과정'으로 표현하거나 교육과정이라는 용어를 사용하지 않았다.

그러면, 교육과정이라는 용어는 언제 어떤 방식으로 학문의 세계에 등장했는가?

앞에서 언급한 바 있듯이, 역사적으로 교육이 있는 곳에는 항상 교육과정이 존재했다. 교육이란 교육과정을 다루는 작업이기 때문이다. 가르치고 배우는 대상물이 곧 교육과정이다. 가르치고 배우는 대상물이 없이 교육은 존재할 수 있다. 그러나 教育課程 혹은 Curriculum이라는 개념(용어)을 사용하여 그 대상물을 표현한 역사는 오래지 않다. 미국의 경우, 1918년 Franklin Bobbitt의 『The Curriculum』이라는 책이 발간되면서 교육학에 공식적으로 등장하였다.

"Curriculum"이란 라틴어 Currere가 그 어원으로서, 이는 동사로서 "뛴다"라는 의미를, 명사로서 '말이 경주할 때 달리는 일정한 코스(race course)'를 의미하는 단어이다. 말 경주를 할 때 출발지점과 골인지점이 정해져 있으며 경주 코스가 정해져 있어 코스를 제대로 돌아 와야 승패를 가릴 수 있다. 그런데, Currere로서의 Curriculum은 단순한 코스나 경주로만으로 이해하는 것은 부적절하다. 오히려 경주를 하고 있는 말(馬)의 생활이요 삶으로 이해하는 것이 보다 적절하다. 라틴어 Currere로부터 Curriculum이라는 용어가 발전했다는 것은 학생들이 입학에서부터 졸업에 이르기까지 배울 내용이 일정하게 정해져 있음을 의미하는 것 이상의 복잡한 뜻을 지니고 있는 것이다.

한국의 경우에는 1951년 "교육과정위원회"가 발족되고, 1953년 '교육과정 시간배당기준령' 이 공포되면서 이 용어가 공식적으로 사용되기 시작하였다. 그러므로 한국에서는 1950년 이전에는 교육과정이 실재했음에도 불구하고 이 용어가 사용되지 않았다. 물론 1950년대에 교육과정이라는 용어가 공식적으로 등장하기는 했으나 실제로는 상당 기간 敎科課程(Course of Study)이라는 용어를 사용하였다. 교과과정이란 국어, 수학, 과학 등과 같이 학교가 가르치려는 교과목들의 체계에 한정되는 용어이다. 이 용어가 교육과정으로 대체된 것은 미국에 유학한 교육학자들에 의하여 Curriculum을 번역하여 사용하기 시작한 것으로부터 비롯되었으며, 종래의 교과과정으로부터 교육과정으로 바뀐 것은 교육에서의 커다란 변화라 할 것이다.

우리나라이건 구미에서건 학습자들이 배워야 할 "그 무엇"을 교육과정이라고 할 때, 그 무엇이란 획일적으로 정해지는 것이 아니다. 그것은 시대에 따라서, 학습자에 따라서, 장소에 따라서, 가르칠 사람의 관점에 따라서 다양한 모습을 띠기 마련이며, 이 점에서 교육과정은 한 가지 방식으로 규정될 수 없다. 그러면, 교육과정은 어떻게 정의되고 있는가?

Tanner와 Tanner(1980)는 많은 학자들이 규정하고 있는 교육과정 정의 방식을 검토한 후 10개의 대표적인 정의를 제시하고 있다. 이들 정의에는 지식, 사고의 양식, 인류의 경험, 안내된 경험, 계획된 학습환경, 인지적 · 정의적 내용과 절차, 수업계획, 수업목표, 공학적 생산체제, 지식과 경험 등으로 어떤 정의는 매우 광의로(인류의 경험), 어떤 정의는 매우 협소하게(수업계획) 표현하기도 한다. 이러한 다양한 교육과정 정의를 다시 유사한 성격을 지닌 것끼리 묶으면 다음과 같이 4가지 군으로 정리된다(李慶燮, 1990 : 10-12).

제1군 : 교육과정이란 학교의 권한하에 있는 아동의 모든 경험이다.

교육과정이란 학교가 책임을 맡고 있는 아동의 모든 경험을 포함한다. 학교의 교육과정은 교실의 프로그램 이상의 것이다. 즉, 교육과정은 진척되고 있는 아동의 모든 활동을 포함한다. 이러한 입장을 취하는 교육과정 학자는 Beauchamp, Ragan, Spears 등이다.

제2군 : 교육과정은 학교가 제공한 모든 학습경험이다.

교육과정은 학습자를 위해 학교가 제공하거나 활용하는 경험의 총체이다. 교육과정은 학교의 후원 하에 제공되는 모든 경험이다. 이러한 입장을 취하는 교육과정 학자는 Saylor, Crosby, Doll 등이다.

제1군과 제2군의 정의간의 차이점은 학습자 경험의 범위에 있다. 즉, 전자는 학교의 책임 하에서 하는 학습자의 모든 경험이라면, 후자는 학교가 제공한 경험이라는 것이다. 따라서 학교의 책임 하에 하는 학습자의 모든 경험 중에서 학교가 제공하지 않은 경험이 있을 수 있으므로 제1군의 개념 정의 방식이 교육과정을 매우 광의로 규정함을 알 수 있다.

제3군 : 교육과정은 학교교육 프로그램의 조직화된 형태로서 수업할 교재, 내용, 수업방법을 기술한 것이다.

교육과정은 바라는 학습성과에 이르는 경험을 학습자에게 제공하기 위해 학교가 활용하는 수업의 수단이다. 이러한 입장을 취하는 교육과정 학자는 Phenix, Krug 등이다.

제4군 : 교육과정이란 구조화된 일련의 의도된 학습성과이다.

교육과정은 수업의 결과를 처방하는 것이지 수업의 수단을 처방하는 것이 아니다. 교육과정은 집단적 사고와 행위 방식으로 아동과 청소년을 도야할 목적으로 학교에서 설정한 잠정적 경험의 계열이다. 이러한 입장을 취하는 교육과정 학자는 Johnson, Smith 등이다.

제3군과 제4군의 차이점은 제3군이 내용과 방법을 포함하는 것임에 비하여 제4군은 내용만을 포함하고 있다는 점이다.

또 Marsh & Wills(1995 : 7-8)도 여러 학자들의 교육과정 개념의 정의들을 종합하여 다음과 같이 5개군으로 정리한 바 있다.

[1] 현대 사회생활에 가장 유용한 교과들

[2] 학교의 책임 하에 수립한 모든 학습계획

[3] 학교의 지도하에 학습자들이 갖는 모든 경험

[4] 학습자들이 겪는 모든 경험

[5] 생활하면서 학습자들이 갖는 모든 경험

또 강현석과 주동범(2004 : 16-19)은 교육과정이란 구체적 대상이 아니라 포괄적인 이미지를 담고 있는 개념이기 때문에 여러 가지로 표현할 수 있는 다양한 이미지에 따라서 그 정의가 다양할 수밖에 없다고 지적하면서 다음과 같은 7가지 정의군을 제시하였다.

[1] 교과목 혹은 교과에 담긴 내용

[2] 학교의 지도 아래 학생이 겪는 실제 경험

[3] 계획된 활동으로 구성된 프로그램

[4] 학습자가 수행할 일련의 과제

[5] 의도한 학습 결과

[6] 문화적 재생산의 도구

[7] 사회재건을 위한 의제(議題, agenda)

[8] 학생의 삶에 대한 해석과 전망

[9] 생산, 여행, 성장, 경험의 재구성 등과 같은 은유(隱喩, metaphor)

또한 곽병선(1987 : 25-31)은 교육과정이라는 개념을 정립하는 데에는 계획, 교육적 성취, 문화내용, 교육과정의 제시형태, 유효성 등 5가지의 개념규정을 위한 준거가 상호연결되어 기술되어야 함을 지적하면서 '교육과정이란 학습자에게 교육적 성취를 의도하여 학교에서 유효할 수 있도록 지식, 사고의 양식, 경험 등 문화내용을 재구성한 모든 수준의 계획'으로 정의하였다.

이 외에도 교육과정 학자들이 내리고 있는 교육과정 개념의 정의를 제시하면 다음과 같다.

❑ Zais, R. S.(1976)

(1) 학습프로그램

(2) 강좌 내용

(3) 계획된 학습경험

(4) 학교 지원 아래 학습자가 갖게 되는 경험

(5) 일련의 의도된 학습 성과

(6) 교육행위를 위해 문서화된 계획

❑ Ornstein & Hunkins(1993)

(1) 의도한 목적과 목표를 달성하기 위한 활동계획이나 문서(Tyler, Taba, Sayler, Alexander, Lewis, Pratt, Wiles and Joseph Bondi)

(2) 학교의 지도하게 학생들이 지니게 되는 모든 경험(Caswell and Campbell, Shepherd and Ragan)

(3) 학생들에게 제공되는 프로그램(Eisner, Hass)

(4) 체제 ~~운용을~~ 위한 인간과 인적 · 절차적 절차와 조직을 다루기 위한 하나의 체제

❑ Lewis, A. J., & Miel, A.(1972)

(1) 교수요목

(2) 의도된 학습결과

(3) 의도된 관여 기회

(4) 제공된 학습경험

(5) 학습자의 실제적 관여

(6) 학습자의 실제적 경험

이들은 이와 같은 개념 정의 방식들에 대한 탐구를 통하여 이들은 교육과정을 '어떤 시공간적 상황에서 교육받을 사람이 다른 사람과 사물(지식을 소유한 사람, 과정, 기술, 가치)에 대하여 의도적으로 관여할 일련의 기회'로 정의하였다.

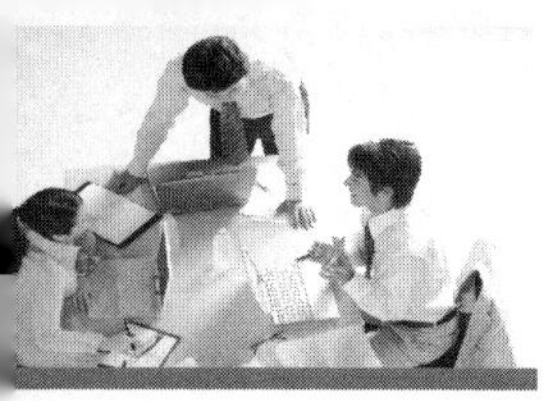

❑ Saylor, J. G., & Alexander, W. M.(1974)

(1) 교과의 체계

(2) 경험들의 조직체

(3) 목표체계

(4) 교육을 위한 계획

❑ Hosford, P. L.(1973)

(1) 일어난 경험의 총체

(2) 제공한 경험의 총체

(3) 목표와 방법의 계획

(4) 목표의 계획

❑ Beauchamp, G. A.(1964)

학교의 보호 아래 일어나는 아동 경험의 총체

❑ Lawton, Denis(1975)

사회의 문화로부터 선택된 것

❑ Taba, H.(1962)

학습을 위한 계획

❑ 이경섭(1984)

(1) 학생들의 환경 혹은 학생들의 활동 및 경험의 전부

(2) 학생들의 학습내용

(3) 학생들의 학습규범

(4) 교수요목

(5) 바람직한 인간생활의 축도

(6) 지식의 구조를 통한 탐구과정의 조직

❑ **김순택**(1982 : 35)

학습자가 학습해야 할 것으로 계획된 목표와 내용의 체계

❑ **이돈희**(1977 : 31)

교육의 목적에 비추어 타당하게 선택되고, 교육의 방법적 원리의 적용이 가능하도록 조직된 교육의 내용

❑ Wiles, J.(2005 : 4-6)

(1) 교과들의 체계

- 교육과정이란 영원히 가르칠 가치가 있는 교과들이다. 이것에는 문법, 독서, 논리학, 수학, 위대한 저서들이 포함된다(Robert Hutchins).
- 교육과정은 5개 학문분야의 교과들로 구성해야 한다. 그것은 국어, 수학, 과학, 역사, 외국어 등이다(Arthur Bestor).
- 교육과정은 학문들로부터 추출한 지식들로 구성된 것이다(Philip Phenix).
- 교육과정은 쓰여진 문서이다(George Beauchamp).

(2) 교육을 위한 계획

- 교육과정은 교육목적과 목표를 달성하기 위한 학습기회에 대한 계획된 프로그램이다(William Alexander).
- 교육과정이란 교육목적을 달성하기 위해 학교에 의해 계획되고 지도된 학생 경험의 총체이다(Ralph Tyler).
- 교육과정은 학습을 위한 계획이다(Hilda Taba).
- 교유과정이란 가르쳐야 할 것과 그것들이 누구에 의해, 언제, 어떻게 가르칠 것인가에 관한 계획이다(John McNail).
- 교육과정은 수업을 위한 활동 계획이다(James Macdonald).
- 교육과정은 의도한 교육적 결과를 계획한 것이다(Elliot Eisner).

(3) 경험

- 학생에게 집단적 사고와 행위양식을 가르칠 목적으로 학교에 의해 선정 · 조직한 경험들(B. O. Smith, William Stanley, Harlan Shores).
- 학교의 지도하에 학습자들이 하게 될 모든 경험(Ronald Doll).
- 아동 학습자들이 수행하고 경험해야 할 것들(Franklin Bobbitt).
- 생활을 지도하기 위해 계획한 학교생활과 프로그램(Harold Rugg).
- 교사의 지도하에 학생들이 하게 될 모든 경험들(Hollis Caswell & Doak Campbell).
- 학교가 학생들을 교육시키기 위해 마련한 모든 경험(8년 연구보고서).
- 학생의 발달과정이나 교실경험의 성취를 통해 달성하려는 목적이나 가치체계(Jon Wiles).

(4) 결과

- 학교의 책임 하에 계획된 학습결과(James Popham & Henry Baker).
- 수업으로부터 결과될 학습 성과들(목표들)의 구조체(K. Howell, S. Fox, K. Morehead).
- 학습장면에서 학생이 수행해야 할 바가 아니라, 수행을 통해 나타날 결과, 교육과정이란 결과와 관련된 것이다(Maurice Johnson).
- 개별 학습자가 넓은 목적과 관련된 구체적인 목표들의 성취를 위해 교육프로그램을 통해 하게 될 모든 경험들(Glen Hass).

❑ Murray Print(1993)

Print는 여러 학자들의 교육과정 개념 정의를 검토한 후에 교육과정을 "교육기관이 학습자에게 제공하는 계획된 모든 학습기회이며, 학교학습 과정에서 학습자가 체험하는 경험들"로 정의하였다. 그리고 교육과정 개념이 지니고 있는 이미지를 다음과 같이 기술하였다.

(1) 교과 : 학생에게 가르칠 일련의 내용들의 형태들로서 교과들

(2) 경험 : 교육장면에서 학습자들이 하게 될 일련의 경험들

(3) 의도 : 목적과 목표를 달성하기 위한 의도적인 전략 계획
(4) 문화적 재생산 자원 : 특정 사회의 문화를 반영한 것으로 한 세대가 다음 세대에게 전달하려는 지식이나 가치들
(5) 쿠레레 : 개인에게 계속적인 인간적 의미를 제공함으로써 생활경험의 재해석 과정

❑ **김대현과 김석우**(2006)

(1) 교육내용
(2) 학습경험
(3) 문서 속에 담긴 교육계획
(4) 실존적 체험과 그 반성

특히, 김대현과 김석우의 교육과정 정의 중 "문서 속에 담긴 교육계획"은 학교 현장의 교사들이 선호하는 방식으로 교육과학기술부의 초 · 중 · 고등학교 教育課程과 교육과정 해설서, 혹은 지침서 등이 교육과정이라는 것이다. 이 교육과정에는 교육목적과 교육내용의 체계, 이를 효과적으로 다루기 위한 교육방법, 교육평가, 교육운영 등에 대한 종합적인 방침과 계획이 담겨져 있다. 이러한 정의는 교육과정을 학습성과, 교육내용, 학습경험으로보다는 학습을 위한 종합계획으로 본 점에서 포괄적이며, 교사들이 교육인적자원부, 시 · 도교육청, 각급 학교에서 만든 교육계획서(교육과정)에 들어 있는 내용을 이해하는데 도움을 준다는 점에서 실용적인 정의 방식이다. 그러나 교육계획이라는 문서내용에 학습자의 경험을 한정하는 느낌을 준다는 점에서 제한적이기도 하다.

보통 교육과정의 형태를 대별하여 교과중심교육과정, 경험중심교육과정, 학문중심교육과정, 인간중심교육과정 등으로 나눈다. 교과중심교육과정이란 내용이건 학습자의 경험이건 그 범주를 교과목에 중심을 둔다는 것이며, 경험중심교육과정은 학습자들의 실제적인 경험을 중심으로 학교교육 활동의 대상을 삼는다는 것이다. 또 학문중심교육과정은 내용을 학문(교과)으로, 방법을 탐구와

발견으로 규정함으로써 '교과의 구조와 탐구방법의 조직'으로 정의하는 셈이며, 인간중심교육과정은 인간본성과 자아, 인간 존재 양식을 교육의 주 내용으로, 이들을 성찰하고 탐색하는 과정을 방법으로 삼는다는 특징을 지닌다. 이렇게 보면, 교육과정 형태는 '교육' 개념을 어떻게 정의하는가에 달려 있다. 교과중심교육과정, 학문중심교육과정과 인간중심교육과정은 내용과 방법을, 경험중심교육과정은 학교가 제공한 것이거나 학교의 책임 하에 학습자들이 하게 되는 경험을 교육과정으로 규정하는 점에서 경험중심교육과정이 가장 광의로 교육과정을 파악하고 있는 셈이다. 그럼에도 불구하고 오늘날 세계 각국의 교육과정은 이러한 교육과정 형태 중에서 어느 하나만을 채택하기보다는 복합적인 형태를 택함으로써 교육과정에 대한 정의를 명확하게 기술하지 않고 있는 셈이다.

교육과정을 어느 한 가지 의미로 파악하는 것은 적절하지 않다. 그것은 교육을 보는 사람의 견해와 철학에 따라서 천차만별의 교육과정 개념이 존재할 수 있기 때문이다. 학생들에게 습득시켜야 할 지식도 교육과정이요, 사회생활에 도움을 줄 수 있는 다양한 경험들도 교육과정이다. 요컨대 학습자들의 성장과 발달에 도움을 줄 수 있는 일체의 내용이나 경험의 체계를 교육과정이라고 할 수 있다. 이 경우, 누가 어떤 내용과 경험이 교육과정이 되어야 한다고 고집하거나 주장할 수 있는가 하는 문제가 제기된다. 그러므로 교육과정의 의미 규정은 주의나 주장의 문제라기보다는 합의의 대상이요, 개인의 교육관의 반영인 셈이다.

이상에서 고찰한 바와 같이 교육과정이란 여러 가지 방식으로 이해될 수 있는 개념이다. 이와 같은 교육과정 개념의 다양한 정의들을 종합하면, ① 학교의 지도하에 학생들이 가지게 되는 모든 경험 ② 구조화된 일련의 의도된 학습결과 ③ 학생들이 달성할 교육목표, 학습할 내용, 교수-학습 방법, 교육평가 방법 등에 관한 계획 ④ 문서 속에 담긴 교육계획 등으로 기술된다.

이들 다양한 개념 정의에 바탕하여 필자는 다음과 같이 정의를 내려 본다. "교육과정이란 학습자의 성장과 발달에 도움을 주리라고 기대되는 일체의 학습 내용과 경험의 체계이다." 이 정의에 의하면, 교육과정을 계획된 그 무엇으로 보거나 교육방법을 처방하는 것은 배제됨을 밝히고 있다. 왜냐하면, 교육과정 개념 자체와 교육과정 구성이나 교육과정 조직, 교육과정 운영 혹은 교육과정 실행, 특히 수업 등의 개념들은 서로 다른 뜻을 지니는 것으로 서로 구분되어야 할 필요가 있기 때문이다. 여기에서 유의할 바는 개념상의 구분과 기능상의 구분과는 다르게 해석되어야 한다는 점이다. 이들은 기능상으로는 서로 밀접하게 관련되어 구분이 거의 불가능하지만, 개념상으로는 구분되어야 할 것이다.

제4절 교육과정 개념의 확대 현상

1. 표면적 교육과정

사람들이 교육과정을 교육의 실재 측면에서 탐구하는 것은 교육을 교육답게 수행하기 위해서이며, 학문의 대상으로 탐구하는 것은 교육의 실제에 올바른 교육과정의 모습을 제공하기 위함이다. 이 점과 관련하여 교육과정은 다양한 수식어가 붙으면서 그 의미가 복잡해져 가고 있다. 대표적인 것이 표면적(表面的) 교육과정, 잠재적(潛在的) 교육과정, 영(零) 교육과정 등이다.

표면적 교육과정은 형식적, 계획적, 공식적, 구조적 교육과정 등으로 표현되기도 한다. 이는 국가나 학교가 학생들의 교육을 위해 사전에 계획하고 편성한 학교교육 활동에 관한 계획이다. 일반적인 의미의 교육과정은 표면적 교육과정을 일컫는다. 국가수준의 경우에는 교육과학기술부가 발행한 교육과정 문서가 되는 셈이며, 학교 차원에서는 '학교교육과정'이라는 이름으로 제시된다.

표면적 교육과정은 일정한 절차를 거쳐 가르칠 가치가 있다고 판단한 것들로 구성되며 매우 체계적인 모습을 띠기 마련이다. 그리고 교사는 바로 표면적 교육과정을 가지고 학생을 가르친다. 표면적 교육과정으로서 제7차 교육과정은 1학년부터 10학년까지 10년간 가르치고 배울 교과를 10개(1학년과 2학년은 6개,

3학년과 4학년은 9개)로 정해 이를 교과과정으로 분류하고, 이를 포함하여 재량활동과 특별활동 등 3대 과정으로 편성하고 있다. 그리고 11학년과 12학년은 선택과목과정과 특별활동 등 2대 과정으로 표면적 교육과정을 구성하고 있다. 이처럼 표면적 교육과정은 의도적이요, 사전에 계획되는 교육과정을 지칭한다.

2. 표면적 교육과정+전개한 교육과정

표면적 교육과정을 계획으로서의 교육과정이라고 한다면, 이 계획을 학교나 교사가 교육 현장에서 실천에 옮긴 것이 전개한 교육과정이다. 학교나 교사에 의해 전개한 교육과정은 표면적 교육과정과 다음과 같은 관계를 지닌다. 그것은 첫째, 표면적(계획한) 교육과정과 전개한 교육과정이 일치함 둘째, 표면적 교육과정보다 전개한 교육과정이 더 넓음 셋째, 표면적 교육과정보다 전개한 교육과정이 더 좁음 등이다. 첫째의 경우는 개념적 수준에서 언급될 수는 있어도 현실적으로 나타나기 불가능하다. 사전에 계획한 교육과정을 그대로 실행에 옮긴다는 것은 전체주의 사회에서도 발생하기 어렵다.

둘째, 교육적으로 기대하는 바의 상황이다. 표면적 교육과정의 범주를 넘어서 학교와 교사가 이른바 생성교육과정(현성교육과정)에 의해 교육활동을 풍요롭게 전개하는 것은 바람직한 일이다. 예컨대, 표면적 교육과정에 포함되어 있지 않은 '논술능력 향상 프로그램'을 방과 후에 운영한다든지, 다문화 가정 자녀들을 지도하는 동료 멘토링 프로그램을 운영하는 것과 같은 활동은 학교장의 교육철학과 소신, 교사들의 교육적 사명감 등이 결합되어 표면적 교육과정 영역을 넘어서는 전개한 교육과정 부분이 된다.

셋째, 표면적 교육과정보다 좁은 전개한 교육과정 현상은 현실적으로 나타나는 경우다. 학교교육 사태는 사전에 계획한 교육과정을 그대로 실천에 옮기기 어렵다. 그것은 교육여건의 미흡이나 부족, 교육적 상황의 역동성, 교사들의 비교육과정적 영역에 투입해야 할 시간과 정열의 요구 증가, 학부모를 비롯한 사회적 요구의 증가 등 복합적인 요인들의 상호작용에 의해 나타나는 현상이다.

3. 표면적 교육과정+전개한 교육과정+실현된 교육과정+잠재적 교육과정

학교와 교사는 표면적 교육과정으로 교육활동을 전개한다. 이것이 전개한 교육과정이다. 그리고 학생들은 표면적 교육과정과 전개한 교육과정을 배우고 익힌다. 흔히 학교교육이란 표면적 교육과정과 전개한 교육과정의 범주에서 이해되어 왔다. 그러나, 학생 편에서 보면, 학교 밖에서 배우고 경험하는 것을 제외하더라도 학교생활을 하면서 배우고 경험하는 것이 반드시 표면적 교육과정 범주에 국한되는 것은 아니다. 표면적 교육과정의 바깥에 있는 어떤 내용이나 경험을 교사가 의도적으로 가르친 것 외에도 학생들은 배우고 경험하는 것들이 있다. 이와 같이 표면적 교육과정에서 다루고 있지 않으면서, 학교와 교사가 의도적으로 가르친 것이 아님에도 불구하고 학생이 학교생활을 하면서 배우고 경험하는 것들을 잠재적 교육과정이라고 한다.

학생들은 정의가 무엇이며, 어떤 상황에서 어떻게 행동하는 것이 정의로운 행동인가를 표면적 교육과정을 통하여 학습하기도 하지만, 집단생활 속에서 비겁한 태도와 행동양식을 학습하기도 한다. 법과 질서를 지켜야 함을 표면적 교육과정 혹은 교사의 의도적인 가르침을 통하여 배우기도 하지만, 법을 지키면 손해 본다는 사실도 학습한다. 학생들끼리 소집단을 형성하여 의리를 배우는가 하면, 세상살이에는 집단 따돌림이나 집단폭력이 불가피하다는 점도 배운다. 즉, 표면적 교육과정이나 교사의 의도적인 가르침의 이면에 숨겨져 있는 학생 편의 교육적 소산이 나타나기 마련이다. 학교라는 조직은 그 나름의 독특한 문화가 형성되기 마련이며, 학생들은 그러한 문화를 자연스럽게 내면화하게 되는 것이다.

이처럼 잠재적 교육과정은 학교교육의 모습을 표면적 교육과정에 국한하여 볼 것이 아니라 보다 확대된 범주로 볼 것을 요청한다. 그래야 교육의 제 모습을 볼 수 있다는 것이다. 이러한 잠재적 교육과정은 학생편의 실현된 교육과정의 한 측면이다.

4. 표면적 교육과정+전개한 교육과정+실현된 교육과정+잠재적 교육과정+영(零, null) 교육과정

현실적으로 교육과정은 표면적 교육과정(계획으로서의 교육과정)과 잠재적 교육과정(학습 결과로서의 교육과정) 외에 또 하나의 교육과정, 즉 영교육과정이 존재한다.

Eisner(1993)에 의하여 제시된 영교육과정이란 가르칠 필요가 있는 내용, 경험시킬 가치가 있는 경험요소임에도 불구하고 의도적으로 표면적 교육과정에 배제된 내용이나 경험들을 일컫는다. 학생들이 교육을 통하여 습득하거나 체득해야 할 내용이나 경험들은 무수한 양으로 존재하기 때문에, 그리고 내용과 경험은 우선순위가 있다고 볼 수 있기 때문에 선정하여 표면적 교육과정이 구성되기 마련이다. 그리고 유한한 교육 기간에 가르칠 가치가 있다고 해서 모든 것을 표면적 교육과정에 포함시킬 수도 없다.

표면적 교육과정에 객관적이고 사실적인 사료에 의해 일본의 역사 왜곡 교과서 내용이나 독도가 대학민국 영토임을 밝히고 있는 내용이 교과서에서 제대로 다루어지지 않고 있다든지, 미국의 아라크 침공에 관한 균형잡힌 내용이 배제되어 있다든지, 학교교육이 사회화 기능이나 기능론적 입장에서만 해석되고 파악되도록 하는 내용은 다루고 있으면서, 갈등론적 입장이나 기능, 즉 빈부의 격차를 확대재생산하는 기능이나 역할은 표면적 교육과정에 의도적으로 배제시켰다면 이들은 영교육과정의 예이다.

이처럼, 영교육과정은 학교교육의 본질을 이해하는 시각을 넓혀 주는 데 도움을 준다. 만약에 표면적 교육과정만으로 학교교육을 이해한다면 교육의 가치와 의미가 왜곡되거나 협소해질 수밖에 없다. 또 영교육과정은 교육과정의 올바른 모습이 어떠해야 하는가에 관한 새로운 관점을 제공해 주며, 교사는 교육과정을 어떻게 보아야 하며, 교육과정으로 무엇을 해야 하는가를 밝혀 주는 셈이다.

형성평가

1. 아래 글에서 '이것'에 해당하는 것은?

- 이것의 정의는 교육을 보는 관점에 따라 다양하다.
- 이것은 학습자의 교육적 성취를 위한 모든 수준의 계획으로 정의되기도 한다.
- 이것은 유형 · 무형의 형태를 지니며, 다양한 자료를 통해 표현될 수 있다.

① 교육백서 ② 교육개혁 ③ 교육과정 ④ 교육시설 ⑤ 교육연구

2. 다음 중 교육과정의 핵심은 어느 것인가?

① 학생들의 학습경험 ② 교과서 이수 체계
③ 교과목의 시간배당 ④ 단원계획

3. 교육과정은 주로 어떤 체제를 구성하고 있는가?

① 학습지도의 체계 ② 지식기능의 체계
③ 교육내용의 체계 ④ 교육목적의 체계

4. 다음 중 교육과정의 핵심적 질문과 가장 직접적인 관계가 있는 것은?

① 사람은 왜 사는가? ② 결혼은 해야 하는가?
③ 사회는 어떻게 변동하는가? ④ 어떤 내용이 교육목표 달성에 적합한가?

5. 다음 중 교육과정에 관한 가장 핵심적인 질문은?

① 교육내용을 어떻게 가르치고 배울 때 학습이 가장 잘 일어나는가?
② 학교는 어떤 내용을 가르치고 배우도록 해야 하는가?
③ 학교교육은 어떤 인간을 길러내야 하는가?
④ 학생이 잘 배웠다는 근거를 어떻게 확인할 것인가?

6. 다음 중 교육과정에 관한 가장 핵심적인 질문은?

① 학생들에게 가장 가치 있는 지식은 어떤 지식인가?
② 어떤 교사가 잘 가르치는 교사인가?

③ 학교교육은 평등성과 수월성 중 어느 것을 더 중요시해야 하는가?
④ 절대평가와 상대평가 중 어느 평가체제가 더 교육적인가?

7. 교육과정은 학생의 입장에서 볼 때 어느 것에 해당하는가?

① 교과내용 ② 교육내용 ③ 학습내용 ④ 학과내용

8. 교육과정의 개념 규정을 위한 준거로 적절하지 못한 것은?

① 유 · 무형의 자료를 통해 보존되고 표현되어야 한다.
② 학습자의 전인적 발달을 위한 경험의 총체이어야 한다.
③ 시 · 도 교육감이 지정하는 교육방침이어야 한다.
④ 교육의 방법적 원리를 적용할 수 있도록 조직되어야 한다.

9. 서양의 경우, 근대까지 7자유과를 중요한 교육과정으로 인식하고 이를 학생들에게 가르쳤다. 이에 대한 설명으로 적절하지 않은 것은?

① 7자유과란 인간이 자유로운 삶을 영위하는 데 핵심적인 7개의 교과이다.
② 7자유과는 문법, 수사학, 변증법 등 3학과 산수, 기하, 천문학, 음악 등 4과로 구성되었다.
③ 7자유과는 실용주의 철학에 바탕한 것이다.
④ 형식도야이론에 근거한 교육과정 구성이다.

10. 다음 중 형식도야이론에 관한 설명으로만 묶인 것은?

가. 실용적 기능에 의하여 교과의 가치가 판단된다. 나. 능력심리학에 이론적 기반을 두었다. 다. 재미없고 어려운 교과를 힘들여 공부하는 이유를 정당화한다. 라. 과학적 심리학의 출현으로 그 타당성이 입증되었다.

① 가, 나 ② 나, 다 ③ 나, 라 ④ 다, 라

11. 다음의 교육과정 관점에 대한 설명으로 옳지 않은 것은?[2010]

인간의 능력은 몇 개의 능력들(faculties)로 이루어져 있고, 이 능력들을 단련하는 데에는 거기에 적합한 교과가 있다. 교과교육에서 무엇을 기억하고 추리하느냐가 중요한 것이 아니고, 기억되고 추리되는 내용이 무엇이든지간에 그것을 기억하고 추리한다는 점이 중요하다. 따라서 교과는 인간의 정신을 도야하는 가치에 따라 그 중요성이 결정되며, 정신능력들을 도야하는 데 적합한 교과들을 학교에서 가르쳐야 한다.

① 교과 학습에서 흥미가 없는 교과라도 학습자의 노력이 중시된다.
② 교과 내용의 가치를 개인 생활의 의미와 사회적 유용성에서 찾는다.
③ 교과의 중요성은 구체적인 내용에 있기보다는 내용을 담는 형식에 있다.
④ 능력심리학에 근거하여 심근(心筋) 단련을 위한 수단으로 교과를 강조한다.
⑤ 교과를 가르치는 방법으로 훈련과 반복을 강조하고 일반적 전이를 가정한다.

12. 현대적 의미의 교육과정 개념의 의미를 가장 잘 기술한 것은?
① 교수요목
② 학교에서 가르칠 교과들을 체계적으로 조직한 것
③ 교육과정 문서 속에 담긴 교육계획
④ 학교생활을 하는 동안에 학습자가 하는 모든 경험

13. 교육과정의 정의를 가장 바르게 말한 것은?
① 지식의 나열체이다
② 학생의 생활경험의 총체이다.
③ 교수요목과 학습지도안이다.
④ 의도적으로 선정 · 조직된 학습 경험의 총체이다.
⑤ 교수-학습활동을 말한다.

14. "교육과정은 그 어원인 '쿠레레(currere)'에 복귀해야 한다."라는 주장이 최근에 일고 있다. 이러한 주장과 관련 있는 것은?
① 교육과정 논의의 대상은 교육과정 설계와 개발이다.
② 학교교육이 이루어지는 과정을 전달과정에 비유한다.
③ 교육경험을 통한 개개인의 의미형성 과정을 강조한다.
④ 교육과정 질 관리의 차원에서 교사의 책무성을 강조한다.

15. 어떤 교장이 교과교육 뿐만 아니라 노작활동과 생활교육을 중시했다면, 이 교장이 추구하고 있는 교육을 가장 잘 표현한 것은?
① 인간의 신성을 중시하는 종교교육
② 신체 활동을 중시한 신체단련교육
③ 읽기, 쓰기, 셈하기를 중시한 기초지식 교육
④ 인간의 조화로운 발달을 중시한 전인교육

16. 실제 교수-학습 활동을 중요한 개념적 요소로 포함하는 교육과정의 정의는?

① 교육과정은 학교의 지도하에 학생이 겪는 경험이다.
② 교육과정은 의도된 학습결과이다.
③ 교육과정은 교과 혹은 교과목에 담긴 내용이다.
④ 교육과정은 교육활동을 위한 문서화된 계획이다.

17. 공리주의 교육과정 이론의 긍정적인 측면을 바르게 설명한 것은?
① 합리성의 계발에 기여한다. ② 인류의 문화전승에 효과적이다.
③ 교과의 유용성을 높일 수 있다. ④ 학습자의 권리 신장에 유리하다.
⑤ 보편성이 있는 교육내용을 제공한다.

18. 다음의 주장과 관련 있는 교육과정 이론은?

(1) 학생들을 둘러싼 생활설계를 존중해야 한다.
(2) 교과의 지식은 특정 계층의 이데올로기를 반영하고 있다.
(3) 현재의 학교교육은 학생들을 정신적으로 황폐화시키고 있다.
(4) 사전에 설정된 교육목표에 따라 수업하는 것은 바람직하지 않다.

① 재개념주의 ② 합리주의 ③ 개념-경험주의 ④ 인간주의 ⑤ 경험주의

19. 교육과정에 대한 재개념주의적 입장을 가장 잘 설명한 것은?
① 지식의 구조나 지식의 형식을 교육내용으로 강조한다.
② 교육과정 개발에서 참여자들의 토론과 합의를 강조한다.
③ 교육내용의 이데올로기적 성격이나 쟁점을 드러내는 데 관심이 있다.
④ 교육목표를 가장 중시하고 교육목표와 내용, 방법간의 일관성을 강조한다.

20. 다음에서 탈근대적인(postmodernism) 교육과정 이론의 특징을 바르게 묶은 것은?

가. 교육과정의 다양성을 강조한다.
나. 교육과정의 맥락성과 정치성을 강조한다.
다. 교육과정의 연구, 개발, 실행의 기본 원리를 중시한다.
라. 갈등, 불안정, 변화 등이 요소를 교육과정의 자연스러운 특징으로 받아들인다.

① 가, 나, 다 ② 가, 나, 라 ③ 가, 다, 라 ④ 나, 다, 라

21. 포스트모더니즘(postmodernism) 교육과정 이론에 가장 부합하는 교사의 활동은?
① 수업시간에 문화적 다원주의 또는 상대주의를 강조한다.

② 객관적이며 보편적인 지식을 중요한 교육내용으로 가르친다.
③ 현대의 과학적 관리이론을 적용하여 인적 자원을 효율적으로 개발한다.
④ 중앙집권적 교육과정 개발의 이론적 근거를 중요시한다.

22. 다음과 같은 특징을 지닌 교육과정에 가장 부합하는 관점은?

> (1) 학생이 주체적으로 교수-학습과정에 참여하게 한다.
> (2) 학생은 자신이 속한 역사적 · 문화적 · 사회적 상황을 바탕으로 하여 의미와 지식을 만들어 가는 존재이다.
> (3) 지식습득은 개인의 자아성찰적 인지적 작용과 사회적 참여를 통해 지속적으로 변화, 수정, 보완해 가는 과정이다.

① 재개념주의　② 합리주의　③ 구성주의　④ 인간주의　⑤ 본질주의

23. 다음은 교육과정의 어떤 접근법을 설명하는 것인가?

> (1) 기존 교육과정의 경직성에 대한 비판에서 출발하였다.
> (2) 기존의 교육과정이 학습자들의 개성, 자아실현 등을 무시한 채 교육과정의 개발과 실천을 과학적이고 합리적으로 다루려는 점을 비판하였다.
> (3) 전통적 교육과정 접근법에 대한 비판으로부터 대두되었다.
> (4) 1920년대와 1930년대의 진보주의 철학과 활동중심 교육과정에 기초하였다.

① 체제관리적 접근　② 행동주의적 합리적 접근
③ 지적 · 학구적 접근　④ 인본주의적 심미적 접근
⑤ 재개념주의적 접근

24. 교육과정(지식) 사회학이 교육과 관련된 설명으로 알맞는 것은?
① 교육은 인간행동의 계획적 변화이다.
② 교육은 사회통제기제나 분배기제를 변화시킨다.
③ 교육은 사회평등화를 촉진하며 사회발전에 이바지한다.
④ 교육은 특정시대에 특정계층의 요구에 맞는 지식의 선택 · 조직화 현상이다.

25. K고등학교 교육과정위원인 정교사는 다른 교사들과는 달리 교육과정 사회학에 관심이 많다. 그래서 그는 여러 가지 문제를 제기하면서 학교교육과정을 개발하려고 노력한다. 이 경우 정교사가 주로 생각하는 사항들로 묶여진 것은 무엇인가?

> 가. 진정으로 중요한 학교지식은 무엇인가? 교과서에서 다루어지고 있는 것들보다 더 중요한 지식이 있지 않을까?
> 나. 교육과정은 보편타당한, 누구나 배워야만 하는 것들로 구성되어야 한다.
> 다. 교육과정에 들어 있는 지식은 주로 정치적 사회적으로 결정된 것이다.
> 라. 교육과정에는 주로 지배집단이나 사회적 상층부 집단의 필요가 반영되고 있다.
> 마. 훌륭한 교수-학습이란 공식적 교육과정을 충실히 가르치고 배우는 것이다.

① 가, 나, 다 ② 나, 다, 라 ③ 가, 다, 라 ④ 다, 라, 마

25. 교육과정 접근이란 무엇을 뜻하는지 자신의 말로 표현해 보라.

26. 교육과정 개념이 학자들에 따라서 다양하게 정의되고 있는 이유에 대하여 설명해 보라.

27. 교육받은 존재로서의 현재 자신의 성장과 발달에 영향을 미친 요소들을 열거해 보고, 그러한 요소들을 유사한 것끼리 분류해 보라.

제 2 장

교육과정의 구성 요소와 기초 자원

이 장의 개요

1. 교육과정을 학문의 대상으로 삼거나 교육실천 행위의 대상으로 삼거나 그 구성 요소는 (1) 교육목표 설정 (2) 교육내용과 학습경험의 선정 및 조직 (3) 교수-학습(수업) 방법의 고안 (4) 교육과정 평가 방법 개발 등 4개 요소이다.
2. 이러한 교육과정 구성요소들은 개념상 구분되는 것이며, 실제는 4가지 요소가 유기적인 상호관련성을 갖는 통합체이다.
3. 교육과정의 기초자원이란 교육과정에 영향을 미치는 요인들을 일컫는다. 즉, 교육과정에 관한 학문적 논의 혹은 교육과정 개발이나 개정 과정에서 필연적으로 고려하게 되는 측면들이다. 이러한 교육과정의 기초자원은 철학적 기초 자원, 심리적 기초 자원, 사회적 기초 자원, 학문적 기초 자원 등이 핵심이다.

무릇 모든 학문은 고유한 탐구대상을 지니기 마련이다. 교육학은 교육현상 혹은 학교 교육현상을 탐구의 대상으로 하고, 철학은 인간의 사고양식이나 현상 및 사상을 보는 관점을 탐구의 대상으로 삼으며, 심리학은 인간을 포함한 심리현상을, 그리고 사회학은 사회현상을 탐구 대상으로 삼는다. 이처럼, 어떤 학문이 학문으로 성립하기 위한 첫 번째 조건이 나름의 독특하고 고유한 탐구영역 혹은 탐구 대상이 있어야 한다. 이는 곧 학문의 정체성과 관련된다.

"교육과정을 구성하는 요소가 무엇인가?" 하는 문제는, 교육과정을 연구하는 학문집단들이 '교육과정이라는 학문영역에서는 무엇을 중요한 탐구의 대상으로 삼는가', 혹은 '교육과정 학자들은 어떤 내용을 연구하는가' 하는 것과 같다. 그리고 교육과정의 실천가들이 '교육과정을 운영 혹은 실행한다고 할 때 그들이 하는 일의 영역이 무엇인가'에 대한 해답을 추구하는 것과 같다.

또 학문의 대상으로서 혹은 학교교육의 핵심적인 요소로서 '교육과정'을 구성하는 기초적 자원은 무엇인가? 교육과정에 관해 논의하거나 이에 관한 사고를 전개할 때 필연적으로 관련짓거나 망(network)을 이루는 기초적인 요소는 무엇인가? 교육과정의 개념, 성격, 형태 등이 계속적으로 변화되도록 만드는 기초적인 힘(자원)은 무엇인가? 교육과정학이라는 학문의 기초학문은 무엇인가?

이들 질문에 관련된 것이 교육과정의 기초 자원(基礎資源, basic sources)이다. 즉 교육과정의 기초 자원이란 교육과정이라는 실체를 만들고 있는 기본적인 요소, 교육과정의 개념 전개 과정에서 가장 기본적으로 등장하게 되는 자원들, 그리고 교육과정을 계획하거나 구성하거나 개발하거나 개정할 때 기본적으로 고려하거나 활용하거나 영향을 미치는 사항들이다. 이와 같은 교육과정의 기초 자원에는 '철학적 기초', '심리적 기초', 사회적 기초', '학문적 기초' 등이 있다.

이 장에서는 연구와 탐구의 대상으로서, 그리고 실제 교육활동의 매개체로서 교육과정은 어떤 요소들로 구성되는가를 살펴보고자 한다. 그리고 교육과정에 관한 학문적 탐구나 개발 혹은 구성 과정에서 고려하게 되는 기초 자원은 어떤 것이 있는가를 고찰하고자 한다.

제1절 교육과정 구성 요소

교육과정을 구성하는 요소를 어떻게 개념화하는가는 학자들의 견해가 일치하는 것은 아니다. 그러나 아래에서 알 수 있듯이 공통적인 요소를 발견할 수 있다.

교육과정에 관한 개념체계를 매우 간결하게 제시한 바 있는 Ralph Tyler는 『Basic Principles of Curriculum and Instruction』(1949)이라는 그의 저서에서 교육과정과 수업을 동일한 체제로 보면서 그 구성 요소를 교육목표의 설정, 학습경험의 선정, 학습경험의 조직, 학습성과의 평가방안 구상 등 4대 요소로 제시하고 있다. 또 Tyler의 학문적 전통을 이어받은 Taba(1962 : 422)는 목적 및 목표의 설정, 내용 및 학습경험의 선정과 조직, 학습결과의 평가 등 3요소를 들고 있다.

이에 대하여 金祥源(1980 : 16)은 교육목표, 교육내용, 교육경험, 교육내용과 조직, 교수-학습의 실제, 교육평가 등 6개 요소로 보다 세분화하여 제시한 바 있으며, 金宗西 등(1997 : 15)는 교육목표, 교육내용, 학습경험, 학습결과 등 4요소를 제시하면서 '학습경험'을 학생 속에 일어나는 모든 지적 · 정서적 · 신체적 경험, 즉 학생-환경 상호작용을 의미한다고 하여 통상 학습의 요소로 기술하고 있다. 또 김호권 등(1994)은 수업목표의 상세화, 학습경험의 선정과 조직, 수업의 설계와 실천, 학습성과의 평가 등 4요소를 밝히면서 특히 교육과정은 수업의 실제에 구체적인 지침을 제시해 주어야 함을 강조하고 있다.

한편, 강현석과 주동범(2004 : 23-26)은 교육과정의 영역을 교육과정의 기초, 교육과정 설계, 교육과정 구성, 교육과정 개발, 교육과정 실행, 교육과정 공학, 교육과정 개선과 변화 등 7개로 개념화하고, 교육과정 설계를 교육과정 구성 요소들의 배열과 조직으로 규정하면서 구성 요소를 목적 및 목표, 교과 및 내용, 학습활동, 평가 등으로 제시하였다.

이상에서 살펴본 바와 같이, 교육과정 구성 요소는 학자들에 따라서 요소의 표현 용어가 약간씩 다른 점, 요소들을 세분화하여 제시하는가 아니면 통합하여 제시하는가의 차이를 제외하고는 거의 동일한 요소를 밝히고 있음을 알 수 있다.

이와 같은 여러 학자들의 견해를 종합해 보면, 敎育課程을 구성하는 요소는 ① 교육목표 설정, ② 교육내용과 학습경험의 선정 및 조직, ③ 교수-학습 방안의 모색, ④ 교육과정 평가 방법의 구안 등 4대 요소로 정리할 수 있다. 이를 표로 나타내면 다음과 같다.

교육목적 교육목표 설정	→	교육내용, 학습경험의 선정과 조직	→	교수–학습 방법 고안	→	교육과정 평가방법 개발
기르려는 행동 특성 : 지적, 정의적, 신체기능적		1. 목표달성에 최적인 내용과 경험요소의 선정 및 조직 2. 주어진 교수–학습 상황에 적응할 수 있는 교수–학습 고려 3. 타당하고 적합한 평가상황 고려		학습자와 환경과의 상호작용		1. 교육목적의 달성도 확인 2. 환경평가 3. 학습상의 곤란도 확인, 처방

이와 같은 교육과정 4대 구성 요소들은 화살표에 의하여 사고의 과정이나 활동의 절차를 나타내는 것처럼 보일 수 있으나 이는 개념상의 구분이요 체계적인 모습을 보이기 위한 수단에 불과하며 통합적인 사고체계와 활동체계이다. 그럼에도 불구하고 교육과정 4대 구성요소 중 핵심적인 요소는 두 번째의 "교육내용과 학습경험"이다. 계획으로서 파악하건 결과로서 파악하건 학생들은 어떤 내용과 경험을 배우고 익힌다. 학생들이 배우고 익힐 바가 무엇이며, 그것이 왜 중요한가에 관한 탐구와 실제가 곧 교육과정의 중심 요소이다.

또 현실적으로 교육목적이나 목표 설정에 관한 영역은 교육철학과 맞물리는 부분이며, 교수-학습 방법의 고안 영역은 교육학의 하위 분야인 교수-학습의 이론과 실제 혹은 교육방법과 공학과 맞물리는 부분이다. 그리고 교육과정평가 방법의 구안 영역은 교육평가와 겹치는 부분이라는 점에서 교육과정의 고유

영역이나 요소는 '교육내용과 학습경험의 선정 및 조직'이라고 할 수 있다. 흔히, 교육과정 혹은 교육과정학은 다름 아닌 교육과 교육학이라고 주장하는 이유가 여기에 있다(미국의 사범대학에서는 학과 명칭이 교육학과가 아니라 교육과정학과이며, 여기에 교과교육학과가 망라되는 것이 대부분이다).

이제 이들 교육과정 구성 요소 각각에 대하여 좀 더 구체적으로 살펴본다.

1. 교육목적과 교육목표의 설정

교육목적과 교육목표란 교육을 통하여 달성하고자 하는 학습자 행동특성의 변화상태를 일컫는다. 교육목적(educational purposes)과 교육목표(educational objectives) 간의 관계는 상위와 하위 관계를 지니는 것으로, 목적은 목표에 비해 보다 추상적이고 보편적이며 광의로 진술되는 것이며, 교육목표는 목적에 비하여 상대적으로 보다 구체적이고 특수하며 협의로 진술되는 것이다. 흔히, 국가 차원, 시 · 도 교육청 차원, 학교급별 차원에서 진술하는 경우에는 '교육목적'으로, 교과교육이나 교과의 수업에 적용하는 경우에는 '교육목표'로 표현하는 것이 적합하다고 본다. 따라서 중학교 교육목표는 부적절하며, 중학교 교육목적으로 표현하는 것이 적절하다.

어떤 교육목적을 중요시하는가에 따라서 교육과 교육과정의 개념 파악 방식이 달라짐과 동시에, 교육과 교육과정의 개념 파악 방식에 따라서 강조하는 교육목적이 달라지게 된다. 그리고 교육목적의 강조점은 교육과정의 형태를 결정하는 데 큰 영향을 미친다. 역사적으로 교육목적의 큰 주류는 그리스의 철학자 플라톤이 주장한 바 있는 '정의로운 사회 건설', 프랑스의 정치철학자 루소가 주장한 '개인의 개성과 인간성의 성취', 그리고 20세기 미국의 대표적인 철학자 듀이가 주장한 '개인의 성장과 민주사회의 건설' 등이다. 즉, 교육의 목적을 국가발전에 두느냐, 개인의 성장에 두느냐, 개인과 사회의 조화로운 발전에 두느냐에 따라서 그와 같은 목적을 달성하는 데 가장 적합한 교육과정이 구성된다.

교육목표의 영역은 흔히 知 · 情 · 意, 智 · 德 · 體, 지적, 정의적, 심체 · 기능적 영역 등에서 추출되고 진술하는 방식을 취해 오고 있다. 그러나, 이와 같은 교육목적이나 목표의 영역 구분은 일반적인 방식이며, 실제로 교육과정의 개념을 규정하거나 그 모습을 결정할 경우에는 매우 체계적이고 심도 있는 탐구를 요한다.

교육목적과 교육목표가 교육과정을 구성하는 중요한 요소의 하나라는 것은 교육과학기술부에서 고시한 '교육과정' 책자, 시 · 도 교육과정이 제시하고 있는 교육과정 편성 · 운영 지침, 그리고 각급 학교 교육과정(교육계획서로 표현하기도 하지만, "교육과정"으로 표현하는 것이 타당하다)에 보면, 앞 부분에 교육적 인간상, 교육목적, 교육목표 등에 관하여 기술해 두고 있는 것을 보아서도 알 수 있다. 교육과정을 구성하거나 개정할 경우에는 교육활동을 통하여 기르고자 하는 인간 특성에 관한 중요하고 분명한 교육목적 혹은 교육목표를 진술해야 한다. 이러한 일은 교과의 교육목표, 특별활동 교육목표, 성 의식 육성 프로그램 등의 경우에도 마찬가지다. 그리고 교육과정과 교육목표를 선정하거나 설정할 때 주로 '교육철학', '학습자의 요구와 필요 및 발달 상태', '사회적 필요' 등이 영향을 미친다.

2. 교육내용과 학습경험의 선정 및 조직

교육과정이란 이미 그 안에 교육목적이나 교육목표를 포함하고 있는 것과 마찬가지로, 교육내용과 학습경험을 포함하고 있다. 학습자가 배우고 익힐 대상이 없는 교육과정은 존재하지 않는다.

가르치는 사람과 배우는 사람은 무엇인가 일거리를 가지고 만나며 상호작용하게 되는데 그러한 "일거리"를 교육내용 혹은 학습경험이라고 한다. 교육내용과 학습경험은 본질적으로는 동일한 것의 서로 다른 표현이지만, 교육의 현실에서는 매우 다르게 기술되고 있다. 교육내용이란 교과에 담겨 있는 지식과 같이 학습자가 습득하고 알아야 할 '그 무엇'이라면, 학습경험은 익히고 체득하기를 바라는 '그 무엇'이다. 교육내용은 교과중심 교육과정과 학문중심 교육과정에서 각각 교과와 학문에서 선정되고 조직되는 것이라면, 학습경험은 경험중심 교육과정에서의 학습자의 생활과 활동들로부터 선정되고 조직된다. 교육내용은 주로 교과활동의 대상이라면, 학습경험은 주로 특별활동을 비롯한 학습자 주도적 활동들의 대상이다. 따라서 이 양자를 결합하여 표현하는 것은 교육과정에서 어느 일방만이 중요성을 지닌다고 할 수 없기 때문이다. 학습자는 교육내용을 통하여 환경 혹은 현상을 이해하게 되고, 학습경험을 통하여 무엇인가를 할 수 있게 된다. '아는 것'과 그 아는 바를 '할 수 있는 것'으로 결합시키는 방법의 연구, 교육내용을 습득한 것에서 멈추기보다는 경험의 세계로 확장시키는 방법의 연구 등은 교육과정 학자들의 중요한 탐구과제이다.

학생들이 학교 교육을 받는 과정에서 배우고 익힐 내용과 경험은 거의 무한정한 양으로 존재한다. 그리고 어떤 내용과 경험이 진정으로 학생들의 성장과 발달에 도움을 줄 수 있는가의 문제는 간단하게 해결될 수 없다. 초 · 중 · 고등학교 교육과정에는 어떤 교과들은 포함되어 있는가 하면, 어떤 교과들은 배제되어 있다. 마찬가지로 각 교과에는 어떤 내용은 포함되어 있고 어떤 내용들은 배제되어 있다. 그러면, 왜 어떤 것만을 선정하는가? 그것은 첫째, 교육목표를 달성하기 위하여 가장 적합한 것으로 내용과 경험을 구성 조직해야 한다는 점, 둘째, 인간의 삶이 유한하고 교육을 받는 기간이 일정하게 제한되어 있다는 점, 셋째, 사회의 제반 현상 중에는 올바로 가르칠 수 있는 방법적 원리가 없거나 부적절한 것이 있다는 점 등을 들 수 있다. 이러한 이유로 인하여 교육내용이나 학습경험들 중에서 선정해서 가르치거나 익히도록 해야 하며, 이 일은 교육과정을 구성하고 있는 중요한 요소이다.

또 선정한 교육내용이나 학습경험들은 가르치기 쉽고 학습에 용이하여 학습의 효과를 높이도록 조직해야 한다. 교과나 교육프로그램들의 어떤 내용이나 경험은 낮은 학년에서 배우고 익히도록 조직해야 하며, 어떤 내용이나 경험은 높은 학년에서 학습하는 것이 효과적일 수 있다.

3. 교수-학습 방법의 모색

교육과정은 교육목적을 설정하고 이를 달성하는 데 최적이라고 할 수 있는 교육내용 및 학습경험을 선정 조직하는 요소와 함께, 교수-학습 방법 모색이라는 구성 요소를 지니고 있다. 교수-학습 과정은 학습자가 직접 교육내용을 습득하거나 익히고 의미 있는 학습경험을 수행하고 이를 확장시켜 나감으로써 교육목표를 달성하는 과정이다. 이 과정은 실로 다양한 요인들이 복합적으로 상호작용하는 과정이다. 교사특성, 학습자 특성, 교육목표 특성, 교육내용과 학습경험 특성, 수업조건과 방법 특성, 학교 또는 학급의 풍토 특성, 물리적 환경 특성, 교육 설비와 자료와 기자재 특성 등이 하나의 공간에 투입되고 상호작용하여 이루어지는 과정이다.

비유컨대, 교육목표가 건물의 최종 모양에 대한 진술이라면(예컨대, 12층 건물의 Xm^2짜리 50개 동 아파트를 짓는다), 교육내용 혹은 학습경험의 선정 및 조직은 건물 속에 공간을 어떻게, 어떤 크기와 모양으로 배치하고, 어떤 용도로 활용할 것인가, 화재나 지진 발생에 어떻게 대비할 것인가 등을 구체적으로 설계하는 일이라면, 교수-학습과정의 모색은 목표한 바의 건물을 구체적인 설계방식에 따라서 일을 집행하는 일에 비유할 수 있다. 아무리 목표가 잘 진술되고 목표 달성을 위한 내용과 경험의 선정 및 조직이 훌륭하게 이루어졌다고 할지라도 그와 같은 계획이나 설계가 현장에서 집행(실천)되지 않는다면 아무 의미가 없는 일이다.

그러므로, 교육과정은 교육목표 설정과 교육내용 및 학습경험의 선정과 조직 등과 더불어 교수-학습 과정에 관한 탐구를 포함하는 학문이요 활동이다. 교육목표 설정과 교육내용 및 학습경험의 선정과 조직 등은 이 일을 수행하는 사람들의 어떤 의도를 반영한 것이며, 그와 같은 의도를 실행에 옮기는 방법도 그 사람들에 의하여 탐구되고 제시되어야 타당하고 효과적인 교육과정이 된다.

일반적으로 교육과정의 구성 요소의 하나로 '교수-학습(수업) 방법의 모색'을 드는 것은 교육과정학자들에게는 자연스러운 일이다. 그러나 양자의 관계에 관한 어떤 합의가 이루어진 것은 아니며 지금도 논의가 지속되고 있다.

4. 교육과정 평가

교육과정 구성 요소로서 교육과정 평가를 지적할 수 있다. 여기서 종래 주로 사용해 온 '교육평가'라는 용어 대신 '교육과정 평가'라는 개념을 사용하는 것은 근본적으로 교육평가는 교육과정 평가여야 한다는 점을 강조하기 위함이다. 흔히 교육평가라고 하면 학습자의 학습성과 평가로 인식하는 경향이나 관행이 있으나, 이와 같은 경향 혹은 관행은 평가활동의 본질을 왜곡한 측면이 있다. 교육과정 평가는 교육과정에 관한 평가로서, 교육과정의 편성 부문과 운영 부문(교육평가를 포함하여)으로 구분하여, 그것들의 타당성, 적절성, 효과성 등을 체계적으로 평가하여 문제점과 개선점을 밝히고 이의 해결과 발전적인 방향을 모색하고, 수집한 정보를 다음의 교육과정 개발(계획)에 활용하는 과정이다.

이상에서 살펴본 교육과정 구성의 4대 요소는 개념상의 구분에 불과하며, 통합적으로 이루어지는 교육과정 편성과 운영활동의 영역을 편의상 구분지은 것이다. 교육과정을 구성하는 4대 요소 간의 관계도 단계적이고 직선적인 방향으로만 진행하는 것은 아니며, 상호작용적으로 또는 동시에 이루어지는 활동 요소들로 보는 것이 타당하다. 교육목표를 추출하거나 설정하는 바로 그 순간에 내용이나 경험의 선정 및 조직, 내용과 경험을 가르치고 익히는 방법, 타당하고 효과적인 평가 방법 등을 강구하게 되는 것이다. 따라서 교육과정 구성 요소들 간의 관계는 계열적 혹은 순환적 관계라기보다는 상호작용적 관계로 이해하는 것이 적절하다고 본다.

제2절 교육과정의 기초 자원

1. 철학적 기초

교육과 교육과정에 관한 모든 질문은 철학의 대상이다. 어떤 대상이나 사상에 대한 일관된 가정이나 믿음, 관점이나 태도를 철학이라고 한다. 객관적인 실체는 육안으로 보고 판단하며, 이에 대해서는 논쟁의 여지가 별로 없다. 여기에는 철학이 개입하지 않는다. 예컨대, 누군가가 180센티미터의 신장을 지닌 여자를 키가 크다고 말했다면, 더 이상 문제삼지 않는다. 그러나 누군가가 "교육이란 학생들에게 절대적인 진리로서의 지식을 체계적으로 습득시키는 일이다"라고 주장한다면, 이의를 제기할 수도 있다. 전자의 경우에는 철학이 작동될 필요가 없는 사태라면, 후자는 개인들의 철학이 부딪치는 상황인 셈이다. 이처럼 개개인의 철학이 부딪치는 대표적인 상황이 교육과 교육과정 영역이다.

철학, 특히 교육철학은 교육의 본질을 탐색 규명하고, 교육의 방향과 목적을 제시하며, 교육의 방법을 결정하고 교육에 관여하거나 참여하는 사람들의 교육관을 형성하는 역할을 수행한다. 그리고 개념의 애매성을 제거하고 모호성을 감소시켜 그 의미를 명확히 하여 그 개념을 사용하는 사람들 사이에 의사소통을 원활히 돕고, 동의어 반복이나 개념 사용상의 모순을 밝혀 개념의 정확한 사용을 돕는 분석적 기능, 일정한 준거와 기준을 설정하고 평가 대상을 명확히 하여 그 대상이나 현상, 사물의 가치를 판단하는 평가적(규범적) 기능, 교육적 가치와 사안에 대하여 새로운 제언을 하거나, 분석과 평가에 의하여 얻어진 자료들을 어떤 방식으로 다시 종합하고 정리하여 새로운 대안이나 가설을 제시하는 사변적(思辨的) 기능, 그리고 교육현상을 어느 한 가지 방식이나 시각에서 보는 것이 아니라 전체적으로 통합하여 이해하도록 돕는 통합적 기능 등을 수행한다. 이러한 교육철학의 역할과 기능은 교육과정과 긴밀하게 관련된다.

가. 교육의 본질 규명과 방향 설정

'교육이란 무엇인가?'라는 근본적인 질문에서부터 '교육을 어느 방향으로 나아가게 할 것인가?'와 같은 질문은 이 질문에 관여하는 사람들의 철학이 부딪치는 질문으로서 교육과정과 밀접하게 관련되어 있다. 교육의 본질을 무엇으로 보느냐에 따라서, 교육의 방향을 어떻게 설정하느냐에 따라서 교육과정의 모습은 달라지기 마련이다.

교육을 통하여 기르고자 하는 인간상은 무엇인가, 어떤 교육이 이상적인 것인가, 어떤 사람을 교육을 잘 받은 사람이라고 하는가, 우리 교육이 추구하는 교육이념으로서 '홍익인간'은 시대적으로 적절한가? 등과 같은 근본적인 질문에서부터 창의성과 문제해결력 중 어느 특성을 우선적으로 육성해야 하는가?와 같은 질문들이 모두 철학적 질문이다. 이러한 질문들에 어떤 대답을 하는가는 바로 교육과정에 영향을 미친다. 질문들에의 해답을 실현하는 것이 다름 아닌 교육과정이기 때문이다.

또 교육과정 영역에서 사용하는 개념들 중에는 그 의미가 자명하게 드러나지 않는 것들이 있다. 교육과정이라는 개념이 다의적이어서 사용하는 사람들 간에 상충과 모순이 일어나는 것이 그 한 예이며, 잠재적 교육과정, 열린 교육과정, 교육과정 이데올로기 등에서 '잠재적', '열린', '이데올로기' 등은 그 개념의 의미가 다양하게 분석되어야 개념을 사용하는 사람들 간 의사소통이 원활하게 이루어질 수 있는 것들의 예이다. 또한 전인교육을 추구하는 교육과정을 논할 때, '전인'이란 어떤 인간의 모습인가를 밝히는 일도 철학이 하는 일이다. 즉 이러한 개념들의 의미를 분명하게 분석하고 파악하는 일은 철학의 임무이다.

또한 교육은 국가·사회적 측면, 학습자 측면 중 어디에 보다 중점을 둘 것인가, 양자의 조화를 이룬다는 것은 어떤 모습을 일컫는가? 성장으로서의 교육인가, 자아실현으로서의 교육인가, 도야로서의 교육인가, 계명으로서의 교육인가 등도 철학이 추구해야 할 대상이며, 철학이 작용한 결정 모습은 곧 교육과정에 반영된다. 그리고 주입으로서의 교육 혹은 주형(鑄型)으로서의 교육이 왜 나쁜가? 등에 대한 논의도 철학의 범주에 해당하며, 이러한 논의는 자연스럽게 교육과정과 연결된다.

나. 교육목표의 설정/목표들 간 우선 순위 결정

교육이란 달성할 목적과 목표를 정하여 이를 체계적으로 달성해 가는 과정이다. 그리고 교육과정은 그와 같은 교육목표와 하나의 체제를 이룬다. 여기서 우리가 교육은 어떤 교육목적을 달성하도록 노력해야 하는가, 어떤 교육목적 혹은 교육목표를 강조할 것인가, 시대 혹은 사회나 학습자가 요구하고 필요로 하는 교육목적은 무엇인가? 이러한 질문과 씨름하는 일이 철학이다.

건강한 심신의 육성, 창의성과 문제해결력 육성, 기초학력의 신장, 가치관, 자아개념, 자기효능감, 동기 개발 등의 정의적 특성과 사회성의 육성, 진로탐구력과 진로 개척 능력 육성, 문화의 보존과 개발 및 통합력 육성, 세계시민 정신과 실천력 육성 등 의미 있는 다양한 교육목표들을 설정하는 과정은 부단한 의사결정 과정이며, 그것은 다름 아닌 철학이다.

수많은 교육목표들은 그 비중이 모두 동일할 수는 없다. 어떤 교육목표는 더 중요한 목표이며, 어떤 목표는 덜 중요한 목표일 수 있다. 이처럼 교육에서 달성하려고 설정하는 교육목표는 그 경중을 따져 우선 순위를 정하고, 보다 우선적인 교육목표부터 혹은 그러한 교육목표 달성에 보다 많은 노력을 기울이도록 교육과정을 개발하게 된다. 여기서 설정한 교육목표들의 우선 순위를 결정하는 일은 곧 철학이 담당한다.

이처럼 교육목표를 정하고, 교육목표들 간 우선 순위를 정하는 철학적 과정은 국가차원의 교육과정뿐만 아니라 지역교육청 수준, 학교 수준, 교사 수준의 교육과정과 교사들의 매일매일의 수업에 이르기까지 이루어지는 일이다.

다. 교육과정 내용의 실재론, 인식론, 가치론 논쟁

학생들이 배울 내용은 그들의 흥미와 필요, 요구를 조사하여 그것들을 잘 충족시켜 주는 교육프로그램을 개발하는 것이 바람직한가, 아니면 전통적으로 중요하게 가르쳐 온 교과와 내용을 중심으로 교육프로그램을 개발하는 것이 바람직한가?

철학의 탐구 영역 중 실재론, 인식론, 가치론 등이 교육과정 내용과 관련된다. **실재론**(존재론)이란 실재의 성질과 관련이 있으며 실재가 무엇인가의 문제를 제기한다. 실재(實在)란 '실제로 존재함'이며, 그것은 진실이라는 뜻이다. 그런데 존재하는 모습 그대로 누구나 실재로 받아들이지 않을 수도 있다. 예컨대 '기회균등'이라는 것이 개개인에게 적용될 때나 '공평한 사회'라는 개념이 사용되는 경우 누구에게는 실재일 수 있으나, 어느 누군가에게는 실재가 아닐 수도 있다. 두말 할 나위 없이 교육과정에 포함되는 내용은 진실된 것이어야 한다. 허위나 과장, 왜곡 등 실재 아닌 것이 포함되어서는 안 된다. 이처럼 실재하는 것 혹은 진실된 것과 실재하지 않는 것 혹은 진실되지 않은 것을 가려내는 일은 철학이 담당한다.

인식론은 지식과 앎의 본질을 다루는 철학의 한 영역이다. 흔히 인식론을 지식의 본질, 범위, 적용 가능성을 다루는 학문이라고 한다. 이에 관한 질문은 예컨대, 우리가 어떤 지식이 진리라고 주장하는 근거는 무엇인가, 우리가 안다는 것은 어떻게 아는가, 인간은 이전에 몰랐던 어떤 내용을 어떤 과정을 거쳐 알게 되는가? 등이 있다. 교육과정에 포함되는 지식 혹은 내용은 신념이나 가정에 해당하는 것이 있을 수 있으며, 어떤 내용은 그 내용을 알고 있다는 구체적인 증거를 나타내 보여야 할 것이 있다. 이러한 판단과정이 다름 아닌 철학이다.

가치론은 가치의 본질과 관련된 철학의 한 분야이다. 어떤 내용이 가르칠 가치가 있다고 주장할 때(이러한 주장이 곧 철학임), 그러한 주장을 뒷받침할 수 있는 근거는 무엇인가, 무엇이 선이며 무엇이 악인가, 인간에게 바람직한 것은 무엇인가? 방법적 지식이 명제적 지식보다 가치 있다고 말할 수 있는가, 그렇게 말할 수 있는 근거는 무엇인가, 미술교과보다 수학교과가 더 중요하다고 주장할 수 있는가, 어떤 점에서 그렇게 주장하는가? 와 같은 질문들이 철학이 제기하는 질문이다. 이러한 질문들에 대한 대답이 곧 교육과정의 모습과 방향을 결정한다. 예컨대, 사형제도는 사회를 보다 건강하게 만드는데 기여할 수 있는가? 낙태는

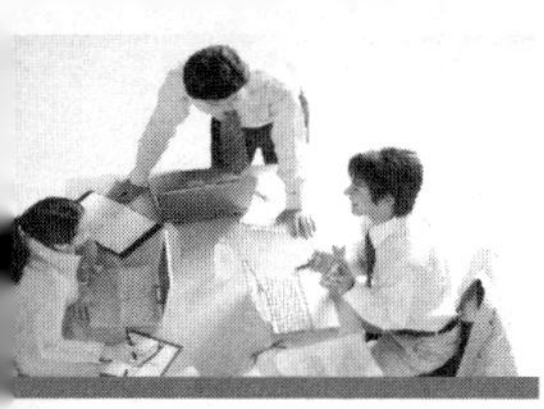

허용될 수 있는가? 등은 가치론에 관한 문제다. 교육과정은 가치를 판단하는 능력을 기르는 내용과 방법이 포함되어야 하며, 가치 있는 내용, 장차 가치 있을 것으로 확신할 수 있는 내용이 포함되어야 한다. 이러한 내용의 결정은 철학의 과정이다.

라. 교육과정 개발은 부단한 의사결정 과정

교육과정에 관한 사고뿐만 아니라 교육과정 개발과 변화 과정에는 필연적으로 철학이 관여한다. 교육과정이란 살아 있는 유기체와 같이 부단히 변화하기 마련이다. 이 변화는 계절의 순환이나 낮과 밤의 교차와 같은 자연적인 것이 아니라 여러 사람들이 함께 참여하여 논의하고, 토론하고, 주장하고, 설득하고, 다투고, 양보하고, 물러서는 등 계속적인 의사결정 과정을 거치게 되며, 그 과정에서 개개인의 철학이 작용한다.

교육과정 개발의 핵심적인 요소는, 교육과정 구성 요소와 같이, 교육목적의 설정, 교육내용의 선정과 조직, 교육방법의 결정, 교육평가 방안의 구상 등 네 가지다. 이러한 요소들에 관한 결정은 어느 특정인이 할 수 있는 것이 아니고 여럿이 함께 수행하기 마련이다. 여럿이 함께 의사결정을 하는 과정이 철학이다.

특히 교육과정 내용을 구성하는 핵심적인 요소는 지식이다. 이 때 지식에는 어떤 유형과 종류가 있으며, 그러한 지식의 분류 중 교육과정이 가장 중요하게 다루어야 할 것은 무엇인가와 같은 질문은 교육과정 개발과정에서 제기되어야 할 것들이다.

마. 교육철학을 반영한 교육과정

철학 없는 교사가 학생을 가르치면 위험하듯이, 철학 없는 교육과정(만약에 그런 것이 있다면)은 교육을 그릇되게 만든다. 교육의 역사를 통하여 교육과정을 만드는 매순간순간마다 거기에는 필연적으로 어떤 교육철학이 작용하면서 그 구성의 방향을 안내했다. 앞에서 기술한 바와 같이 교육철학은 교육목적 혹은 교육목표를 설정하고, 여러 교육목표들 간 우선 순위를 정하는 과정에서 결정적인 영향을 미치며 교육내용이나 학습경험을 선정하는 과정, 교수방법을 결정하는 과정, 교육평가 방법을 결정하는 과정에서 영향력을 미친다. 교육과정의 기초로서 교육철학의 종류에 관한 논의는 학자들에 따라서 다양하게 제시되고 있다. 특히, 신동로(2007)는 그 동안 교육자들의 관심을 끌어 왔던 여섯 가지의 교육철학의 역사적 전개과정을 가장 전통적인 항존주의로부터 본질주의, 인간주의, 진보주의, 구성주의, 재건주의 등 여섯 가지를 교육과정과의 관련 하에서 논한 바 있다.

2. 교육과정의 심리적 기초

교육의 중심에 학습자가 있으며, 교육과정은 일차적으로 학습자를 위하여 존재한다. 물론 국가 · 사회를 위한 교육과정이 있을 수 있으나 이는 부차적인 것일 수밖에 없다. 국가 · 사회를 위한 교육과정도 결국 학습자를 거쳐 그 의의가 드러난다.

교육과정의 심리적 기초란 교육과정에 관한 사고가 학습자의 심리적 상태나 수준과의 연관성 하에서 진행되어야 하며, 교육과정이 학습자의 필요와 요구를 가장 잘 충족시킬 수 있도록 구성되고 운영되어야 함을 뜻한다. 즉, 교육과정의 두 측면인 개발과 운영 양자에서 학습자의 심리적 상태를 충분히 고려해야 한다는 것이다.

가. 교육과정 개발을 위한 심리적 기초

교육심리학은 학습자들이 배우는 내용, 학습하는 방법 등에 대하여 관심을 갖는다. 예를 들어, 교육심리학자들은 초등학교나 중 · 고등학교 학습자들이 그들에게 선택권이 있을 경우, 그들 스스로 균형잡힌 교육과정을 선택할 수 있는가 하는 문제에 관심을 갖는다. 이러한 문제는 철학적으로 추구해야 할 문제이기도

하지만, 심리적인 측면에서 답해야 할 문제이기도 하다.

교육과정 개발은 주로 상황분석으로부터 출발한다. 그리고 상황분석의 핵심적 요소는 현재 학습자들의 능력 수준과 요구와 필요가 무엇인가를 파악하는 일이다. 예를 들어, 중학생을 위한 교육과정이 초등학생이나 고등학생의 지적 수준이나 필요에 맞추어 개발된다면 그러한 교육과정은 매우 비효과적인 것이 되고 말 것이다. 교육과정 개발 과정에서 교육과정 개발자가 부단히 추구해야 할 방향은 다음과 같은 측면을 고려해야 한다.

(1) 학습자의 수준(눈높이)에 적합한 교육과정 개발
(2) 학생의 필요와 요구를 충족하는 교육과정 개발
(3) 발달과업 해결을 위한 교육과정 개발
(4) 동기, 흥미, 학습특성 등 심리적 특성을 고려한 교육과정 개발
(5) 개인차를 고려한 교육과정 개발

즉, 개발되어 나오는 산출물로서의 교육과정은 학습자들의 수준(특히, 능력)에 적합해야 하며, 학습자들의 필요와 요구를 조사하고 파악하여 교육과정에 반영함으로써 학습자에의 적합성을 높여야 한다. 또 학습자들의 발달 단계 단계마다에서 해결해야 할 과업(tasks)인 발달과업을 성공적으로 해결해 나가도록 교육과정을 개발해야 한다. 교육은 학습자들의 발달과업 해결을 돕는 일이며, 이 일은 교육과정을 통하여 수행되기 때문이다.

또 학습동기와 흥미가 잘 유발될 수 있는 내용이나 학습경험을 선정하는 것이 필요하며, 학습자들의 수준에 적합시키는 한 가지 특수한 방식으로서 학습자들의 개인차를 고려한 교육과정이 개발되어야 한다.

나. 교육과정 운영을 위한 심리적 기초

교육과정 운영이란 '수업'보다는 넓은 의미를 지닌다. 그러나 교육과정 운영의 가장 큰 영역은 수업이다. 즉, 교육과정 목표는 수업을 통하여 달성하며, 교육과

정 내용은 수업에서 다루는 핵심적인 학습대상이다. 그리고 교육과정 목표와 내용은 특정한 교수-학습 방법(수업방법)의 적용을 통하여 달성되고 학습되며, 수업한 바가 얼마나 충실하게 학습자에게 습득 실현되고, 이러한 여러 요소들이 얼마나 적절했는가를 확인하고 점검하는 과정이 교육과정 평가이다.

그런데 교사와 학습자가 교육과정을 매개로 하여 상호작용하는 과정은 매우 복잡하여 일목요연하게 그 현상을 기술해 내기란 어렵다. 교육의 역사를 통하여 오랜 세월 동안 교육과정 운영에 작용하는 학습자의 심리 현상을 규명해 보기 위한 연구가 숱하게 수행되었으나 명쾌하게 밝혀진 것은 그렇게 많지 않다. 예컨대, 지금까지 학습동기와 학업성취도의 관계에 관한 연구가 많이 수행되었다. 그런데 학습동기 측정만 두고 보더라도, 이는 주로 양적 측정을 일차적인 목표로 하는 객관적 검사나 자기보고식 질문지(예 : TAT) 검사를 통하여 얻게 된다.

그러나 측정 점수에만 근거를 두는 기계적 접근 방식을 취한다면, 학습자의 언어 형태나 측정 장면에서의 특유한 행동, 예를 들면 어떤 문항에서 주저하는지, 불안해하는지, 반응 양식이 계속 똑같은지 또는 앞의 질문이 뒤의 질문에 영향을 주는지 등을 관찰함으로써 얻을 수 있는 중요한 해석적 정보에 대해서는 아직 적극적인 행동을 취하지 않고 있다. 즉, 학습동기 관련 연구에서 이의 측정 자체가 불완전한 상태다. 이처럼 학습자의 심리적 특성과 교육과정 운영과는 밀접한 관계에 있어서 앞으로 규명해야 할 내용들이 산적해 있다. 교육과정 운영과 관련하여 고려해야 하는 학습자의 심리적 특성 몇 가지를 열거하면 다음과 같다.

(1) 주의집중과 동기 유발
(2) 자아개념과 자기효능감
(3) 학습양식과 학습태도
(4) 교과 선호도, 교사 선호도

교육과정 개발자와 운영자가 서로 분리되는 것은 매우 비효율적이요 비효과

적이다. 궁극적으로 교과는 그 교과를 가르칠 교사에 의해 개발되는 것이 가장 이상적이듯이, 교육과정도 그것을 운영할 교사에 의해 개발되는 것이 가장 바람직하다. 학습자들의 심리적 성향과 특성을 가장 잘 이해하고 있는 사람이 곧 교사이기 때문이다.

3. 사회적 기초

교육과정의 사회적 기초란, 교육과정은 국가 · 사회가 필요로 하는 것을 적극적으로 반영해야 하는 국가적 기업의 자산이며, 국가 · 사회는 교육과정 여하에 따라서 그 모습이 결정된다는 것이다. 즉, 학교교육과 사회와의 관계는, 교육은 사회로부터 교육과정 개발의 자원을 얻고, 사회는 교육을 통하여 유지 · 발전되는 상호 유기적인 관계를 지닌다.

전통적인 사회에서의 교육과정은 사회와의 장벽을 쌓고 교육내적 고려에서 주로 만들어지고, 사회와 유리된 상황에서 운영되었다. 그러나 산업화가 진행되고, 사회의 변화 속도가 빠르며 그 변화의 폭이 커 감에 따라서 교육과정을 통하여 추구하는 인간의 모습을 비롯하여 교육과정이 다루어야 할 내용과 방법, 심지어 평가방법까지 변화되어야 하는 상황이 되고 있다.

가. 사회화와 교육과정

교육 개념의 정의나 교육의 기능으로 언급되는 것 중의 하나가 '교육은 곧 사회화'라는 것이 있다. 이에 의하면 교육이란 자라나는 세대로 하여금 사회의 성원으로서 갖추어야 할 기본적인 소양, 즉 사회생활에서 요구하는 규범과 관습, 질서, 예절 등 기본생활습관을 육성하는 과정이라는 것이다. 물론 이러한 일은 가정이나 사회에서도 수행하기는 하지만, 이 일을 가장 효과적으로 수행하는 장이 학교라는 것이다. 이러한 입장은 교육 개념 규정이나 기능 규정의 보수적 관점이기는 하지만 여전히 중요한 견해임에 분명하다. 오늘날 학교 교육과정에 기본생활습관에 관한 내용이 비중 있게 다루어지고 있는 것이나, 학교 교육활동의 전반에서 공식적 혹은 비공식적으로 올바른 삶의 방식과 자세, 태도 등에 대하여 가르치고 있는 것은 사회가 교육과정의 기초 자원이라는 점을 잘 보여주는 것이다.

나. 사회발전과 교육과정

교육은 사회발전의 동력임에 분명하다. 사회발전을 크게 정치발전, 경제발전, 사회문화 발전 등으로 개념화할 때, 대한민국에서 이들 사회 제 분야가 오늘날 이처럼 발전한 것은 교육이 큰 영향을 미쳤다는 점을 부인할 사람은 없을 것이다. 사회발전에 교육이 큰 영향을 미쳤다는 것은 곧 교육과정이 영향을 미쳤다는 의미이다. 교육과정 없는 교육은 존재하지 않기 때문이다.

2010년 11월 11-12일에 서울에서 G20 정상회의를 개최한 G20 의장국으로서의 대한민국의 위상이나, 2010년 10월에 경기도 출신의 정치인이 호남당이라고 불리워 온 민주당의 대표로 선출된 일, 2010년 6월 지방선거에서 여당의 텃밭에서 야당 후보가 도지사로 당선되는 현상, 각종 국민적 선거에 불법 부정한 방법이 작용할 수 없도록 엄격하게 법을 적용하는 현상, 지방자치제도의 발전 등은 지난 10여 년에 걸쳐 변화된 정치발전의 몇 가지 사례들이다.

국민들의 경제 소득의 증대, 소비행태의 변화, 기술력의 급격한 향상으로 예컨대 건설기술의 수출이나 반도체를 비롯한 전자매체, 자동차의 수출 향상 등 세계 경제 분야 10위권 진입은 몇 가지 우리의 경제발전 지표들이다.

또 사회문화 분야도 눈부시게 발전하고 있다. 스포츠 분야에서 피겨, 수영, 야구, 축구(특히, 17세 이하 여자 축구 월드컵 경기에서 2010년에 우승함), 골프 등이 세계 정상을 누비고 있으며, 국민들의 여가시간이 늘어남에 따른 다양한 문화생활의 기회 증대, 다양한 지역 축제에의 참여 기회 확대, 국내뿐만 아니라 해외의 다양한 자원봉사활동 인구의 증가, 국민들의 의식 수준 향상 등은 사회문화 발전의 몇 가지 사례들이다. 물론 스포츠 경기 후나 축제행사가 치러진 곳, 산의 계곡이나 강 혹은 바닷가에 쓰레기가 범람하는 현상이라든지, 덜 성숙한 자동차

운전예절이나 질서지키기 등 개선되어야 할 국민의식이나 행태도 혼재하고 있기도 하다.

이와 같은 정치나 경제, 사회문화 발전이 정치지도자나 경제인, 혹은 행정관료들의 지도력이나 열성으로 이루어진 것으로 이해하는 사람들이 있다. 이 또한 부인할 수 없는 사실이다. 이처럼 사회발전이란 여러 가지 요인들이 복합적으로 작용하여 이루어지는 것임은 틀림없다. 그런데 발전은 사람의 생각으로부터 출발하며, 사람의 생각을 바꾸고 변화시키는 것은 교육이요, 그러한 교육은 교육과정이라는 매개체를 통하여 이루어진다.

다. 사회문제 해결력을 기르는 교육과정

교육과정은 또한 자라나는 세대로 하여금 사회가 안고 있는 다양한 문제를 해결하는 데 요구되는 능력과 동기와 태도와 의식을 기를 수 있는 것들로 구성되기 마련이다. 지금까지 교육과정에 의해서 공부를 한 세대들이 성장하고 또 성장하면서 사회가 안고 있었던 문제들(예컨대, 도시와 농촌 간의 격차 문제, 취업에서의 성 차별 문제, 지역 간 갈등 문제 등)을 해결해 오면서 우리 사회가 발전되고 계속적인 개선의 과정을 거쳐 가고 있다.

지금 우리 사회는 여전히 지역 간 갈등 문제, 세대 간의 차이 문제, 물 부족 등 자원 고갈 문제, 환경오염 문제, 빈부 격차 문제, 장애를 지닌 사람에 대한 편견 문제 등이 해결되어야 할 과제로 남아 있으며 저출산과 고령화 사회의 급격한 진전 문제, 다문화 가정과 다인종 사회의 확산에 따른 문화적 편향 문제도 해결하기 어렵게 진행되고 있다. 또한 남녀의 역할에 대한 편견과 남성중심의 지위 분배 방식의 문제도 있다. 이러한 문제해결도 결국 교육받은 사람들에 의하여 가능한 것이며, 이를 가능케 하는 것이 다름 아닌 교육과정이다. 그래서 지금의 교육과정이 어떤 모습을 띠느냐는 곧 다음 세대의 사회 모습이 되는 것이다.

라. 사회의 교육적 요구 및 필요와 교육과정

교육과정은 사회가 필요로 하고 요구하는 바를 충족시켜야 할 의무를 지닌다. 이러한 의무를 성실하게 수행하지 않으면 학교는 사회로부터 외면당하기 마련이다. 산업사회를 지나 현대사회로, 현대사회로부터 초현대사회로 이행해 감에 따라서 사회가 학교교육에 요구하는 바가 크게 증가하고 있다. 학교는 국가 · 사회가 필요로 하는 인력을 배출해 주기를 바라고 있다. 다음은 2009 개정 교육과정에서 범교과 학습 주제(관련되는 교과와 창의적 체험활동 등 교육활동 전반에 걸쳐 통합적으로 이루어지는 교육활동의 주제)로 제시한 것 중 특정 국가의 부처와 관련된 것이다. 이러한 교육활동 주제들은 학교교육 내적 필요성에서보다는 학교 밖, 즉 정부의 각 부처에서 이러한 주제를 교육과정에서 적극적으로 다루어 주기를 바라는 바를 교육과정이 수용한 것들이다.

환경 교육, 경제 교육, 에너지 교육, 보건 교육, 안전 교육, 통일 교육, 한국정체성 교육, 국제이해 교육, 해양 교육, 정보화 및 정보윤리 교육, 청렴 · 반부패 교육, 물보호 교육, 양성평등 교육, 장애인 이해 교육, 인권 교육, 안전 · 재해 대비 교육, 저출산 · 고령사회 대비 교육, 호국 · 보훈 교육, 다문화 교육, 농업 · 농촌 이해 교육, 지적 재산권 교육, 한국 문화사 교육, 녹색 교육 등

마. 예견되는 미래사회와 교육과정

교육은 지금-여기에서 요구되는 것을 충족시키거나 학생들의 현재 생활을 염두에 두고 교육과정을 생각할 수도 있으나, 이보다는 지금의 학생들이 10년 혹은 20년 후에 살아갈 사회에의 적응력을 길러 그들의 미래 생활을 대비시키는 부문이 더 큰 영역을 차지한다. 그러므로 교육과정은 미래사회가 어떻게 전개될 것인가를 면밀하게 연구 · 분석하고, 예견되는 사회가 요구하는 인간 특성이 무엇인가에 대하여 깊은 관심을 기울여야 한다. 그리고 그러한 인간 특성을

기르는데 도움이 되는 교육과정을 준비해 나가야 한다.

예컨대, 지금 진전되고 있는 고령화 사회, 다민족 다문화 사회, 저출산으로 인한 인구의 감소, 물 자원을 비롯한 자원의 감소 혹은 고갈, 기술과 산업의 변화, 국가 간 보이지 않는 경제전쟁의 가속화 등에 대비할 수 있는 교육과정은 어떠해야 하는가를 지속적으로 연구하고 준비해 나가야 한다.

4. 학문적 기초

전통적으로 학교에서는 학생들에게 주로 지식을 가르쳐 왔다. 지금도 그러하고 앞으로도 변함이 없을 것이다.

학문이 교육과정의 기초 자원이라 함은 교육과정을 구성하고 있는 가장 큰 영역이 지식이며, 지식의 성격과 지식의 성립양식과 지식의 검증 방법 등에 따라서 분류한 것이 '교과'라는 점에서 이해할 수 있다. 역사적으로 교과들(국어, 수학, 과학, 사회 등)의 체계가 곧 교육과정이라고 할 만큼 교육과정에서 차지하는 교과의 비중은 매우 크게 다루어져 왔다. 교과는 '학문'의 다른 이름이다. 오랜 교육의 역사를 통하여 교과는 교육과정에 관한 사고의 중심에 놓여 왔다.

Hutchins(1955)에 의하면 학생들에게 가르쳐 주어야 할 가치는 우리가 넓게 문화유산이라고 부르는, 인류의 지적 성취에 그 원천을 두고 있다. 그러므로 교육의 내용은 각 분야의 지적 성취의 총화(이것이 '교과'다)인 '학문'이어야 한다. 각 학문을 배움으로써 학생들은 진위(眞僞)나 선악(善惡), 미추(美醜) 등 가치의 표준을 배울 수 있다.

그러므로 교육과정에 관한 사고를 하거나 연구하는 사람은 말할 것이 없고, 관련된 활동에 종사하는 사람(교사를 비롯하여 교육활동에 관여하는 사람)은 부단히 다음과 같은 질문(의문)을 제기하고 해답을 찾기 위해 노력해야 한다.

- 지식 혹은 교과란 무엇이며, 어떤 가치가 있는가?
- 교과들 간에는 위계(位階)가 있는가? 있다면 위계를 결정하는 기준은 무엇인가?

- 지식을 지식답게, 혹은 교과를 교과답게 가르친다는 것은 무슨 뜻인가?

그리고 교육과정을 개발할 때에는 다음과 같은 사항을 고려할 필요가 있다.

(1) 학문의 발전 동향을 반영한 교육과정 개발

(2) 학문들이 중요하게 다루는 주제, 내용의 반영

(3) 학문의 방법론을 고려한 교육과정 개발

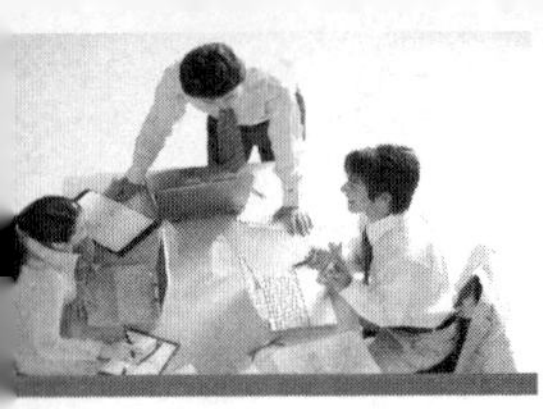

형성평가

1. 교육과정을 구성하는 4대 요소가 아닌 것은?
   ① 교수-학습 방법의 결정　　② 교육목표의 추출과 설정
   ③ 교육내용의 선정 및 조직　　④ 교육지원체제의 개발
   ⑤ 교육평가 방안 구안

2. 다음 중 김 교사가 고려하고 있는 교육과정 기초 자원은?

> **김 교사** : 금년의 본교 교육과정 평가 결과 교육과정 목표와 교육내용 간의 불일치 현상이 발생하여 내년의 학교 교육과정에는 이 점에 대한 고려가 요구됩니다.
> **이 교사** : 양자 간 불일치가 구체적으로 어떤 것입니까?
> **김 교사** : 교과교육 혹은 기초 지식교육과 인성교육의 통합, 즉 전인적 인간 육성을 교육목표로 설정했으나, 인성교육이 소홀하여 교육목표 달성이 미흡했습니다.

   ① 철학적 기초　② 심리적 기초　③ 사회적 기초　④ 학문적 기초

3. 다음 중 정 교사가 고려하고 있는 교육과정 기초 자원은?

> 정 교사 : 내년 교육과정 편성에는 학생들의 다양한 의견을 조사하여 반영해야 하지 않을까요?
> 박 교사 : 교육에 대하여 잘 알지도 못하고, 교육적 책임을 묻기가 어려운 학생들이 교육과정의 의사결정에 참여한다는 것은 문제라고 생각합니다.
> 정 교사 : 그러나 학생들의 요구, 필요, 흥미 등을 반영한 교육과정을 개발할 경우에 학습동기가 보다 적극적으로 유발될 것이라고 생각합니다.

   ① 철학적 기초　② 심리적 기초　③ 사회적 기초　④ 학문적 기초

4. 다음은 중학교 교육과정 편성 업무를 담당하고 있는 황 교사의 견해다. 그가 고려하고 있는 교육과정 기초 자원은?

> 요즘 학교교육이 지나치게 '학력'이라는 개념을 협의로 규정하여 '학력=시험성적'이라는 사고방식이 팽배해져 있다. 학력이란 배운 바의 역량임과 동시에 앞으로 배울 수 있는 능력이 결합된 개념으로 파악해야 한다. 따라서 학력 개념을 어떻게 규정하느냐에 따라서 교육과정의 모습도 달라지게 된다.

① 철학적 기초 ② 심리적 기초 ③ 사회적 기초 ④ 학문적 기초

5. 교육과정 구성 요소들 간의 관계를 설명해 보라.

6. 교육과정의 기초 자원으로 중요하다고 생각하는 것은 무엇인가? 어떤 점에서 중요하다고 생각하는가?

제 3 장

교육과정의 수준과 위상

제1절 국가수준 교육과정
제2절 지역수준 교육과정
제3절 학교수준 교육과정
제4절 교사수준 교육과정

이 장의 개요

1. 교육과정을 학문탐구 대상으로 삼을 경우에는 매우 다양한 개념 정의가 제시될 수 있으나, 이것이 초등학교와 중등학교 교육에서 적용되는 경우, 즉 교육실천 대상으로 삼을 경우에는 교육과정이란 '문서화된 교육계획'이라고 할 수 있다.
2. 이 교육과정은 그 구성 요소인 교육목적 및 목표, 교육내용의 선정과 조직, 교수–학습 방법, 교육과정 평가 방법 등을 결정하는 주체가 누구인가에 따라서 가장 상위 수준으로서의 '국가수준 교육과정'으로부터, '지역수준 교육과정', '학교수준 교육과정', 그리고 가장 하위 수준으로서의 '교사수준 교육과정' 등으로 구분할 수 있다.
3. 국가수준의 교육과정은 교육과학기술부가 법률에 의거하여 결정 · 고시하는 초 · 중등학교 교육과정 편성 및 운영의 원칙과 기준을 밝힌 것이며, 지역수준 교육과정은 각 시 · 도 교육청에서 지역의 특수성과 여건을 반영하여 교육과정을 편성하고 운영하는 데 적용해야 할 지침을 일컫는다. 그리고 학교수준 교육과정은 각급 학교가 학생의 실태와 학교가 놓여 있는 지역적 상황적 특수성에 알맞게 편성 및 운영하는 교육과정을, 그리고 교사수준 교육과정은 개별 교사가 학교수준 교육과정의 범주 내에서 자율적으로 자신의 특성화된 교육과정을 구성하여 운영하는 것을 말한다.
4. 이들 네 수준은 일종의 위계적 구조를 지니고 있어서 상위 수준의 교육과정은 하위 수준의 교육과정 편성 및 운영의 지침과 기준 역할을 수행한다. 따라서 하위 수준의 교육과정은 의사결정의 자율성이 상위 수준의 범주를 벗어날 수 없다.

교육과정은 이 단어 앞에 다양한 수식어가 붙으면서 여러 가지 개념, 수준, 현상의 다양화가 일어나고 있다. 그 중의 하나가 교육과정에 관한 의사결정의 주체(혹은 의사결정권을 보다 많이 행사하는 주체)에 따라서 국가수준 교육과정, 지역수준 교육과정, 학교수준 교육과정, 교사수준 교육과정 등으로 개념화할 수 있다. 물론 학생이 자신의 능력과 진로, 적성 등을 고려하여 교과나 교육프로그램을 선택하거나 자신의 포트폴리오를 구성해 나가는 등 학생이 교육과정을 결정하는 주체로 작용할 경우 이를 '학생수준 교육과정'이라고 부를 수 있을 것이다. 이와 같은 교육과정의 개념화 방식은 우리로 하여금 교육과정의 실체와 모습을 보는 한 가지 관점을 제공해 준다. 이 장에서는 국가수준, 시 · 도교육청 수준, 지역수준, 학교수준, 교사수준 교육과정 등에 대하여 살펴보고자 한다.

제1절 국가수준 교육과정

국가수준 교육과정이란 국가가 교육과정 개발의 주체가 되어 교육과정을 개발하고 초 · 중등교육법(법률 제5438호, 1997. 12. 13. 제정 공포) 제23조 제2항("교육과학기술부 장관은 교육과정의 기준과 내용에 관한 기본적인 사항을 정한다.")에 근거하여 교육과학기술부 장관이 고시하는 교육과정을 일컫는다. 국가수준 교육과정은 전국의 모든 초등학교와 중 · 고등학교에 적용되어야 하는 것으로 일반 공통적이며 기본적 요강적인 기준을 밝히고 있는 것이다.

이 교육과정은 교육과정을 "학교교육 활동을 위한 문서로서의 계획"으로 정의하며, 각급 학교에서 가르치고 학생들이 이수해야 할 교과과정과 교과 외 과정을 밝히고 있으며(교육과정의 목표, 내용, 방법, 평가, 운영을 위한 기준 및 기본적인 지침 등), 교과활동, 특별활동, 재량활동(2009 개정 교육과정에서는 특별활동과 재량활동을 통합하여 '창의적 체험활동'으로 명명함)의 편성 및 운영에 관한 중요한 지침을 밝히고 있다.

제7차 개정 교육과정의 경우, 국가수준 교육과정은 1997년 12월 30일 교육부 장관이 고시한 초 · 중등학교 교육과정 — 국민공통기본교육과정 — 을 비롯하여 모두 28권의 책(문서)으로 구성되어 있다. 별책 1의 구성 내용은 다음과 같다.

가. 교육부 고시문
나. 교육과정의 성격
다. 교육과정의 편성과 운영
 1) 교육과정 구성의 방향
 2) 학교급별 교육목표
 3) 편제와 시간(단위) 배당
 4) 교육과정의 편성 · 운영 지침
  (1) 기본 지침
  (2) 지역 및 학교에서의 편성 · 운영
  (3) 교육과정의 평가와 질 관리
  (4) 특수한 학교에서의 교육과정의 편성과 운영
라. 국민공통기본교육과정
 1) 국민공통기본교과 : 국어 외 10개 과목
 2) 중학교 재량활동의 선택과목 : 한문 외 3개 과목
 3) 특별활동
마. 고등학교 선택중심 교육과정
 1) 보통교과
 2) 전문교과

특히, 교육과정의 편성 · 운영 지침 부문에서는 각급 학교에서 필수로 이수해야 할 각 과정별 연간 수업 시간 수, 수준별 교육과정 편성 · 운영 지침, 초 · 중 · 고등학교의 재량활동 운영 지침, 특별활동 운영 지침, 고등학교 2, 3학년의 총 이수 단위 및 선택과목과 특별활동에서 이수해야 할 단위 수, 일반계 고등학교와 실업계 및 기타계 고등학교의 교과 편성 · 운영 방법, 시 · 도 교육청 및 지역 교육청의 교육과정 편성 · 운영 지침, 학교별 교육과정 편성의 공통지침 및 학교 급별 지침, 교육과정 운영 지침, 초 · 중 · 고등학교에 준하는 학교의 교육과정

편성 · 운영 지침 등을 밝히고 있다.

또 각 교과별로는 교과교육의 성격, 교과교육목표, 내용체계, 학년별 내용(수준별 교육과정이 적용되는 교과의 경우에는 기본/심화내용 포함), 수업방법, 평가방안 등의 지침을 제시하고 있다.

이와 같은 국가수준 교육과정을 각급 학교가 적용해야 할 교육과정 편성 · 운영의 기준이요 지침이라고 할 때 이것이 어느 정도 구속력을 갖는가, 이와 같은 기준과 지침은 각급 학교에서 어느 정도의 융통성을 지닐 수 있는가에 대하여는 좀 더 심도 있는 논의를 요하고 있다. 각급 학교는 국민공통기본교육과정에 편성되어 있는 교과 중에서 어느 것을 제외시키고 재량껏 다른 과목을 신설하는 것은 불가능한 것으로 봐야 한다. 그러나 2009 개정 교육과정의 경우에는 사정이 달라진다. 반드시 지침에 따라서 편성 · 운영해야 하는가, 아니면 각 학교가 어느 정도 융통성을 가질 수 있는가, 융통성을 가질 수 있다면 어느 선(線)까지인가 등이 여전히 분명하지 않다. 이 점은 바로 학교와 교사가 교육과정에 관한 분명한 철학과 관점을 지닐 것을 요구한다는 의미가 된다.

교육과정의 결정이 국가수준, 시 · 도 교육청 수준, 학교수준 등으로 구분되고, 중앙집중체제로부터 지방분권체제로 변화되면서 지역의 특수성과 각 학교가 놓여 있는 여건과 상황 등을 고려하여 교육과정 편성 · 운영의 자율성과 재량권이 점차 확대되어 가는 추세인데도 불구하고, 국가가 초등학교와 중등학교의 교육과정 기준을 법령으로 정하여 고시의 형태로 제시하는 이유는 무엇인가? 그것은 다음과 같은 근거에서 그 필요성을 찾을 수 있다(교육인적자원부, 1999 : 10-14).

첫째, 초등학교와 중등학교 교육은 국민기본 보통교육이므로 국민으로서 필요한 공통적이고 일반적인 교육활동의 기준이 국가수준에서 설정되어야 한다는 것이다.

모든 교육은 한편으로는 국가적 기업이며, 다른 한편으로는 개인의 욕구실현의 방편이다. 교육이 국가적 기업이라 함은 국민으로서 한 국가사회에서 살아갈 때 요구되는 기본적인 자질과 태도와 지식과 역량을 학교교육이 길러줄 필요가 있으며, 이는 중요한 학교교육의 목적이 된다는 뜻이다. 대한민국이라는 나라에서 생활하려면 국가가 지향하는 이념을 내면화해야 하며 법과 질서를 지키고 존중하는 행태를 지녀야 한다. 만약에 한 국가의 국민으로서 살아가는 데 필요한 공통적이고 일반적인 기준을 설정해 주지 않는다면, 그리고 각 학년별로 가르칠 교과나 내용의 대강을 정해 주지 않고 각 학교 혹은 개별 교사가 결정한다고 하면 국가의 근간이 흔들릴 것이 분명하다.

둘째, 전국의 어느 학교에서나 같은 수준의 양과 질의 교육 혜택을 받을 수 있도록 교육기회를 균등하게 보장하기 위한 전국 공통의 기준이 설정되어야 한다.

교육의 기회 균등은 입학의 기회 균등만으로 보장되는 것이 아니다. 모든 국민이 어느 지역, 어느 학교, 어느 교원, 어느 교육환경에서건 동일한 양과 질의 보통교육을 보장받을 수 있을 때 교육의 기회 균등은 실현될 수 있다. 물론 이러한 의미의 교육의 기회 균등은 실현될 수 없으며 우리가 추구하는 하나의 이념이다. 그러나 같은 중학교임에도 불구하고 지역이나 학교에 따라서 가르치고 배우는 교과목이 판이하게 다르고, 교과별 수업시간이 확연하게 다른 방식으로 교육과정이 편성 · 운영된다면(예컨대, 어느 학교는 국어를 주당 2시간 배당하고, 어느 학교는 5시간 배정하는 등) 교육의 기회는 불균등하게 되는 것이며, 이는 "모든 국민은 능력에 따라 균등하게 교육을 받을 권리가 있다."라는 우리 나라 헌법 제31조를 위배하게 되는 것이다.

셋째, 교육은 그 목표와 내용의 영역, 범위, 수준, 학습량 등에 있어서 계통성과 일관성을 필요로 하기 때문에 교육과정의 학년 또는 단계적인 체계 및 일관성을 유지하기 위해서 국가수준의 기준이 설정되어야 한다.

세계의 모든 나라는 일정한 학제를 가지고 있고, 이에 따라 단계적 · 체계적으로 학교교육이 이루어지고 있다. 단계별 학교교육은 그 목표와 내용의 영역, 수준, 범위, 학습량 등에서 계통성과 일관성을 필요로 한다. 만약에 학교에 따라서 이와 같은 계통성과 일관성이 큰 차이가 있거나 이것이 잘 유지되지 못한다면 학교교육에서의 커다란 혼란이 야기될 것이다. 즉 각 단계별, 학년별 교육 간의 연계와 교육 이수 및 학습에 장애가 생기고, 위계적이고 계열적인 교육이 불가능해져 교육의 비효율이 초래될 것이다. 나아가 여러 가지 이유 때문에 학교를 옮겨 다녀야 하는 학생들에게 커다란 피해를 입히게 될 것이다.

넷째, 각 학교에서 이루어지는 교육이 공교육의 입장에서 객관적으로 질 관리가 되도록 교육의 일정 수준을 유지, 향상시키기 위해서는 국가 차원의 기준이 설정되어야 한다.

한 나라의 교육의 질은 곧장 그 국가의 발전과 국력으로 이어진다. 세계의 모든 나라가 교육에 온 힘을 쏟아 붇는 이유가 여기에 있다. 따라서 세계의 모든 나라는 그 나라의 교육의 질적 수준을 높이고자 노력하고 있으며, 국가 · 사회적, 개인적, 학문적으로 적정한 교육내용의 범위와 양, 수준을 정하고 유지하는 일을 수행하고 있다. 이러한 일을 각 학교에 맡겨 둘 수는 없다. 그러므로 교육을 통하여 국가사회 발전을 가져오려고 한다면 국가가 타당한 수준의 교육내용 기준을 정하여 제시하는 것은 너무나 당연하다.

다섯째, 학교교육에 가해질 우려가 있는 부당한 압력이나 간섭, 편향된 교화, 선전 등을 방지하여 교육의 중립성을 확보하기 위해서는 국가수준의 기준이 정해져야 한다.

우리나라 헌법 제31조 ①에는 교육의 자주성, 전문성, 정치적 중립성 보장에 관한 사항이 밝혀져 있으며, 교육기본법 제6조 ①, ②에 정치적, 파당적, 개인적 편견의 전파 금지와 국가 및 지방자치단체가 설립한 학교의 경우 특정 종교를 위한 교육을 해서는 안 된다는 사항을 명시하고 있다. 공교육이 이러한 중립성을 확보하기 위해서는 교육 외적 체제로부터 부당한 간섭, 압력, 편향된 교화와 선전 등을 방지하기 위한 원칙을 정해 둘 필요가 있다. 또 교육의 상황은 의사결정이 곤란하거나 자의적인 해석과 결정을 할 수 있는 여지가 있기 때문에 학교나 교사의 자의적인 독단, 전횡, 그리고 편법적인 교육과정 운영, 선동과 편향 등을 사전에 방지하기 위해서는 국가적 기준을 설정해 둘 필요가 있는 것이다.

여섯째, 국가는 교육을 통하여 특정한 목표를 달성하기 위한 국가적 방향과 지침을 가져야 한다. 예컨대, 주변 국가가 자의적으로 이웃 나라의 역사를 왜곡

하거나 자국에 유리한 방향으로 교육과정을 편성하여 2세 교육에 치중한다면, 자라나는 세대로 하여금 이를 시정하고 올바른 역사관을 지니도록 교육하려면 국가적 차원의 교육과정 편성과 운영의 기준을 마련하여 제시하는 것이 당연한 것이다.

제2절 지역수준 교육과정

지역수준 교육과정은, '서울의 교육과정과 제주도 혹은 마라도 초등학교의 교육과정이 동일해야 하는가?'라는 질문으로부터 그 성격이 드러난다. 물론 이 질문에 대한 답은 두 지역 간 공통적인 부분과 특수성을 갖는 부분으로 이원화되는 것이 바람직하다고 하는 것이다.

국가수준의 교육과정 기준 혹은 고시로서의 교육과정은 전국의 모든 지역과 모든 학교에서 편성하고 운영해야 할 교육목적/목표-교육내용-교육방법-교육평가 방법 등의 일반 공통적 기준이다. 여기에는 각 지역의 특수성과 여건, 각 학교의 다양한 요구와 필요 및 특수성을 포함시킨다는 것은 불가능한 일이다. 그러므로 국가 수준의 교육과정은 전국의 일반적, 공통적, 표준적, 요강적, 대강적인 기준만을 밝히고, 이 기준에 따라서 각 지역은 그 나름의 특수성과 교육여건, 교육적 필요를 반영하여 해당 지역에 알맞게 조정하고 편성 · 운영하도록 규정한 지침을 '지역수준 교육과정'이라고 한다.

즉, 지역수준 교육과정이란 각 시 · 도 교육청과 지역교육지원청 수준에서 편성 · 운영하는 교육과정을 일컫는다. 이 교육과정은 국가수준과 학교수준 교육과정의 교량역할을 하는 교육과정으로서 각 지역은 지역 나름의 교육적 조건, 교육적 필요, 지역 내 학습자의 교육적 요구, 사회적 요구 등이 다를 수 있기 때문에 교육과정을 지역의 이러한 특수성과 상황에 적합하게 편성 · 운영할 필요성을 충족시키자는 것이다.

국가수준의 교육과정은 각 지역의 특수성과 여건을 반영한 교육과정을 편성하고, 초 · 중등학교에서 편성 · 운영하여야 할 학교교육과정의 공통적, 일반적인 기준을 밝히고 있는 것이므로, 각 시 · 도가 국가기준을 면밀히 분석해 보면 해당지역의 특수성 — 지리적 특성, 산업의 특징, 역사-환경-전통과 문화적 특성, 발전과정과 전망, 주민들의 생활상과 의식구조 — 을 그 지역에 거주하는 학생들에게 체계적으로 가르치거나 교육내용으로 선정하는 것이 교육효과에 도움되는 것이 있을 수 있다. 이와 같은 지역수준 교육과정은 국가수준 교육과정과 학교수준 교육과정을 자연스럽게 이어 주는 교량적 역할을 하게 되며, 장학자료, 교수-학습 자료 및 지역 교재 개발의 기본 지침의 역할을 한다. 우리나라의 경우, 초 · 중등교육법 제23조 제2항(… 교육감은 교육과학기술부 장관이 정한 교육과정의 범위 안에서 지역의 실정에 적합한 기준과 내용을 정할 수 있다.)에 지역수준 교육과정 설정의 법적 근거를 밝히고 있다.

우리나라는 제5차 개정 교육과정기까지는 철저하게 국가수준 교육과정이었다. 그러다가 제6차 개정 교육과정에서부터 지역수준 교육과정이 등장하게 되었다. 즉, 제6차 개정 교육과정에는 교육과정 편성 및 운영에 관하여 시 · 도 교육청이 작성하여 제시해야 할 지침을 밝혔으며, 특히 중학교의 선택교과 편성 · 운영의 지원 방안, 중학교에 준하는 기타 학교의 교육과정 편성 · 운영 지침 작성 제시, 고등학교의 보통교과의 과정별 필수과목과 선택과목을 시 · 도 교육청이 편성 · 운영하도록 하였다.

그리고 제7차 개정 교육과정에서는 시 · 도 교육청뿐만 아니라 지역 교육지원청 수준에서 학교교육과정 편성 · 운영에 관한 실천중심의 장학자료를 작성하여 초 · 중등학교에 제시하도록 함으로써 장학의 핵심이 교육과정 편성 및 운영에 초점을 둔다는 점을 분명히 함과 동시에 본격적인 지역수준 교육과정 시대를 열게 되었다.

제3절 학교수준 교육과정

교육활동은 학교와 교사에 의해 최종 마무리되며 그 효과가 결정된다. 아무리 훌륭한 국가수준의 교육과정 기준이 마련되고, 시 · 도 교육청 수준의 교육과정 편성 · 운영 지침 및 지역 교육지원청 수준의 장학자료를 치밀하게 제시해 준다 하더라도, 교육이 이루어지는 학교수준에서 국가와 지역교육청 수준에서 의도하는 교육의 지향점과 목적 달성에 요구되는 실천적 교육과정을 제대로 구성하여 운영하지 않는다면 의도적인 학교교육은 효과적으로 이루어질 수 없다.

학교수준 교육과정(또는 학교교육과정)이란 국가수준의 교육과정 기준과 시 · 도의 교육과정 편성 · 운영 지침을 근거로 하여 지역의 특수성, 학교의 실정과 실태에 적합하게 학교장과 교사들이 협의와 논의를 통하여 편성 · 운영하는 교육과정을 일컫는다. 그러므로 학교수준 교육과정은 '각 학교별 의도적 · 체계적인 교육 실천 계획'이라고 할 수 있다. 교육과정 개념 규정 방식이 다양하고, 교육과정에 포함되는 요소를 구체화하기가 어려운 일이기 때문에 학교수준 교육과정의 범위를 정하는 것이 쉬운 일은 아니다. 그러므로 학교수준 교육과정은 낮은 학교수준 교육과정에서부터 완전 학교수준 교육과정에 이르는 연속선으로 기술하는 것이 더 적절할 것이다. 즉, 학교수준 교육과정은 다음과 같이 제시할 수 있다.

(1) 낮은 수준 교육과정——(2) 중간 수준 교육과정——(3) 완전 학교수준 교육과정

여기서 (1)은 국가의 교육과정 편성 · 운영 고시 및 기준과 시 · 도 교육청 수준의 교육과정 편성 · 운영 지침, 그리고 지역 교육청의 교육과정 편성 · 운영의 실천을 위한 장학자료 등에 따라 원형 유지적으로 교육과정을 편성 · 운영하

되, 학교가 교육과정의 극히 일부분을 변형시키거나 새로운 교육프로그램을 도입하여 교육과정을 편성 · 운영하는 것을 뜻한다. 이 모습은 다른 학교와 대동소이한, 혹은 특색 없는 교육과정 편성 · 운영 모습이라고 할 수 있다.

그리고 (3)은 국가의 교육과정 편성 · 운영 고시 및 기준과 시 · 도 교육청 수준의 교육과정 편성 · 운영 지침, 그리고 지역 교육청의 교육과정 편성 · 운영의 실천을 위한 장학자료 등이 제시하고 있는 큰 틀을 벗어나지 않으면서 학교가 자율적 · 창의적으로 교육과정을 편성 · 운영하는 것을 뜻한다. 이것은 다른 학교와는 다른 차별화된 특색 있는 교육과정의 편성 및 운영이다.

이러한 학교수준 교육과정에는 해당 학교의 교육목표 체계, 교육 중점, 학교장의 경영 철학, 학교의 특성 및 특색 등이 반영되며, 당해 학교의 창의적이고 독특한 교육프로그램이 제시됨으로써 전국의 각 학교가 제각기 다양한 교육실천의 모습을 드러내게 된다는 데 의의가 있다.

그러면 각 학교가 교육과정을 편성 · 운영해야 하는 필요성은 무엇인가? 그것은 다음과 같은 이유 때문이다(교육인적자원부, 1999 : 15-17).

첫째, 교육의 효율성(effectiveness)을 높이기 위함이다.

각 학교가 전국 공통의 일반적인 국가수준의 교육과정 편성 · 운영의 기준을 기계적이고 획일적으로 시행 적용한다면 학생 개개인의 능력과 적성과 진로에 맞는 교육의 개별화, 다양화, 자율화, 창의성 발휘 등이 어려울 뿐만 아니라, 각 학교가 놓여 있는 특수한 상황, 지역적 필요와 요구 등을 반영하지 못함으로써 교육의 비효율이 초래될 것이다. 또한 학생들의 교육적 필요와 요구를 파악하고 이를 반영한 교육과정이 편성 · 운영될 때 학습자 중심의 교육과정, 학습자의 적극적인 참여가 가능한 교육과정 운영이 될 수 있다.

둘째, 교육의 적합성(suitability)을 제고하기 위함이다.

교육의 적합성이란 학교 교육과정이 학생의 수준(능력, 적성, 진로, 흥미 등)에 맞고 사회가 필요로 하고 요구하는 바를 충족시키는 일이다. 국가수준이나 시 · 도 교육청 수준에서 각 학교가 실천 실행에 옮길 교육과정을 모두 결정하여 제시해 줄 수 없는 일이다. 또한 그렇게 해서도 안 된다. 학교가 놓여 있는 지역이나 학교의 특수성, 교육의 실태, 학생 · 교원 · 학부모 · 지역사회인의 교육에 대한 요구와 필요를 반영하여 교육과정이 편성 · 운영될 때 학교교육의 적합성을 높일 수 있다. 오늘날의 교육과정은 국가수준의 공통성과 지역, 학교, 개인 수준의 다양성을 동시에 추구하는 교육과정이므로, 학교 · 교원 · 학생 · 학부모 · 지역사회인이 함께 참여하고 실현해 가는 교육적인 노력이 요구되고 있다.

셋째, 단위 학교와 교원의 자율성(autonomy) 및 전문성(professional expertise)을 신장하기 위해서다.

교원의 자율성과 전문성이 가장 잘 발휘되고 보장되어야 할 부문은 다름 아닌 교육과정의 편성 · 운영이다. 학생들의 다양한 특성을 가장 잘 이해하고 있는 사람, 학교가 놓여 있는 지역의 실태와 교육적 요구를 가장 잘 이해하고 있는 사람은 다름 아닌 해당 학교 교원들이다. 교원이 학생과 지역의 교육적 요구와 실태를 가장 이해하고 있는 위치에 있고, 학교교육과정을 편성하여 이를 운영할 수 있는 능력이 있기 때문에 교직을 전문직이라고 하는 것이다. 또 학생이나 학교 및 지역의 특성에 따라 특색 있는 교육과정을 편성 · 운영하도록 자율성과 재량권이 부여되어 있으므로, 학교와 교원은 부단히 자율성을 신장하기 위한 노력을 기울여야 하는 것이다.

넷째, 교육의 다양성(variety)과 창의성(creativity)을 추구하기 위해서다.

오늘날의 세계는 다양성이 강조되고 있다. 그리고 우리 교육은 '교과서 중심의 학교교육 체제로부터, 교육과정 중심의 학교교육 체제로' 전환되어야 하는 과제를 안고 있다. 이 과제를 해결하기 위해서는 전국의 각 학교가 획일적이고 기계적인 교육과정 편성 · 운영 체제를 벗어나 각 학교가 특색 있는 교육 프로그램을 개발 · 운영하는 교육과정의 다양성이 무엇보다 중요하다.

다섯째, 학습자 중심의 교육을 구현하기 위해서다.

학생들은 능력, 적성, 흥미, 관심, 진로 등 다양한 특성에서 개인차가 있다. 따라서 교육과정은 학생들의 개인차에 적합하도록 편성 · 운영되어야 하며, 가능한 한 개인적 필요를 충족시킬 수 있도록 선택의 기회를 확대해야 한다. 이것이 교육의 시대정신이다. 그러기 위해서는 각 학교별 특색 있는 교육과정이 편성 · 운영되어야 한다.

이와 같은 학교수준 교육과정 편성 및 운영의 필요성 외에도 교장 및 교감의 학교 경영에 대한 책임감을 고취하고, 교사의 교육적 책무성을 제고하는 데에도 기여할 수 있다.

제4절 교사수준 교육과정

개별 교사는 기계적으로 학교수준 교육과정을 실행에 옮기는 것이 아니라, 자신의 독특하고 특수한 방식으로 해석하고 재구성 · 재조직하여 개별 교육과정을 편성 · 운영하기 마련이다. 그러므로 교사 개인 수준에서 보면, 학교수준 교육과정도 기준과 대강의 성격을 갖는 것으로 간주할 수 있다.

교사수준 교육과정은 개인 교사가 개발하여 사용하는 교육과정이다. 교사가 해당 학교 학생들의 실태, 학생들의 교육적 필요와 능력 수준, 사회적 필요, 교과의 특성 등을 기초로 창의적으로 개발한 교육과정을 교사수준 교육과정이라고 할 수 있다. 교사가 학생들의 자기주도적 학습태도를 육성할 필요성이 있어서 매주 1시간씩 운영하는 프로그램을 개발 · 운영하는 것이 이에 해당한다. 교사 수준 교육과정이라고 하더라도 국가의 교육과정 편성 · 운영 기준을 비롯한 상위 수준 교육과정의 범주를 벗어나지 말아야 함은 두말 할 나위가 없다. 물론, 이러한 범주의 문제는 매우 복잡한 논의를 요하는 주제이다.

지금까지 살펴본 교육과정 수준을 크게 중앙집중적 교육과정과 학교수준 교육과정으로 구분할 때 각각의 장점 및 단점을 비교해 보면 다음과 같다.

구분	중앙집권적 교육과정 ←→	학교수준 교육과정
개발 방식	국가 혹은 지방교육청이 교육에서는 어떤 교육목적과 목표를 달성해야 하며, 무엇을 가르치고, 어떻게 가르쳐야 하며, 평가는 어떻게 해야 하는가 등에 관하여 결정	학교와 교사가 주도적으로 교육과정 요소들을 결정하고, 각 요소들을 개발
장점	- 교육과정의 통일된 전달체제 제공 - 교육과정의 표준화 균등화 실현 - 교육과정 운영 관련 자원의 배분과 지원의 평등화 가능 - 교육과정 개발에 투입되는 시간 절약 - 교육과정의 계속성, 전문성 보장	- 학교의 자율성 신장 - 지역적 특성, 학습자 특성, 학교교육 여건, 학부모 요구 등에의 적합성 제고 - 교육과정의 실천 가능성이 높음 - 교사의 교육과 교육과정 전문성 신장 - 다문화주의 사회에 보다 적합
단점	- 교사의 교육과정 결정권 제한으로 전문성 약화시킴 - 교육과정의 학습자, 학교, 지역 특성 고려 미흡 - 교육과정의 획일화	- 교육과정 개발에 투입되는 시간, 재정, 노력 등이 많이 소요 - 학교 설립자, 학부모 등 학교교육 외적 압력 조절의 어려움 - 개혁에 소극적인 교직풍토

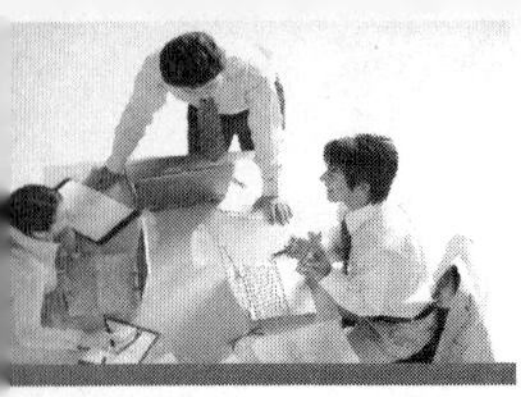

형성평가

1. 교육과정을 지방자치적으로 운영하던 나라들이 국가수준의 교육과정 기준 또는 국가 교육과정을 채택하게 된 이유와 가장 거리가 먼 것은?

① 지역 교육과정 개발을 위한 비용과 시간을 줄일 수 있다.
② 교사의 전문성과 자율성을 향상시킬 수 있다.
③ 학생의 거주지 이동에 관계없이 교육의 계속성을 보장할 수 있다.
④ 교육의 책무성 강화를 통해 국가 경쟁력을 높일 수 있다.

2. 지방분권적 교육과정의 장점으로 볼 수 없는 것은?

① 단위 학교의 자율성과 책무성을 제고할 수 있다.
② 전국 수준의 표준화된 교육과정을 유지할 수 있다.
③ 지역 인재를 양성하여 국가 발전에 기여할 수 있다.
④ 지역 실정에 적합한 교육과정을 편성 · 운영할 수 있다.

3. 교육과정은 존립양식에 따라 중앙집중체제와 지방분산체제로 나눌 수 있다. 지방분산체제가 갖는 장점이라고 할 수 있는 것은?

① 전국의 학교수준을 균등하게 높일 수 있다.
② 지역, 학교간의 교육내용 차이를 완화시킬 수 있다.
③ 일선 교사들의 교육과정 개발노력을 절감할 수 있다.
④ 학생들의 필요에 따른 다양한 교육과정을 개발할 수 있다.
⑤ 새로운 교육혁신의 아이디어를 쉽게 전국적으로 전파할 수 있다.

4. 학교중심 교육과정 개발(SBCD)의 특징 혹은 장점이라고 할 수 없는 것은?

① 국가나 지역 전체의 일반보편적인 교육과정을 구성하여 지역 간 학교 간 균형과 평등성이 보장된다.
② 교육과정은 그것을 실행할 학교나 교사들이 개발할 때 그 효과가 크게 나타난다.
③ SBCD는 교사의 책무성과 자율성을 중요시한다.
④ SBCD는 부모와 지역사회 구성원들의 교육과정 계획에의 참여를 강화할 수 있다.

5. 학교중심 교육과정 개발(SBCD)의 문제점이라고 할 수 있는 것은?

① 특정 지역이나 학교의 특수성을 교육과정 개발에 반영하기 곤란하다
② 국가나 지역의 일반보편적인 교육과정 개발이 곤란하다
③ 교육과정 개발에서 교사의 책무성과 자율성을 저해할 수 있다
④ 학생들의 교육적 요구와 필요를 충족시키기 곤란하다

6. 다음은 어떤 교육과정에 대한 설명인가?

장 점	단 점
– 교사의 교육과 교육과정에 관한 전문성 신장에 도움을 줌 – 지역의 특성, 학습자 특성, 학교교육 여건, 학부모의 요구 등을 반영한 교육과정 – 교육과정 개발과 운영에 대한 교사의 책무성 제고	– 교육과정 개발에 투입되는 시간과 노력, 재정이 보다 많이 소요됨 – 학교 설립자, 학부모 등 학교외적 압력 조절에 어려움이 있을 수 있음 – 교사들의 적극적인 협력과 참여를 이끌어내기 어려움

① 경험중심 교육과정 ② 국가중심 교육과정
③ 현성 교육과정 ④ 학교중심 교육과정

7. 다음 그림에서 II에 해당하는 교육에 대한 설명으로 옳지 않은 것은?

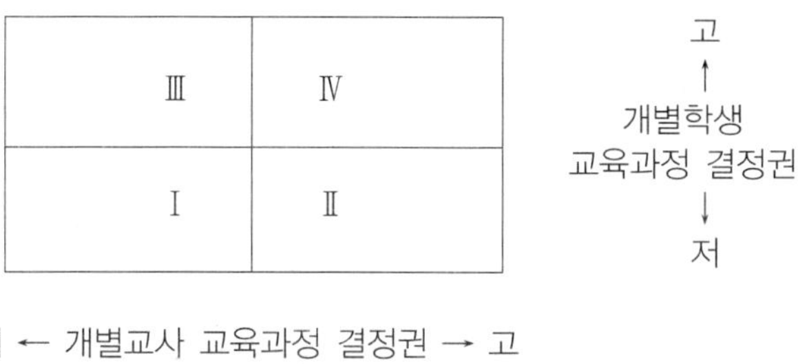

① 교과서에만 의존하지 않고 교과서 활용을 최소화한다.
② 학생들의 협동이 있어야 수행 가능한 과제를 많이 부여한다.
③ 교사는 수업 진행을 위한 학생들의 시간 소비를 최소화한다.
④ 소집단 지도와 자율적인 개별 학습중심으로 수업을 운영한다.

8. 교육과정의 수준과 위상을 파악하는 한 가지 방법은 계획한 교육과정, 실행한 교육과정, 실현된 교육과정 등으로 개념화하는 것이다. 이들 세 수준의 교육과정 실체의 의미와 관계에 대하여 기술해 보라.

제 4 장

교육과정 유형

이 장의 개요

1. 교육과정 유형이란 교육과정 구성 요소의 핵심인 교육목적, 교육내용과 학습경험, 교수-학습 방법, 교육평가 방식 등에서 어떤 특징을 지니는가에 따라서 서로 구분되는 것들을 유사한 것끼리 묶은 것이다.
2. 교육과정 유형은 매우 다양하게 구분 · 분류할 수 있으나, 일반적으로 교과중심, 경험중심, 학문중심, 인간중심 교육과정, 통합 교육과정 등으로 분류한다.
3. 또 '교육과정' 개념 정의 방식의 차이에 따라서 공식적 교육과정, 잠재적 교육과정, 영 교육과정, 수준별 교육과정, 열린 교육과정 등으로 분류할 수 있다.

교육과정 유형이란 교육과 교육과정에 대한 기본적인 가정에서의 차이, 교육과 교육과정 개념 파악 방식의 차이, 그리고 이러한 차이에 의해서 이루어지는 교육과정 구성 요소 각각의 특징이 서로 구분되어 드러난 형태를 일컫는다. 즉 교육과정 구성 요소의 핵심인 교육목적, 교육내용과 학습경험, 교수-학습 방법, 교육평가 방식 등에서 어떤 특징을 지니는가에 따라서 서로 구분되는 것들을 유사한 것끼리 묶은 것이다. 그러므로 교육과정 용어 앞에 붙는 수많은 수식어에 따라서 교육과정 유형을 분류할 수 있다. 예컨대 '열린 교육과정'이나 '수준별 교육과정', '창의적 체험활동 교육과정' 등도 교육과정 유형인 셈이다.

그러나 교육과정 용어 앞에 각종 수식어가 붙는 것들을 망라하여 유형으로 정리하여 이해하기란 어려운 일이다. 너무 그 숫자가 방대하기 때문이다. 따라서 여기서는 교육과정 내용 조직의 특징에 따른 교육과정 유형과, 교육과정 개념 파악 방식에 따른 몇 가지 제한적인 유형을 살펴봄으로써 교육과정 유형 분류와 각 유형들의 특징을 이해해 보고자 한다.

제1절 교육과정 유형 개관

교육의 역사를 통하여 볼 때 각 나라는 다양한 교육과정 형태를 구성하거나 개발하여 학생들을 가르치고자 노력해 왔다. 한국의 경우만 하더라도 국가 차원에서, 각 시 · 도교육청 차원에서, 각급 학교 차원에서, 심지어는 교사 개인 차원에서 독특한 교육과정을 만들어 학습자를 가르치고자 다양한 시도가 있어 왔고 지금도 계속되고 있다. 국가나 학교, 교사에 의해 다양한 형태의 교육과정을 편성 · 운영하려는 노력은 다음과 같은 이유에서 비롯된다.

가. 교육철학과 교육관의 강조점 변화

나. 기존 교육과정의 문제점 해결

다. 사회의 요구와 필요 변화의 충족
라. 학습자 심리적 특성에의 적합성 제고
마. 학문의 발전 및 변화

이와 같은 여러 가지 요인이 영향을 미치면서 변화와 변천을 거듭할 수밖에 없는 교육과정의 유형은 대체로 다음과 같이 분류된다.

가. 목적-내용-내용조직 방식에 따라서
(1) 교과중심 교육과정
(2) 경험중심 교육과정
(3) 학문중심 교육과정
(4) 인간중심 교육과정
(5) 통합교육과정

나. 교육과정 개념 정의방식에 따라서
(1) 공식적 교육과정
(2) 잠재적 교육과정
(3) 영교육과정
(4) 수준별 교육과정
(5) 열린교육과정

이상의 두 가지 기준에 따라서 교육과정 유형을 구분해 볼 수 있으나, 엄밀한 의미에서 둘째의 기준에 의한 구분을 교육과정 유형으로 보는 데는 논의의 여지가 있다. 교육과정 유형이란 교육과정의 실체를 구성하고 있는 다양한 요소들, 즉 교육철학, 교육목적, 교육내용 혹은 학습경험의 성격, 내용이나 경험의 조직 방식, 강조하는 교육평가의 요소와 방법 등이 체계적으로 구조화되어 교육활동에 투입되어 실행되는 실체를 의미한다. 따라서 교육과정 유형은 구체적인 교육의 장에서 확인될 수 있어야 한다. 오늘날 교육과정이라는 용어 앞에 다양한 수식어를 붙여 표현되고 있는 무수한 용어들이 사용되고 있다. 수준별 교육과정, 개방 교육과정, 나선형 교육과정, 열린 교육과정, 인성교육과정, 교과교육과정, 연계교육과정 등은 그러한 예들의 몇 가지다. 이러한 용어들도 모두 교육과정 유형을 나타내는 것으로 볼 것인가 하는 문제가 있다.

또 표면적(형식적) 교육과정, 잠재적 교육과정, 영교육과정 등을 유형으로 보는 학자들이 있다(강현석 · 주동범, 2004). 이러한 용어들은 교육과정 개념을 파악하는 방식을 나타내기 위하여 사용되는 것으로 보는 것이 타당하다고 생각한다. 그러나 교육과정 개념을 파악하는 방식이 곧 교육과정의 모습(형태)을 결정하는 핵심적인 요소가 된다는 점에서 교육과정 유형의 이해에 도움을 주리라고 생각한다.

따라서 필자는 교육과정의 내용 조직 방식에 따라서, 그리고 교육과정 개념 파악 방식 등에 따른 유형을 살펴보고자 한다. 특히, 교육과정 유형을 내용의 조직 방식에 따라서 분류하는 점에 비중을 두고자 한다.

제2절 교육과정 내용 조직 방식에 따른 유형

교육과정 유형을 교육의 목적으로 강조하는 것이 무엇인가, 교육내용과 학습경험의 두드러진 성격은 무엇인가, 내용과 경험을 조직하는 방식은 무엇인가, 교육평가로 강조하는 내용(대상)과 방법은 무엇인가 등의 교육과정 구성 요소들의 성격에 의한 분류 방식을 취하여 밝혀 보고자 한다. 그리고 논의를 위한 하나의 자원으로서 교육과정 개념의 의미상의 구분에 따른 잠재적 교육과정을 비롯한 몇 개의 교육과정 실체를 살펴보고자 한다.

교육과정의 다양한 유형은 각각 지향하는 교육관, 교육철학, 교육적 가치관을 반영하며 교육과정 개념을 정의하는 방식이 서로 다르다. 각 유형은 교육적 인간상, 교육내용과 학습경험의 가치규정 방식, 혹은 내용이나 경험선정과 조직에서의 강조점, 교수-학습 양식, 평가방식에 대한 독특한 관점을 지니고 있다. 즉, 각각의 교육과정 형태들은 특수성을 지닌다. 동시에 각 교육과정 유형은 다른 유형과 완전히 독립되어 존재양식이 규명되는 것이 아니며 다른 유형과 어떤 형태로든지 관련성을 지닌다. 즉 일반성을 지니고 있기도 하다. 다양한 교육과정의 형태들을 어떤 기준에 의하여 분류할 것인가 하는 문제는 교육과정의 좀 더 전문적인 분야이므로 여기서는 여러 가지 이름으로 불리는 교육과정 명칭들을 편의상 형태라고 보고, 그것들의 의미와 특징만을 간단하게 살펴보고자 한다.

역사적으로 교육과정의 유형의 변천과정은 교과중심 교육과정 → 경험중심 교육과정 → 학문중심 교육과정 → 인간중심 교육과정 → 통합교육과정 등으로 이어져 오늘에 이르고 있다. 그러므로 가장 전형적인 교육과정 형태는 교과중심 교육과정과 경험중심 교육과정 두 가지이며, 이들 형태에는 조직의 형태를 약간씩 달리하면서 무수한 유형의 것들이 포함된다. 이러한 5가지 형태의 변천과정과 관련하여, 오늘날의 교육과정을 통합교육과정이라고 단정적으로 말할 수 있는 것은 아니며 대략적인 추세가 그러하다는 것이다. 이들 교육과정 명칭 중에서 “중심”이라는 말은 ‘강조점’, 혹은 ‘보다 비중을 둔’ 정도의 의미로 이해하는 것이 적절하다.

1. 교과중심 교육과정

교과중심 교육과정은 흔히 敎科課程이라고 부르는 것과 동일한 것이다. 가장 오랜 전통과 역사를 지니고 있으며, 오늘날의 교육과정에도 이러한 교육과정 형태가 가장 많은 부분을 차지하고 있다. 희랍시대부터 시작하여 중세에 한참 성했던 7自由科(seven liberal arts), 즉 3學인 문법, 수사학, 변증법과 4科인 산수, 기하, 천문학, 음악 등으로 교육과정을 구성하여 체계적인 지식을 전수하는데 가장 적합한 교육과정을 만들었던 것이 교과중심 교육과정의 선구이다. 우리나라의 경우 고려의 국자감에서 논어와 효경, 주역을 비롯한 9經과 산술을 비롯한

7개 과목의 보충과정 등으로 교육과정을 구성한 것이나, 이조시대의 성균관에서 4書 5經을 교과과정으로 편성한 것 등은 이러한 교육과정의 형태인 것이다. 오늘날에도 교과중심 교육과정의 형태는 가장 두드러진 것으로 되어 있으며, 다른 유형은 모두 교과형에 기초한 변형이나 그 개선에 불과하다.

이처럼 교과중심교육과정은 그 시대에서 가장 위대한 저서로 인정되는 교과목을 정하여 교사중심으로 학생들에게 지식을 전달 전수시키는데 주안점을 두었다. 교과중심 교육과정은 교육과정을 학교의 지도하에 학생이 배우는 모든 교과와 교재로 정의한다.

가. 교육철학적 배경

1) 이상주의(idealism) 또는 觀念論

물질보다는 정신이 설명의 원리임을 강조한다. 현실보다는 초현실적인 것을 실재로 여기고 현실적으로 존재하지 않는 가치를 의지적으로 지향하는 것이 인간이다. 진리 및 판단준거는 인간에 내재되어 있으며, 진리의 불변성과 일관성을 신념하고, 인식결과로서의 지식관, 교사권위, 인간성의 천부성과 고유성을 강조한다.

2) 본질주의(essentialism)

가장 본질적인 것을 교육을 통해 다음 세대에게 전승시킴으로써 역사는 진전한다고 신념한다.

나. 교육목적

교과중심 교육과정이 추구하는 교육목적은 중요한 교과내용 학습을 통하여 이성과 인격(신념의 통합성, 실천적 행동의 일관성, 신조에의 충실성, 신념의 도덕성 등)을 도야하고, 본질적인 문화유산의 전달과 전통적으로 중시해 온 지식의 습득이다.

다. 교육내용

서양에서의 7자유학과, 동양의 유교 경전, 3R의 철저한 훈련, 고전과목들, 문화유산으로부터 정선된 내용, 그리고 현재 우리나라의 주요 교과목들이 교과중심 교육과정의 주요 내용이다.

라. 교육방법

교수방법은 주로 교사의 내용 해설과 전달이며, 학습방법은 기억과 습득 및 반복 연습방법이 중시된다.

마. 교육과정 평가방법

평가방법은 교과내용을 얼마나 잘 습득하고 기억하고 있는가를 확인하기 위해 규격화된 평가도구(주로 시험지)에 의해 객관적인 점수를 산출하는 방법이 적용된다.

바. 조직형태

1) 분과형(分課型) 교육과정

모든 교과가 서로 분리되어 상호 연관성을 지니지 않도록 편성한 교육과정이다. 물리, 화학, 생물, 지구과학 등이 독립적인 내용체계를 이루며 구성된 것이 그 예이다.

2) 상관형(相關型) 교육과정

형식은 분과형을 취하나, 관련 교과의 내용들이 서로 관련성을 가지고 교수-

학습할 수 있도록 편성한 교육과정이다. 국어와 사회, 수학과 물리, 도덕과 사회 등의 교과를 독립적으로 편성하되, 어떤 내용(국어의 문학 작품과 역사의 작품이 쓰여진 시대적 배경)은 교과 간에 서로 관련지어 교수-학습이 가능하도록 교육과정이 편성된다.

3) 융합형(融合型) 교육과정

상관형에서 광역형으로 이행하는 과정에서 시도되는 일종의 과도기적인 교과중심 교육과정이다. 교과내용상 서로 결합이나 통합할 수 있는 것들을 하나의 교과로 편성하는 교육과정이다. 식물학과 동물학을 결합시켜 '생물학'으로 편성하거나, 생물과 화학을 결합하여 '생화학'으로 편성하는 것이 그 예이다.

4) 광역형(廣域型) 교육과정

융합형에 비해 결합시키는 관련 교과들의 범주가 더 넓다. 과학이나 일반사회 등의 교과가 이에 해당하며, 초등학교 1, 2학년의 '바른생활', '슬기로운 생활' 등은 교과광역 교육과정이라고 할 수 있다.

5) 교과중핵형 교육과정

교과목들을 그대로 유지하면서 중핵적인 교과, 가장 중심적인 내용을 다루고 있는 교과를 중심부에 두고 다른 교과들을 동심원적으로 편성하는 교과중심 교육과정의 한 형태이다. 사회과가 중심에 놓이게 되면 '사회과중핵 교육과정'이 되며, 과학이 중심이 되는 경우 '과학과중핵 교육과정'이 된다.

사. 장점과 단점

1) 장점

- 정선된 문화유산을 체계적으로 습득시키는 데 적합하다.

- 기초적이고 기본적인 지식의 습득이 용이하다.
- 지식의 조직적 · 체계적인 습득에 유리하다.
- 교육과정 구성 혹은 편성 모습을 알기가 쉽다.
- 교육과정 평가가 비교적 쉽게 이루어질 수 있다. 즉, 무엇을 어떻게 평가할 것인지의 판단이 용이하다.
- 국가의 교육에 대한 통제, 교육적 통일성을 기하기가 쉽다.
- 일반 국민들의 교육과정에 대한 이해가 용이하다.
- 교육과정 이수 결과가 상급학교 진학을 위한 사정자료로서 용이하게 활용될 수 있다.

2) 단점

- 단편적인 지식의 전달, 주입, 기억에 머무르기 쉽다.
- 과거중심적, 성인중심적 교육과정이 편성됨으로써 학습자의 학습흥미와 동기를 유발하기 어렵다.
- 수동적 소극적인 학습태도를 형성할 가능성이 크다.
- 현대의 사회문제, 사회적 필요를 충족시키기가 어렵다.
- 지식과 이해에 주안점을 두는 교수-학습으로 인하여 창의력, 문제해결력, 판단력과 같은 고등정신능력을 기르기가 어렵다.
- 분과주의적 지식 습득으로 인하여 현상을 종합적으로 보는 안목을 기르기가 어렵다.

2. 경험중심 교육과정

경험중심 교육과정은 교과중심 교육과정의 문제점을 해결해 보고자 시도된 교육과정으로서 학습자의 흥미, 활동, 경험, 요구사항 등을 가능한 한 반영하여 구성한 것이다. 이 교육과정의 사상적 · 이론적 바탕은 John Dewey의 진보주의

교육철학이며 미국의 경우 1920년대부터, 우리나라는 1950년대 후반부터 대두되었다. 이 교육과정은, 교육과정이란 학습자의 경험의 체계를 존중하는 것으로 학교의 지도하에 학습자에 의해 행해지는 일체의 경험과 활동이라고 정의한다. 그러므로 교육과정은 학습자의 경험의 의미 있는 부분이 될 때 비로소 의미가 있을 뿐 많은 지식의 습득이나 문화유산의 습득 자체를 중시하지 않는다. 그와 같은 것을 습득하는 것이 의미가 있으려면 학습자의 기존 경험체계를 확장하거나 재구성하거나 변화시킬 수 있어야 한다. 경험중심 교육과정이 의도하는 바가 바로 이것이다.

경험중심 교육과정의 특징은 교과활동 못지않게 교과 외 활동을 중시하며, 교육의 목표를 생활인 육성에 둔다는 것이다. 또 학습자의 필요, 흥미, 능력에 바탕한 학습자 중심교육을 강조하며, 급격한 사회변화에 적응할 수 있는 인간육성이나 문제해결력의 함양, 민주시민이 지녀야 할 자질 육성 및 전인교육을 중요한 교육목표로 삼는다는 점이다. 오늘날 강조되고 있는 열린교육, 혹은 개방교육은 경험중심 교육과정을 구성하여 실행하는 것으로 이해할 수 있다.

가. 교육철학적 배경

1) 자연주의(naturalism)

자연은 그 자체에 질서가 있으며, 질서에 따른 삶이 가장 올바르고 행복한 것이다. 여기에는 루소를 중심으로 한 주관적 자연주의와, 자연현상의 관찰에서 얻은 법칙으로부터 교육의 방법을 찾아야 한다고 주장한 코메니우스의 객관적 자연주의가 있다.

2) 실용주의(pragmatism)

인간이란 생물학적, 사회적, 심리적 진화의 과정을 통하여 발달하며, 가치관은 생활경험 속에서 형성되고 지식의 절대성보다는 상대성을 신념한다. 인식의 주체인 인간은 환경과의 부단한 상호작용을 통하여 성장하고 발달하는 존재이며, 현재성과 활동성을 띤 생활을 영위하는 성질을 지니고 있고, 모든 사상은 부단히 변한다고 믿는다.

3) 진보주의(progressivism)

인간의 진정한 성장과 발달 및 진보는 개인에게 성장할 수 있는 충분한 기회를 부여하고 적합한 환경을 조성해 줄 때 가능하다. 따라서 교육과 생활은 둘이 아닌 하나이다.

나. 교육목적

경험중심 교육과정이 추구하는 교육목적은 아동의 덕성을 비롯한 선천적인 본성을 고양하도록 개인적 경험을 재구성하고 확장시키는 것이며, 생활상에서 부딪치는 문제를 스스로 해결할 수 있는 문제해결력을 기르는 것이다. 단순한 지식의 습득에 머무르지 않고 전인, 생활인의 육성을 강조한다.

다. 교육내용

학습자의 생활 속에서 교육내용을 선정한다. 학습자의 생활영역, 생활문제, 흥미와 필요 등을 기초로 교육내용('학습경험'이라는 용어가 더 적합하다)을 선정한다. 교과는 학습자의 생활경험의 세계로 전환될 때에만 그 의미를 지니며, 교과과정 못지않게 교과 외 과정을 중시한다.

라. 교육방법

학습자 중심의 실질적인 경험, 경험한 내용의 개인적 집단적 발표와 토론, 교육내용과 학습경험의 성격에 따라서 교수-학습과정의 개별화 강조, 학습활동 집단 조직의 다양성이 강조되며, 교사는 학습자의 학습활동을 활성화시키는 방법을 개발 · 적용한다.

마. 교육과정 평가방법

교과형과는 달리 교과별 시험점수 확인이나 집단 내 순위 정하기보다는 학습자의 개인별 경험의 확장 상태의 진전도, 문제해결 능력의 개선 정도, 지적 · 정의적 신체 · 기능적 특성의 발달 상황 등을 가능한 한 종합적 · 포괄적으로 평가하는 데 주안점을 둔다.

바. 조직형태

1) 생활영역 교육과정

인간생활의 중요한 영역을 밝히고, 각 영역에서 중요한 지식이나 기능, 수행과제 등을 추출하여 편성한 교육과정이다. 생활영역을 가정 및 결혼생활, 건강생활, 직업생활, 여가생활, 인간관계생활 등으로 정하고 각각의 생활에 도움이 되는 내용과 경험을 선정하여 교육과정을 편성할 수 있다.

2) 활동형 교육과정

학습자들이 현재 흥미를 느끼거나 필요로 하는 바를 조사 분석하여 이를 토대로 편성한 교육과정이다.

3) 생성형 교육과정

현성(現成)교육과정이라고도 하며, 교육내용이나 학습경험을 미리 선정 조직하지 않고 교수-학습의 장에서 학습자들의 의견을 들어 구성하는 교육과정이다.

4) 중핵(中核)교육과정

학습자들이 가장 필요로 하는 것, 사회생활에서 가장 핵심적인 주제를 중심부에 두고, 중심적인 주제를 학습하는 데 도움 되는 내용들을 주변과정으로 설치하여 편성하는 교육과정이다. 학습자들이 진로개발과 선택능력을 가장 필요로 한다면 진로개발과 진로선택과정을 중심부에 두고, 이를 중심으로 인간의 이해, 사회의 이해, 자연현상의 이해, 생태학, 미래학 등과 같은 과정을 주변과정으로 설정하여 교육과정을 편성할 수 있다. 이를 학습자 필요중핵 교육과정이라고 한다. 또 사회문제 해결력 육성에 초점을 둔 교육과정을 편성하기 위하여 사회문제로 가장 중요한 것을 환경의 보존과 개발로 정했다면, 이를 중심부에 두고 이에 관련된 교과 혹은 주제과정을 주변부에 설정하여 교육과정을 편성할 수 있다. 이를 사회문제 중핵교육과정이라고 한다.

Alberty(1950 : 154-155)는 중핵형 교육과정의 특징을 다음과 같이 기술하고 있다.

첫째, 모든 학습자는 중핵과정(중심학습과정)에 참여하면서, 동시에 중핵형 안에서는 각자의 개인차에 적합한 내용을 학습한다.

둘째, 학습활동은 전통적인 교과선을 폐지하여 구성된다. 둘 또는 그 이상의 교과를 통합하는 방식과 완전히 교과선을 없애고 중핵형으로 구성하는 방식을 택한다.

셋째, 교육과정은 학생의 흥미, 필요, 요구 등에 부합하도록 교사, 학생, 교과 전문가, 그 외 전문가들의 협의에 의해 구성한다.

넷째, 교육과정 운영의 신축성을 지니기 위해 시간표는 융통성 있게 편성한다.

다섯째, 중핵형 교육과정은 중심학습에 직접 도움이 되는 것들로만 편성한다.

여섯째, 유익한 학습활동을 전개할 수 있도록 널리 자료를 수집해서 자료단원(source unit)을 만드는 것을 장려한다.

사. 장점과 단점

1) 장점

- 학습자의 흥미와 필요를 기초로 교육과정이 편성되기 때문에 학습자의 학

습동기가 유발될 수 있다.

- 생활인, 실천인, 전인적인 인간 특성을 육성할 수 있다.
- 학습자의 능동적 · 적극적인 학습태도를 형성할 수 있다.
- 창의력, 문제해결력과 같은 고등정신 능력의 육성에 적합하다.
- 개인차를 고려한 교수-학습이 가능하다.
- 사회변화에 적응하는 교육과정을 편성 · 운영할 수 있다.

2) 단점

- 지식의 체계적인 습득을 등한히 하기 쉬우며, 기초적 · 기본적인 지적 기능의 육성이 곤란하다.
- 편성된 교육과정의 모습이 불명료하여(내용조직의 계열성 소홀) 이해하기가 어렵다.
- 교사의 교육과정 운영능력에 따라서 기초학습의 저하가 초래되기 쉽다.
- 행정적인 통제가 어려우며, 상급학교 진학과 같은 현실적인 문제해결이 곤란하다.
- 교육과정 운영을 위한 시설과 설비가 적절하게 갖추어지지 않으면 교육적 비효율과 낭비를 초래하기 쉽다.

3. 학문중심 교육과정

20세기 중반에 접어들면서 산업사회의 진전에 따라 지식과 기술이 폭발적으로 증가하게 되었고, 학교는 그와 같은 엄청난 양의 지식과 기술, 가르칠 만한 내용과 경험들을 모두 가르쳐 낼 수 없는 상황이 되었다. 또한 교육학적 탐구는 교육내용과 학습경험의 조직방법, 교수-학습 방법에 대한 새로운 원리와 이론, 모형들을 쏟아내면서 종래의 경험중심 교육과정의 문제점과 그 대안적인 교육과정 유형을 찾기 위하여 노력하게 되었다. 즉, 미국의 경우 1950년대에 접어들면서 교과를 교과답게 혹은 올바르게 가르치기 위한 내용선정 및 조직방법과 교수-학습 방법에 관한 논의가 활발하게 전개되었다. 이러한 탐구활동의 선봉장은 하바드 대학교 교수였던 Jerome S. Bruner이다. 그의 역저 『The Process of Education』(1960)에 학문중심 교육과정의 이론적 배경이 잘 나타나 있으며, 우리나라에서는 서울대학교 교육학과 교수였던 李烘雨 박사가 이론적 체계와 교육과정 실제에 강력한 영향을 미쳤다.

경험중심 교육과정의 가장 큰 문제점은 아동 학습자들의 경험을 중시한 나머지 지식의 성립근거를 탐구하고 발견해 내는 능력, 이른바 탐구하는 방법의 학습, 학습하는 방법의 학습에 실패하고 있다는 것이다. 교과중심 교육과정은 교사가 문화유산(체계적인 지식)을 일방적으로 전달함으로써 시대 · 사회적 부적합성을 노출시켰다면, 경험중심 교육과정은 학습자 위주로 그들의 필요와 흥미 본위로 교육과정을 구성 · 운영함으로써 탐구력과 창의력 배양에 문제가 있다고 학문중심 교육과정 주장자들은 지적한다.

학문중심 교육과정은, 교육과정을 "각 학문(교과)에 내재해 있는 지식탐구과정의 조직, 또는 학생의 자발적인 탐구를 통한 지적 활동의 조직"으로 정의한다. 이 정의에 의하면, 李烘雨(1992 : 109-122)의 주장과 같이, 경험중심 교육과정과 학문중심 교육과정은 겉으로 보기에는 서로 다른 것을 강조하는 교육과정 유형인 것 같지만 교과를(지식의 구조) 올바로 조직하고(나선형적 조직) 올바로 가르침으로써(발견과 탐구) 학습자의 지적 안목과 태도를 변화시키는데 강조점을 둔 교육과정이 곧 학문중심 교육과정인 셈이다. 이는 교과중심 교육과정과 경험중심 교육과정의 중요한 아이디어, 혹은 교육적 원리를 한 차원 발전시킨 것으로 이해할 수 있다.

가. 교육철학적 배경

1) 실재주의(實在主義, realism)

외적 객관적인 세계는 인간의 의식이나 입장을 떠나 독립적으로 실재하며,

참다운 인식은 객관적 실재의 파악을 통하여 가능하다.

2) 신실재론(neo-realism)

진리란 인식주체의 신념과 외계의 실재적 관계가 합치될 때 성립하며, 그것은 탐구과정을 통하여 드러나는 것이다. 그리고, 일단 진리로 밝혀지면 그것이 허위로 판명될 때까지는 복종해야 한다.

나. 교육목적

학문중심 교육과정이 추구하는 교육목적은 학습자가 탐구정신을 습득하고 탐구능력을 배양하는 것이다. 즉, 학생으로 하여금 여러 가지 문제를 탐구하고 조사하거나 이를 해결하는데 있어서 가장 유익한 개념, 원리, 아이디어를 사용하고 효율적인 과정을 거치도록 훈련하는 것이다. 학교교육을 마친 후에도 학교에서 학습한 원리나 아이디어를 넓고 변화무쌍한 사회에서 계속 활용할 줄 아는 능력을 육성하는 것이 교육목적이다.

다. 교육내용

학교교육에서 다루게 되는 교과(학문)는 무수히 많으며, 각 교과 내에서도 다루어야 할 지식은 개념, 사실, 원리, 법칙 등에서 수없이 많다. 학습자가 수없이 많은 지식을 습득하기란 불가능하다. 따라서 지식들 중에서 가장 기본적인 것, 기초적인 것, 하나를 알면 열 가지를 깨우칠 수 있는 것을 정선하여 가르쳐야 한다. 이러한 지식의 핵심적인 것을 학문중심 교육과정에서는 지식의 구조라고 칭한다. 지식의 구조, 즉 각 학문(교과)에 내재되어 있는 핵심적인 개념과 아이디어, 원리, 그리고 학문하는 방법 등이 중요한 교육내용이 된다. 지식의 구조의 차이가 학문(교과) 간의 차이를 나타내 주는 준거이다.

라. 교육방법

학문중심 교육과정이 중요시하는 교육방법은 발견과 탐구이다. 교과형 교육과정과는 달리 학습자가 교과의 기본개념과 원리의 의미를 탐구과정을 통하여 발견해 내는 일을 강조한다. 학자가 해당 학문분야의 주제에 대한 연구(탐구)를 수행하는 과정을 거치는 것과 마찬가지로 모든 단계의 학습자는 탐구주제를 정하거나 부여받아 학자가 연구를 수행하는 것과 같은 탐구과정을 통하여 모종의 결론을 도출해 내는 교수-학습이 강조된다. 학문중심 교육과정을 강조하는 학자들은, 교과중심 교육과정에서 교사가 결론을 전달해 주는 교사중심의 전달방식에서 사용하는 언어를 '중간언어(中間言語, middle language)'라고 표현한다.

마. 교육과정 평가방법

교육평가의 방법은 각 교과의 성격과 목표에 따라 결정된다. 공통적인 것은 결과보다 과정중심의 평가방법이 강조된다. 선택형 문항에의 정답 찾기보다 논술형 문항에 자신의 견해를 표현하는 방식, 일정한 절차를 따라서 문제를 해결하는 능력 등을 주로 평가한다. 예능분야의 교과에서는 통일과 균형, 대비, 조화 등의 원리가 평가 준거로 사용되며, 수학은 공리와 같은 것들이, 가치는 지식은 물론 사고의 과정과 형태 등을 중심으로 평가가 이루어진다(김재복, 1983 : 28).

바. 조직형태

1) 분과별교육과정

교과의 선은 그대로 두고 그 내용을 교과의 기본개념이나 課程, 혹은 탐구방법 중 어느 하나 중심으로 구조화하여 편성한 교육과정이다. 교육과정의 목적과 강조하는 내용, 내용을 다루는 방식 등에서 차이가 있으며, 그와 같은 차이를 고려하지 않는다면 교과형 교육과정과 동일하다.

2) 다과정교육과정(多課程教育課程)

교과에 따라서 어떤 교과는 일반학급에서 교수-학습하고, 어떤 교과는 학습자들의 능력에 따라서 2-3개의 학습반을 편성하여 교육과정을 운영하도록 조직한 것으로 이를 이중진급안이라고 한다. 또 다른 방안은 원래부터 교과수업을 3개 혹은 4개 능력별로 진행할 수 있도록 교육과정을 조직하는 방안이 있다. 학문중심 교육과정의 성격에 적합하도록 편성한 경우라면 제7차 교육과정의 수준별 교육과정이 이에 해당한다.

3) 개별화교육과정

학습자 개개인의 능력, 필요, 학습속도 등에 맞추어 학년에 관계없이 학습해 나가도록 편성한 교육과정을 일컫는다.

이와 같은 학문중심 교육과정의 조직형태들은 공통적으로 '나선형적 조직' 형태를 취하며, 나선형적 조직형태를 취하는 교육과정을 螺旋形 教育課程(spiral curriculum)이라 부르기도 한다. 나선형 교육과정은 학문중심 교육과정에서 내용을 조직하는 원리와 관련된다. 학문중심 교육과정에서는 특정 교과의 교육내용을 해당 교과의 "지식의 구조"라고 표현하고, 한 교과(학문)의 지식의 구조는 초등학생이건, 고등학생이건, 그 학문에 종사하는 학자이건 누구에게나 동일하다고 주장한다. 그러면 교육내용인 지식의 구조를 어떻게 조직할 때 학문중심 교육과정의 취지를 가장 잘 살릴 수 있는가? 그것은 곧 특정 개념이나 원리(지식의 구조)를 조직함에 있어서 학년이나 학문의 수준이 높아가면서 지식의 구조를 보다 깊이 있고 치밀하게, 보다 넓은 범위로 확대되면서 조직해야 한다는 것이다. 이러한 조직원리에 바탕하여 조직된 교육과정을 Bruner의 『교육의 과정』이라는 저서에서 나선형 교육과정이라고 하였다. 그러나, 필자는 이를 '나선형적 조직'으로 표현하는 것이 적합하다고 본다. 그것은 교육과정의 한 유형이라든지 교육내용의 체계적인 조직으로 볼 수 있는 것이 아니며, 학문중심 교육과정에서 교육내용을 조직하는 한 가지 방식을 나타내는 용어라고 보기 때문이다. 즉,

교육내용의 나선형적 조직은 Tyler가 제시하고 있는 내용조직의 한 가지 원리인 계열성의 원리와 동일한 의미를 지닌다.

사. 장점과 단점

1) 장점

- 전이가가 높은 지식을 정선하여 교육과정이 편성됨으로써 학습결과의 적극적 전이효과를 기대할 수 있다.
- 교과(학문)별 지식 구조의 계열을 고려하여 교육과정이 편성됨으로써 교수-학습내용이 체계적이다.
- 탐구력과 탐구정신의 함양에 도움을 준다.
- 탐구과정을 통한 발견의 기쁨(희열)을 맛보게 됨으로써 학습자의 내적 동기 유발에 도움을 준다.
- 결과뿐만 아니라 과정의 중요성과 교육적 가치를 인식하게 한다.

2) 단점

- 개인적 필요, 생활의 필요나 사회적 필요를 반영하기 어렵다.
- 탐구능력이나 학력이 낮은 학습자에게 불리한 교육과정이 편성될 수 있다.
- 학문 간의 상호관계를 긴밀히 하여 학생에게 의미 있는 통합을 하려는 데 지장을 줄 수 있으며, 지식분야의 전문가가 자신의 학문적 탐구방식을 학습자로 하여금 모방하게 할 가능성이 있다(Tanner, 1971 : 14).

4. 인간중심 교육과정

1960년대의 인본주의 심리학으로부터 출발하여 그 이후 통합교육, 신비주의, 그리고 1960년대 후반과 1970년대의 급진주의 학자들, 제3세력 심리학(현상학이라고도 함)이 합세하면서 그 영역이 확장되었다.

1950년대 후반부터 구성 사용하게 된 학문중심 교육과정(우리나라는 정확하게 1973년 제3차 개정 교육과정부터)은 종래의 경험중심 교육과정의 문제점을 어느 정도 해결하기는 하였으나 교과의 기본적인 지식의 강조, 과학기술의 혁신, 탐구력 배양 등에 열중한 결과, 학습자 개개인의 개성이 존중되고 잠재가능성을 개발하며, 자아실현에 도움을 주는 그런 교육과 교육과정이 부족하거나 미흡한 채 인간미가 부족한 교육과정이라는 비판이 일기 시작하였다. 이와 더불어 성장과 발전위주의 산업사회는 기계문명과 사회조직을 점차 인간을 속박하는 가운데 인간의 자유, 자율, 의지에 따른 행위의 가능성을 제약하면서 개인이 거대한 사회조직의 부속품으로 인식하도록 만드는 인간상실과 인간소외감을 겪게 되었다. 이는 교육의 본질이 무엇이며, 교사와 학습자가 상호작용해야 할 주요 대상이 무엇이어야 하는가에 대한 논쟁을 불러일으키게 된 것이다. 교과내용을 가지고 발견과 탐구, 실험과정을 열심히 거쳐 가는 동안, 학생들은 인간성이 메말라 가고, 인간관계의 중요성, 건전한 가치관과 태도의 형성, 긍정적인 자아개념의 형성, 인간 자체의 존재에 대한 탐색 등에 한계를 드러내게 되었으며 자신을 올바로 볼 수 있는 기회를 지니는데 어려움을 느끼게 되었다. 그래서 교과나 경험이 아닌 바로 "인간"이 교육과정의 중심이 되는 교육과정에 대한 요청이 일어나게 되었다.

인간이 교육과정의 중심이 된다는 말은 무었을 뜻하는가? 이것은 교육의 내용을 인간 외부에서 찾을 것이 아니라 바로 인간 그 자체의 문제에서 찾아야 한다는 의미이며, 학습경험은 바로 그러한 문제를 가지고 고민하고 논의하는 것이 되어야 한다는 것이다. 인간중심 교육과정의 궁극적 목표는 개개인의 자아실현과 인간다움의 회복이며, 학습자 누구나 주어진 처지에서 행복감을 느끼며 자기 책임감을 갖도록 하는 것이다. 인간중심 교육과정은 앞의 세 가지 형태의 교육과정에 비하여 구성(설계)과 운영의 방법이나 교육과정의 구체적인 모습이 분명하지가 않은 채 논의수준에 있다. 즉, 인간중심 교육과정을 주장하는 사람들은 교육과정을 "학교생활을 하는 동안에 학생들이 가지는 경험의 총체"로 정의한다. 학교교육이란 학생들의 경험의 모든 것에 관련되며, 그러한 경험을 총체적으로 파악하지 않으면 학교교육을 올바로 이해할 수 없다는 관점을 나타내는 것이다. 인간중심 교육과정이 표면적 교육과정뿐만 아니라 잠재적 교육과정까지 교육과정의 개념범주를 확장해야 한다고 주장하는 것은 바로 이러한 이유에서다. 이처럼 이 교육과정은 다른 형태의 교육과정에 비하여 교육에서의 비인간적 요소에 주의를 환기시키고 있는 점, 비인간적인 사회현상을 개선하려는 교육적 구안이라는 점에서 앞으로 보다 적극적으로 연구될 것으로 보인다.

가. 교육철학적 배경

1) 재건주의(re-constructivism)

현 사회를 개혁하고 사회가 안고 있는 문제를 해결하기 위해서는 교육이 선도적 역할을 해야 한다.

2) 실존주의

인간 자신의 내적 세계를 탐색하는 철학이며, 인간 자신의 주체적 자각 · 결단 · 실천이 실존(實存 : 집단에 의해 해소되지 않고 공통성에 의해 분할되지 않는 타에 견줄 수 없는 인간존재)의 핵심이다.

나. 교육목적

인간중심 교육과정이 추구하는 교육목적은 자아실현인 육성, 개인의 인격 및 개성의 발달과 완성, 개인의 책임의식 고양, 주체적인 인간, 의식화를 통한 자기소외의 극복 등 인간 자신을 포함한 세계에 대한 주체적 인식 능력의 육성이다. 이러한 능력을 지닌 학습자는 역동적인 인간이며, 자기 자신과 타인, 학습에 대한 적극적이고 긍정적인 태도를 지닌 사람이다. 그러한 인간은 냉철한 인식능력을 지녔을 뿐만 아니라 미적이고 도덕적이며 타인에 대한 깊은 관심과 배려를 할 줄 아는 사람이다.

다. 교육내용

(1) 부분보다는 전체적 접근 방법을 취함으로써 지적, 정의적, 운동기능적 영역의 통합, 교과간의 통합성, 간학문적 접근을 강조함으로써 교과간의 구획화를 타파하려고 한다.

(2) 자기이해의 경험, 사회문제 해결의 종합적 접근, 실질적인 활동과 경험 등이 교육내용으로 강조된다.

(3) 개인의 자아실현과 성장에 도움 되는 직접적인 경험을 중요시한다.

자아실현의 개념적 요소

- 인간은 그 스스로의 의지와 목적을 위하여 살아가는 존재이다. 개인의 목적은 타인에 의해 설정되는 것이 아니며 오로지 스스로 설정한다.
- 인간은 독특한 취향과 동기의 만족도를 지닌다. 그러한 취향과 동기만족도는 타인에 의해 평가되거나 판단될 수 없다.
- 인간은 누구나 잠재가능성을 지니고 있으며, 이를 최대한 개발하고 발휘할 수 있는 권리를 지닌다.
- 자아실현은 도덕생활을 전제하며, 타인과의 원활한 관계 속에서 이루어진다.
- 자아실현은 신념, 가치, 사상 등의 균형과 조화를 전제한다.

라. 교육방법

학습자 스스로의 경험의 재구성과 학습과정을 직접 수행해 나가도록 환경을 구성 · 제공하는 방법이 강조된다. 교수-학습의 주체는 학습자이며, 교사는 촉진자, 지원자 및 이해심 있는 성인의 역할을 수행한다. 그러므로 자기감각을 통한 경험 학습, 만남의 집단(encounter groups), 명상 및 소집단 토론 등 교사와 학생 간 상호신뢰에 바탕을 둔 개인 성장 방법이 총동원된다.

마. 교육과정 평가방법

임의로 설정한 기준에의 부합 정도로 측정 평가하기보다는(결과 지향적 평가)

개인적 성장의 정도와 성장해 나가는 과정 자체가 평가의 대상이 되는(과정 지향적 평가) 질적 평가가 자주 이용된다. 그래서 관찰, 면담, 개인의 일기, 참여, 반성, 일화기록 등의 기법들이 사용된다. 점수가 아니라 학습경험 자체가 평가의 주대상이요 이를 평가하는 기법들이 두루 활용된다.

바. 조직형태

1) 균형형

인간의 타고난 잠재가능성을 고루 계발할 수 있도록 신체적 · 지적 · 사회적 · 정서적 내용을 통합적으로 균형 있게 조직한 교육과정

2) 개인형

학습자의 개인적 능력과 필요에 적합하도록 교육과정을 개별화한 것이다.

3) 연관형

교과의 핵심내용을 학습자의 심리적 특성 및 생활과 밀접하게 관련지어 편성한 교육과정이다.

4) 통합형

성격과 내용상 유사한 교과 간, 교과와 교육프로그램 간 구획을 없애고 학습자의 발달수준과 흥미, 개인적 필요 등을 통합하여 편성한 교육과정이다.

사. 장점과 단점

1) 장점

- 학습자 경험의 포괄성, 통합성을 강조함으로써 행위의 일관성을 기대할

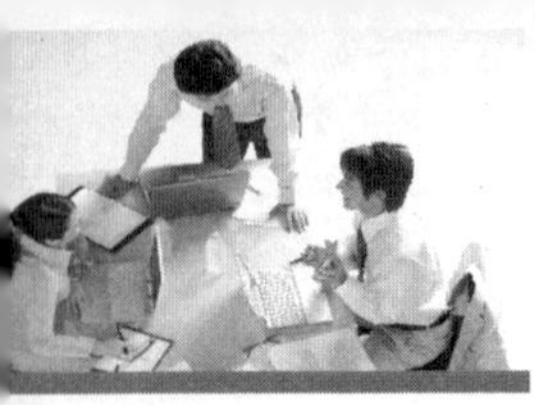

수 있다.

- 학습자 중심의 교육과정이 편성됨으로써 학습동기 유발에 효과적이다.
- 학습자의 정체성 확립에 도움을 준다.
- 학습자의 잠재력 개발, 인간관계 능력의 개발에 도움을 줄 수 있다.

2) 단점

- 개인적 · 집단적 경험이 학생의 행복을 항상 보장하지 못한다.
- 집단 내의 경험은 개별화가 곤란하며, 대부분 획일적이다.
- 사회적 요구와 필요를 충족시키기 곤란하다.
- 교과 혹은 학문적 통합에 대한 이론적 배경이 미흡하다.
- 자기실현이 항상 공통선을 보장하지는 못한다.

이들 네 개의 교육과정 형태가 교육과정 개념을 이해하고 교육과정이 어떻게 변천되어 오늘에 이르고 있는가를 이해하는데 도움을 준다면, 이하의 교육과정들은 형태라기보다는(형태란 일정한 기준에 의하여 분류되고 비교될 수 있는 경우에 사용할 수 있다) 특정 교육과정 개념으로 생각하는 것이 적절할 것이다.

5. 통합교육과정

통합은 분과에 대비되는 용어이다. 따라서 통합교육과정이란 분과교육과정에 대립되는 교육과정의 한 가지 형태이다.

우리나라는 전통적으로 분과형 교육과정을 편성 · 운영해 오다가 1955년부터 적용된 제1차 개정 교육과정기에 초등(국민)학교와 중학교에 통합교육과정이 편성되기 시작한 후 현대 교육과정 형태의 주류를 형성하고 있다. 즉, 1955년 당시 초등학교 사회과와 자연과, 그리고 중학교의 사회과와 자연과가 통합교육과정 형태를 취했다.

그러다가 1981년부터 1987년까지 적용된 제4차 개정 교육과정기에 초등학교 1, 2학년의 교과의 통합지도가 시도되고, 1988년부터 1992년까지 적용된 제5차 개정 교육과정기에 초등학교 1, 2학년에서 종전의 국어와 산수를 제외한 다른 교과들을 바른생활, 즐거운 생활, 슬기로운 생활 등 3개의 통합교육과정이 편성 · 운영되었다. 또 중학교에서 기술과와 가정과를 통합하여 기술 · 가정 교과로 통합하여 운영하게 되었다. 그리고 1993년부터 1999년까지 적용된 제6차 개정 교육과정기에 고등학교에 통합교과의 형태를 지닌 공통사회와 공통과학과 같은 교과가 신설되었다.

가. 통합교육과정의 의미

통합교육과정이란 '통합'과 '교육과정'의 합성어이다. 따라서 통합이라는 용어와 교육과정이라는 용어의 의미가 다양하게 기술되거나 파악되고 있기 때문에 이 개념을 명쾌하게 정의하기도 쉽지 않다. 이영덕(1981 : 15)은 교육과정 통합(curriculum integration)과 통합교육과정(integrated curriculum)은 모두 같은 개념체계에서 나온 개념들이라고 지적하면서, 전자는 교육과정 요소가 어떤 기준에 의해서 분리 · 독립되어 있던 것들을 상호 관련짓고 통합함으로써 하나의 의미 있는 체계로 발전시키는 과정 또는 시도라면, 후자는 그러한 시도를 거쳐 도출된 산출물을 의미한다고 하였다. 따라서 교육과정 통합은 통합교육과정 형태를 구성하기 위한 작업이나 과정을 일컫는 것이며 교육과정의 형태를 언급할 경우에는 '통합교육과정'이라고 불러야 한다.

곽병선(1987 : 362)은 통합교과와 교육과정 통합을 성격상 동일한 의미를 가진 것으로 볼 수 있으나 양자를 굳이 구분한다면 다음과 같은 의미상의 구분이 가능하다고 하였다. 즉, 통합교과는 교육과정을 구성함에 있어서 각 학문 또는 지식의 체계에 따라 분화된 분절교과 중심으로 학습경험을 선정하고 조직하던 것에서 탈피하여 교과 간의 엄격한 울타리를 고려하지 않고 각 교과의 지식이나 경험을 필요한 대로 가져다 재구성하여 학생의 흥미중심 · 문제중심 · 특정제재 중심으로 구성된 학과(course)라고 하였다. 따라서 곽병선에 의하면 통합교육과

정이란 통합교과들의 체계이되, 교과들을 단순히 결합시킨 차원을 넘어 교과들의 의미 있는 재구성과 통합을 통하여 편성한 교육과정이라고 할 수 있다.

또한 김재복(1995 : 23)은 통합교육과정을 학교의 지도하에 학생들이 시간적·공간적으로, 그리고 내용영역에 있어서 각각 다른 학습경험들이 상호 관련지어지고 의미 있게 모아져서 전체로서의 학습이 이루어지고 나아가서 인간의 성향 변화가 가치롭게 이루어지는 과정이라고 정의하였다.

한편, 김종건 등(1996)은 여러 학자들의 통합교육과정에 대한 정의들을 검토한 후 공통적인 요소로서 학습경험의 통합, 학생중심, 전인적 발달 등을 지적하였다. 그리고 이와 같은 요소들을 포괄하여 통합교육과정을 '학습자의 전인적 발달을 도모하기 위하여 전통적인 구분을 탈피하고 학습자의 경험을 중심으로 구성된 교육과정이며, 또한 몇 개의 서로 다른 교육과정을 하나로 묶어서 만든 새로운 형태의 제3의 교육과정'이라고 정의하였다.

이상의 여러 학자들의 통합교육과정에 관한 정의에 기초하여 필자는 통합교육과정을 다음과 같이 정의하고자 한다. 즉, 통합교육과정이란 "학습자의 전인적 발달과 성장을 목적으로 기존 교과나 학습경험 프로그램들 간 통합이 가능하며 통합이 의미 있는 것끼리 결합하여 편성한 교육과정"이다.

나. 통합교육과정의 의의

통합교육과정의 중요성과 필요성에 대해서는 그 개념 정의에 이미 시사되어 있다. 교육과정이 추구하는 바는 학습자의 성장과 발달을 도모하려는 것이다. 교육과정이라는 이름하에 편성되는 모든 교과들, 모든 교육프로그램은 그와 같은 목적을 지니고 있다.

그런데, 지식이 폭발적으로 증가하는 현대사회에서 학습자의 성장과 발달에 필요하다고 판단하는 교과들을 수 없이 편성할 수도 없으며, 그것이 가능하다고 할지라도 교과들 간의 유기적인 관련성을 지니지 않은 채 학습이 이루어지는 경우 교과별 단편적인 지식의 습득은 가능할지 모르나 현상과 사상을 종합적이고 통합적으로 보는 안목과 태도를 기르는 데 장애가 될 수도 있다.

인간이 세상을 살아가면서 보아야 하는 현상은 예컨대, 국어과를 통하여 학습한 지식이나 경험만으로 보거나 파악하는 그런 현상이 아니라 사회과, 도덕과, 심지어 수학과의 지식이 동원되어 보거나 파악되는 그런 현상이다. 마찬가지로 수학과가 논리적 사고력을 기른다고 할 때, 논리적 사고력은 국어과의 지식을 통하여 표현되고, 물리적 현상을 이해하는데 동원된다. 이처럼, 교과별로 분절된 지식의 단편성은 결국 편협한 사고방식과 태도 및 안목을 지니게 만들 위험이 있다. 특히, 초등학교부터 고등학교까지의 교육을 '보통교육'이라고 명명하듯이, 이 시기의 교육은 특정 교과나 학문분야의 전문성이나 지적 특성화보다는 통합적 안목의 성장과 발달이 가능한 교육과정을 필요로 한다.

또 특정 학년에서는 분과적인 교과중심 교육과정이 학습자의 발달 수준이나 학습의 효과성에서 타당하지 못하거나 비효과적인 경우가 있다. 곽병선(1987 : 363)이 지적한 바와 같이, 예컨대 지적 수준이 미분화되어 있고 한 가지 교과 학습에의 집중력을 기대하기 곤란한 초등학교 저학년의 경우, 분과적인 교과로 교육과정을 편성하여 가르친다면 학생들의 다양한 흥미나 동기를 좌절시키기 쉽다. 이와 같은 초등학교 저학년 학습자의 발달심리 측면에서의 통합교과의 이점을 김재복(1993)은 심신발달에 부합하는 교육을 실시할 수 있다는 점, 다양한 학습경험을 제공할 수 있다는 점, 즐거운 학교생활을 가능하게 할 수 있다는 점, 기초학습 기능과 관련된 내용을 강조하여 가르칠 수 있다는 점 등을 들고 있다.

또한 통합교육과정은 단순히 교과별 지식의 습득이나 기억에 머무르도록 하는 것이 아니라 문제해결의 과정, 결론을 도출하기까지의 과정, 무엇인가를 발견해 내는 과정 등 결과뿐만 아니라 결과를 이끌어 내는 과정을 중시한다. 이 문제는 교과의 분과적 교육과정이냐, 통합교육과정이냐의 문제라기보다는 내용 조직의 문제요 교육과정 운영(교수-학습) 방법의 문제이기는 하다. 통합교육과정은 개인적 · 사회적 · 학문적 문제 등 특정한 분야의 안목에만 집착하지 않도록 개방적 · 통합적 안목으로 해결할 수 있도록 하는 문제해결 과정에 관심을 두며, 그러한 해결과정의 대상이 되는 문제 자체들을 바로 학생 · 사회 · 학문의 필요에 따라 의미 있고 핵심적인 것으로 선택할 가능성이 높다(곽병선, 1987 : 365).

이와 같은 지적은 통합교육과정의 필요성이 될 수 있음과 동시에 통합교육과정의 과제이기도 하다.

다. 통합교육과정의 유형

통합교육과정의 초기 유형은 분과형 교육과정의 문제점을 해결하기 위하여 고안된 상관형, 융합형, 광역형 등이 있다.

1) 상관형

상관형이란 분과주의를 유지한 채 내용상 관련성을 지닌 교과들의 교수-학습이 그 과정에서 상호 관련을 지니고 이루어지도록 편성한 교육과정이다. 예컨대, 1학기 5월에 일제강점기에 쓰여진 문학 작품을 국어과에서 학습하도록 편성하였다면, 같은 시기의 역사과 내용은 일제강점기의 시대상과 국민들의 삶의 모습을 중심으로 구성하고, 국어과 시간에 문학작품을 학습하면서 동시에 역사과의 시대상을 함께 교수-학습하도록 교육과정을 편성 · 운영하는 방식이다.

2) 융합형

융합형이란 주로 인접하는 두 개 이상의 교과를 하나로 통합하여 제3의 교과로 편성한 것이다. 예컨대, 식물학과 동물학을 결합하여 '생물학'으로 한다든지, 고대, 중세, 근세, 현대사로 분리되어 있는 교과를 통합하여 '역사'로 편성하는 것 등이다. 광역형은 융합형에 비하여 통합에 포함시키는 범주가 더 넓다. 물리, 화학, 생물, 지구과학 등을 묶어 '과학' 혹은 일반과학으로 편성하거나, 정치, 경제, 사회, 문화 등의 분절된 교과를 묶어 '사회', 혹은 '일반사회'로 편성하는 것 등이 이에 해당한다.

3) 중핵형

이상의 통합교육과정 초기 유형으로부터 좀 더 발전된 유형이 중핵형과 활동형 교육과정이 있다. 중핵형은 중심과정을 핵심으로 하고, 중심과정의 내용을 학습하는 데 관련되는 교과나 교육프로그램들을 동심원적으로 구성한 교육과정이다. 중심과정에 특정 핵심 교과를 두고 주변과정에 관련된 교과들로 구성하면 '교과중핵 교육과정'이 되는 것이며, 중심과정에 학습자의 필요와 요구 중 핵심적인 내용을 두고 그 주변과정에 관련되는 교과나 교육프로그램을 구성한다면 '학습자 필요중핵 교육과정', 아동 청소년의 발달과업 중 핵심적인 것을 중심부에 두고 이를 육성하는 데 도움되는 내용이나 활동들을 주변과정으로 구성한 경우에는 '발달과업 중핵교육과정'이 된다. 그리고 사회문제 해결력을 기르는 데 목적을 두고 사회문제 중 핵심적인 것을 중심에 두고, 주변과정에 그와 같은 사회문제 해결능력을 기르는 데 도움이 되는 교과 혹은 교육프로그램을 구성한 것은 '사회문제 중핵교육과정', 특정 사회적 기능을 육성하는 것을 핵심으로 같은 방식의 교육과정 편성인 경우 '사회기능 중핵교육과정'이라고 한다.

이와 같은 중핵교육과정의 기본적인 목표는 통합교육과정의 그것과 같이, 일정한 중심학습에 의한 교육내용의 통합(교육내용의 중심통합), 통합된 교육내용에 의한 개인의 인격적 통합(인격통합), 인격체로서의 개인들로 구성되고 기능하는 통합된 사회의 실현(사회의 통합) 등이다.

4) 활동형

활동형 교육과정은 경험중심 교육과정의 한 가지 유형이다. 활동형 교육과정은 학습자의 경험과 활동 중 중요하다고 판단되는 것으로 교육과정을 구성하는 것으로, 1870년대 미국의 Parker가 선구적인 역할을 하였으며, Dewey의 경험주의를 거쳐 Kilpatrick이 1918년에 발표한 구안법(the project method)을 통하여 구체적으로 교육계에 등장하였다. 활동형 교육과정의 기본적인 성격, 장점과 단점 등은 경형중심 교육과정의 그것과 거의 동일하다.

제3절 교육과정 개념 파악 방식에 따른 유형

일반적으로 교육과정 개념을 '교육활동을 위한 계획'으로 규정할 때는 표면적 교육과정, 형식적 교육과정, 의도한 교육과정을 뜻한다. 표면적(explicit), 공식적(official) 혹은 의도된 교육과정이란 형식에 의해 문서화된 교육계획으로서 현재의 공식적 교육과정은 교과활동과 특별활동 및 재량활동 등 3대 과정으로 구성된다(2009 개정 교육과정은 교과활동과 창의적 재량활동 등 2대 영역으로 편제됨). 즉, 국가 수준의 교육과정 고시, 시 · 도 교육청 수준의 교육과정 편성 · 운영 지침, 지역 교육청의 교육과정 편성 및 운영의 장학자료, 그리고 이들에 기초하여 각 학교에서 편성 · 운영하는 학교 교육과정 등이 이에 해당한다.

이와 같은 공식적 교육과정은 학교교육의 과정을 통하여 학생들에게 의도한 바대로 실현되는가 하면, 공식적 교육과정에 포함되지 않았거나 교사가 의도적으로 가르치지 않았음에도 불구하고 학생들이 배우고 익히게 되는 내용과 경험들이 있다. 그리고 가르치고 배울 가치가 있음에도 불구하고 공식적 교육과정에서 제외된 교육내용과 학습경험들이 있을 수 있다. 전자를 잠재적 교육과정이라고 하며, 후자를 영교육과정이라고 한다.

또 공식적 교육과정을 학습자의 능력과 적성과 필요에 적합시키기 위해 학습자의 수준에 맞춰 다양화한 교육과정을 수준별 교육과정이라고 하며, 열린교육 체제에 적합하도록 편성 · 운영하는 교육과정을 열린교육과정이라고 한다.

1. 잠재적 교육과정(潛在的 教育課程, latent curriculum)

교육과정은 크게 표면적 교육과정(manifest curriculum)과 잠재적 교육과정으로 구분한다. 전자를 공식적, 계획된, 형식적, 외현적, 문서화된 교육과정이라고 부르기도 하며, 후자를 숨겨진, 비공식적, 비형식적, 내현적, 문서화되지 않은 교육과정으로 부르기도 한다. 인간중심 교육과정이 대두되기 전에는 교육과정이란 곧 표면적 교육과정을 지칭하는 것이었다. 그러나 학생들이 학교생활을 하면서 경험하는 것, 인간으로서의 성장 · 발달에 표면적 교육과정과 더불어 강력한 영향을 주는 표면적 교육과정의 이면에서 작용하는 숨겨진 교육과정이 있음을 밝혀 이를 잠재적 교육과정이라고 하였다(金宗西, 1987). 즉, 잠재적 교육과정은 학교생활을 통하여 학습자들이 습득하는 지식이나 얻게 되는 경험과 결과 중에서 공식적 교육과정, 학교나 교사의 계획과는 무관한 것을 일컫는다.

교육과정을 계획성이나 체계성, 혹은 제도적 교육이라는 기준에 비추어 볼 때 잠재적 교육과정이라는 명칭이 성립되는가에 대한 분석적 논의(金安重, 1987 : 148-153)는 교육과정뿐만 아니라 잠재적 교육과정에 대한 사고의 폭을 확대하는 데 도움을 주고 있다.

2. 영교육과정(零教育課程, null curriculum)

문서 속에 담겨진 전체적이고 체계적인 교육과정을 공식적 교육과정이라고 한다면, 공적인 문서 속에 포함되지 않은 教育課程을 영교육과정이라고 일컫는다. 여기에서 말하는 공식적 교육과정은 학교가 달성하려는 교육목표와 그와 같은 목표를 달성하는데 요구되는 교육내용 및 학습경험의 조직을 일컫는다.

김대현과 김석우(2006 : 30-31)는 영교육과정은 두 가지 의미를 갖는다고 하였다. 하나는 학교가 가르칠 만한 가치가 있는 내용임에도 법적인 구속력이 있는 공식적인 문서에 포함되어 있지 않아서 학교에서 가르치지 않는 교육내용이며, 다른 하나는 공식적인 교육과정에 포함되어 있는가와는 관계없이 교육적으로 가치 있는 내용 중에서 학생들이 학습할 기회를 갖지 못한 모든 내용을 뜻한다는 것이다.

Eisner(1993)는 학교에는 공식적인 교육과정에 포함되어 있지는 않으나, 여러 가지 이유로 많은 중요한 교육목표와 교육내용, 혹은 학습경험들이 있는데, 이것들을 학교가 무시하거나 교육과정 속에 흡수하지 않는다면 학교교육의 책무성과 효율성은 그만큼 훼손될 수밖에 없다고 주장한다. 이러한 영교육과정을 여하히 학교교육이 공식적인 교육과정안으로 끄집어들일 것인가 하는 문제는 매우 전문적이며 복잡한 논의를 요한다.

3. 수준별 교육과정

수준별 교육과정은 매우 다양한 특성들에서 개인차를 지닌 학습자의 수준에 적합시킬 수 있는 교육과정을 말한다. 학교교육의 사태는 학습자의 수준이 일반적으로 교과교육을 성공적으로 이수해 낼 수 있는 능력의 수준, 특정 교과수학 능력의 수준, 특정 분야의 능력 수준, 진로 경로의 다양성 등 다양한 수준을 지니고 있기 마련이다. 이러한 상황에서 획일화된 교육과정으로는 제대로 된 교육을 수행할 수 없기 때문에 교육과정을 다양하게 개발하고 학습자들의 능력과 적성에 적합한 교육과정 운영을 통하여 교육력을 극대화하려는 것이 수준별 교육과정 구성과 운영의 목적이다. 우리나라는 2000년도 초등학교 1학년부터 단계적으로 적용하여 2004년도에 적용이 완성된 제7차 개정 교육과정기부터 수학(1학년-10학년)과 영어(7학년-10학년)는 단계형을, 국어, 사회, 과학, 영어(3학년-6학년)는 심화보충형, 11학년과 12학년에서는 교과선택형 수준별 교육과정을 구성 · 시행한 바 있다.

4. 열린교육과정

열린교육과정이란 열린교육체제에서 사용되는 교육과정이다. 열린교육체제란 제도교육이 틀에 박힌 시간표와 그 시간 안에서 정해진 과정을 따라 진행되는 교육활동에서 발생하는 역기능, 즉 교육의 규격화 · 획일화 · 형식화 · 비인간화 경향에 주목하여 학교제도, 교육내용에 대한 결정, 수업방법, 교수조직, 교육기관과 사회와의 관계 등 여러 측면에서 보다 자유롭고 다양하게 선택 가능한 代案을 모색함으로써, 교육의 본질에 충실하고 인간교육의 가치실현에 노력함으로써 자유로운 인간정신의 계발과 창의성을 북돋우어 자아실현과 사회에 대한 교육의 적합성을 높이고자 하는 교육체제이다(서울대학교 교육문제연구소 편, 1994 : 471). 이와 같은 교육체제는 1980년대부터 강조되기 시작하여 초등학교를 시발로 각 지역에 활발한 움직임이 전개되고 있으며 고등학교 수준에서도 열린 교육체제를 도입하고 있는 학교가 증가하고 있다.

열린교육과정이란 곧 이와 같은 열린교육체제를 도입한 학교에서 구성·운영하는 교육과정으로서, 획일화한 교육과정을 탈피하여 학습자에의 적합성, 지역사회에의 적합성, 교사에의 적합성, 나아가 교육본질에의 적합성을 기초로 구성된 교육과정이다.

교육과정의 유형은 이 외에도 교육과정 구성 주체가 누구냐에 따라서 국가수준 교육과정, 시·도 교육청 수준 교육과정, 학교중심 교육과정, 교사중심 교육과정, 학습자중심 교육과정 등으로 분류할 수 있다. 오늘날 교육과정의 구성주체가 여기서 지적한 바와 같이 확연하게 구분되는 것은 아니며, 교육과정 구성의 주도적인 역할을 누가 담당하느냐에 따라서 이러한 구분이 가능하다고 생각한다. 이러한 교육과정 중에서 특히 학교중심 교육과정 개발을 SBCD(School Based Curriculum Development)로 표현하며 이 교육과정의 중요성과 필요성은 앞으로 더 강해질 것으로 전망한다.

형성평가

1. 다음의 교육과정 관점에 대한 설명으로 옳지 않은 것은?[2010]

> 인간의 능력은 몇 개의 능력들(faculties)로 이루어져 있고, 이 능력들을 단련하는 데에는 거기에 적합한 교과가 있다. 교과교육에서 무엇을 기억하고 추리하느냐가 중요한 것이 아니고, 기억되고 추리되는 내용이 무엇이든지 간에 그것을 기억하고 추리한다는 점이 중요하다. 따라서 교과는 인간의 정신을 도야하는 가치에 따라 그 중요성이 결정되며, 정신능력들을 도야하는 데 적합한 교과들을 학교에서 가르쳐야 한다.

① 교과 학습에서 흥미가 없는 교과라도 학습자의 노력이 중시된다.
② 교과 내용의 가치를 개인 생활의 의미와 사회적 유용성에서 찾는다.
③ 교과의 중요성은 구체적인 내용에 있기보다는 내용을 담는 형식에 있다.
④ 능력심리학에 근거하여 심근(心筋) 단련을 위한 수단으로 교과를 강조한다.
⑤ 교과를 가르치는 방법으로 훈련과 반복을 강조하고 일반적 전이를 가정한다.

2. 다음은 어떤 유형의 교육과정에 대한 설명인가?

> 전통적인 교과목의 엄격한 한계를 해소하고 학습은 보다 넓은 영역에서 사실이나 원리들로 조직되는 교육과정으로서, 정치, 경제, 문화, 지리, 역사 등을 묶어 '사회'로 구성하여 가르친다.

① 융합교육과정 ② 분과교육과정
③ 광역교육과정 ④ 상관교육과정

3. 학생의 요구, 필요, 흥미 등을 중심으로 교육내용을 통합하되 통합 이전 교과의 구분이 완전히 사라진 채 조직되는 교육과정 통합유형은?
① 중핵형 ② 광역형 ③ 상관형 ④ 분과형

4. 다음과 같은 특징을 지닌 교육과정은?

- 과학교과에서는 초등학교에서 배운 광합성의 원리를 중등학교에서도 심화 · 반복하여 내용을 조직한다.
- 경제 단원에서 자원의 희소성, 수요와 공급 등의 기본 개념과 원리를 교과 구조 속에서 강조한다.
- 교사가 결과적 지식을 먼저 가르치기 전에 학생들로 하여금 탐구과정을 통해 일반적인 원리를 발견하게 한다.

① 경험중심 교육과정 ② 인간중심 교육과정
③ 학문중심 교육과정 ④ 학생중심 교육과정

5. 교과중심 교육과정과 학문중심 교육과정이 공통점으로 볼 수 있는 것은?

① 인성교육을 강조한다.
② 학생들의 지적 성장을 강조한다.
③ 교과내용은 '지식구조'를 중심으로 조직한다.
④ 생활 개선에 직접적인 의미가 있는 교육을 중시한다.
⑤ 학습을 경험의 총합으로 보고, 학생의 흥미를 중시한다.

6. 다음과 같은 특징을 가지는 교육과정은?

- 교육과정의 중심을 학생에 둔다.
- 학습내용을 미리 선정 · 조직하지 않고, 학습의 장에서 결정한다.
- 개인의 흥미와 개인차를 고려한다.

① 융합 교육과정 ② 상관 교육과정
③ 교과중심 교육과정 ④ 경험중심 교육과정
⑤ 학문중심 교육과정

7. 최근 초등학교에서 많이 논의되고 있는 열린교육과 가장 밀접히 관련되어 있는 교육과정 이론은?

① 교과중심 교육과정 ② 학문중심 교육과정
③ 경험중심 교육과정 ④ 잠재적 교육과정

8. 사전에 계획을 하지 않고, 교사와 학생들이 학습현장에서 함께 학습주제를 정하고 내용을 계획하여 교육이 이루어지는 교육과정은?

① 영(Null)교육과정 ② 중핵(Core)교육과정

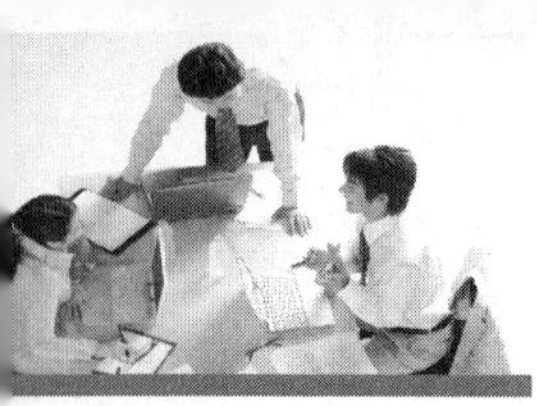

③ 현성(Emerging)교육과정　　④ 상관(Correlated)교육과정
⑤ 광역(Broad-Fields)교육과정

9. 다음과 같이 비판받고 있는 교육과정 유형은?

- 사회가 당면한 문제나 학생이 흥미를 갖는 주제에 관심이 적다.
- 교육과정 개발에서 교사의 실천적 지식을 잘 반영하고 있지 않다.
- 학년이 올라감에 따라 동일 주제가 심화 · 확대되면서 교과 내용이 지나치게 어려워질 가능성이 있다.

① 인간중심 교육과정　　② 학문중심 교육과정
③ 경험중심 교육과정　　④ 공학중심 교육과정

10. 생활적응 교육의 전개방법으로서 부적당한 것은?
① 아동중심 교육과정　　② 중핵 교육과정
③ 광역 교육과정　　④ 나선형 교육과정

11. 학문중심 교육과정에 대한 설명으로 가장 적절한 것은?
① 외적 보상을 통한 학습동기 유발을 중시한다.
② 학교교육의 주요 역할을 경험의 획득에 둔다.
③ 학습자의 지적 수월성을 개발하는 데 목적을 둔다.
④ 학생의 필요를 충족시키는 교육내용을 중시한다.
⑤ 지식습득에 있어 탐구의 방법보다 암기를 중시한다.

12. 다음 중 학문중심 교육과정을 지지하는 사람의 주장에 가장 가까운 것은?
① 학습은 흥미를 바탕으로 이루어져야 한다.
② 교사와 학습자의 상호작용을 중시해야 한다.
③ 초등학생도 학자들이 하는 것과 동일한 성격의 지적 탐구활동을 할 수 있다.
④ 학교교육은 일상생활에서 직면하는 문제의 해결과 관련되는 것이어야 한다.

13. 학문중심 교육과정 이론과 가장 밀접하게 관련된 것은?
① 학습자 자신의 이해에 입각하여 핵심 개념이나 원리 등을 파악하도록 한다.
② 교육은 사회적 불평등의 재생산이 영속되지 않는 방식으로 이루어져야 한다.
③ 교육은 학생 경험의 계속적인 성장을 추구해야 한다.
④ 교육은 체계적이고 효율적인 절차를 존중하여 이루어져야 한다.

14. 다음에 제시된 특징을 지니고 있는 교육과정은?

• 자아실현을 목표로 함	• 학교환경의 인간화
• 학습선택권의 최대한 보장	• 잠재적 교육과정의 중시

① 생활중심 교육과정
② 학문중심 교육과정
③ 인간중심 교육과정
④ 경험중심 교육과정
⑤ 교과중심 교육과정

15. 브루너(J. Bruner)의 지식의 구조이론이 가장 잘 드러나는 사례는?

① 삼권분립의 원리를 입법부, 사법부, 행정부의 요소별로 구조화하여 가르친다.
② 자석의 원리를 먼저 설명해 준 후 자석놀이를 통하여 이해하게 한다.
③ 영문법에서 문장 5형식은 기본 원리이므로 완벽하게 암기하도록 한다.
④ 물과 알코올을 섞는 실험을 통하여 물체의 분자구조에 따라 부피가 달라지는 현상을 깨닫게 한다.

16. 다음은 어떤 유형의 교육과정에 대한 설명인가?

> ㄱ. 교과중심 교육과정과 경험중심 교육과정 등 두 유형이 지니고 있는 결함, 즉 전자는 단편적인 지식화이고, 후자는 지나친 현실만족이라는 단점 혹은 한계를 극복하기 위해 연구된 유형
> ㄴ. 종합적인 중심과정과 주변과정이 동심원적으로 연결되는 교육활동의 전반적 계획으로 헤르바르트학파의 중심통합법에 기초하여 출발

① 광역교육과정
② 중핵교육과정
③ 생활영역교육과정
④ 통합교육과정

17. 다음은 어떤 교육과정에 대한 설명인가?

> 학습자의 전인적 성장과 사회적 총체성에 비추어 볼 때 공식적으로 가르치지 않거나 소홀히 되는 영역은 교육과정의 측면에서 중요한 영역일 가능성이 높다.

① 나선형교육과정
② 잠재적교육과정
③ 통합교육과정
④ 영교육과정

18. 다음은 어떤 교육과정에 대한 설명인가?

표면적 교육과정에 포함되어 있지 않고, 교사가 의도적으로 가르친 바가 없음에도 불구하고 학생들이 학교생활 과정에서 습득한 지식이나 경험들로서 제한적인 교육과정의 범위를 확장시키도록 요청하고 있다.

① 나선형교육과정　② 잠재적교육과정
③ 통합교육과정　④ 영교육과정

19. 초등학교에서 역사, 지리, 정치, 경제 등의 내용을 '사회'로 통합하여 가르치듯이, 여러 과목들 중에서 서로 유사하고 관련성이 큰 과목들을 한데 묶음으로써 교육내용과 활동을 재조직하는 통합 유형은?
① 중핵형　② 나선형　③ 광역형　④ 분과형　⑤ 독립형

20. 교과의 통합적 운영이 지니는 교육적 가치라고 하기 어려운 것은?
① 학생들의 흥미와 관심을 반영하기 쉽다.
② 교과의 전문화된 지식과 기술을 체계적으로 가르칠 수 있다.
③ 여러 교과에 흩어져 잇는 정보를 관련지울 수 있는 능력의 함양을 돕는다.
④ 중복된 내용을 줄임으로써 필수 교육 내용을 배울 시간을 더 늘려 줄 수 있다.

21. 교사의 역할이 가장 중요하게 취급되는 교과통합의 수준은?
① 교과서 수준의 통합　② 개념 수준의 통합
③ 교수과정 수준의 통합　④ 학습자 마음 수준의 통합

22. 통합교육과정을 평생교육의 관점에서 논의한 학자는?
① 인그람(Ingram)　② 뒤르껭(Durkheim)　③ 헤르바르트(Herbart)　④ 포가티(Fogarty)

23. 학생의 흥미나 요구를 중심으로 하여 교육내용을 통합하되 통합 이전 교과의 구분이 완전히 사라진 채 조직되는 통합유형은?
① 광역형　② 중핵형　③ 분과형　④ 상관형

24. 중학교, 혹은 고등학교를 염두에 둘 때 당신이 생각하는 바람직한 교육과정 유형은 어떤 것인가?

25. 당신이 이해하는 교육과정의 통합이란 어떤 의미인가?

제 5 장

한국의 교육과정 변천

제1절 한국의 교육과정 변천과정 개관
제2절 교수요목기부터 제6차 개정 교육과정까지
제3절 제7차 개정 교육과정

이 장의 개요

1. 해방 후 우리나라의 교육과정은 1954년까지의 교수요목기를 기점으로 모두 7차례의 개정을 거쳐 현재 제8기 교육과정기에 접어들었다.
2. 교육과정의 유형으로 볼 때, 우리나라 교육과정은 제1차 개정 교육과정은 '교과중심 교육과정', 제2차 개정 교육과정은 '경험중심 교육과정', 제3차 개정 교육과정은 '학문중심 교육과정'이라고 할 수 있다. 그러나, 제4차 개정 교육과정부터는 교육과정 중심 개념의 통합이 이루어지면서 교육과정 유형의 구분이 분명하지 않다.
3. 우리나라의 교육과정은 제5차 개정 교육과정까지는 국가주도형 교육과정으로서 전국 표준적인 교육의 과정을 중시하였다. 이는 교육과정의 지역화나 각급 학교의 특성 및 여건을 고려하는 교육과정과는 거리가 먼 것이었다.
4. 교육과정의 지역화는 제6차 개정 교육과정부터 강조되기 시작하여 제7차 개정 교육과정에서는 각 시 · 도 교육청과 지역 교육청이 교육과정 편성 및 운영의 지침을 개발하거나 장학자료를 개발하여 각급 학교에 제시하는 역할분담이 구체화됨으로써 앞으로 교육과정의 지역화 방향은 강화될 것으로 보인다.
5. 학교중심 교육과정은 제5차 개정 교육과정에서 태동되고, 제6차 개정 교육과정에서 강화되었으며, 제7차 개정 교육과정에서 본격화되었다. 우리나라는 교육과정의 지역화와 더불어 학교중심 교육과정이 더욱 강화될 전망이다.

교육과정은 국가와 사회의 필요상의 변화, 사회환경의 변화, 인간 심리의 변화, 학문(교과)의 내용과 방법상의 변화 등 다양한 요인에 의해 변화를 거듭해 나가는 유기체와 같다. 이러한 교육과정의 역사적 변천 과정 및 각 시기마다의 특성 등을 파악하는 일은 교육과정의 역사를 이해하고 이에 바탕하여 교육과정을 보는 안목을 키우며, 교육과정의 미래를 설계하는 데 시사점을 찾으려는 것이다.

이 장에서는 해방 후부터 2011년 현재 적용되고 있는 제7차 교육과정에 이르기까지 우리나라의 초 · 중등학교 교육과정(여기서는 교육과정을 '교육을 위한 대강적이고 체계적인 계획'으로 이해한다.)의 변천과정을 국가수준의 교육과정 문서중심으로 기술하고자 한다.

제1절 한국 교육과정 변천과정 개관

해방 후 우리나라 교육과정은 먼저, 그 개념이 교수요목 ⇒ 교과과정 ⇒ 교육과정 등으로 변천해 왔다. 교수요목(教授要目, course of study)이란 각 교과별로 가르칠 필요가 있다고 판단하는 주제들의 목록이며, 교과과정은 각 교과별 교육목표와 내용, 방법, 평가방법 등을 체계적으로 조직한 것을 뜻하다. 그리고 교육과정은 교과에 한정되지 않고 이를 포함하여 학습자의 건전한 성장과 발달에 필요하다고 판단하는 폭넓은 학습경험의 체계를 의미한다. 이처럼, 우리나라 교육과정은 그 개념상 계속 확장되는 방향으로 변천해 왔다.

또 교육과정을 교육내용과 학습경험의 체계라고 정의할 때 내용과 경험 중 어디에 보다 중점을 둔 교육과정이냐에 따라서, 교과중심 교육과정 ⇒ 경험중심 교육과정 ⇒ 학문중심 교육과정 ⇒ 인간중심 교육과정 ⇒ 교과 · 경험 · 학문 · 인간중심의 통합과 조화 등의 흐름을 따라 변천해 왔다.

또한 우리나라 교육과정은 해방 후 미군정청 학무국이 주도적으로 편성한 과도기적 교육과정(1945-1946)과 교수요목기(1946-1954)를 제1기 교육과정으로 구분할 때 일곱 차례의 개정과정을 거쳐 현재 제8기 교육과정 시대에 들어와 있다. 보통 현재의 교육과정을 제7차 교육과정으로 부르는 것은 해방 후 교수요목기를 시점으로 일곱 번째로 개정한 교육과정이라는 의미이며, 교육과정의 기수로 보면 제8기 교육과정인 셈이다. 1차에서 3차 개정 교육과정까지는 개정 교육과정의 적용 기간이 약 10년이던 것이 제4차 개정 교육과정부터 그 적용 기간이 5-7년 정도로 점차 짧아져 왔으며, 2010년 현재 교육과정 개정 주기나 적용 기간을 획일적으로 정하기보다는 개정의 필요성이 분명한 경우에는 수시로 개정하는 방식을 취하면서 변천해 가고 있다. 즉, 지금까지의 교육과정은 전면적이고 일시적인 개정(교육과정 총론과 각 교과교육과정, 특별활동, 기타 교육 프로그램들의 종합적 개정) 방식을 취해 오던 것을 수시 · 부분 개정체제(개정이 요구되는 시기에 언제든지, 특정 교과교육과정이나 교육과정 총론 부분의 특정 사항의 개정)로 전환하는 경향을 취하고 있다. 사회의 급격한 변화와 교육력의 제고 방략의 변화 등이 교육과정의 수시개정 체제를 뒷받침하고 있다.

우리나라 초 · 중 · 고등학교 교육과정의 변천과정을 개관하면 다음 〈표 5-1〉과 같다.

표 5-1
해방 후 한국의 교육과정 변천 과정 개요

교육과정기	기 간	교육과정 명칭 및 시행기간
과도기	'45. 8– '46. 9	* 국민학교 교과편제 및 시간 배당 * 중등학교 교과편제 및 시간 배당
교수요목기	'46. 9– '54. 4	* 중학교 실업과 과정표('47. 4. 1) * 각과 교수요목집 개발 배포 * 전시하 과목 및 년간 시간 배당표 ('51. 5. 25)
제1차 교과과정기 [교과중심]	'54. 4– '63. 2	* 각급 학교 교육과정 시간 배당 기준 * 국, 중, 고, 사범학교 교과과정('55. 8. 1) * 교육과정 = 교과활동 + 특별활동, 특별활동 등장
제2차	'63. 3–	* 국, 중, 고, 실업고 교육과정

교육과정기	기 간	교육과정 명칭 및 시행기간
교육과정기 [경험중심]	'73. 2	* 중 · 고등학교 교육과정 ('70. 3. 시행) * 교련(1969)/ 한문과 (1971) 신설 * 실업계고 교육과정('71. 8) * 교육과정 = 교과활동 + 반공 · 도덕생활 + 특별활동
제3차 교육과정기 [학문중심]	'73. 3– '82. 2	* 국('73), 중('75), 인문계 · 실업계 ('75) * 도덕과(1973) 신설, 교육과정 = 교과활동 + 특별활동 * 국1 '수학과'에 집합개념 도입 * 국사교육 강조 : 고교 '국사'(1973) 신설 * 일본어(1973) 신설
제4차 교육과정기 [인간중심]	'82. 3– '89. 2	* KEDI에서 교육과정 연구 및 개발 * 국('82), 중('82–'84), 고등학교 교육과정('82–'84) * 개인적, 사회적 적합성 제고 * 국민학교 1, 2학년 통합적 교육과정 운영 * 특별활동 : 클럽활동, 학생회활동, 학교행사
제5차 교육과정기 [중심의 통합]	'89. 3– '95. 2	* 국('89–'90), 중('89), 고등학교 교육과정('90) * 초등 1, 2학년 3개 통합교육과정 * 자유선택과정 신설(교육학, 철학, 논리학, 심리학, 생활경제, 종교학 2단위 선택필수) * 경제교육, 지역성 강조 * 과학고, 예술고 설치 * 정보산업 신설 * 생활기술(남), 가정(여) ⇒ [중] '기술', '가정', '기술 · 가정' 중 1개 선택/ [고] 기술, 가정 중 택1 * 특별활동 : 클럽활동, 학급활동, 학생회활동, 학교행사,
제6차 교육과정기 [학교교육과정 의 태동]	'95. 3– '00. 2	* 초등학교('95–'97) * 중학교('95) * 고등학교('96.. 3) * 고등학교단위 과목선택권 부여(188단위 중 26(14%) * 중학교 선택과정 : 한문, 컴퓨터, 환경, 기타 * 고교 교양선택과정 : 6차 + 환경과학 * 고교 외국어에 '러시아어' 신설 * 초 : 학교재량시간(0–34) 신설(교과 보충심화/특활 보충심화/지역 · 학교 · 학생요구 * 중 : 가정, 기술 · 산업 필수/ 고 : 실업 · 가정 * 특별활동 : 클럽활동, 학급활동, 학교활동, 단체활동 * 교육과정 = 교과활동 + 특별활동
제7차 교육과정기	2000 –	* 초등학교('00–'02) * 중학교('01–'03) * 고등학교('02–'04) * 수준별 교육과정 * 7–10학년 : 기술 · 가정

교육과정기	기 간	교육과정 명칭 및 시행기간
[학교교육 과정]		* 재량활동 신설(교과, 창의적) * 특별활동 : 자치활동 · 적응활동 · 계발활동 · 봉사활동 · 행사활동 * 교육과정 = 교과활동 + 특별활동 + 재량활동
2007 개정 교육과정	2009 –	(1) 단위 학교의 특성에 따른 교육과정 편성 · 운영의 자율권을 부여 (2) 과학교육 및 역사교육 강화 등의 국가 · 사회적 요구 반영 (3) 선택과목 일원화 및 과목군 조정 등 고등학교 선택중심 교육과정 개선 (4) 현행 주 5일 수업제 월 2회 실시에 따른 수업시수 조정 (5) 중 · 고등학교 교과집중이수제 도입
2009 개정 교육과정	2011 –	가. 개정의 중점 사항 1) 초 · 중 · 고 교육과정은 교과활동과 창의적 체험활동으로 편성 2) 교과군, 학년군 도입을 통한 집중이수제로 학기당 이수과목을 10-13과목에서 8과목 이하(초등학교는 7개)로 축소 3) 초 · 중학교의 도덕, 음악, 미술, 실과 등은 특정학기, 학년에서 집중이수 가능 4) 국민공통기본교육과정을 '공통교육과정'으로 용어 변경 5) 초등학교 통합교과 '우리들은 1학년'을 폐지하고 창의적 체험활동으로 반영 6) 창의적 체험활동은 학교가 자율적으로 편성 · 운영 7) 교과군 기준시수의 20% 증감 운영이 가능하며, 교과군 내 교과별 시수는 단위 학교가 결정 8) 고등학교 전과정을 선택교육과정으로 개편 9) 진로교육 강화(예 : 중학교에 '진로와 직업' 신설) 10) 논술교육 강화 11) 생물 ⇒ 생명과학, 역사 ⇒ 한국사, 세계역사 ⇒ 세계사, 환경 ⇒ 환경과 녹색성장으로 교과목 이름 변경 12) 창의적 체험활동 참여기록은 상급학교 입학전형 자료로 활용 가능 13) 초등학교 돌봄 활동 강화를 위한 교육청의 지원사항 신설 14) 모든 학교가 특성화된 교육과정의 운영 강조 15) 고교에 '학교 자율과정'으로 64단위 배정

교육과정기	기 간	교육과정 명칭 및 시행기간
		16) 국가는 교육과정 운영의 기본 틀만 제시 ⇒ 학교교육과정 운영의 자율성 대폭 확대 나. 적용 2011년 : 초 1-2, 중 1, 고 1/ 2012년 : 초 3-4, 중 2, 고 2/ 2013년 : 초 5-6, 중 3, 고 3

제2절 교수요목기부터 제6차 개정 교육과정까지

교육과정은 살아 있는 유기체와 같아서 부단히 변하는 존재다. 교육의 내재적 필요에 의해 변하기도 하지만, 외재적 필요에 의하여 변하기도 한다. 교육의 내재적 필요란 어떤 사람을 교육을 잘 받은 사람이라고 할 것인가에 대한 해답을 하려는 것이라면, 외재적 필요란 국가사회의 발전을 위해 요구되는 인간자원의 양상이 부단히 바뀌고 있으며 이를 교육이 충족시키려는 것을 뜻한다.

교육과정은 여러 가지 이유로 바뀌면서 변화를 거듭해 나간다. 사회의 변화, 인간심리의 변화, 학교교육에 대한 국민들 요구의 변화 등이 교육과정 변화를 촉구한다. 교육이 어떤 인간을 길러낼 것이냐에 대한 교육철학과 교육목적이 새롭게 등장하게 되고, 이에 따른 새로운 교육과정이 요구된다. 보다 의미 있는 교육내용이나 새로운 교육방법에 관한 연구가 수행되면 거기에 적합시키는 교육과정이 요구된다. 또 한 시대 국가발전의 이념과 목표와 전략이 바뀌면 이를 뒷받침하는 교육과정이 요청된다. 민주주의를 발전시키기 위한 새로운 교육과정이 요청되기도 하며, 경제발전을 위한 새로운 교육과정이 요구되기도 한다. 또한 기존 교육과정의 불합리한 요소, 비효율적인 요소를 개선하기 위해서 새로운 교육과정이 요청되기도 한다. 그리고 사회변화의 속도가 빠르면 빠를수록 교육과정 변화도 자주 일어나기 마련이다.

우리나라의 교육과정(초등학교와 중등학교)은 해방 후 7차례의 변화를 거쳐 현재 제8기 교육과정 시대에 처해 있다. 해방이 되어 미군정청 학무국의 주도로 교수요목(교과를 정하고, 각 교과에서 가르칠 가치가 있다고 판단되는 내용목차, 주제의 체계)을 정해 학생을 가르치도록 한 것을 시작으로 교과과정 시대, 경험중심 교육과정 시대, 학문중심 교육과정 시대, 인간중심 교육과정 시대, 통합형 교육과정 시대를 거쳐 오면서 오늘에 이르고 있다. 이 절에서는 교수요목기부터 제7차 개정 교육과정기까지 우리나라 교육과정 변천과정을 개관해 보고, 교육과정의 나아갈 방향에 대한 시사점을 찾아보고자 한다.

1. 교수요목 강조의 시기(1945-1954)

1945년 해방에서부터 1954년 4월 20일 문교부령 제35호로 공포된 '교육과정 시간배당 기준령'이 나타나기까지의 시기를 교수요목 강조의 시기라고 한다.

일본의 식민통치로부터 해방이 된 직후 체계적이고 안정적인 교육과정이 마련되지 않은 채 교육은 계속되어야 한다는 국민적 열망을 어떻게든 충족시켜야 하는 과제가 등장하였다. 그것은 당시 국민학교와 중등학교에서 어떤 과목을, 어떤 내용으로 가르칠 것인가 하는 것이었다.

1945년 9월 24일에 국민학교, 10월 1일에 중등학교의 문을 열게 되자 군정청 학무국에서는 국민학교와 중등학교의 '교과목 편제와 시간배당표'를 발표하였다. 이에 따르면 국민학교에서는 공민 · 국어 · 지리 · 역사 · 산술 · 이과 · 음악 · 체육을, 중등학교에서는 공민 · 국어 · 지리 · 역사 · 수학 · 물리 · 화학 · 생물 · 가사(여) · 재봉(여) · 영어 · 음악 · 체육 · 습자 · 도화 · 수예(여) · 실업을 가르치도록 하였다.

이와 같이, 국민학교와 중등학교 교과편제와 시간배당을 정한 다음에는 각 교과별로 가르칠 내용을 정할 필요가 있었다. 상상할 수 있듯이, 해방 직후 전국 통일적인 혹은 체계적인 교수요목이 있을 수 없었다. 다행히 국어는 조선어학회에서 펴낸 『한글 첫걸음』이 있었고, 국사는 진단학회(震壇學會)에서 펴낸 『국사 교본』이 있었으나 다른 교과는 지역이나 학교 자율에 의해 교과별로 가르칠 주제를 정해 가르쳐야 했다.

이처럼 혼란기를 거쳐가면서 군정청 학무국에서는 '교수요목 제정위원회'를 구성하여 교과별 교수요목을 제정하는 한편 교과서 편찬 작업에 착수하였다. 이 때에 제정된 교수요목의 특색은 다음과 같다(중앙대학교, 1974 : 88).

첫째, 교과서 지도내용을 상세하게 표시하고 기초능력의 배양에 초점을 두었다.

둘째, 교과는 분과주의를 택했으며 교과별 체계적인 지도와 지력의 배양에 주력하였다.

셋째, 우리나라의 교육이념인 홍익인간의 정신에 입각하여 애국애족의 교육을 강조하였으며, 일제잔재를 정신면에서나 생활면에서 시급히 제거하는데 각별한 노력을 기울였다.

그러나 당시의 교수요목은 이를 제정하는데 충분한 시간적인 여유가 없었으므로 각 교과별로 가르칠 주제를 열거하는데 불과하였고 특히 그 정도가 학생들의 지적 능력에 비해 너무 높았다는 평이 있었다(김종서 외, 1987 : 30).

교수요목 시기의 또 하나 특기할 사항은 1949년 12월 31일에 공포된 대한민국의 교육법이다. 해방 후 처음으로 제정 · 공포된 교육법은 우리나라 교육의 법체제를 체계화한 것으로 각급학교 교육목적과 목표, 교육과정에 관한 내용을 체계적으로 밝힘으로써 법률에 기초한 교육과 교육과정이 한국인에 의하여 본격적으로 전개되기 시작한 것으로 볼 수 있다.

2. 1차 개정 교육과정(교과중심 교육과정 시기 : 1954-1963)

교과중심 교육과정 시기란 1954년 4월 20일 문교부령 제35호로 제정 · 공포된 '교육과정 시간배당 기준령'이 나타나면서부터 1963년 2월 15일 문교부령 제119호로 개정된 '敎育課程令'이 공포되기까지를 말한다.

1954년 4월 20일 문교부령 제35호로 제정 · 공포된 '교육과정 시간배당 기준령'은 우리나라 교육과정 역사에서 매우 중요한 의미를 갖는다. '敎育課程'이라는 공식적인 용어가 법령 형태로 처음 등장했기 때문이다. 이 때부터 교육과정은 교과교육과정으로서의 체제를 갖춘 것이기는 했으나, 오늘날 사용하고 있는 교육과정보다는 협의의 개념으로 사용한 것이었다. 즉, '교육과정 시간배당 기준령'에서 '교육과정'이라는 용어를 사용하고 있기는 하지만 同令 제2조에서 "교육과정이라 함은 각 학교의 교과목 및 기타 교육활동의 편제를 말한다"고 밝히고 있으며, 1955년 8월 1일에 문교부령 제44호, 제45호, 제46호로 각각 국민학교와 중 · 고등학교, 사범학교 '교과과정'을 공포함으로써 실은 교육과정이 아닌 교과과정이라는 용어를 사용하였다.

당시 문교부는 1955년부터 1958년까지의 기간에 법령상 국정 · 검정 · 인정 교과서 편찬의 근거를 마련하는 한편, 교과서의 편찬을 1958년까지 끝냄으로써 교과중심 교육과정으로서의 교육과정 체제를 갖추었다.

이 시기의 교육과정의 특징은 다음과 같다.

첫째, 지적인 체계가 중심이 되긴 하였으나 생활중심적인 단원학습으로 교과내용을 체계화한 점이다.

둘째, 종래의 주입식 암기식 교수-학습 방법으로부터 학습자의 생활과 경험을 토대로 이해, 기능, 태도를 육성하기 위해 노력한 점이다.

셋째, 아동의 흥미중심의 작업단원을 많이 설정하고 작업을 통하여 능동적으로 자기생활과 경험을 확충하는 방향으로 개선한 점이다.

넷째, 도의교육을 국민학교의 경우, 각 학년 총 수업시간수의 범위 내에서 연 35시간 이상을 가르치도록 하고, 중학교의 경우에는 사회생활과에 배당된 시간 중 최저 35시간을 도의교육에 충당하도록 하였으며, 고등학교의 경우에는 도의교과를 신설하여 연간 35시간을 이에 배당하도록 함으로써 당시 해방 후의 사회적 혼란상과 6 · 25 전쟁으로 인한 도덕적 갈등과 문제점을 교육을 통하여 해결하려고 노력한 점이다.

다섯째, 공식적인 학교의 교육과정은 교과활동과 특별활동 등 2대 영역으로 편성한 점 등이다.

3. 2차 개정 교육과정(생활중심 교육과정 시기 : 1963-1972)

생활중심 교육과정으로 불리는 이 시기의 교육과정은 1964년에 초등학교 1, 2학년에, 1965년 3, 4학년에, 1966년 5, 6학년에 적용되었다.

1963년 2월 15일에 문교부령 제121호로 공포된 개정 교육과정 총론에는 "교육과정은 곧 학생들이 학교의 지도 하에 경험하는 모든 학습활동의 총화를 의미한다"고 규정함으로써 이미 교과중심 교육과정 시기에 생활중심과 경험중심의 학습내용 및 교수-학습 방법을 강조해 오던 것이 본격적으로 교육과정에 구체화되기 시작하였다.

앞 단계의 교과중심 교육과정이 지니고 있는 문제점과 한계에 대한 지적이 일어나면서 사회 각 부문에 미국의 실용주의적 사고가 침투하기도 하였고, 미국에 유학한 학자들이 국내에 돌아와 종래 교육과정 개정의 필요성을 역설함과 동시에 1952년부터 1955년 9월까지 3차에 걸쳐 미국교육사절단의 내한(來韓), 1956년부터 1962년까지 죠지 피바디 사범대학 교수단의 내한(來韓) 활동 등은 경험중심, 생활중심 교육과정의 등장에 매우 큰 영향력을 행사하였다. 특히 제3차 미국교육사절단장이었던 벤자민(Harold Benjamin)은 '교육과정 지침'이라는 보고서를 작성하여 교육과정 개혁의 방향, 특히 경험중심 교육과정으로의 개혁을 강하게 제안하였다(서명원, 1956 : 17).

미국교육사절단의 한국 교육과정 개혁에 대한 제안, 당시 한국적 상황 등은 주지주의적인 교과중심 교육과정이 생활인의 육성에 부적합하며 실용적인 교육이 되지 못한다고 비판하였다. 이와 같은 생활중심 · 경험중심 교육과정을 구성함에 있어서 특히 자주성, 생산성, 유용성 등을 강조하였다. 그러나, 이 시기의 교육과정을 경험중심 교육과정으로 분류하기는 하지만 교육과정의 외양만 경험중심이었으며 교육의 실제는 여전히 교과교육과정이었다.

이 시기의 교육과정 편성과 운영상의 특징은 다음과 같다.

첫째, 교육과정 전체구조를 교과활동, 특별활동, 반공 · 도덕생활 등 3대 영역으로 편성하여 학생들에게 반공의식을 철저하게 육성하려고 노력하였다.

둘째, 교육과정 내용면에서는 자주성, 생산성, 유용성을, 교육과정 조직면에서는 각 교과구성의 합리성을, 교육과정 운영면에서는 지역성을 강조하여 각 학교실정에 알맞게 적용하도록 하였다.

셋째, 교육과정 개정상의 특징은 기초학력의 충실, 교육과정 계열의 일관성, 학습경험중심의 지도, 관리교육의 강화, 시간배당의 융통성, 교육과정 서술형식의 통일성 등이다.

4. 3차 개정 교육과정(학문중심 교육과정 시기 : 1973-1981)

1973년 2월 14일 문교부령 제310호로 국민학교 교육과정, 8월 31일 문교부령 제325호로 중학교 교육과정, 1974년 12월 31일 문교부령 제350호로 고등학교 교육과정이 개정 공포된 때부터 1981년 12월 31일 문교부 고시 제422호로 유치원에서부터 고등학교까지의 교육과정이 개정되기까지의 시기를 학문중심 교육과정 시기로 분류한다.

학문중심 교육과정이란 각 교과의 핵심적인 내용을 정선하여 이를 구조화하고(이를 '지식의 구조'라고 지칭하였음), 교과내용을 전달이나 주입식의 교수와 암기와 기계적인 획득에 의존하는 학습방법이 아닌 학습자의 자발적인 탐구와 발견 과정을 통하여 학습자가 지식을 생성해 내는 능력을 함양하는 데 주안점을 둔 혹은 그것이 가능한 교육과정을 의미한다. 한 마디로 교육내용의 선정과 조직 면에서는 종래의 교과중심 교육과정의 장점을 살리면서 단편적이고 분절적인 내용 선정과 조직의 불합리와 폐단을 극복하고, 교육의 방법 면에서는 경험중심 교육과정이 지향한 학습자 중심의 살아 있는 경험과 활동의 강점을 접목하려는 시도라고 볼 수 있다.

학문중심 교육과정은 미국에서 1950년대에 Bruner를 중심으로 당시 미국의 경험중심 교육과정이 지니고 있는 교육적 문제점이 드러나면서 그 대안으로 제시된 것이었다. 교육이란 지식의 모방, 기억, 기계적인 습득에 머물러서는 안 되며 학습자의 사고방식, 탐구양식, 발견하는 힘을 기르는 것이어야 한다는 주장이 제기된 것이다. 교과의 내용은 교과서에 담겨져 있다는 이유만으로 학습자들이 수동적으로 받아들이고 기억할 대상이라기보다는 그 내용이 지식으로 성립된다는 점을 학습자들이 검증하는 과정을 통하여 확인하는 일이 요구된다는 주장이다. 예컨대, "기체의 부피는 온도에 비례하고 압력에 반비례 한다"는 법칙은 그것이 무슨 뜻이며, 어떻게 이러한 지식이 성립되는가를 검증하는 절차 없이 교과서에 기술되어 있고 교사가 이 법칙은 중요하다고 강조하는 것만으로 학습자가 암기만을 한다고 할 때 교육의 힘은 더 이상 길러지기 어렵다는 것이다.

또한 1950년대의 미국 상황은 경제발전과 산업의 발전이 가속화되면서 교육을 통하여 학습자가 배우고 익혀야 할 지식의 양이 폭발적으로 증가한 시기였다. 가르쳐야 할 교과나 교과의 내용이 비교적 제한적이었던 시기와는 달리 가르쳐야 할 지식이 많을 경우에는 지식들 중에서 엄선하여 이를 중심으로 철저하게 가르침으로써 자연스러운 학습의 전이가 가능하도록 교육과정을 편성할 필요가 있다.

학문중심 교육과정은 이와 같은 교육 내적 필요성(지식의 구조 강조, 생활중심 교육과정 한계 해결, 창의력과 탐구력 육성 강조, 교수-학습 방법의 개혁 등)과 더불어 교육 외적 요인(1968년에 공포된 국민교육헌장 이념의 구현, 경제발전과 산업사회에 필요한 인력 개발의 필요성, 국적 있는 교육의 강조 등)이 맞물리면서 교육과정 개정의 필요성을 반영한 것이다.

제3차 개정 학문중심 교육과정의 특징은 다음과 같다(김성권, 1983 : 431-432).

첫째, 교육과정의 기본방향을 국민교육헌장 이념의 구현을 기본으로 하고, 국민적 자질 함양, 인간교육의 강화, 지식 · 기술교육의 쇄신 등으로 하였다. 여기서 '지식 · 기술교육의 쇄신'이라는 기본방향은 종래의 지식 · 기술교육의 내용과 방법을 '기본개념의 파악'이라는 보다 구체적인 용어로 나타내고 있으며, 이는 곧 학문중심 교육과정이 추구하는 내용의 성격과 내용을 교수-학습하는 방식으로 바꾼다는 의미를 내포하고 있다.

둘째, 교육과정의 전체 구조를 교과활동과 특별활동의 2대 영역으로 구성하였다.

셋째, 종래의 막연하고 피상적이었던 교육목적관에서 탈피하여 대한민국의 교육법과 국민교육헌장이 지향하는 인간상을 구현하는데 중점을 둔 교육목적을 설정하고자 하였다.

넷째, 교육과정의 계열조직상의 특징 : 각 학년간, 학교간의 계통학습이 강조됨으로써 학문상의 분열이나 중첩을 피하고 일원화된 지식구조의 체계화에 중점을 두고 개정하였다.

다섯째, 교육내용의 선정 : 지식의 구조, 기본개념, 학문의 원리, 기초이론 등을 정선하였다.

여섯째, 교수-학습 방법 : 교사중심의 일방적인 전달과 기계적인 암기에서 벗어나 발견과 탐구의 과정 및 기초적인 개념의 철저한 이해를 강조하였다.

일곱째, 학습결과의 평가 방법 : 결과뿐만 아니라 과정도 평가의 대상이 되도록 하였으며, 종합력과 평가력, 창의력 등 고등사고기능의 평가를 중시하였다.

여덟째, 도덕이 독립교과로 편성되고, 국적 있는 교육을 위해 국사교육이 강조되었다. 즉, 초등학교에서는 정식 교과는 아니지만 5, 6학년에서 주당 2시간씩 국사를 가르치도록 하였으며, 중학교에서는 2, 3학년에서 1학기씩 국사를 가르치도록 하고, 고등학교에 국사과가 신설되었다.

이 외에도 이 시기에 교육과정 공포의 법적 기반이 문교부령으로부터 문교부 고시(告示)로 바뀌게 되었다(김종서 외, 1999 : 31-32). 즉, 1954년에 문교부령으로 '교육과정 시간배당기준령'을 공포한 이래 교육과정을 개정할 때마다 동시에 문교부령을 개정해야만 함으로써 법령 개정에 많은 시간과 정력이 투입되었다. 이러한 문제점을 해결하기 위하여 1979년 유치원 교육과정부터 문교부 고시로 교육과정을 공포하게 되어 오늘에 이르고 있다.

5. 4차 개정 교육과정(1982-1987~1988)

제4차 개정 교육과정은 초등학교 1-3학년은 1982년부터, 4-6학년은 1983년부터, 그리고 중 · 고등학교는 1984년부터 적용된 것이다. 이 시기의 교육과정 편성의 특징은 어떤 하나의 교육과정 개념(교과, 경험, 학문 등)이 주류를 이루기보다는 여러 교육과정 개념들이 필요에 따라 강조되고 있다는 점이다. 이 교육과정을 흔히 인간중심 교육과정이라고 표현하는 사람들이 있으나, 3차 개정 교육과정과의 차별성을 부각시키려는 의도와 미국의 교육과정 변천사를 염두에 두고 그러한 명칭을 붙이는 것으로 생각하며, 이 시기의 교육과정을 인간중심 교육과정이라고 부를 만한 근거를 찾아보기는 어렵다.

1982년 문교부가 밝힌 새 교육과정 고시의 취지문을 보면 다음과 같다(문교부, 1982).

> "우리는 지금 매우 복잡한 격동의 시대에 살고 있습니다. 변화가 빠르고 어지러운 혼동 속에서 우리가 생존과 번영을 이룩하기 위해서는 국민적인 통합과 정체성의 확립이 요구되고 있습니다. 이와 같은 역사적인 상황과 시대적인 요청은 학교교육의 기본 설계도가 될 교육과정의 재검토를 요구하게 되었습니다.
>
> 이러한 요구는 유치원에서부터 고등학교까지의 자라나는 세대들에게 국민정신 교육을 체계적으로 심화시키는데 적합한 교육과정을 만들게 하였습니다. 더욱이 제5공화국의 출범과 더불어 '교육혁신과 문화창달'이 국정지표의 하나로 설정되었고, 1980년 7월에는 교육의 정상화를 위한 '교육개혁' 조치가 단행되었습니다. 전 국민의 공감 속에서 추진되고 있는 '교육개혁'은 교육의 외형적인 정비와 아울러 내용적인 개선을 이룩하기 위한 것입니다. 이와 같은 국가사회의 요구와 현행 교육과정의 문제점 보완이 이번 교육과정 개정의 주된 동인이 되었습니다.
>
> 정부 수립 후 네 번째로 전면 개정된 이번 새 교육과정은 우리가 지향해 나가고 있는 정의로운 민주 · 복지사회의 건설에 이바지할 수 있는 자주적이고 창의적인 새 한국인을 길러내기 위하여, 국민정신 교육의 체계화, 과학 · 기술교육의 강화, 전인교육의 충실에 역점을 두어 구성한 점이 특징이라 할 수 있습니다. 그리고, 교육개혁의 정신에 부응하여 교육내용의 양과 수준을 축소 조정해서 학습자에게 알맞도록 적정화한 점이 또 하나의 특색입니다."

제4차 교육과정은 이와 같은 교육과정 취지에 밝혀 놓고 있는 바와 같이 교육혁신, 교육개혁, 교육의 정상화 등의 용어가 강조되고 있으며, '자주적이고 창의적인 새 한국인 육성이라는 교육의 방향을 정하고, 국민정신 교육의 체계화 · 과학기술교육 강화 · 전인교육의 충실에 기여하는 교육과정 구성 방향을 설정하였다. 그리고 교육과정을 통하여 달성하려는 교육목적을 "민주복지정의사회의 건설에 적극적으로 이바지할 수 있는 자주적이고 창의적인 국민 육성"으로 설정하였다.

그리고 교육목표는 그 초점을 전인적인 인간 육성에 두고 (1) 올바른 정신과 튼튼한 몸을 단련하는 건강한 사람 (2) 취향이 고상하고 아름다움을 추구하는 심미적인 사람 (3) 지식과 기술을 익혀 문제를 합리적으로 해결하는 능력 있는 사람 (4) 인격을 존중하며 규범에 따라 행동하는 도덕적인 사람 (5) 자신과 공동체의 일을 스스로 결정하여 실천하는 자주적인 사람 등 5개 항목으로 설정하였다.

이와 같은 교육과정의 교육목적과 목표를 달성하기 위하여 교육내용을 정선하여 초기에는 통합적인 교육경험이 이루어지도록 하고, 점차 이를 확대, 심화할 수 있도록 조직하는 교육과정 구성 방향을 정하여 이를 충족시키는 교육과정을 편성하고자 하였다.

특히, 제4차 개정 교육과정의 특징은 다음과 같다.

첫째, 초등학교 저학년(1, 2학년)에 통합교육과정의 개념을 도입하였다. 즉, 초등학교 1, 2학년에 교과 통합지도가 가능하도록 함으로써 종전에 분리하여 가르치던 것을 관련 있는 교과, 즉 국어-도덕-사회, 수학-과학, 음악-미술-체육 등을 통합하여 가르칠 수 있도록 교과별 시간 배당을 범주화하였다.

둘째, 중학교에 '자유선택과정'이 신설되었다. 이는 국가수준의 획일적인 교육과정 편성 방식의 문제점을 다소간 해결하고 지역사회, 학교, 학생의 요구와 필요 등을 반영하여 학생에게 도움이 되는 교과과정 운영을 도모하고자 하는 취지를 담고 있었다. 그러나 이에 배당된 시간은 학기당 0-34시간으로 규정함으로써 유명무실한 경우가 많았다.

셋째, 교육과정 편성을 총론과 각론으로 규정하고, 총론은 유치원에서부터 고등학교에 이르는 교육의 일반적 방향과 강조점을 나타낸 교육과정 구성방향, 각급 학교의 교육목표, 교과 및 특별활동의 편제와 시간 배당 그리고 교육과정 운영지침을 제시한 교육과정의 총괄적 부분으로, 각론은 각 교과 및 특별활동의 목표-내용-지도상의 유의점을 제시한 부분이라고 정의하였다. 이러한 개정상의 변화를 곽병선(1987 : 159)은 교육과정 관점의 토착화 시도로 표현하고 있다.

넷째, 종전의 정부 주도의 교육과정 개정 업무를 전문연구기관인 한국교육개발원(KEDI)이 주도적으로 기초연구, 각종 세미나와 토론회, 공청회 등을 통하여 교육과정 편성의 교육적 타당성, 의사결정의 민주성과 합리성을 제고하여 새로운 지평을 열었다.

제4차 개정 교육과정의 중학교와 고등학교 교육과정의 편제와 시간배당 현황을 제시하면 다음과 같다.

가. 중학교

1) 편제

(1) 교육과정은 교과활동과 특별활동 등 2대 영역으로 편성한다.

(2) 교과활동은 도덕, 국어, 국사, 사회, 수학, 과학, 체육, 음악, 미술, 한문, 외국어, 실업 · 가정의 12개 교과로 편성한다.

(3) 특별활동은 학생회활동, 클럽활동, 학교행사로 편성한다.

2) 시간 배당 기준

교과	학년	1	2	3
교과활동	도 덕	68(2)	68(2)	68(2)
	국 어	136(4)	170(5)	170(5)
	국 사		68(2)	68(2)
	사 회	102(3)	68-102(2-3)	68-102(2-3)
	수 학	136(4)	102-136(3-4)	102-136(3-4)
	과 학	136(4)	102-136(3-4)	102-136(3-4)
	체 육	102(3)	102(3)	102(3)
	음 악	68(2)	68(2)	34(1)
	미 술	68(2)	68(2)	34(1)
	한 문	34(1)	34-68(1-2)	34-68(1-2)
	외국어 영 어	136(4)	102-170(3-5)	102-170(3-5)

교과			학년	1	2	3
	실업·가정	필수	생활기술(남)	102(3)	136-204(4-6)	
			가 정(여)			
		선택	농 업			택 1-2 170-238 (5-7)
			공 업			
			상 업			
			수 산 업			
			가 사			
	자 유 선 택			0-34(0-1)	0-34(0-1)	0-34(0-1)
	계			1,088-1,122(32-33)	1,088-1,156(32-34)	1,088-1,156(32-34)
특 별 활 동				68이상 (2이상)	68이상 (2이상)	68이상 (2이상)
총 계				1,156-1,190(34-35)	1,156-1,224(34-36)	1,156-1,224(34-36)

[주] ① 이 표에 배당된 총 시간 수는 연간 34주를 기준으로 한 최소 시간량이며, ( ) 안은 주당 평균 시간 수임.

② 1시간의 수업은 45분을 원칙으로 한다. 다만, 기후, 계절, 학생의 발달 정도, 학습내용의 성격 등을 고려하여 40-50분으로 조절할 수 있다. 이 경우에, 연간 평균 단위 수업시간은 45분이 되어야 한다.

나. 고등학교

1) 편제

(1) 교육과정은 교과활동과 특별활동으로 편성한다.

(2) 교과활동의 편제 및 시간배당은 다음과 같다.

① 교과는 보통교과와 전문교과로 구분하여 편성한다. 보통교과는 국민윤리, 국어, 국사, 사회, 수학, 과학, 체육, 음악, 미술, 한문, 외국어, 실업 · 가정의 13개 과목으로 편성하고, 전문교과는 농업에 관한 과목, 공업에 관한 과목, 상업에 관한 과목, 수산 · 해운에 관한 과목, 가사 · 실업에 관한 과목, 기타 계열에 관한 과목으로 편성한다.

② 공통필수 과목을 두어 일반계 고등학교와 실업계 고등학교 및 기타 계열의 고등학생에게 필수로 부과한다.

③ 일반계 고등학교는 학생의 진로 선택에 따라 2학년부터 인문 · 사회과정, 자연과정, 직업과정으로 구분하며, 과정별 선택과목을 두고, 직업과정은 학생의 희망에 따라 무리하지 않게 운영한다. 다만, 직업과정은 전문교과에서 학생의 진로와 관련된 과목을 선택하여 이수하게 한다.

④ 실업계 고등학교는 농업계, 공업계, 상업계, 수산 · 해운계, 가사 · 실업계로 구분하며, 보통 선택과목과 계열별, 학과별 전문 필수 및 전문 선택과목을 둔다.

⑤ 실업계 고등학교에 준하여 체육계, 예술계, 과학계, 외국어계 및 기타계열을 둘 수 있다. 이 경우에, 그 명칭과 교육내용은 교육과학기술부 장관의 승인을 얻어야 한다.

(3) 특별활동은 학도호국단 활동, 클럽활동, 학교행사의 3개 영역으로 편성한다.

2) 시간 배당 기준

교 과	과목	보통교과				전문교과
		공통필수	일반계 고교 선택		일반계 고교 직업과정, 실업계 및 기타계열 고교 선택	실업계 및 기타계열 고교 필수 및 선택, 일반계 고교 직업과정 선택
			인문 · 사회 과정	자연과정		
국민윤리	국민윤리	6				농업에 관한 교과 공업에 관한 교과 상업에 관한 교과 수산 · 해운에 관한 교과 가사 · 실업에 관한 교과 기타계열에 관한 교과
국 어	국어(Ⅰ, Ⅱ)	14-16	14-18	8-10	3-8	
국 사	국 사	6(4)				
사 회	사회(Ⅰ, Ⅱ)	4-6(2-6)	4		택1 2-6	
	지리(Ⅰ, Ⅱ)	4-6(2-6)	4			
	세 계 사	2(2) 택1	2			
수 학	수학(Ⅰ, Ⅱ)	8-14	6-8	10-18	4-18	
과 학	물리(Ⅰ, Ⅱ)	4-6 택2		4	택 1-2 4-12	
	화학(Ⅰ, Ⅱ)			4		
	생물(Ⅰ, Ⅱ)			4		
	지구과학(Ⅰ, Ⅱ)			4		

체 육	체 육	6-8	8-10	8-10	4-8	
교 련	교 련	12				
음 악	음 악	택1 4-6	택1 4-6	택1 4-6	택1 2-6	
미 술	미 술					
한 문	한문(Ⅰ, Ⅱ)		8-14	4-6	4-6	
외국어	영어(Ⅰ, Ⅱ)	6-8	14-16	14-16˙	6-16	
	독 일 어		택1 10-12	택1 10-12	택1 6-10	
	프랑스어					
	에스파니아어					
	중 국 어					
	일 본 어					
실업 가정	산업기술		택1 8-10	택1 8-10	택1 4-8	
	가 정					
	농 업		택1 8-10	택1 8-10		
	공 업					
	상 업					
	수 산 업					
	가 사					
자 유 선 택			0-8	0-8	0-8	
이수단위 소계		88-102 * (72-84)	90-116	90-116	10-38	일반계 고교 직업과정 52-106 실업계/ 기타계열 82-122
이수단위 합계		192-216				
특 별 활 동		12 이상				
총 계		204-216				

[주] ① 각 과목의 단위수는 3년간에 이수해야 할 단위를 표시한 것이며, 공통필수의 ( ) 안 숫자와 *표시는 실업계 및 기타계열 고등학교의 이수단위를 밝힌 것임.

② 1단위는 매주 50분 수업을 기준으로 1학기(17주 이상) 동안 이수하는 수업량임.

③ 과목 (Ⅰ, Ⅱ)에서 Ⅰ은 공통필수 과목이며, Ⅱ는 과정별 선택과목임.

④ 일반계 고등학교 직업과정, 실업계 및 기타계열 고등학교 선택과목은 학교 실정에 따라 10-38단위를 선택한다.

⑤ 과정 및 계열별 선택과목은 공통필수에서 이수하지 않은 과목의 선택을 원칙으로 한다.

⑥ 일반계 고등학교에서 체육, 음악, 미술의 3교과 이수 단위 합계는 26단위가 되어야 한다.

6. 5차 개정 교육과정(1988-1992)

제4차 교육과정에서 '국민정신 교육'이 강조되었다면, 제5차 개정 교육과정은 급변하는 사회변화에 대응하는 미래지향적 교육'의 강조 외에 제4차 개정 교육과정에 비해 개정상의 특징의 차이는 크게 없었다. 이미 살펴본 바 있듯이, 제4차 개정 교육과정에서부터 교육과정 개념상의 중심이 없이 교과, 경험, 학문지향적인 통합주의 교육과정이 편성되었다.

제5차 개정 교육과정의 구성 방향으로 밝히고 있는 내용을 살펴보면 그 특징을 이해할 수 있다.

> "우리는 그 동안 수차에 걸쳐 교육과정을 개정, 시행한 경험을 가지고 있다. 그러나 지식의 급격한 팽창과 과학의 발달에서 오는 고도산업화, 정보화 시대에 능동적으로 대처하고, 국제관계의 다양한 변화에 주체적으로 대응하며, 자유민주주의의 굳건한 바탕 위에 조국의 평화적 통일을 현명하게 주도하면서 모든 국민이 쾌적한 환경 속에서 행복한 삶을 누릴 수 있는 터전을 마련하기 위해서는, 학교교육의 바탕이 되는 교육과정의 **수정**, **보완**이 다시금 필요하게 되었다.
>
> 따라서, 이 교육과정은 이와 같은 교육목적과 필요에 부응하여, 건전한 정신과 튼튼한 몸을 지닌 건강한 사람, 자신과 공동체 일을 스스로 결정하여 실천하는 자주적인 사람, 지식과 기술을 익혀 문제를 슬기롭고 합리적으로 해결하는 창조적인 사람, 인간을 존엄하고 자연을 아끼며 올바르게 판단하고 행동하는 도덕적인 사람을 기르는데 역점을 두어 구성한다"(김종서 외, 1999 : 33).

위의 교육과정 개정 취지를 살펴보면, 고도산업화의 진전, 정보화, 국제화 등의 키워드 외에 특별한 개정의 이유가 불분명하며, 교육과정 개정보다는 제4차 교육과정의 수정 · 보완에 주안점을 두고 있음을 알 수 있다.

가. 중학교와 고등학교 교육과정 편제 및 시간 배당

제5차 개정 교육과정의 중학교와 고등학교 교육과정의 교육목표, 편제와 시간배당 현황을 보면 다음과 같다.

1) 중학교

(1) 교육목표

① 조화로운 인격형성과 강인한 체력 및 의지를 지닌 인간을 육성한다.
② 건전한 집단생활을 바탕으로 한 봉사하는 태도를 지닌 사람을 육성한다.
③ 언어, 수리 등 학습과 생활에 필요한 기초기능의 신장, 자연과 사회에 관한 기초원리 이해, 정보처리 능력과 탐구능력을 신장한다.
④ 감상, 표현능력의 신장과 다양한 개성을 소지한 인간을 육성한다.
⑤ 유용한 기술습득과 진로탐색 및 평생교육에 필요한 능력을 육성한다.

(2) 편제

① 교육과정은 교과활동과 특별활동으로 편성한다.
② 교과활동은 도덕, 국어, 국사, 사회, 수학, 과학, 체육, 음악, 미술, 한문, 외국어, 실업 · 가정 등 12개 교과로 편성한다(실업 · 가정과 신설).
③ 특별활동은 학급활동, 클럽활동, 전교학생회 활동, 학교행사 등 4개 영역으로 편성한다.

(3) 중학교 교육과정 시간 배당 기준

	활동 \ 학년	1	2	3
교과활동	도 덕	68(2)	68(2)	68(2)
	국 어	134(4)	170(5)	170(5)
	국 사		68(2)	68(2)
	사 회	102(3)	68-102(2-3)	68-102(2-3)
	수 학	136(4)	102-136(3-4)	136-170(4-5)
	과 학	136(4)	102-136(3-4)	136-170(4-5)
	체 육	102(3)	102(3)	102(3)
	음 악	68(2)	68(2)	34-68(1-2)
	미 술	68(2)	68(2)	34-68(1-2)
	한 문	34(1)	34-68(1-2)	34-68(1-2)

	외국어(영어)	136(4)	102-170(3-5)	102-170(3-5)
	기술/ 가정/ 기술 · 가정	택 1 [102(3)]	택 1 [136-204(4-6)]	
	농/ 공/ 상/ 수산업/ 가사			택 1 136-204(4-6)
	자유선택	0-68(0-2)	0-68(0-2)	0-68(0-2)
	계	1,088-1,156 (32-34)	1,088-1,156 (32-34)	1,088-1,156 (32-34)
특별활동		68 - (2 -)	68 - (2 -)	68 - (2 -)
총 계		1,156-1,224 (34-36)	1,156-1,224 (34-36)	1,156-1,224 (34-36)

2) 고등학교

(1) 교육목표

① 성숙한 자아의식과 조화로운 인격을 형성하고, 강인한 체력과 의지를 지닌 인간을 육성한다.

② 인간의 존엄성을 인식하고 민주주의 이념을 실현하며, 국가사회의 발전과 인류행복의 증진에 기여하려는 태도를 가지게 한다

③ 언어, 수리 등 학문과 생활에 필요한 기본능력을 신장시키고, 논리적이고 창의적인 사고력과 표현력을 길러 이를 활용할 수 있게 한다.

④ 자연과 사회현상의 기본원리를 이해시키고, 정보처리력과 탐구능력을 길러 합리적이고 진취적인 생활을 영위해 나갈 수 있게 한다.

⑤ 다양한 미적 체험을 통하여 심미감과 창조성을 신장시키고, 취미를 살려 여가를 선용할 수 있게 한다.

⑥ 자신의 적성과 능력에 따라 진로를 탐색, 선택하고, 이에 필요한 학문적, 직업적 기반을 형성하게 한다.

(2) 편제

① 교육과정은 교과활동과 특별활동으로 편성하며, 교과는 보통교과와 전문교과로 구분하여 편성하고, 각각 필수과목과 선택과목을 둔다.

② 보통교과는 국민윤리, 국어, 국사, 사회, 수학, 과학, 체육, 교련, 음악, 미술, 한문, 외국어, 실업 · 가정의 13개 교과와 교양선택으로 편성한다. 그리고, 보통교과는 공통필수 과목을 두어, 일반계 고등학교와 실업계 고등학교 및 기타계 고등학교 학생에게 필수로 부과한다.

③ 전문교과는 농업, 공업, 상업, 수산 · 해운, 가사 · 실업, 과학, 체육, 예술에 관한 교과로 편성한다.

④ 일반계 고등학교는 2학년부터 인문사회과정, 자연과정 및 직업과정으로 구분하여, 각각 소정의 과목을 이수하게 한다.

⑤ 실업계 고등학교는 농업계열, 공업계열, 상업계열, 수산 · 해운계열 및 가사 · 실업계열로 구분하며, 보통교과와 학과별 전문필수 및 전문선택과목을 이수하게 한다.

⑥ 기타계 고등학교는 과학계열, 체육계열, 예술계열로 구분하며, 보통교과와 계열별 또는 학과별 전문필수 및 전문선택과목을 이수하게 한다.

⑦ 특별활동은 학급활동, 클럽활동, 학생회활동, 학교행사의 4개 영역으로 편성한다.

(3) 교과별 단위 배당 기준(1990)

<table>
<tr><th rowspan="3">교과</th><th rowspan="3">과목</th><th colspan="5">보통교과</th><th>전문교과</th></tr>
<tr><th rowspan="2" colspan="2">공통필수</th><th colspan="3">과정별 선택</th><th rowspan="2">실업계, 기타계 고교 필수 및 선택, 일반계 고교의 직업과정</th></tr>
<tr><th>인문사회 과정</th><th>자연과정</th><th>실업계, 기타계 및 일반계 직업과정</th></tr>
<tr><td>국민윤리</td><td>국민윤리</td><td>6</td><td>(6)</td><td></td><td></td><td></td><td rowspan="2">· 농업에 관한 교과
· 공업에 관한 교과
· 상업에 관한 교과
· 수산 · 해운에 관한 교과</td></tr>
<tr><td>국 어</td><td>국 어
문 학
작 문
문 법</td><td>10</td><td>(10)
(4)</td><td>8
6
4</td><td>8
4</td><td>4</td></tr>
</table>

국 사	국 사	6	(4)				
사 회	정치 · 경제 한국지리 세 계 사 사회 문화 세계 지리	6 6	(4) (4)	4 4 4	4	4	· 가사 · 실업에 관한 교과
수 학	일반수학 수 학 I 수 학 II	8	(8)	10	18	6	
과 학	과 학 I 과 학 II 물 리 화 학 생 물 지구 과학	10	(8) (8)	8	8 8 6 6	4	
체 육	체 육	6	(6)	8	8	4	
교 련	교 련	12	(12)				· 과학에 관한 교과 · 체육에 관한 교과 · 예술에 관한 교과
음 악	음 악	4	(4)			2	
미 술	미 술	4	택1 (4)				
한 문	한 문			8	4	4	
외국어	영 어 I 영 어 II	8	(8)	12	12	8	
	독 일 어 프랑스 어 에스파냐어 중 국 어 일 본 어			택 1 10	택 1 10	6	
실업 · 가정	기 술 가 정			택 1 8	택 1 8	4	
	농업, 공업 상업, 수산업, 가사, 정보산업			택 1 8	택 1 8		

교양선택			2	2	2	
이수단위						실업계 기타계 82~122 직업과정 : 50~100
특별활동	12	(12)				
이수단위 총계	204~216					

[주] ① 1단위는 매주 50분 수업 기준으로 1학기 동안(17주 기준) 이수하는 수업량임.
② 공통필수의 ( ) 안 숫자는 실업계, 기타계 고등학교 기준 단위수를 나타냄.
③ 과학Ⅰ은 생물, 지구과학 영역, 과학Ⅱ는 물리, 화학 영역임.

나. 제5차 개정 교육과정의 개정상의 특징

첫째, 교육과정의 지역화 경향이 구체적으로 구현됨으로써 오늘날 강조되고 있는 지역과 학교 교육과정 편성 운영의 출발점을 제공해 주었다. 이전까지의 교육과정은 국가가 교육과정 편성의 결정권을 거의 절대적으로 가졌다면, 제5차 개정 교육과정에서는 각 시 · 도 교육위원회 또는 단위 학교가 자신의 특수 사정 및 교육적 필요에 적합한 새로운 단원을 설정하여 원래의 교육과정 내용을 대치하거나 또는 기존의 내용에 첨가하여 가르칠 수 있도록 하였다.

둘째, 종전의 제4차 교육과정에서 초등학교 1, 2학년의 경우, 통합교과의 개념을 도입하여 도덕-국어-사회 교과군/ 산수-자연 교과군/ 체육-음악-미술 교과군으로 통합하여 시간을 배당하던 것을, 제5차 개정 교육과정에서는 통합교과명을 붙여 '바른생활', '슬기로운 생활', '즐거운 생활' 등으로 하고 교과목의 수를 축소하여 학습자의 학습부담을 줄였다. 동시에 국어와 산수는 기초학습 기능 육성의 필요성을 고려하여 독립교과로 편성 · 운영하였다.

셋째, 초등학교에서 1교과 다(多)교과서 체제가 도입되었다. 즉, 종래에 국어 교과는 1교과서였던 것을 '말하기' · '읽기' · '듣기'로, 산수 교과는 '산수' · '산수 익힘책'으로, 바른생활 교과는 '바른생활' · '바른생활 이야기'로, 슬기로운 생활 교과는 '슬기로운 생활' · '관찰'로, 도덕 교과는 '도덕' · '생활의 길잡이'로, 사회 교과는 '사회' · '사회탐구'로, 자연 교과는 '자연' · '실험관찰'로, 실과 교과는 '실과'·'실습의 길잡이' 등의 교과서가 편찬 활용되었다.

넷째, 초등학교 4학년 '사회' 교과에서 처음으로 지역별(시·도) 교과서가 개발 활용되었다. 이는 교육과정의 지역화 경향을 구체적으로 실현하려는 것으로 국가주도적 교육과정 편성과 운영의 커다란 변화가 아닐 수 없다.

다섯째, 제3차 개정 교육과정기부터 설정된 고등학교 '자유 선택과정'이 실질적으로 운영되도록 하였다. 이를 제5차 개정 교육과정에서는 '교양선택'이라고 명명하고, 최소 주당 2단위를 배정하도록 규정하였다. 이에 해당하는 교과는 교육학, 논리학, 심리학, 철학, 생활경제, 종교 중 학생의 필요, 학교의 역량, 지역사회의 실정 등을 고려하여 학교장이 선택하도록 하였다. 그러나, 편성의 취지를 살릴 수 있는 교사자원의 문제, 입시문제 등으로 인하여 그 취지를 충분히 살리지는 못하였다.

이처럼 제5차 개정 교육과정의 특징은 지역화 경향을 살리고, 학교중심 교육과정 편성과 운영의 출발점을 제공해 주었다는 점을 지적할 수 있다.

여섯째, 중학교에 기술·가정 교과가 신설되었다. 제4차 개정 교육과정에서 남학생을 위한 기술과목, 여학생을 위한 가정과목을 그대로 둔 채 새로 기술·가정 교과를 신설하여 학교장 재량으로 3개 과목 중 하나를 선택하여 이수하도록 하였다.

일곱째, 지금까지의 중앙집권적 교육과정 체제에서 교육과정의 지역화를 강조하였다. 이는 오늘날 지역수준의 교육과정 편성 및 운영의 시발점이 되었다.

여덟째, 고등학교 교육과정의 부분 개정이 이루어졌다. 제5차 개정 고등학교 교육과정은 1990년 3월 신입생부터 연차적으로 적용하도록 하였는데, 그 후 다음과 같이 부분 개정을 하였다(함종규, 2003 : 575).

① 1990년 1월 22일 문교부 고시 제90-1호로 부분 개정으로, 그 사유는 일반계 고등학교 비진학 학생들로 하여금 직업교육과정 선택의 융통성을 부여하여 직업기술 교육의 실효를 기하고, 시·도 교육감에서 지역 및 학교 실정에 알맞은 다양한 교육과정을 편성하여 학생의 적성, 진로, 능력 등에 적합시킬 수 있는 교육과정 편성 승인권을 일부 위임하려는 것이었다.

② 1993년 6월 30일 교육부 고시 제1993-6호로 교련교과 부분 개정으로,

그 사유는 시대적 변화, 국가 · 사회적 요구 변화 등에 따라 군사교육 중심에서 질서 및 사고와 재난 대비 안전생활교육 중심으로 전환하려는 것이었다.

7. 제6차 개정 교육과정(1993-1999~2003)

제6차 개정 교육과정은 초등학교 1, 2학년과 중학교는 1995년부터, 초등학교 3, 4학년과 고등학교는 1996년부터, 그리고 초등학교 5, 6학년은 1997년부터 적용한 교육과정이다. 제6차 개정 교육과정도 제4차와 제5차 개정 교육과정과 마찬가지로 교육과정 개념의 단일화보다는 교과-경험-학문-인간중심적 개념들이 통합된 모습을 취했다.

제6차 개정 교육과정이 추구하는 인간상은 (1) 건강한 사람 (2) 자주적인 사람 (3) 창의적인 사람 (4) 도덕적인 사람 등으로 설정하였다. 그리고 교육과정을 개정함에 있어서 중점을 둔 사항은 다음과 같다.

① 교육과정 결정의 분권화 : 교육부, 시 · 도 교육청, 각급 학교의 결정 분권
② 교육과정 구조의 다양화 : 이수과정과 과목의 다양화, 필수 과목 축소, 선택 과목 확대
③ 교육과정 내용의 적정화 : 학습량과 수준 조정, 교과목 체계의 개선
④ 교육과정 운영의 효율화 : 학생의 적성 능력 진로 고려, 기초능력 신장, 평가 방법 개선

이처럼 제6차 개정 교육과정의 두드러진 특징은 실질적인 교육과정 편성의 분권화가 이루어졌다는 점을 들 수 있다. 즉, 교육부는 교육내용에 관한 전국 공통적 · 일반적 기준을 정하는 역할을 담당하고(국가수준 교육과정), 각 시 · 도 교육청은 국가의 교육과정 편성 운영 기준을 토대로 지역실정에 알맞도록 지역 내 교육과정 편성과 운영의 지침을 마련하여 각급 학교에 제시하며(지역수준 교육과정), 각급 학교는 국가의 교육과정 편성 및 운영의 기준과 지역의 교육과정

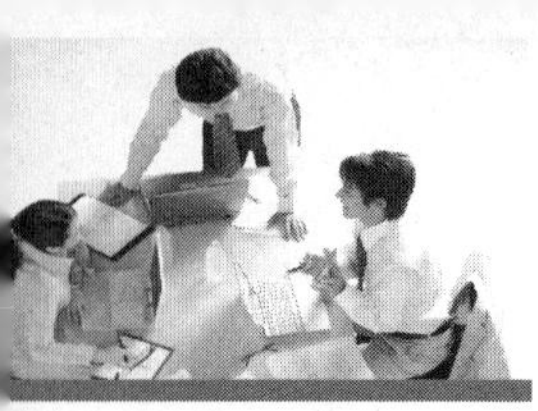

편성 및 운영의 지침을 기준으로 학교 교육과정을 편성 · 운영하도록 하였다.

제6차 개정 교육과정을 각급 학교로 나누어 교육과정 편제와 시간 배당 현황, 그리고 개정상의 특징 등을 살펴보면 다음과 같다.

가. 초등학교

1) 편제

(1) 교육과정은 교과활동, 특별활동, 학교 재량시간 등 3대 영역으로 편성한다.

(2) 교과활동은 초등학교 1, 2학년의 경우에는 바른생활 · 국어 · 수학 · 슬기로운 생활 · 즐거운 생활 등 5개 교과로, 3-6학년은 도덕 · 국어 · 수학 · 사회 · 자연 · 체육 · 음악 · 미술 · 실과 등 9개 교과로 편성한다.

(3) 특별활동은 학급활동, 학교활동, 클럽활동의 3대 영역으로 편성하고, 학급활동은 학급어린이회 활동과 적응활동으로, 학교활동은 전교 어린이회 활동과 행사활동으로 편성한다.

2) 시간 배당

구 분	학 년	1학년	2학년	3학년	4학년	5학년	6학년
교과	도 덕	바른생활 60	바른생활 68	34	34	34	34
	국 어	210	238	238	204	204	204
	수 학	120	136	136	136	170	170
	사 회	슬기로운 생활 120	슬기로운 생활 136	102	102	136	136
	자 연			102	136	136	136
	체 육	즐거운 생활 180	즐거운 생활 238	102	102	102	102
	음 악			68	68	68	68
	미 술			68	68	68	68
	실 과	-	-	34	34	34	34

구분 학년	1학년	2학년	3학년	4학년	5학년	6학년
특별활동	30	34	34	68	68	68
학교 재량시간	-	-	34	34	34	34
연간 수업시간수	790(70)	850	952	986	1,054	1,054

[주] ① 이 표의 시간 수는 34주를 기준으로 한 연간 최소 시간 수임(1학년은 30주로 운영).
② 1단위 시간은 40분을 원칙으로 함.
③ 1학년 연간 수업 시간 수 790시간 중 70시간은 입학 초기 학교 적응활동(3월)에 배당하여야 함.

이와 같은 초등학교 제5차 개정 교육과정에 비하여 제6차 개정 교육과정의 변화상의 특징을 기술하면 다음과 같다(초등학교 교육과정해설, 1993 : 72-73).

(1) 시간 운영의 융통성 부여는 주당 평균 시간 수를 명시하지 않고 연간 시간 배당 기준만을 제시했다.

(2) 계산 중심의 '산수' 교과명칭을 사고중심 교육을 강화하기 위하여 '수학'으로 바꿨다.

(3) 기본생활습관, 예절, 준법, 질서 중심의 『바른 생활』 교과의 내용 구성이 달라짐에 따라 주당 4시간에서 2시간으로 축소하고, 그 대신 사회 및 자연 현상의 통합적 이해를 목적으로 하는 『슬기로운 생활』 교과의 주당 시간 수를 2시간에서 4시간으로 확대하였다.

(4) '우리들은 1학년'의 명칭이 없어지고 입학 초기 학교 적응 활동을 70시간 별도로 확보하여 그 구성과 운영을 시 · 도에 일임하였다.

(5) 『도덕』이 3학년 이상 각각 연간 68시간에서 34시간으로 축소하고, 학교의 전체 교육활동에서 도덕교육이 이루어지도록 했다.

(6) 기본 학습기능 육성에 주안점을 두기 위해 교과의 순서가 사회, 수학에서 수학, 사회로 바뀌었다.

(7) 『실과』를 4학년부터 배정되던 것이 3학년부터 배정하고, 4학년 이상에서 각 학년별로 연간 68시간 이수하던 것을 34시간으로 축소 · 조정하였다.

(8) 특별활동이 3학년의 경우 연간 68시간이던 것을 34시간으로 축소하였다.

(9) 학교 재량시간을 3학년 이상에서 별도 영역으로 설정되고 각 학년별로

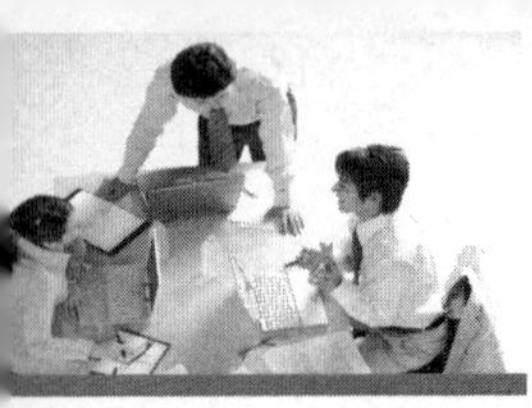

연간 34시간씩 배당하여 학교의 교육과정 편성 · 운영상의 재량권을 확대하였다.

(10) 학습자의 학습부담을 경감시키기 위하여 4학년 이상에서 연간 총 수업시간수가 각 학년 공히 34시간(주당 1시간 꼴)씩 축소되었다.

나. 중학교

1) 편제

(1) 교육과정은 교과활동과 특별활동 등 2대 영역으로, 다시 교과활동은 필수교과과정과 선택교과과정으로 편성한다.

(2) 교과활동은 필수과목으로 도덕 · 국어 · 수학 · 사회 · 과학 · 체육 · 음악 · 미술 · 가정 · 기술/산업 · 영어 등 11개 교과로, 선택교과는 한문 · 컴퓨터 · 환경 · 기타 필요한 교과 등 4개로 편성한다.

(3) 선택교과의 '기타 필요한 교과'를 설정, 운영하고자 할 경우에는 당해 시 · 도의 교육과정 편성 · 운영 지침에 따라야 한다.

(4) 특별활동은 학급활동, 학교활동, 클럽활동 등 3대 영역으로 편성하고, 학교활동에 전교 학생회 활동과 학교행사를 포함한다.

2) 시간 배당 기준

구 분	학 년	1학년	2학년	3학년
필수교과	도 덕	68	68	68
	국 어	136	170	170
	수 학	136	136	136
	사 회	102	136	136
	과 학	136	136	136
	체 육	102	102	102
	음 악	68	34-68	34-68
	미 술	68	34-68	34-68

구 분	학 년	1학년	2학년	3학년
	가 정	68	34	34
	기술 · 산업	34	68	68
	영 어	136	136	136
선택 교과	한 문	34-68	34-68	34-68
	컴 퓨 터			
	환 경			
	기 타			
특 별 활 동		34-68	34-68	34-68
연간 수업 시간수		1,156	1,156	1,156

[주] ① 이 표의 시간 수는 34주를 기준으로 한 연간 최소 시간 수임.
② 1단위 시간은 45분을 원칙으로 함.

위의 중학교 시간 배당 기준표에서 볼 수 있는 바와 같이, 선택교과제의 도입, 제5차 개정 교육과정에서 각각 독립교과로 설정되었던 국사와 사회를 '사회'교과로 통합한 점, 종래 7개 과목(생활기술, 가정, 농업, 공업, 상업, 수산업, 가사 등)으로 구성하여 선택하도록 했던 "실업 · 가정"을 "기술 · 산업"과 "가정" 2개의 교과로 통합 개편하고 남녀 공통적으로 필수로 지정하여 이수 내용에 따른 성차를 철폐한 점 등을 특징으로 지적할 수 있으며, 이를 종합적으로 정리해 보면 다음과 같다.

(1) 주당 수업시간 조정(34-36→34)
(2) 국사를 사회과에 통합(국사 교과서는 따로 편찬)
(3) 실업 · 가정과를 통합 개편하여 남녀 공통 필수로 정함 (기술 · 산업, 가정)
(4) 선택교과제 도입 : 한문, 컴퓨터, 환경, 기타 중 주당 1-2시간
(5) 교육과정 편성 · 운영의 역할 분담체제 도입
  가) 교육부 : 국가수준 교육과정 기준 고시
  나) 시 · 도 교육청 : 교육과정 편성 · 운영 지침 작성 제시(신설)
  다) 학교 : 학교교육과정 편성 운영
(6) 지도방법과 평가방법을 상세히 제시

나. 고등학교

1) 편제

(1) 교육과정은 교과와 특별활동으로 편성한다.

(2) 교과는 보통교과와 전문교과로 한다.

(3) 보통교과는 윤리, 국어, 한문, 수학, 사회, 과학, 체육, 음악, 미술, 실업 · 가정, 외국어 등 11개 교과와 교양선택으로 한다.

가) 보통교과에는 고등학교의 모든 학생이 이수하는 공통 필수과목과 각 과정에 알맞게 이수하는 과정별 필수과목 및 선택과목을 둔다.

나) 공통필수 과목은 교육부가 결정하고, 과정별 필수과목은 시 · 도 교육청이 편성하며, 과정별 선택과목은 학교가 선택한다.

(4) 전문교과는 농업, 공업, 상업, 수산 · 해운, 가사 · 실업, 과학, 체육, 예술, 외국어에 관한 교과로 한다.

전문교과에는 계열별 필수과목은 교육부가 결정하고, 학과별 필수과목은 시 · 도 교육청이 편성하며, 학과별 선택과목은 학교가 선택한다.

(5) 특별활동은 학급활동, 학교활동, 클럽활동, 단체활동 등 4개 영역으로 편성한다.

2) 보통교과의 단위 배당 기준

교 과	공통필수과목	과정별 필수과목	과정별 선택과목
윤 리	윤리(6)		
국 어	국어(10)	화법(4), 독서(4), 작문(6), 문법(4), 문학(8)	
한 문		한문 I (6), 한문 II (4)	
수 학	공통수학(8)	수학 I (10), 수학 II (10), 실용수학(8)	
사 회	공통사회(8) 국 사(6)	정치(4), 경제(4), 사회 · 문화(4), 세계사(6), 세계지리(6)	

교 과	공통필수과목	과정별 필수과목	과정별 선택과목
과 학	공통과학(8)	물리 Ⅰ (4), 물리 Ⅱ (8), 화학 Ⅰ (4), 물리 Ⅱ (8), 생물 Ⅰ (4), 생물 Ⅱ (8), 지구과학 Ⅰ (4), 지구과학 Ⅱ (8)	
체 육	체육 Ⅰ (8)	체육 Ⅱ (6)	
교 련		교련(6)	
음 악	음악 Ⅰ (4)	음악 Ⅱ (4)	
미 술	미술 Ⅰ (4)	미술 Ⅱ (4)	
실업 · 가정		기술(8), 가정(8), 농업(6), 공업(6), 상업(6), 수산업(6), 가사(6), 정보산업(6), 진로 · 직업(6)	
외 국 어	공통영어(8)	영어 Ⅰ (8) 영어 Ⅱ (8), 영어독해(6), 영어회화(6), 실무영어(6), 독일어 Ⅰ (6), 독일어 Ⅱ (6), 프랑스어 Ⅰ (6), 프랑스어 Ⅱ (6), 에스파냐어 Ⅰ (6), 에스파냐어 Ⅱ (6), 중국어 Ⅰ (6), 중국어 Ⅱ (6), 일본어 Ⅰ (6), 일본어 Ⅱ (6), 러시아어 Ⅰ (6), 러시아어 Ⅱ (6)	
교양선택			철학, 논리학, 심리학, 교육학, 생활경제, 종교, 환경과학, 기타 중 선택(4)
이수 단위	70	106	12
특별활동	학급활동 · 클럽활동(12) 단체활동(4)		

[주] ① 보통교육을 주로 하는 인문계 고등학교는 2학년부터 인문사회과정, 자연과정, 직업과정 및 기타 필요한 과정을 들 수 있다. 단, 직업과정으로의 변경은 3학년에서도 가능하다.

② ( ) 안의 숫자는 단위 수이며, 1단위는 매주 50분 수업을 기준으로 1학기(17주) 동안 이수하는 수업량을 말한다.

③ 체육Ⅱ, 음악Ⅱ, 미술Ⅱ는 전문교과 편성 중 체육, 예술에 관한 전문과목 중에서 선택한다.

3) 고등학교 교육과정 개정상의 특징

(1) 교육과정 편성 · 운영의 역할 분담 체제 확립

가) 보통교과

공통필수 10과목 (교육부 → 교육부)

과정별 선택(교육부)→과정별 필수(시 · 도)/ 과정별 선택→고등학교

나) 전문교과

계열별 필수 2-4과목 (교육부 → 교육부)

학과별 필수(교육부 → 시 · 도)　　학과별 선택(고교 → 고교)

다) 이수과정(Course)

인문 · 사회과정/자연과정/직업과정(교육부가 결정)

기타 필요한 과정(신설) → 시 · 도

(2) 직업교육 강화를 위한 전문교과 편제 · 운영 개선

가) 과목 수 338 → 378과목

나) 운영 방법의 개선

㉮ 고도 산업사회의 요구 부응

㉯ 다양한 학과, 특색 있는 고등학교 설립 운영 가능

㉰ 후기 중등교육의 다양화

(3) 학생의 적성 · 능력 · 진로를 고려한 다양한 과목 설정

가) 보통교과의 다양화

㉮ 국어 4과목 → 6과목　　㉯ 수학 3 → 4

㉰ 사회 6 → 7　　㉱ 과학 6 → 9

㉲ 예 · 체능 4 → 7　　㉳ 한문 1 → 2

㉴ 실업 · 가정 8 → 9　　㉵ 외국어 7 → 18

나) 전문과목 계열 간, 계열 내 통합

다) 전문과목 신설 117과목

라) 전문교과 분과

㉮ 농업(원예) → 채소, 과수, 화훼

㉯ 체육(체육과학) → 체육개론, 스포츠 과학

(4) 교육내용의 시대적 · 사회적 · 개인적 적합성 제고

가) 기초 공통교육 강화 : 공통과목 신설(수학, 과학, 사회, 영어)

나) 도덕교육의 강화 및 전통문화의 강조

㉮ 국민윤리 → 윤리

㉯ 정치 과목 신설

㉰ 특별활동에 단체활동 신설

㉱ 체육, 미술, 음악에 전통문화 요소 반영

다) 과학 · 환경 교육 강화

㉮ 과학 : 공통과학, 수준별 과목 세분화

㉯ 환경 : 환경과학, 환경보전, 환경기술 과목 신설

라) 정보화 사회, 고도 산업화 대비 교육

마) 국제화, 개방화에 대비한 교육 강화

㉮ 영어 : 의사소통 기능 중심 개편, 다양한 수준별 과목 신설(6과목)

㉯ 제2외국어 : 러시아어 신설, 지도시간 늘림 (10단위 → 12단위)

㉰ 외국어 전문교과 84과목 신설

㉱ 세계사, 세계지리 이수 단위 증배 : 4 → 6단위

바) 예술, 정서 교육의 강화

㉮ 음악Ⅰ,미술Ⅰ : 전 계열, 전 과정 공통필수 과목화

㉯ 음악 Ⅱ, 미술 Ⅱ : 예술에 관한 전문 교과 활용

(5) 교육과정 운영 개선 및 교육의 질 향상

가) 이수단위의 감축 : 3년간 총 이수 단위를 204-216단위 → 204단위

나) 학기당 이수 과목 제한 : 18-20과목 → 12과목 내외

다) 학생의 적성 · 능력 · 진로를 고려한 과정, 과목 개설 및 선택 기회 확대

㉮ 일반계 고교의 필요한 과정 신설 가능

㉯ 교육과정 편제에 제시된 이외의 과목 개설 가능

㉰ 과목 선택의 폭과 기회 확대, 학교 재량권 부여

제3절 제7차 개정 교육과정

1. 교육과정 개정의 필요성

가. 사회의 변화 : 직업의 분화, 사회구조의 다양화, 가정구조의 변화
나. 사회의 요구 변화 : 정보화, 국제화, 환경 및 자원 보호, 평생교육체제 구축 운영
다. 교육받은 인간상에 대한 관점의 변화 : 지식의 습득으로부터 인성 및 창의성 개발로
라. 학습자의 심리적 변화 : 개인의 개성, 다양성 강조
마. 제6차 교육과정의 문제점 해결 및 개선
  (1) 공급자 중심에서 수요자 중심으로 교육 운영
  (2) 획일적 교육에서 다양성, 특성화된 교육 운영
  (3) 학생의 적성, 능력, 필요에 적합한 교육과정 편성 · 운영
  (4) 단위 학교의 교육과정 편성 · 운영의 자율성 미흡
바. 21세기 새로운 문명사회를 염두에 둔 교육과정의 필요

* 1996년 3월 19일 개정을 위한 연구 시작-1997년 12월 30일 문교부 고시 1997-15호로 공표

2. 교육과정 개정의 기본 원칙과 추구하는 인간상

가. 개정의 기본 원칙

21세기의 세계화 정보화 시대를 주도할 자율적이고 창의적인 한국인 육성

1) 목표 : 건전한 인성과 창의성을 함양하는 기초기본 교육의 충실
2) 내용 : 세계화 · 정보화에 적응할 수 있는 자기주도적 능력의 신장

3) 운영 : 학생의 능력, 적성, 진로에 적합한 학습자 중심의 교육
4) 제도 : 지역 및 학교 교육과정 편성 · 운영의 자율성 확대

나. 교육과정이 추구하는 인간상

1) 전인적 성장의 기반 위에 개성을 추구하는 사람
2) 기초 능력의 토대로 창의적인 능력을 발휘하는 사람
3) 폭넓은 교양을 바탕으로 진로를 개척하는 사람
4) 우리 문화에 대한 이해의 토대 위에 새로운 가치를 창조하는 사람
5) 민주 시민 의식을 기초로 공동체의 발전에 공헌하는 사람

3. 교육과정 개정의 기본 방향

가. 사회적 변화의 흐름을 주도할 수 있는 기본 능력 육성에 기여하는 교육과정을 구성한다.
나. 국민공통기본 교육과정과 선택중심 교육과정체제를 도입한다.
다. 교육 내용의 양과 수준을 적정화하고, 심도 있는 학습이 이루어지도록 수준별 교육과정을 도입한다.
라. 학생의 능력, 적성, 진로를 고려하여 교육내용과 교육과정 운영 방법을 다양화한다.
마. 교육과정 편성과 운영에 있어서 학교현장의 자율성을 확대한다.
바. 교육과정 평가 체제를 확립하여 교육에 대한 질 관리를 실질적으로 강화한다.

4. 제7차 교육과정의 개요

가. 편제

(1) 교육과정은 국민공통기본 교육과정과 고등학교 선택중심 교육과정으로

구성한다.

(2) 국민공통기본 교육과정은 교과활동, 재량활동, 특별활동으로 편성한다.

가) 교과는 국어, 도덕, 사회, 수학, 과학, 실과(기술 · 가정), 체육, 음악, 미술, 외국어(영어) 등 10개 교과로 한다. 다만, 초등학교 1, 2학년의 교과는 국어, 수학, 바른생활, 슬기로운 생활, 즐거운 생활 및 우리들은 1학년 등 6개 교과로 한다.

나) 재량활동은 교과 재량활동과 창의적 재량활동으로 한다.

다) 특별활동은 자치활동, 적응활동, 계발활동, 봉사활동, 행사활동으로 한다.

(3) 고등학교 2, 3학년의 선택중심 교육과정은 교과와 특별활동으로 편성한다.

가) 교과는 보통 교과와 전문 교과로 한다.

① 보통 교과는 국어, 도덕, 사회, 수학, 과학, 기술 · 가정, 체육, 음악, 미술, 외국어와 한문, 교련, 교양의 선택과목으로 한다.

② 전문 교과는 농업, 공업, 상업, 수산 · 해운, 가사 · 실업, 과학, 체육, 예술, 외국어, 국제에 관한 교과로 한다.

③ 특별활동은 자치활동, 적응활동, 계발활동, 봉사활동, 행사활동으로 한다.

나. 시간(단위)배당 기준

1) 국민공통기본 교육과정

구분 \ 학년 \ 학교		초등학교						중학교			고등학교		
		1	2	3	4	5	6	7	8	9	10	11	12
교과	국어	국어 210	국어 238	238	204	204	204	170	136	136	136	선택	
	도덕			34	34	34	34	68	68	34	34		

구분												
교과	사회	수 학 120 136 바른 생활 60 68 슬기로운 생활 90 102 즐거운 생활 180 204 우리들은 1학년 80 ·		102	102	102	102	102	102	136	170 (국사 68)	과목
	수학			136	136	136	136	136	136	102	136	
	과학			102	102	102	102	102	136	136	102	
	실과			·	·	68	68	기술 · 가정 68	102	102	102	
	체육			102	102	102	102	102	102	68	68	
	음악			68	68	68	68	68	34	34	34	
	미술			68	68	68	68	34	34	68	34	
	외국어 (영어)			34	34	68	68	102	102	136	136	
재량활동		60	68	68	68	68	68	136	136	136	204	
특별활동		30	34	34	68	68	68	68	68	68	68	8단위
연간수업 시간 수		830	850	986	986	1,088	1,088	1,156	1,156	1,156	1,224	144단위

[주] ① 이 표의 국민공통기본 교육 기간에 제시된 시간 수는 34주를 기준으로 한 연간 최소 수업 시간 수이다.
② 1학년의 교과, 재량활동, 특별활동에 배당된 시간 수는 30주를 기준으로 한 것이며, '우리들은 1학년'에 배당된 시간 수는 3월 한 달 동안의 수업 시간 수를 제시한 것이다.
③ 1시간의 수업은 초등학교 40분, 중학교 45분, 고등학교 50분을 원칙으로 한다. 다만, 기후, 계절, 학생의 발달 정도, 학습 내용의 성격 등을 고려하여 실정에 알맞도록 조절할 수 있다.
④ 11, 12학년의 특별활동과 연간 수업 시간 수에 제시된 숫자는 2년 동안 이수하여야 할 단위 수이다.

다. 중학교

1) 재량활동의 신설 : 지역, 학교의 특수성과 학생의 교육적 필요 수용, 학생과 학교의 교육과정 편성 운영의 자율성 확대

제6차 개정 교육과정	제7차 개정 교육과정
선택 교과 (한문/컴퓨터/환경/기타 학년별 주당 1~2시간) 지도	국민공통기본 교과의 자율활용, 선택 교과(한문, 컴퓨터, 환경, 생활외국어, 기타), 범교과 학습, 자기주도학습(학년별 주당 4시간)

2) 정보화 사회에 적응할 수 있는 창의성 함양 : 가정, 기술 · 산업 교과의 통합, 컴퓨터를 활용한 교육 내용의 강화

제6차 개정 교육과정	제7차 개정 교육과정
가정, 기술 · 산업 교과 필수	기술 · 가정으로 통합, 국민공통기본 교과, 남녀 공통이수

3) 세계화, 개방화에 대응하는 외국어 교육의 강화 : 생활 외국어 과목의 신설

제6차 개정 교육과정	제7차 개정 교육과정
영어만 필수	생활외국어 과목들(독일어, 프랑스어, 스페인어, 중국어, 일본어, 러시아어, 아랍어)을 재량활동 시간을 활용하여 선택 운영 가능

4) 특별활동의 내실 있는 운영

제6차 개정 교육과정	제7차 개정 교육과정
학년별 연간 최소 수업 시간 수 34~68시간	학년별 연간 최소 수업 시간 수 68시간(주당 최소 2시간)

라. 고등학교

1) 학생들의 능력, 흥미, 적성, 진로를 고려한 다양한 교과목 개설

제6차 개정 교육과정	제7차 개정 교육과정
공통필수과목 (10) 과정필수과목/ 과정선택과목(53) 교양선택과목(7) *총 70과목 개설 - 학교 중심 선택 과목 개설 - 학교급별 개념에 기초한 공통 필수 과목 개설 - 제한적인 교양 증진 과목 개설	국민공통기본 교과 (10) 일반 선택(26) 심화 선택(53) * 총 90과목 개설 - 학생 중심 선택 과목 개설 - 학년제 개념에 기초한 국민공통기본 교과 개설 - 교과 영역별간 학문적 교양 증진 과목 개설

2) 학생 선택 중심의 교육과정 체제 도입

<table>
<tr><th colspan="5">제6차 개정 교육과정</th><th colspan="5">제7차 개정 교육과정</th></tr>
<tr><td>구 분</td><td>교육부</td><td>시·도</td><td>학교</td><td>학생</td><td>구 분</td><td>교육부</td><td>시·도</td><td>학교</td><td>학생</td></tr>
<tr><td rowspan="2">교과목</td><td rowspan="2">70</td><td rowspan="2">106</td><td rowspan="2">12</td><td rowspan="2">없음</td><td rowspan="2">교과목</td><td rowspan="2">56</td><td>28 -</td><td>28 -</td><td>28 -</td></tr>
<tr><td colspan="3">136</td></tr>
<tr><td>특별활동</td><td>16</td><td>-</td><td>-</td><td>-</td><td>특별활동</td><td>-</td><td>-</td><td>12</td><td>-</td></tr>
<tr><td colspan="5">204단위</td><td>재량활동</td><td>-</td><td>-</td><td>-</td><td>12</td></tr>
<tr><td colspan="5" rowspan="2">- 교육과정 편성·운영의 역할 분담
- 학생들의 교과목 선택권 없음
- 특별활동 영역별 이수단위 국가 지정
- 교육공급자 중심의 교육과정체제
- 중·고등학교 학생 주당 이수시간의 균등화</td><td colspan="5">216단위</td></tr>
<tr><td colspan="5">- 교육과정 편성·운영의 역할 분담 확대
- 학생들의 교과목 선택권 부여
- 특별활동 영역별 이수단위 학교 위임
- 교육수요자 중심의 교육과정체제
- 중·고교 학생 주당 이수 시간의 차등화</td></tr>
</table>

3) 다양한 유형의 학생별 교육과정 운영

제6차 개정 교육과정	제7차 개정 교육과정
인문사회과정/자연과정/직업과정/기타 필요한 과정 - 학교의 분반에 의한 엄격한 과정 분리 - 공급자 중심의 획일성, 경직성 - 엄격한 과정 운영으로 진로 변경 곤란	다양한 과정 설치 가능 - 학교의 분반에 의한 엄격한 과정 폐지 - 수요자 중심의 자유로운 과정 선택 - 선택 과목 이수 과정에서 개인의 진로 수정 용이

마. 고등학교 선택 중심 교육과정

1) 보통교과

<table>
<tr><th colspan="2" rowspan="2">구 분</th><th rowspan="2">국민 공통 기본 교과</th><th colspan="2">선 택 과 목</th></tr>
<tr><th>일반 선택 과목</th><th>심화 선택 과목</th></tr>
<tr><td>교</td><td>국 어
도 덕
사 회</td><td>국어(8)
도덕(2)
사회(10)
(국사4)</td><td>국어 생활(4)
시민 윤리(4)
인간 사회와 환경(4)</td><td>화법(4), 독서(8), 작문(8), 문법(4), 문학(8)
윤리와 사상(4), 전통윤리(4)
한국지리(8), 세계지리(8), 경제지리(6)
한국 근·현대사(8), 세계사(8), 법과 사</td></tr>
</table>

				회(6), 정치(8), 경제(6), 사회 · 문화(8)
	수 학 과 학 기술 · 가정	수학(8)	실용 수학(4)	수학Ⅰ(8), 수학Ⅱ(8), 미분과 적분(4) 확률과 통계(4), 이산 수학(4)
		과학(6)	생활과 과학(4)	물리Ⅰ(4), 화학Ⅰ(4), 생물Ⅰ(4), 지구과학Ⅰ(4), 물리Ⅱ(6), 화학Ⅱ(6), 생물Ⅱ(6), 지구과학Ⅱ(6)
		기술 · 가정(6)	정보 사회와 컴퓨터(4)	농업 과학(6), 공업 기술(6), 기업 경영(6) 해양 과학(6), 가정 과학(6)
	체 육	체육(4)	체육과 건강(4)	체육 이론(4), 체육 실기(4이상)*
	음 악	음악(2)	음악과 생활(4)	음악 이론(4), 음악 실기(4이상)*
	미 술	미술(2)	미술과 생활(4)	미술 이론(4), 미술 실기(4이상)*
과	외국어	영어(8)		영어Ⅰ(8), 영어Ⅱ(8), 영어 회화(8) 영어 독해(8), 영어 작문(8)
			독일어Ⅰ(6), 프랑스어Ⅰ(6), 스페인어Ⅰ(6), 중국어Ⅰ(6), 일본어Ⅰ(6), 러시아어Ⅰ(6), 아랍어Ⅰ(6)	
	한 문 교 련 교 양		한문(6), 교련(6), 철학(4), 논리학(4), 심리학(4), 교육학(4), 생활 경제(4), 종교(4), 생태와 환경(4), 진로와 직업(4), 기타(4)	한문 고전(6)
이수단위		(56)	24 이상	112 이하
재량활동		(12)		
특별활동		(4)	8	
총 이수 단위			216	

[주] ① ( ) 안의 숫자는 단위 수이며, 1단위는 매주 50분 수업을 기준으로 하여 1학기(17주) 동안 이수하는 수업량이다.

② 국민공통기본 교과와 재량활동에 배당된 단위 수 및 특별활동 4단위는 10학년에서 이수하도록 한 것이다.

③ *표시한 체육, 음악, 미술 교과의 심화 선택 과목은 별도로 제시한 체육, 예술에 관한 전문 교과의 과목 중에서 선택한다.

④ 교양 교과에서 심화 선택 과목이 필요한 경우, 별도로 제시한 과목 중에서 선택하거나 시 · 도 운영지침에 의거, 새로운 과목을 신설할 수도 있다.

5. 제7차 교육과정 편성 · 운영상의 특징

가. 국민공통기본 교육과정의 도입

우리나라 모든 국민에게 동일한 기간 동안 동일한 교육 내용을 가르치기 위해서 국민공통기본 교육과정이 도입되었다. 즉, 1학년부터 10학년까지를 국민공통교육 기간으로 정하고 이 기간에 사용할 교육과정을 '국민공통기본 교육과정'으로 명명했다. 이와 같은 교육과정 편성 · 운영되어야 할 필요성은 첫째, 세계적으로 생활수준의 향상과 더불어 모든 국가가 사회복지 차원에서 모든 국민을 대상으로 무상으로 실시하는 의무교육인 국민공통기본 교육 기간이 확대하고 있다는 점, 둘째, 산업사회로부터 후기 산업사회로 넘어가면서 단순 노동 · 기능직이 고등 정신력과 판단력이 요구되는 직종으로 대체됨에 따라 모든 국민의 기본 교육이 보다 충실해져야 한다는 요구가 강해지고 있다는 점, 셋째, 초 · 중 · 고등학교 교육 간 교육내용과 학습경험의 연계성을 강화함으로써 교육력과 학습력을 제고할 필요성 등을 지적할 수 있다.

이러한 필요에 부응하여 도입된 국민공통기본 교육과정의 주요 특징은 다음과 같다.

첫째, 초등학교 1학년에서 고등학교 1학년까지의 10년을 국민공통기본 교육기간으로 설정한다. 국민공통기본 교육 기간의 설정은 초 · 중 · 고등학교간의 학교급별 교육내용 연계성의 부족을 극복할 수 있다는 장점이 있다. 특히 국민공통기본 교육 기간 동안 교육내용 조직이나 수준별 교육과정의 편성에 있어서 연속성의 보장을 제도화할 수 있다.

둘째, 교과 수를 10개(국어, 도덕, 사회, 수학, 과학, 실과, 체육, 음악, 미술, 외국어)로 제한한다. 국민공통기본 교육과정의 근본 틀은 10학년에 걸쳐 10개 교과를 가르친다는 것이다. 그러나 실제 교과의 설정에서는 교과 혹은 학년에 따라 다르다. 즉, 초등학교 1, 2학년에서는 국어, 수학, 바른생활, 슬기로운 생활, 즐거운 생활, 우리들은 1학년의 6개 교과를 가르치고, 실과의 경우에는 초등학교 5학년에서

부터 가르치기 시작하며 그 명칭도 중 · 고등학교에서는 기술 · 가정이다(교육부 고시 제1997-15호). 이처럼 국민공통기본 교육 기간에 지나치게 세분화되어 있는 교과목 수를 10개로 제한함으로써 파편화된 지식의 전수를 예방하고 한 학기에 지나치게 많은 수의 교과를 피상적으로 가르치기보다는 충실하고 심도 있는 교수-학습이 되도록 하려는 것이다.

나. 수준별 교육과정의 도입

수준별 교육과정이란 "학생들의 능력 수준에 따라 교육의 내용이나 방법을 달리하는 교육과정"이다(허경철, 1996). 이와 같은 수준별 교육과정이 제7차 교육과정에 도입의 필요성은 다음과 같다(김재춘 외, 2005 : 54-55). 첫째, 학생의 흥미, 관심, 적성, 학습 능력과 학습의 요구에 상응하는 교육의 내용, 방법, 기회를 제공할 수 있다. 둘째, 자기-주도적 개별화 학습 기회를 제공할 수 있다. 셋째, 교육의 수월성을 추구할 수 있다. 넷째, 학습자의 다양한 특성에 따른 개인차를 고려한 교육활동을 가능케 하고 학습 부진과 결손을 줄일 수 있다.

이러한 필요에 부응하여 도입된 제7차 수준별 교육과정의 주요 편성 · 운영 지침은 다음과 같다.

1) 수준별 교육과정은 국민공통기본 교육 기간(10년)과 고등학교 2-3학년의 선택 중심 교육 기간(2년)에 걸쳐 편성 · 운영한다.
2) 수준별 교육과정은 교과의 성격 혹은 학교급(학년)의 특징에 따라 단계형, 심화 · 보충형, 과목선택형 수준별 교육과정으로 구분하여 편성 · 운영한다.

다. 재량활동의 확대 및 신설

재량활동이란 학교의 독특한 교육적 필요, 학생의 요구 등을 추구하기 위해 학교가 학생들과 더불어 만들어 가는 제7차 개정 교육과정의 한 영역이다. 학생의 자기주도적 학습능력을 기르고, 학교 교육과정 편성 및 운영의 자율성을 확대하며, 학생의 교과 혹은 교육프로그램 선택권을 보장하기 위하여 "재량활동"을 교육과정 영역의 하나로 학교급에 따라서 확대 혹은 신설하였다. 즉, 종래 초등학교 3-6학년에 주당 1시간씩 배당되었던 '학교재량시간'을 제7차 교육과정에서는 전 학년으로 확대하고 주당 2시간으로 늘렸다. 중학교와 고등학교의 경우, 재량활동 영역을 신설하여 중학교는 주당 4시간씩, 고등학교는 1학년에 12단위를 배당하였다.

재량활동은 '교과재량활동'과 '창의적 재량활동'으로 나누어진다. 교과재량활동은 중등학교의 선택과목 학습과 국민동통기본 교과의 심화 · 보충학습을 위한 것이며, 창의적 재량활동은 학교의 특수한 교육적 필요, 학생의 요구와 필요 등을 충족시키기 위한 범교과 학습과 자기주도적 학습을 위한 것이다.

라. 고교 2-3학년의 선택중심 교육과정의 도입

고교 2-3학년에서는 선택중심 교육과정을 도입하였다. 이의 필요성은 첫째, 고등학교 교육은 일부 학생에게는 취업준비 교육으로 형식적인 교육이 종결될 수 있으며, 대학 진학을 할 학생들에게는 대학진학 예비 진로 탐색을 위한 계속 교육의 성격을 지닌다. 이처럼 고등학교 2, 3학년의 교육은 고등보통교육의 종결을 위한 교육임과 동시에 학생의 장래 진로나 적성에 따른 전문화된 교육을 위한 준비 과정의 성격에 충실하도록 이루어질 필요가 있다. 이와 같이, 고등학교가 종결 교육의 의미를 지니는 학생들에게는 취업에 요구되는 자질육성 및 일반교양과 관련된 과목의 이수 기회를 제공할 수 있도록, 그리고 대학 진학과 같은 전문화된 교육의 준비 과정으로서의 의미를 지닌 학생들에게는 자신의 진로와 관련해서 보다 심화된 과목을 이수할 수 있는 기회를 제공할 수 있는 교육과정의 편성과 운영이 요구된다.

마. 질 관리 중심 교육과정 평가 개념 도입

제7차 교육과정에서는 질 관리 중심의 교육과정 평가 개념을 도입하였다.

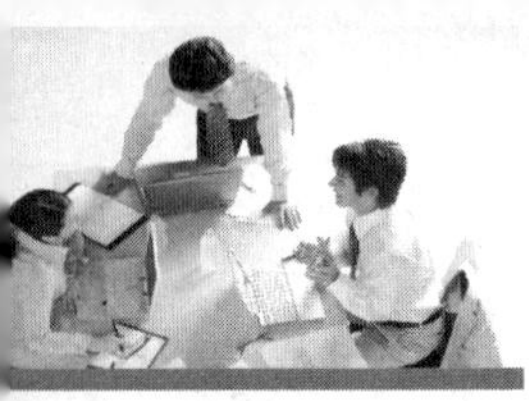

'질 관리 중심의 교육과정 평가 개념'이란 교육과정이 원래 의도한 바의 교육적 성과나 효과가 나타나는가에 초점을 두고 평가의 주안점을 교육과정 편성과 운영 자체에 맞춘다는 의미이다. 이와 같은 교육과정 평가 개념 도입의 필요성은 다음과 같다.

첫째, 현재까지의 교육과정은 국가나 시 · 도 교육청 수준에서 제시하는 지침에 따른 교육과정의 계획과 편성에 일차적인 관심이 주어진 반면에, 제7차 교육과정에서는 국가나 시 · 도 교육청에서 의도된 교육과정이 구체적으로 학교 현장에서 어떻게 편성 · 운영되는지를 계속적으로 평가함으로써 교육과정의 질 관리가 중요하게 인식되었다는 점이다.

둘째, 교육과정 개정이 문서상의 형식적 · 수사적 개정에 머물지 않고 학교 교육 현장에서 구체적인 변화를 가져올 수 있도록 하기 위해서는 교육과정이 현장에서 실제로 운영되는 모습이나 그 교육과정의 적용 결과 나타난 학생들의 학습 성취에 대한 평가를 통하여 교육과정의 질 관리가 강화될 필요가 있다. 즉, 교육과정의 질 관리를 위하여 주기적인 학생 학력 평가, 학교 평가, 교육과정 평가 체제를 도입하였다.

바. 교사, 학교, 지역 중심 및 협동 교육과정 편성 · 운영

제7차 개정 교육과정에서 선택 교육과정의 확대, 재량활동의 신설 및 강화, 열린교육의 확대 등은 필연적으로 학교 현장 중심의 교육과정 강화를 요구한다. 이는 국가중심의 교육과정 입안, 추진, 통제, 조정의 틀이 점차 교사, 학교, 지역의 참여와 협동을 통해 구체화될 필요가 있음을 말해 준다. 국가 주도적 교육과정 결정체제가 지니고 있는 장점이 있기는 하지만, 보다 변화의 속도가 빨라지고 교육상황이 복잡해지고 다양하며 독특한 상황에 대처하는 데에는 한계가 있다. 교육과정 결정의 중앙 집중 체제는 비교적 국가사회 및 교육환경의 변화가 느리고 그 폭이 좁을 때는 강점을 지닐 수 있으나, 오늘날과 같은 상황에서는 지방분권화의 확대, 전문성의 확대에 기반한 자율성의 확대, 책무에 기초한 참여의 확대라는 방향으로 교사, 학교, 지역 교육청에 분산 · 이양되어야 한다. 특히,

교육과정 결정권의 일부분을 학교 또는 교사가 갖는다는 것은 교직의 전문성 신장과 교사의 교육운영상의 자율성 강화라는 측면에서도 매우 시급하며 중요한 요소이다.

사. 특별활동 교육과정의 개선

특별활동은 교과와 상호보완적 관련 속에서 학생의 심신을 조화롭게 발달시키기 위하여 실시하는 교과 이외의 교육활동을 일컫는다. 이는 근본적으로 집단활동의 성격을 지니고 있으나, 집단에 속한 개인의 개성 · 자율성 · 창의성도 아울러 고양함으로써 개인의 특성이 집단에 매몰되지 않도록 노력해야 한다.

특별활동은 바람직한 집단활동을 통하여 학교생활에 적응력을 높이고, 민주시민의 자질을 함양하며, 다양한 자기 표현 기회를 통하여 학생 개개인의 소질을 계발, 신장하고, 건전한 취미를 가지게 하여 자아실현을 돕고, 여가를 잘 활용할 수 있도록 하는 것이 기본적인 교육과정의 취지이다.

제7차 교육과정에서의 특별활동 교육과정은 자치활동, 적응활동, 계발활동, 봉사활동, 행사활동 등 5개 영역으로 구성하며, 각 영역별 구체적 활동 내용은 지역의 특성과 학교의 실정, 학생들의 요구와 필요에 알맞게 선정하여야 한다.

형성평가

1. 우리나라에서 '시 · 도 교육과정 편성 · 운영 지침' 작성권이 각 시 · 도 교육청에 부여된 시기는 언제부터인가?
   ① 제4차 교육과정기 ② 제5차 교육과정기
   ③ 제6차 교육과정기 ④ 제7차 교육과정기

2. 우리나라 교육과정 변천사에서 중학교 교육과정의 변화를 바르게 제시한 것은?
   ① 제3차 교육과정 : '국사' 교과 신설
   ② 제4차 교육과정 : '도덕' 교과 신설
   ③ 제5차 교육과정 : '자유선택과목' 신설
   ④ 제6차 교육과정 : '학교재량시간' 신설

3. 우리나라 교육과정 변천에 설명이다. 올바로 기술된 것은?
   ① 2차 개정교육과정 – 1955~1962 – 경험중심 교육과정
   ② 3차 개정교육과정 – 1973~1981 – 생활중심 교육과정
   4차 개정교육과정 – 1982~1986 – 학문중심 교육과정
   ④ 6차 개정교육과정 – 1992~1999 – 통합교육과정

4. 학교의 교육과정을 교과활동+반공 · 도덕생활+특별활동의 체제로 설정한 교육과정 시기는?
   ① 교수요목시기 ② 제1차 교육과정 ③ 제2차 교육과정
   ④ 제3차 교육과정 ⑤ 제4차 교육과정

5. 학교의 교육과정에 도덕과목이 정식으로 채택된 교육과정 시기는?
   ① 교수요목시기 ② 제1차 교육과정 ③ 제2차 교육과정
   ④ 제3차 교육과정 ⑤ 제4차 교육과정

6. 학교의 교육과정에 '국사' 교과가 신설된 교육과정 시기는?

① 교수요목시기 ② 제1차 교육과정 ③ 제2차 교육과정
④ 제3차 교육과정 ⑤ 제4차 교육과정

7. 다음은 우리나라 국가 교육과정의 특징을 기술한 것이다. 오래된 것부터 순서대로 바르게 나열한 것은?

ㄱ. 초등학교 1, 2학년에 통합교육과정을 도입하였다. ㄴ. 재량활동이 교육과정의 한 영역으로 설정되었다. ㄷ. 시 · 도 교육청의 교육과정 편성 권한을 강조하기 시작하였다. ㄹ. 도덕을 독립교과로 편성하고, 국적 있는 교육을 위해 국사교육이 강조되었다.

① ㄱ-ㄹ-ㄴ-ㄷ ② ㄴ-ㄱ-ㄹ-ㄷ ③ ㄷ-ㄱ-ㄹ-ㄴ ④ ㄹ-ㄱ-ㄷ-ㄴ

8. 제7차 교육과정 총론에 제시된 '교육과정 편성 및 운영 지침'에 포함된 내용이 아닌 것은?

① 국가수준에서는 교과별로 '절대평가 기준'을 개발한다.
② 학교는 교육과정 편성 및 운영의 적합성, 타당성, 효과성을 평가한다.
③ 학교는 각 교과목별 학습목표를 모든 학생이 성취하도록 지도한다.
④ 국가교육과정에 예시되지 않은 과목의 설치 · 운영은 학교교육과정위원회의 심의를 거친다.

9. 제7차 교육과정에서 '교육과정의 평가와 질 관리'를 위한 지침으로 맞지 않는 것은?

① 창의적 재량활동의 평가는 그 결과를 문장으로 기록하도록 한다.
② 학교 밖의 수단을 통하여 익힐 수밖에 없는 내용과 기능은 평가하지 않는다.
③ 평가는 특정 분야의 학생들이 교육목표를 성공적으로 달성했는지 여부를 확인하기 위한 교육의 결과로써 실시한다.
④ 교과별로 '절대평가 기준'을 개발, 보급하여 학교가 교과 교육과정 목표에 부합하는 평가를 실시한다.

10. 제7차 교육과정에서는 단위학교에서 '학교교육과정'을 편성 · 운영하도록 하고 있다. 이에 따라 변화될 학교교육의 모습으로 가장 적절하지 않은 것은?

① 학교의 특성을 충분히 살려 다양한 교육을 실천할 수 있다.
② 교육과정 전문가로서 교사의 역할이 강조된다.
③ 학교는 국가 교육과정의 틀과 통제에서 벗어나 교육과정을 자율적으로 편성 · 운영할 수 있다.

④ 교사, 교과서 중심의 교육이 학생, 교육과정 중심의 교육으로 전환하게 된다.

11. 제7차 교육과정의 주요 특징으로 들 수 없는 것은?

① 국민공통기본 교육과정의 편성
② 고교 2, 3학년의 학생 선택중심 교육과정의 도입
③ 수준별 학습의 도입
④ 재량활동의 축소

12. 제7차 교육과정 편제에 교과군 개념이 도입되었다. 교과군에 해당하지 않는 것은?

① 인문사회교과군 ② 예체능교과군 ③ 외국어교과군
④ 실업교과군 ⑤ 교양교과군

13. 제7차 교육과정의 '국민공통기본 교육과정'의 편성으로 올바른 것은?

① 교과활동과 특별활동으로 편성
② 교과활동과 재량활동으로 편성
③ 교과활동과 재량활동, 특별활동으로 편성
④ 교과재량활동, 창의적 재량활동, 특별활동으로 편성
⑤ 초등학교 1학년에서 10학년까지 공통적으로 10개 교과로 편성

14. 제7차 교육과정의 편제에 교과군 개념 도입에 관한 설명으로 적절한 것은?

① 단위학교의 자율적 교육과정 편성과 운영의 자율성 신장
② 재량시간에 특정교과의 집중 배정 보장 조치
③ 과정의 구분 폐지에 따른 통합교과 운영 활성화
④ 학생 희망은 학교 교육과정 설정의 편의성을 도모하기 위한 것임

15. 다음 내용 중에서 7차 교육과정의 개정중점으로만 묶인 것은?

ㄱ. 국민공통기본 교육과정의 이수	ㄴ. 재량시간의 신설 및 확대
ㄷ. 교육과정 내용의 구조화	ㄹ. 교육과정 결정의 분권화
ㅁ. 수준별 교육과정의 도입	ㅂ. 상대적 평가확대로 수월성 지양

① ㄱ, ㄴ, ㅂ ② ㄴ, ㄷ, ㄹ ③ ㄱ, ㄴ, ㅁ ④ ㄴ, ㄹ, ㅁ

16. 제7차 교육과정의 '특별활동'의 영역으로만 묶여진 것은?

① 자치활동+적응활동+단체활동+봉사활동+학급활동

② 행사활동+적응활동+단체활동+봉사활동+계발활동
③ 자치활동+계발활동+단체활동+봉사활동+적응활동
④ 적응활동+단체활동+봉사활동+학급활동+계발활동
⑤ 자치활동+적응활동+계발활동+봉사활동+행사활동

17. 제7차 교육과정의 성격을 가장 잘 진술한 것은?
① 국가수준의 다양성과 지역, 학교, 개인 수준의 특성화 추구
② 학습자의 자율성과 창의성을 신장하기 위한 학생중심 교육과정
③ 학교교육체제를 교육행정 중심으로 개선하기 위한 교육과정
④ 교육과정의 질적 수준을 유지 · 관리하기 위한 교육과정

18. 제6차 교육과정과 비교할 때, 제7차 교육과정의 편제상 두드러진 특징이 아닌 것은?
① 특별활동 영역 구분의 변화
② 보통교과와 전문교과의 구분
③ 국민공통기본 교육과정 설정
④ 재량활동의 설정

19. 제7차 교육과정에서 중학교의 재량활동 시간은 학년별 주당 몇 시간인가?
① 2시간 ② 3시간 ③ 4시간 ④ 6시간

20. 제7차 교육과정에서 고등학교의 재량활동 운영의 특징으로 잘못 진술된 것은?
① 학교의 편성과 운영의 자율성을 신장
② 학교장의 경영관과 학교 특색을 반영하여 운영
③ 국민공통기본 교육 기간에는 학생의 교과선택권 제한
④ 교과의 심화 · 보충시간으로 활용 가능

21. 제7차 교육과정에서 특별활동에 투입해야 할 시간은 주당 최소 몇 시간인가?
① 2시간 ② 3시간 ③ 4시간 ④ 6시간

22. 다음 중 제7차 교육과정의 중학교 교육목표로만 묶여진 것은?

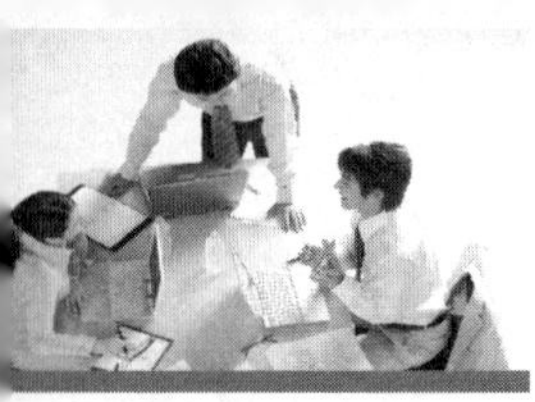

ㄱ. 심신의 조화로운 발달을 추구하고 자기발견의 기회를 가진다.
ㄴ. 다양한 일의 세계를 이해할 수 있는 폭넓은 학습경험을 가진다.
ㄷ. 우리의 전통과 문화에 대한 자긍심을 지니고, 이를 발전시키려는 태도를 지닌다.
ㄹ. 학문과 생활에 필요한 논리적, 비판적, 창의적 사고력과 태도를 익힌다.
ㅁ. 자유민주주의의 기본적 가치와 원리를 이해하고, 민주적인 생활방식을 익힌다.
ㅂ. 다양한 분야의 지식과 기능을 익혀 적성과 소질에 맞게 진로를 개척하는 능력을 기른다.

① ㄱ, ㄴ, ㄷ ② ㄴ, ㄷ, ㄹ ③ ㄱ, ㄷ, ㅁ ④ ㄴ, ㄹ, ㅁ

23. 다음은 제7차 교육과정에서 밝히고 있는 중학교 교육목표이다. 잘못 진술된 항으로 묶여진 것은 무엇인가?

가. 몸과 마음이 균형 있게 자랄 수 있는 다양한 경험을 가지게 한다.
나. 학습과 생활에 필요한 기본능력과 문제해결력을 기르고, 자신의 생각과 느낌을 창의적으로 표현하는 경험을 가지게 한다.
다. 다양한 분야의 지식과 기능을 익혀 적성과 소질에 맞게 진로를 개척하는 능력을 기른다.
라. 우리 전통과 문화에 대한 자긍심을 지니고, 이를 발전시키려는 태도를 육성한다.
마. 자유민주주의의 기본적 가치와 원리를 이해하고, 민주적인 생활방식을 익힌다.

① 가, 나 ② 나, 다
③ 가, 다 ④ 나, 마

24. 다음 중 제7차 교육과정의 고등학교 교육목표로만 묶여진 것은?

ㄱ. 심신의 조화로운 발달을 추구하고 자기발견의 기회를 가진다.
ㄴ. 다양한 일의 세계를 이해할 수 있는 폭넓은 학습경험을 가진다.
ㄷ. 우리의 전통과 문화에 대한 자긍심을 지니고, 이를 발전시키려는 태도를 지닌다.
ㄹ. 학문과 생활에 필요한 논리적, 비판적, 창의적 사고력과 태도를 익힌다.
ㅁ. 자유민주주의의 기본적 가치와 원리를 이해하고, 민주적인 생활방식을 익힌다.
ㅂ. 다양한 분야의 지식과 기능을 익혀 적성과 소질에 맞게 진로를 개척하는 능력을 기른다.

① ㄹ, ㅂ ② ㄹ, ㅁ ③ ㄱ, ㅁ ④ ㄹ, ㅁ

25. 제7차 교육과정에서 교육과정평가의 주요 목적은?

① 학생들의 학업성취도 확인
② 학생들의 학습상의 곤란점 확인 및 교정
③ 학교간 교육과정 편성 및 운영 실태의 비교
④ 교육과정 계획과 운영상의 문제점 확인 및 개선을 위한 정보 수집
⑤ 지역사회 혹은 국가의 교육력을 측정 평가하고 제도와 정책개발의 기초자료 수집

26. 제7차 교육과정에서 평가의 기준으로 적절하지 <u>않은</u> 것은?

① 평가는 교육과정의 질 관리에 초점을 두고 타당성 제고에 노력한다.
② 재량활동 평가는 학교에 일임하며, 창의적 재량활동 평가는 문장으로 기술한다.
③ 초등학교 교과활동의 평가는 서술적인 기록을 원칙으로 한다.
④ 학교 밖에서 학습한 내용이나 기능은 관찰평가를 실시한다.

27. 우리가 교육과정 역사를 공부하는 이유는 무엇이라고 생각하는가?

제 6 장

2007 · 2009 개정 교육과정

제1절 2007 개정 교육과정
제2절 2009 개정 교육과정

이 장의 개요

1. 사회의 급격한 변화, 학습자의 필요 충족의 필요성, 교육과정의 지속적 개선 필요성 등 다양한 필요성에 따라 제7차 교육과정이 적용되는 과정에서 부분 및 수시 개정체제가 적용되었다. 이에 따라 제7차 교육과정은 2007년과 2009년 등 2회에 걸쳐 비교적 큰 규모의 개정이 이루어졌다.
2. 2007 개정 교육과정은 제7차 교육과정의 '학습자 중심, 단위학교에서 만들어 가는 교육과정'이라는 기본 철학과, 국민공통기본 교육과정 및 선택중심 교육과정 등 기본 체제를 유지하면서 시대적 상황과 학습자의 필요에 적합시키는 데 주안점을 두고 개정하였다.
3. 2009 개정 교육과정은 '창의'와 '인성교육'을 강화하는 데 주안점을 두고 개정한 것이다.

제7차 교육과정까지 우리나라 교육과정은 개정 시기별로 전면적/일시적 개정 체제가 적용되었다. 이러한 개정체제는 사회가 비교적 정체되어 있는 상황에서는 유효할 수 있었으나, 사회변화가 급격하게 진전되고, 교육에 대한 학생 · 학부모 및 국가 사회적 요구와 필요가 수시로 변화되는 상황에서는 비효과적이요 비효율적일 수밖에 없다. 또 교육과정의 전면적/일시적 개정 방식은 개정의 절박성이 없는 교과 교육과정조차 교육과정 총론의 개정에 따라 일제히 개정이 진행됨으로써 비효율성을 초래하는 문제점이 있다.

이에 따라 2003년에 우리나라 교육과정은 '교육과정 수시개정 체제'가 도입되어 2006 개정 교육과정(2006-75호, 2006. 8. 29)–수준별 교육과정에서 '수준별 수업'으로, 수학과 영어 교과의 수준별 수업 강조, 수준별 보조교과서 국가 개발 및 제공 등, 2007 개정 교육과정, 2008 보건 교육과정 고시(2008-148호, 2008. 9. 11)– '2009년 3월 1일부터 초등학교 5, 6학년에서 재량활동 시간을 활용하여 연간 각각 17시간 이상의 보건교육을 실시, 그리고 2009 개정 교육과정 등이 출현하였다.

이 장에서는 2007 개정 교육과정과 2009 개정 교육과정에 대하여 살펴보고자 한다.

제1절 2007 개정 교육과정

제7차 교육과정 보완을 위한 '새 교육과정'이 2007년 2월 23일, 교육인적자원부 고시 제 2007–79호로 공표되었다. 2007 개정 교육과정의 총론 부분을 기술하면 다음과 같다.

1. 개정 배경 및 기본 방향

가. 개정 배경

1) 변화하는 사회 · 문화에의 적응

제7차 교육과정(1997년 12월 30일) 이후 사회 · 문화적 변화를 반영한 교육내용 및 내용 체계의 개편 필요성이 제기되었다. 즉 제7차 교육과정은 2000년부터 초등학교 1, 2학년부터 적용하기 시작하여 초등학교는 2002년에, 중학교는 2003년에, 그리고 고등학교는 2004년에 그 적용의 완성연도가 됨으로써 2007 개정 교육과정이 2009년부터 적용될 경우 9년에서 6년 동안 동일한 교육내용 및 내용 체계를 적용하게 된다. 오늘날처럼 지식을 포함한 내용의 변화의 속도가 빠르고 그 폭이 넓은 시기에 이처럼 교과서를 개정하지 않고 오래 사용하는 것은 문제가 될 수 있다. 제5차 및 제6차 교육과정에서 교과서 사용 기간은 5년이었던 것에 비하면 제7차 교육과정 특히 교과서 내용의 수정 혹은 개정이 필요한 부분이 있기 마련이다.

2) 과학 · 역사교육 강화 등 국가 · 사회적 요구 반영

21세기에 들어와 국가경쟁력 강화의 필요성이 더욱 요구되고 있다. 국가 간의 장벽이 무너짐과 동시에 과학기술의 경쟁, 무역과 산업분야의 경쟁 등의 심화는 종래와는 다른 교육과정의 필요성을 요청하게 된 것이다. 이러한 국가경쟁력은 결국 자라나는 세대를 대상으로 하는 기초과학 교육이 뒷받침될 때 길러지는 것이기 때문이다.

또 일본, 중국 등 주변국의 역사 왜곡에 능동적으로 대처하기 위해서는 청소년들의 올바른 역사관 정립과 역사에 대한 바른 지식을 육성할 필요가 제기되었다.

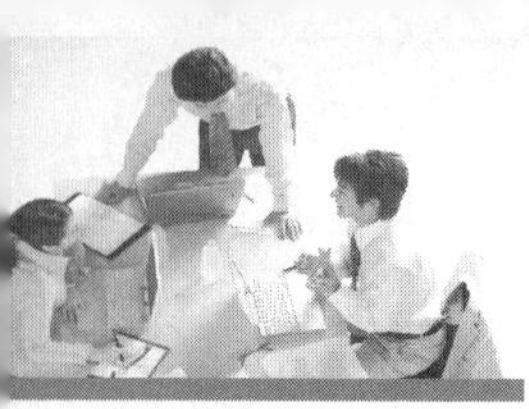

3) 현행 교육과정 적용상의 문제점 및 교과 교육내용의 개선 필요

제7차 교육과정은 그 기본정신이 단위학교의 교육과정 편성 및 운영상의 자율권을 확대하고 수준별 교육과정을 편성 · 운영하는 것이었다. 그러나 2000년부터 단계적으로 초 · 중 · 고교에 적용된 교육과정을 운영하는 과정에서 단위학교 자율권을 보다 실질적으로 보장 확대할 필요성이 제기되었다. 그리고 수학과 영어, 국어, 사회, 과학 등의 과목을 수준별로 교육과정을 개발하고 그와 같은 교육과정으로 수준별로 수업을 운영하는 것은 현실적으로 많은 문제가 드러나게 되었다. 이러한 문제점을 해결하기 위하여 2006년 8월 교육과정 수시개정 방침에 따라 수학과 영어과의 경우 단계형 수준별 교육과정을 수준별 수업으로 개정하였다(교육인적자원부 고시 제2006-75호).

또 제7차 교육과정 중 고등학교의 선택중심 교육과정도 학생들의 교육과정 선택권이 충분하게 보장되지 못하는 문제가 야기되었다.

4) 주 5일 수업제 월 2회 실시에 따른 수업시수 일부 조정의 필요

2006년부터 월 2회 주 5일 수업제가 실시됨에 따라서 그만큼 수업시수가 줄어드는 상황이 벌어져 이를 조정할 필요성이 제기되었다.

나. 개정의 기본 방향

2007개정 교육과정의 기본 방향은 현행 제7차 교육과정의 '학습자 중심, 단위학교서 만들어 가는 교육과정'이라는 기본 철학과, 국민공통기본 교육과정 및 선택중심 교육과정 등 기본 체제를 유지하는 것이었다.

이러한 기본적인 개정 방향에서 (1) 단위 학교의 특성에 따른 교육과정 편성 · 운영의 자율권을 부여하고, (2) 과학교육 및 역사교육 강화 등의 국가 · 사회적 요구를 반영하며, (3) 선택과목 일원화 및 과목군 조정 등 고등학교 선택중심 교육과정을 개선하고, (4) 현행 주 5일 수업제 월 2회 실시에 따른 수업시수 조정, (5) 중 · 고등학교 교과집중이수제 도입 등에 주안점을 두고 개정하였다.

2. 총론 주요 개정 내용

가. 단위 학교의 교육과정 편성 · 운영의 자율권 확대

제6차 교육과정 이후 학교수준 교육과정 강조에 따른 학교의 자율권을 확대하고, 역할분담 원칙에 따라 국가의 권한을 시 · 도 교육청과 학교에 위임할 필요성이 제기되었으며, 학교의 자율권이 부분적이고 제한적이라는 지적과 실질적인 자율권이 확대되어야 한다는 필요성을 충족하고자 하였다. 이를 위한 개정 내용은 다음과 같다.

1) 재량활동 운영의 학교 자율권 확대

(1) 초등학교 : 창의적 재량활동으로 학교 자율적으로 운영한다.

[현행] 교과의 심화 · 보충 학습보다는 학생의 자기주도적 학습 능력을 촉진시키기 위한 창의적 재량활동에 중점을 둔다.
[개정] 초등학교의 재량활동은 창의적 재량활동으로 운영한다.

(2) 중 · 고등학교 : 시 · 도 교육청의 편성 · 운영 지침에 따라 학교에서 편성할 수 있도록 하는 등 단위 학교 교육과정 편성 · 운영의 자율권을 대폭 확대한다.

중학교
[현행] 교과재량활동(교과심화보충, 선택과목) 3시간, 창의적 재량활동 1시간 등 4시간
[개정] 재량활동 3시간

고등학교
[현행] 교과심화보충 4-6단위, 선택과목 4-6단위, 창의적 재량활동 2단위 등 계 12단위
[개정] 재량활동 6단위

2) 교과 집중이수제 도입

중학교 및 고등학교 교과의 경우 학기 또는 학년 단위 집중이수가 가능하도록 허용하였다. 즉 특정 교과의 수업배당 시간이 1, 2학기 주당 1시간인 경우 1학기 또는 2학기에 주당 2시간으로 편성하여 집중 이수가 가능하게 하거나, 각 학년별 1-2시간인 교과의 경우 한 학년에서 주당 2-3시간 집중 운영할 수 있게 하였다.

3) 자율권 부여

특성화학교, 자율학교 등에 교과목별 수업 시간수의 증감 등 교육과정 편성 · 운영의 자율권을 부여하였다. 즉, 학교의 설립 목적 및 특성에 따른 교육이 가능하도록 자율권을 부여한다는 교육과정 근거를 마련하였으며, 국민공통기본 교육과정은 총 이수 단위(시간) 내에서 교과별 이수 단위 시간 수의 증감을 허용하였고, 국민공통기본 교과 외의 선택과목은 단위 학교별 특성에 따라 자율적으로 편성 · 운영이 가능케 하였다.

나. 국가 · 사회적 요구 사항의 반영

정부 부처, 관계 기관 등 사회 각계각층의 교육과정 반영 요구 사항들이 끊임없이 제기되고 있다. 과학교육 강화(과학기술자문위원회), 역사교육 강화 · 국사과목 독립(국회 등), 인권교육(국가인권위원회), 진로교육(교육혁신위원회), 저출산 · 고령화 사회 대비 교육(보건복지부, 저출산고령사회위원회), 에너지 절약 교육(산업자원부), 지속가능발전교육(지속가능발전위원회), 논술교육(사회 전반) 등이 그것들이다. 학교교육의 제반 역량에 비추어 이와 같은 사회 각 분야의 교육과정 반영 요구를 모두 충족할 수는 없으며, 2007 개정 교육과정에서는 다음과 같은 요구를 반영하였다.

1) 과학교육 강화

미래 무한경쟁 사회에서 국가의 경쟁력을 확보하기 위해서 과학적 기초 소양 교육의 필요성을 충족시키고, 국가기술혁신체계(NIS) 구축방안(2004. 7.)에서 초 · 중등 과학교육 혁신을 국정과제로 추진하는 것과 연계하여 고등학교 1학년 과학과 수업시수를 주당 3시간에서 4시간으로 확대하였다[교과재량활동(교과심화보충) 시간을 과학과 역사에 각 1시간씩 배당하였음].

2) 역사교육 강화

일본, 중국 등 한반도 주변국들의 역사 왜곡에 대하여 능동적으로 대처하고 세계화 시대에 적합한 역사교육의 필요성을 교육과정 개정에 반영시키고자 하였다. 보다 구체적으로는, '사회'교과 내에서 중등 '역사' 과목(국사+세계사)을 독립시키고, 고등학교 1학년 역사 과목 수업 시수를 주당 2시간에서 3시간으로 확대하였으며, 고등학교 1학년 근 · 현대사 내용 추가에 따라 2006년부터 재량활동 중 1시간을 국사시수로 활용할 것을 권장하였다. 그리고 고등학교 선택과목에 '동아시아사'를 신설하였다.

3) 기타 국가 · 사회적 요구사항의 반영

과학과 역사교육 강화 외에도 필요한 국가 · 사회적 요구사항들을 교과, 재량활동, 특별활동에서 범교과 학습 내용으로 반영할 수 있게 하였다. 즉 이러한 내용들은 교과 교육과정이나 교과서의 단원 혹은 제재 등으로 반영할 수 있게 하였다.

다. 고등학교 선택중심 교육과정 개선

단위 학교의 선택과목 개설권한 허용 요구를 충족시키고, 선택 과목군을 일원화할 필요성이 있다("교양증진 및 실생활 연관"이라는 일반선택과목 개설 취지는 90%

이상의 학생이 대학에 진학하는 현실에서는 의미가 없음). 현행 고등학교 선택중심 교육과정은 선택과목 간의 균형적인 이수와 진로와 관련한 선택과목의 집중이수를 강조하며, 일반선택 과목은 과목군을 설정하여 각 과목군별로 1-2과목(총 6과목 이상)을 균형적으로 이수하도록 하고 있다. 그러나 과목군 및 과목에 따라서 선택의 편중 현상이 나타나고 있다. 이러한 현실을 기초로 다음과 같이 개정하였다.

1) 고등학교 선택과목 신설 · 개설 허용(교육감 승인 사항)

이는 단위 학교 교육과정의 특성화를 촉진하고, 교육과정 운영의 자율성을 확대하며, 학습자 중심 교육과정을 구현하려는 취지를 반영한 것이다.

2) 고등학교 선택과목 일원화 및 선택폭 확대

현행 일반선택 과목과 심화선택 과목군으로 이원화된 교육과정 편성체제를 '선택과목'으로 일원화하여 운영상의 혼란을 해소하고자 하였다. 그리고 선택의 폭을 확대하였다.

3) 선택과목군 조정

인문사회 과목군, 과학기술 과목군, 예체능 과목군, 외국어 과목군, 교양 과목군 등 기존 5개 선택과목군을 5개에서 6개군으로 조정하였다. 즉 현행 국어 · 도덕 · 사회의 인문사회 과목군, 수학 · 과학 · 기술가정의 과학기술 과목군, 체육 과목군, 예능 과목군, 외국어 과목군, 교양과목군 등 6개군으로 조정했다.

이러한 개정은 입시위주의 편중적인 교과목 선택을 방지하고 지덕체의 조화로운 인성교육의 필요성을 충족시키고, 폭넓은 교양교육을 통해 문화적 창의성을 길러 문화 분야 국가 경쟁력을 증대시키면서 성장기에 필요한 신체활동 기회를 확대 제공하려는 것이었다.

4) 선택과목에 단위수 조정

선택과목의 효율적인 편성 · 운영을 위해 선택과목에 따라 다양한 단위수(4, 6, 8단위)를 6단위로 조정하였다(교양 등 일부과목만 4단위).

라. 수업시수 일부 조정

현재 주 5일 수업제 월 2회 실시에 따라 수업일수 및 수업시수를 학교자율로 감축 운영하도록 하고 있고(초중등교육법 시행령 제45조 : 수업일수는 연간 220일의 1/10의 범위 내에서 탄력적으로 감축 운영), 초등학교 1, 2학년을 제외하고 특정 영역 교과목이나 특정 영역을 집중 감축하지 않도록 하면서 수업시수를 연간 34시간(주당 1시간) 범위 내에서 감축 · 운영하도록 하고 있다.

그러나 학교 자율로 감축 · 운영하도록 하고 있어 기준을 제시할 필요가 생겼다. 즉 대부분의 학교에서 재량 · 특별활동 중심의 감축으로 인성교육이 약화되고, 학교 자율적 프로그램 운영이 곤란해지는 등 문제가 발생하게 되어 이를 해결할 필요가 제기되었다.

이에 따라 초등학교와 고 2-3학년은 학교 자율로 교과에서, 중 1-고 1학년은 재량활동 중 교과와 성격이 유사한 교과 재량활동에서 감축하도록 지침을 마련하였다.

마. 기타

(1) 시 · 도 교육청 지침에 의거하여, 고등학교 선택과목에 배당된 132단위 중 학생의 선택을 최소 28단위 이상으로 하도록 한다.

(2) 시 · 도 교육청 교육과정 편성 · 운영 지침 및 지역 교육청의 장학자료 작성 시 다문화 가정 자녀의 교육에 관한 사항을 추가한다(현재는 특수아 및 귀국자 자녀의 교육에 관한 사항만 정하고 있음).

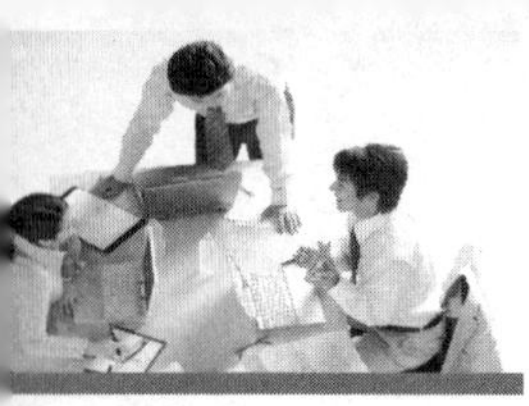

(3) 계기교육을 실시할 경우에는 계기교육 지침에 따르도록 계기교육에 대한 근거를 마련하였다.

(4) 관내 학교에 대해 교육과정 편성 · 운영에 대한 질 관리 등을 위해 실시하는 시 · 도 교육청의 학업성취도 평가, 교육과정 편성 · 운영 평가 등에 대한 근거를 마련하였다.

3. 각론 주요 개정 내용

- 국민공통기본 교과, 고등학교 선택과목, 전문과목, 특별활동의 교육과정 개정
- 국민공통기본 교과는 과목간의 연계성을 고려하여 사회 · 문화적 변화를 교육내용 및 내용 체계에 수용하고, 국가 · 사회적 요구 사항을 반영하여 수정 · 보완
- 선택과목은 과목간의 위계성을 확보하고, 문제해결력을 강화하는 방향으로 개정
- 전문과목은 사회변화와 산업현장의 수요에 대응하는 미래지향적인 방향으로 개정

가. 각론 개정 개요

1) 교과 교육내용 개선

현행 교육과정의 내용이 분량이 많고 수준이 높다는 문제가 제기됨에 따라서 학습량을 적정화해야 하고, 교과 내 혹은 교과 간 내용 중복으로 인한 학습내용의 중복을 해결하며, 학생의 학습 부담을 줄여 보다 의미 있는 학습이 되도록 할 필요성이 제기되었다.

이러한 필요성에 따라서 학습내용의 양과 난이도의 적정화, 교육내용 양과 수준의 적정화, 교과별 학습요소의 정선을 통한 학습분량 축소 등으로 개정하였다. 또 학년 간, 학교급 간, 교과 간 교육내용 연계 및 중복 해소를 위해 중복 예상 교과를 그룹화하고 협의 · 조정을 통해 해소하도록 하였다.

2) 진로교육 강화

현재 진로 관련 단원은 초등학교 5, 6학년 실과와 중학교 3학년 기술 · 가정에만 설정되어 있다. 그러나 이를 보다 강화하여, 평생직장에 대한 개념의 변화와 더불어 평생학습 사회, 변화하는 사회에 유연하게 적응하고 자신만의 진로를 개척할 수 있는 진로개발 역량을 개발하는 등 진로교육을 강화할 필요성이 제기되었다.

이에 따라서 국민공통기본 교육과정에서 생애 단계별 체계적인 진로교육을 실시하기 위해 고등학교 10학년 기술 · 가정에 진로 관련 단원을 추가하여 초 · 중 · 고 학교급별 진로교육 내용의 체계화를 하였다. 그리고 고등학교 선택과목인 '진로와 직업'을 체험과 실천 중심으로 내용을 개선하였다. 또 각 교과와 관련된 직업 에피소드, 일상생활과 연계된 일화, 성공직업인 사례, 진로활동 자료 등을 제시함으로써 각 교과에 진로교육 요소를 반영하였다.

3) 논술교육 강화

지식기반 사회에서 필요한 종합적 사고력, 문제해결력을 지닌 인재를 양성하고, 대학 수학 능력에 있어서도 논술능력이 요구되고 있어 각급 학교에서 체계적인 지도의 필요성이 제기되었다. 또 기존의 지식 위주의 교육에서 탈피하여 학생의 창의적 · 논리적 사고력을 배양하고 자기주도적 학습능력을 강화할 필요성이 제기되었다.

이에 따라서 초등학교와 중학교의 경우 국어교과에 논술 관련 내용을 강화하고, 고등학교 국어과 선택과목인 작문에 논술 관련 내용을 단원 수준으로 반영하였다. 또 사회, 과학, 도덕 등 논술지도가 가능한 교과에 논술 관련 학습요소 및 평가 내용을 추가 설정하여 논술지도 방안을 강구하도록 하였다.

4) 체육, 음악, 미술 평가방법 개선

체육 · 예술 교육에 대한 학생들의 학습 부담을 경감하고, 체육 · 예술 교과의 평가 방법을 다양화해야 한다는 요구가 증대됨에 따라서, 평가 방법의 다양화

(예 : 교사 평가와 학생 자기평가 혹은 학생 상호평가의 병행, 지필검사, 체크리스트, 학습일지, 보고서 등의 다양한 유형 활용, 학습의 결과 및 과정에 대한 평가 등)와 평가의 선택권을 부여(예 : 실기평가의 내용, 과제, 매체 등은 학생과 학교의 상황을 고려하여 다양하게 제시하되, 되도록 선택의 기회를 부여)하도록 개정하였다.

5) 중학교 사회과 통합 유지

사회교과 내에서 '역사'과목 독립에 따라 지리, 일반사회 영역의 '학년별 영역 집중이수제' 요구가 증가하게 되었고, 사회인식은 종합적이고 통합적인 시각에서 파악해야 하며 계통적인 지식만으로는 한계가 있어 통합교육이 필요로 하게 되었다.

이에 따라서 국민공통기본 교육과정에서 통합교육을 추구하기 위해 초등학교 1-2학년은 전체를 통합교과로 구성하고, 초등 3학년-고교 1학년까지의 사회, 과학, 기술 · 가정은 통합교과로 구성하였다(영역 집중제나 교과 분리시 교원 수급 문제가 발생함에 따라 2004년부터 '공통사회' 교사를 배치하고 있음). 중학교 사회과 개정 내용은 다음과 같다.

[현행]

구분	중1	중2	중3
사회	3	3	4
	지리 2 세계사 1	일사 1 세계사 1 국사 1	지리 1 일사 1 국사 2

⇒

[개정]

구분	중1	중2	중3
사회	지리 2 일사 1		지리 1 일사 1
역사		국사 2 세계사 1	국사 1 세계사 1

6) 고등학교 선택과목 조정

선택과목의 효율적인 편성 · 운영을 위해 선택과목에 따라 다양한 단위 수(4, 6, 8단위)를 일정하게 조정할 필요성이 있어 교양 등 일부 과목만 4단위로 하고, 선택과목의 단위 수를 6단위로 조정하였다. 또 다매체 디지털 시대의 언어사용

환경 변화에 적응하고, 사회 변화 속에서 각 계열이 나아갈 미래지향적 방향을 반영하며 동아시아 평화번영의 기반을 마련하기 위한 과목 명칭이 필요해 짐에 따라 '매체언어'(국어), '동아시아사'(사회) 등의 과목을 신설하였다. 그리고 일반 선택과목의 폐지 혹은 수능 미반영에 따른 형식적인 운영으로 교육적 낭비가 초래되는 것으로 판단한 국어생활(국어), 인간사회와 환경(사회), 생활과 과학(과학) 등은 폐지하였다.

또 '영어 독해', '영어 작문' 등은 '영어 독해와 작문', '심화 영어 독해와 작문' 등으로, '한문', '한문고전' 등은 '한문 Ⅰ', '한문 Ⅱ' 등으로 통합 · 분리하였다.

수학과의 경우에는 학생의 진로를 고려한 재구조화의 필요성과 선택과목 간, 선택과목과 국민공통기본 교육과정 간 내용의 중복성 문제를 해결하고 연계성을 반영할 필요성에서 다음과 같이 개정하였다.

현 행	개 정
실용수학	수학의 활용
수학 Ⅰ	수학 Ⅰ
수학 Ⅱ	미적분과 통계 기본
미분과 적분	수학 Ⅱ
확률과 통계	전분과 통계
이산수학	기하와 벡터

또한 생물은 '생명과학'으로, 교련은 '안전과 건강' 등으로 명칭을 변경하여 현대적 감각을 살렸다.

4. 적용

- 2009년 3월부터 : 초 1, 2학년
- 2010년 3월부터 : 초 3, 4학년, 중 1학년
- 2011년 3월부터 : 초 5, 6학년, 중 2학년, 고 1학년
- 2012년 3월부터 : 중 3학년, 고 2학년

· 2013년 3월부터 : 고 3학년

[수학, 영어 적용 일정]

· 2009년 3월부터 : 초 1, 2학년/ 중 1/ 고 1

· 2010년 3월부터 : 초 3, 4학년/ 중 2/ 고 2

· 2011년 3월부터 : 초 5, 6학년/ 중 3/ 고 3

표 6-1

2007 개정 교육과정의 편제 및 시간 배당 기준

<table>
<tr><th colspan="2">학교</th><th colspan="6">초등학교</th><th colspan="3">중학교</th><th>고등학교</th></tr>
<tr><th colspan="2">학년
구분</th><th>1</th><th>2</th><th>3</th><th>4</th><th>5</th><th>6</th><th>7</th><th>8</th><th>9</th><th>10</th></tr>
<tr><td rowspan="11">교
과</td><td>국 어</td><td colspan="2" rowspan="11">국 어
210 238

수 학
120 136

바른 생활
60 68

슬기로운 생활
90 102

즐거운 생활
180 204

우리들은 1학년
80 ·</td><td>238</td><td>204</td><td>204</td><td>204</td><td>170</td><td>136</td><td>136</td><td>136(8)</td></tr>
<tr><td>도 덕</td><td>34</td><td>34</td><td>34</td><td>34</td><td>68</td><td>68</td><td>34</td><td>34(2)</td></tr>
<tr><td>사 회</td><td>102</td><td>102</td><td>102</td><td>102</td><td colspan="3">사회
102 | • | 68</td><td>102(6)</td></tr>
<tr><td>수 학</td><td>136</td><td>136</td><td>136</td><td>136</td><td colspan="3">역사
• | 102 | 68</td><td>102(6)</td></tr>
<tr><td>과 학</td><td>102</td><td>102</td><td>102</td><td>102</td><td>102</td><td>136</td><td>136</td><td>102(6)</td></tr>
<tr><td>실 과</td><td>·</td><td>·</td><td>68</td><td>68</td><td colspan="3">기술 · 가정
68 | 102 | 102</td><td>102(6)</td></tr>
<tr><td>체 육</td><td>102</td><td>102</td><td>102</td><td>102</td><td>102</td><td>102</td><td>68</td><td>68(4)</td></tr>
<tr><td>음 악</td><td>68</td><td>68</td><td>68</td><td>68</td><td>68</td><td>34</td><td>34</td><td>34(2)</td></tr>
<tr><td>미 술</td><td>68</td><td>68</td><td>68</td><td>68</td><td>34</td><td>34</td><td>68</td><td>136(8)</td></tr>
<tr><td>외국어
(영어)</td><td>34</td><td>34</td><td>68</td><td>68</td><td>102</td><td>102</td><td>136</td><td>136(8)</td></tr>
<tr><td colspan="2">재량활동</td><td>60</td><td>68</td><td>68</td><td>68</td><td>68</td><td>68</td><td>102</td><td>102</td><td>102</td><td>102(6)</td></tr>
<tr><td colspan="2">특별활동</td><td>30</td><td>34</td><td>34</td><td>68</td><td>68</td><td>68</td><td>68</td><td>68</td><td>68</td><td>68(4)</td></tr>
<tr><td colspan="2">연간 수업
시간 수</td><td>830</td><td>850</td><td>952</td><td>952</td><td>1,054</td><td>1,054</td><td>1,122</td><td>1,122</td><td>1,122</td><td>1,190
(70)</td></tr>
</table>

※ 이 표의 국민공통기본 교육 기간에 제시된 시간수는 34주를 기준으로 한 연간 최소 수업시간이다. 단, 3–6학년의 연간 총 수업시간 수는 주 5일 수업에 따라 감축된 시간 수이므로 학교에서는 교과수업 시간수 중 연간 34시간의 범위 내에서 감축하여 운영한다.

표 6-2

2007 개정 고등학교 선택중심 교육과정

구 분		선 택 과 목
교과	국 어	화법(6), 독서(6), 작문(6), 문법(6), 문학(8), 매체 언어(6)
	도 덕	현대생활과 윤리(6), 윤리와 사상(6), 전통 윤리(6)
	사 회	한국 지리(6), 세계 지리(6), 경제 지리(6), 한국 문화사(6), 세계 역사의 이해(6), 동아시아사(6), 법과 사회(6), 정치(6), 경제(6), 사회 · 문화(6)
	수 학	수학의 활용(6), 수학 I(6), 미적분과 통계 기본(6), 수학 II(6), 적분과 통계(6), 기하와 벡터(6)
	과 학	물리 I(6), 화학 I(6), 생명 과학 I(6), 지구과학 I(6) 물리 II(6), 화학 II(6), 생명 과학 II(6), 지구과학 II(6)
	기술 · 가정	농업 생명 과학(6), 공학 기술(6), 가정 과학(6), 창업과 경영(6), 해양 과학(6), 정보(6)
	체 육	운동과 건강 생활(4), 스포츠 문화(4), 스포츠 과학(6)
	음 악 미 술	음악 실기(4), 음악과 사회(4), 음악의 이해(6) 미술과 삶(4), 미술 감상 (4), 미술의 창작(6)
	외국어	영어 Ⅰ(6), 영어 Ⅱ(6), 실용 영어 회화(6), 심화 영어 회화(6), 영어독해와 작문(6), 심화영어독해와 작문(6)
		독일어 Ⅰ(6), 독일어 Ⅱ(6), 프랑스어 Ⅰ(6), 프랑스어 Ⅱ(6), 스페인어 Ⅰ(6), 스페인어 Ⅱ(6), 중국어 Ⅰ(6), 중국어 Ⅱ(6), 일본어 Ⅰ(6), 일본어 Ⅱ(6), 러시아어 Ⅰ(6), 러시아어 Ⅱ(6), 아랍어 Ⅰ(6), 아랍어 Ⅱ(6)
	한 문	한문 Ⅰ(6), 한문 Ⅱ(6)
	교 양	생활과철학(4),생활과논리(4), 생활과 심리(4), 생활과교육(4),생활과종교(4), 생활 경제(4), 안전과 건강(4), 환경(4), 진로와직업(4)
	이수단위	132
특별활동		8
총 이수단위		140

제2절 2009 개정 교육과정

2009 개정 교육과정은 2009. 12. 23일, 고시 제2009-41호 교육과정으로서 '창의'와 인성교육을 강화하는 데 주안점을 두고 개정한 것이다. 이 교육과정은 대통령 자문기구인 국가교육과학기술자문회의가 2008년 10월 교육과정에 대한 개정의 논의를 시작하여, "미래형 교육과정 구상"을 제안한 이후 교육과학기술부는 미래형 교육과정을 '2009 개정 교육과정'으로 명명함과 동시에 2009년 9월 10일 추진계획을 발표하고, 개정 업무의 효율적인 추진을 위해 교육과학기술부 내에 '2009 개정 교육과정추진단'을 설치 · 운영한 결과에 의해 이루진 것이다.

이 절에서는 2009 개정 교육과정의 주요 내용, 교육과정의 성격 및 구성 방향, 학교급별 교육과정 편성과 운영 기준, 학교급별 교육과정 편성 · 운영의 공통 사항, 국가와 시 · 도 교육청 수준에서의 학교 교육과정 지원 사항, 특수한 학교에서의 교육과정 편성과 운영 기준 등을 살펴보고자 한다.

1. 개요

2009 개정 교육과정의 주요 내용을 요약하면 다음과 같다.

가. 학년군, 교과군 도입을 통한 집중이수제

학년군, 교과군 도입을 통한 집중이수제로 학기당 이수과목(현행 10-13개)을 8개 과목 이하로 축소하고, 초 · 중학교 통합운영이 가능한 교과(도덕, 음악, 미술, 실과 등)는 특정 학기, 학년에 집중 이수하게 하며, 고등학교 1년 동안 두 개 학기에 나누어 배우던 것을 한 학기에 집중해서 학습하도록 하며[예 : 1학기

도덕(1단위), 2학기 도덕(1단위) ⇒ 1학기 도덕(2단위)], 수업의 비효율성을 해소하고 토론 · 실험 중심으로 수업혁신을 유도한다.

나. 창의적 체험활동 강화

창의적 체험활동 강화로 배려와 나눔을 실천하는 창의인재 양성교육을 실천한다. 특별활동과 재량활동을 통합하여 '창의적 체험활동'으로 운영하며, 이는 자율활동, 동아리활동, 봉사활동, 진로활동 중심으로 배려와 나눔의 실천활동을 주로 포함한다. 그리고 기존의 교과중심 교육에서 체험중심 교육으로 전환하여 학생들의 도덕성 함양, 준법정신 및 윤리의식을 강화한다.

다. 기초교육 강화와 교과별 교육의 타당성 제고

고등학교 단계에서 미래사회가 요구하는 핵심역량을 키우기 위한 기초교육은 모든 학생들이 반드시 이수하도록 하는 한편, 나머지 교과에 대해서는 개별 학생의 흥미와 적성에 따라 필요한 과목을 선택 · 집중해서 깊이 있게 학습하도록 한다. 그리고 기초영역(국어, 수학, 영어) 교과활동을 강화하고, 탐구영역(사회, 과학)의 교육은 기존의 지식 전달 위주의 획일적 수업을 지양하고, 다양한 수업방법을 적용하는 등 수행능력을 강조하며, 체육 · 예술, 생활 · 교양의 내실화를 통한 소양교육을 강화한다. 또한 지나치게 세분화된 교과목을 통합하고, 수준별로 편성하여 학생의 흥미와 수준을 고려한 수업이 가능하게 한다.

라. 학교별 특성화된 교육과정 운영

모든 학교에서 똑같은 교육과정을 획일적으로 교육하는 방식에서 탈피하여 모든 학교가 특성화된 교육과정을 운영한다. 국가는 교육과정 운영의 기본 틀만을 제시함으로써 학교 교육과정 운영의 자율성을 대폭 확대하고, 교과군별 기준 시수의 20% 증감 운영이 가능하게 하고, 교과군 내 교과별 시수는 단위학교가 결정하도록 하며, 고등학교에서는 국가수준의 공통필수 과목을 지정하지 않고 교과(군)별 필수이수 단위 수만을 지정함으로써 학교에서 학생 수준 및 진로 등을 고려한 학습기회를 제공한다.

마. 2007 개정 교육과정과의 주요 차이점(총론)

		2007 개정 교육과정	2009 개정 교육과정
공통	용어	· 국민공통기본 교육과정 · 선택중심 교육과정 · 외국어*영어 · 재량활동, 특별활동	· 공통교육과정 · 선택교육과정 · 영어 · 창의적 체험활동
	신설사항		· 학년군, 교과군 개념 · 교육과정 자율권 확대[교과(군)별 기준시수의 20% 증감 운영 등 · 교과 교실제 활성화 유도 · 학습부진아, 다문화 가정 자녀 등에 대한 특별한 배려와 지원 · 학교 교육과정 편성 · 운영 지원을 위한 국가 및 시 · 도 교육청 지원 사항 신설
학교급별	초등학교	· 초등 통합교과 '우리들은 1학년' 분리 독립 · 정보통신활용교육, 보건교육 등을 재량활동을 활용하여 지도	· '우리들은 1학년'을 폐지하고, 창의적 체험활동 내용으로 반영 · 정보통신활용교육, 보건교육, 한자교육 등을 창의적 체험활동을 활용하여 지도 · 초등 '돌봄활동' 지원 사항 신설(교육청 지원 사항)
	중학교	· 선택과목 : 한문, 정보, 환경, 생활외국어, 보건 등	· 선택과목 : 한문, 정보, 환경, 생활외국어, 보건, 진로와 직업 등 · 학기당 이수과목 수를 8개 이하로 편성
	고등	· 고 1 교과 필수 · 총 이수단위 : 210단위	· 고교 모든 교과 선택 · 총 이수단위 : 204단위

		2007 개정 교육과정	2009 개정 교육과정
	학교	· 외국어 계열 고등학교 : 전문교과 이수단위의 50%를 전공외국어로 하고, 전공포함 3개의 외국어 교육	· 학기당 이수과목 수를 8개 이하로 편성 · 대학과목 선이수제의 과목을 개설할 수 있고, 국제적으로 공인받은 교육과정 과목을 선택과목으로 인정 · 과학, 영어, 예술 등 영역별 중점학교를 운영할 수 있으며, 학교자율과정의 50% 이상을 관련 과목으로 편성 · 외국어 계열 고등학교 : 전문교과 이수단위의 60%를 전공외국어로 하고, 전공외국어 포함 2개의 외국어 교육
	공통	· 민주시민교육, 경제교육 등 35개 요소	· 녹색교육, 한자교육, 한국문화사교육 추가

2. 교육과정의 성격 및 구성 방향

가. 교육과정의 성격

2009 개정 교육과정은 초 · 중등교육법 제23조 제2항에 의거 고시한 것으로, 초 · 중등학교의 교육목적과 교육목표를 달성하기 위한 국가수준의 교육과정이며, 초 · 중등학교에서 편성 · 운영하여야 할 학교 교육과정의 공통적 · 일반적인 기준을 제시한 것이다.

① 국가수준의 공통성과 지역, 학교, 개인 수준의 다양성을 동시에 추구하는 교육과정이다.

② 학습자의 자율성과 창의성을 신장하기 위한 학생중심의 교육과정이다.

③ 교육청과 학교, 교원 · 학생 · 학부모가 함께 실현해 가는 교육과정이다.

④ 학교교육체제를 교육과정 중심으로 개선하기 위한 교육과정이다.

⑤ 교육의 과정과 결과의 질적 수준을 유지 · 관리하기 위한 교육과정이다.

나. 교육과정 구성의 방향

1) 교육이념과 추구하는 인간상

(1) 교육이념

홍익인간의 이념 아래 모든 국민으로 하여금 인격을 도야하고, 자주적 생활능력과 민주시민으로서 필요한 자질을 갖추게 하여 인간다운 삶을 영위하게 하고, 민주국가의 발전과 인류공영의 이상을 실현하는 데 이바지하게 한다.

(2) 추구하는 인간상

① 전인적 성장의 기반 위에 개성의 발달과 진로를 개척하는 사람이다.

② 기초능력의 바탕 위에 새로운 발상과 도전으로 창의성을 발휘하는 사람이다.

③ 문화적 소양과 다원적 가치에 대한 이해를 바탕으로 품격있는 삶을 영위하는 사람이다.

④ 세계와 소통하는 시민으로서 배려와 나눔의 정신으로 공동체 발전에 참여하는 사람이다.

(3) 교육과정 구성 방침

① 배려와 나눔을 실천하는 창의적인 인재를 기를 수 있도록 교육과정을 구성하였다.

② 초등학교 1학년부터 중학교 3학년까지의 공통 교육과정과 고등학교 1학년부터 3학년까지의 선택과정으로 편성하였다.

③ 학년간 상호 연계와 협력을 통한 학교교육과정 편성 · 운영의 유연성을 부여하기 위하여 학년군을 설정하였다(초 : 1-2학년/ 3-4학년/ 5-6학년// 중 : 7-9학년// 고 : 10-12학년).

④ 공통 교육과정의 교과는 교육목적상의 근접성, 학문 탐구 대상 또는 분류 방법상의 인접성, 생활양식에서의 연관성 등을 고려하여 교과군으로 재분류하였다.

현행(10개 교과) : 국어, 도덕, 사회, 수학, 과학, 기술 · 가정, 체육, 음악, 미술, 영어

개정(7개) : 국어, 사회/도덕, 수학, 과학/기술 · 가정, 체육, 예술(음악/미술), 영어

⑤ 선택 교육과정에서는 학생들의 기초영역 학습 강화와 진로 및 적성 등을 감안한 적정 학습이 가능하도록 4개의 교과 영역으로 구분하고, 필수 이수 단위를 제시하였다.

교과영역 : 기초(국어/수학/영어), 탐구(사회/과학), 체육 · 예술, 생활 · 교양(기술 · 가정, 제2외국어, 한문, 교양)

⑥ 학기당 이수 교과목수 축소를 통한 학습부담의 적정화와 의미 있는 학습활동이 전개될 수 있도록 집중 이수를 확대하였다.

⑦ 기존 재량활동과 특별활동을 통합하여 배려와 나눔의 실천을 위한 '창의적 체험활동'을 신설하였다.

⑧ 학교 교육과정 평가, 교과 평가의 개선, 국가수준의 학업성취도 평가 실시 등을 통하여 교육과정 질 관리 체제를 강화하였다.

3. 학교급별 교육과정 편성과 운영

가. 초등학교

1) 초등학교 교육목표

초등학교의 교육은 학생의 학습과 일상생활에 필요한 기초능력 배양과 기본 생활습관을 형성하는 데 중점을 둔다.

① 풍부한 학습경험을 통해 몸과 마음이 건강하고 균형 있게 자랄 수 있도록 하며, 다양한 일의 세계에 대한 기초적인 이해를 한다.

② 학습과 생활에서 문제를 인식하고 해결하는 기초능력을 기르고, 이를 새롭게 경험할 수 있는 상상력을 키운다.

③ 우리 문화에 대해 이해하고, 문화를 향유하는 올바른 태도를 기른다.

④ 자신의 경험과 생각을 다양하게 표현하며 타인과 공감하고 협동하는 태도를 기른다.

2) 편제와 시간 배당

(1) 편제

초등학교 교육과정은 교과(군)와 창의적 체험활동으로 편성한다.

① 교과(군)는 국어, 사회/도덕, 수학, 과학/실과, 체육, 예술(음악/미술), 영어로 한다. 다만, 초등학교 1, 2학년의 교과는 국어, 수학, 바른생활, 슬기로운 생활, 즐거운 생활로 한다.

② 창의적 체험활동은 자율활동, 동아리활동, 봉사활동, 진로활동으로 한다.

(2) 시간 배당 기준

<table>
<tr><th colspan="2">구 분</th><th>1-2학년</th><th>3-4학년</th><th>5-6학년</th></tr>
<tr><td rowspan="8">교과(군)</td><td>국 어</td><td rowspan="2">국 어
448</td><td>408</td><td>408</td></tr>
<tr><td>사회/도덕</td><td>272</td><td>272</td></tr>
<tr><td>수 학</td><td rowspan="2">수 학
256</td><td>272</td><td>272</td></tr>
<tr><td>과학/실과</td><td>204</td><td>340</td></tr>
<tr><td>체 육</td><td rowspan="2">바른생활
128</td><td>204</td><td>204</td></tr>
<tr><td>예술(음악/미술)</td><td>272</td><td>272</td></tr>
<tr><td rowspan="2">영 어</td><td>슬기로운 생활
192</td><td rowspan="2">136</td><td rowspan="2">204</td></tr>
<tr><td>즐거운 생활
384</td></tr>
<tr><td colspan="2">창의적 체험활동</td><td>272</td><td>204</td><td>204</td></tr>
<tr><td colspan="2">학년군별 총 수업시간 수</td><td>1,680</td><td>1,972</td><td>2,176</td></tr>
</table>

[주] ① 이 표에서 1시간 수업은 40분을 원칙으로 하되, 기후 및 계절, 학생의 발달 정도, 학습내용의 성격 등과 학교 실정을 고려하여 탄력적으로 편성·운영할 수 있음.

② 학년군 및 교과(군)별 시간 배당은 연간 34주를 기준으로 한 2년간의 기준수업시수를 나타낸 것임.

③ 학년군별 총 수업시간 수는 최소 수업 시수를 나타낸 것임.

④ 3-4학년의 국어과 기준수업시수는 주 5일 수업에 따라 감축된 시간 수이므로 학교에서는 442시간을 기준수업시수로 운영할 수 있다.

⑤ 실과의 수업 시간은 5-6학년 과학/실과의 수업시수에만 포함된 것임.

3) 교육과정 편성 · 운영의 중점

① 학교는 1학년 학생들의 입학 초기 적응교육을 위해 창의적 체험활동의 시수를 활용하여 자율적으로 입학 초기 적응프로그램 등을 편성 · 운영할 수 있다.

② 학교는 모든 교육활동을 통해 학생의 인성과 기본생활습관을 형성할 수 있도록 교육과정을 편성 · 운영한다.

③ 각 교과의 기초적 · 기본적 요소들이 체계적으로 학습되도록 계획하고, 정확한 국어사용 능력을 신장할 수 있도록 배려한다. 특히, 기초적 국어사용 능력과 수리력이 부족한 학생들을 위해 별도의 프로그램을 편성 · 운영할 수 있다.

④ 학교의 특성, 학생 · 교사 · 학부모의 요구 및 필요에 따라 학교가 자율적으로 교과(군)별 20% 범위 내에서 시수를 증감하여 운영할 수 있다.

⑤ 학교의 여건과 교과(군)별 특성을 고려하여 학년 · 학기별로 집중 이수를 통해 학기당 이수교과 수를 감축하여 편성 · 운영할 수 있다.

⑥ 정보통신활용교육, 보건교육, 한자교육 등은 관련 교과(군)와 창의적 체험활동 시간을 활용하여 체계적인 지도가 이루어질 수 있도록 한다.

⑦ 전입학생이 특정 교과목을 이수하지 못할 경우 교육청과 학교에서는 '보충학습과정' 등을 통해 학습결손이 발생하지 않도록 한다.

⑧ 학년을 달리하는 학생을 병합하여 복식학급을 편성 · 운영하는 경우에는 교육내용의 학년별 순서를 조정하거나 공통주제를 중심으로 교재를 재구성하여 활용할 수 있다.

⑨ 학교는 학생이 학년군별로 이수해야 할 학년별 · 학기별 교과목을 편성하여 안내한다.

⑩ 예술(음악/미술)은 음악과 미술교과를 중심으로 편성 · 운영한다.

나. 중학교

1) 중학교 교육목표

중학교의 교육은 초등학교 교육의 성과를 바탕으로 학생의 학습과 일상생활에 필요한 기본능력을 배양하며, 다원적인 가치를 수용하고 존중하는 민주시민의 자질함양에 중점을 둔다.

① 심신의 건강하고 조화로운 발달을 추구하며, 다양한 분야의 경험과 지식을 익혀 적극적으로 진로를 탐색한다.

② 학습과 생활에 필요한 기초능력과 문제해결력을 바탕으로 창의적 사고력을 기른다.

③ 자신을 둘러싼 세계에 대한 경험을 토대로 다양한 문화와 가치에 대한 이해를 넓힌다.

④ 다양한 소통능력을 기르고 민주시민으로서의 자질과 태도를 갖춘다.

2) 편제와 시간 배당 기준

(1) 편제

중학교 교육과정은 교과(군)와 창의적 체험활동으로 편성한다.

① 교과(군)는 국어, 사회(역사 포함)/도덕, 수학, 과학/기술 · 가정, 체육, 예술(음악/미술), 영어, 선택으로 한다. 선택은 한문, 정보, 환경, 생활 외국어(독일어, 프랑스어, 스페인어, 중국어, 일본어, 러시아어, 아랍어), 보건, 진로와 직업 등 선택 과목으로 한다.

② 창의적 체험활동은 자율활동, 동아리활동, 봉사활동, 진로활동으로 한다.

(2) 시간 배당 기준

구 분		1~3학년
교과(군)	국어	442
	사회(역사 포함)/도덕	510
	수학	374
	과학/기술 · 가정	646
	체육	272
	예술(음악/미술)	272
	영어	340
	선택	204
창의적 체험활동		306
총 수업 시간 수		3,366

[주] ① 이 표에서 1시간 수업은 45분을 원칙으로, 기후 및 계절, 학생의 발달 정도, 학습 내용의 성격 등과 학교 실정을 고려하여 탄력적으로 편성 · 운영할 수 있다.
② 학년군 및 교과(군)별 시간 배당은 연간 34주를 기준으로 한 3년간의 기준수업시수를 나타낸 것이다.
③ 총 수업시간 수는 3년간의 최소수업시수를 나타낸 것이다.

3) 중학교 교육과정 편성 · 운영의 중점

① 학교는 학생들이 이수해야 할 3년간의 교과목을 학년별, 학기별로 편성하여 안내한다.

② 교과(군)의 이수 시기와 수업시수는 학교가 자율적으로 결정할 수 있다.

③ 학교의 특성, 학생 · 교사 · 학부모의 요구 및 필요에 따라 학교가 자율적으로 교과(군)별 수업시수를 20% 범위 내에서 증감하여 운영할 수 있다.

④ 교육 효과를 높이기 위해 학생의 학기당 이수 교과목 수를 8개 이내로 편성하도록 한다.

⑤ 예술(음악/미술)은 음악과 미술교과를 중심으로 편성 · 운영한다.

⑥ 선택 과목을 개설할 경우, 학교는 2개 이상의 과목을 개설함으로써 학생들의 선택권이 보장되도록 한다.

⑦ 학교는 필요한 경우 새로운 선택 과목을 개설할 수 있다. 새로운 과목을

개설하여 운영하고자 할 경우에는 시 · 도 교육청의 교육과정 편성 · 운영 지침에 의거하여 사전에 필요한 절차를 거쳐야 한다.

⑧ 학교는 학생의 직업 및 진로에 대한 탐색과 선택을 돕기 위해 진로교육을 강화한 교육과정을 편성 · 운영한다.

⑨ 전입 학생이 특정 교과목을 이수하지 못할 경우, 교육청과 학교에서는 '보충학습 과정' 등을 통해 학습 결손이 발생하지 않도록 한다.

다. 고등학교

1) 고등학교 교육목표

고등학교 교육은 중학교 교육의 성과를 바탕으로, 학생의 적성과 소질에 맞는 진로 개척 능력과 세계 시민으로서의 자질을 함양하는데 중점을 둔다.

① 성숙한 자아의식을 토대로 다양한 분야의 지식과 기능을 익혀 진로를 개척하며 평생학습의 기본 역량과 태도를 갖춘다.

② 학습과 생활에서 새로운 이해와 가치를 창출할 수 있는 비판적, 창의적 사고력과 태도를 익힌다.

③ 우리의 문화를 향유하고 다양한 문화와 가치를 수용할 수 있는 자질과 태도를 갖춘다.

④ 국가 공동체의 발전을 위해 노력하며, 세계 시민으로서의 자질과 태도를 기른다.

2) 편제와 단위 배당 기준

(1) 편제

가) 고등학교 교육과정은 교과(군)와 창의적 체험활동으로 편성한다.

나) 교과는 보통 교과와 전문 교과로 한다.

① 보통 교과 영역은 기초, 탐구, 체육 · 예술, 생활 · 교양으로 구성하며, 교과(군)는 국어, 수학, 영어, 사회(역사/도덕 포함), 과학, 체육, 예술(음악/미술),

기술 · 가정/제2외국어/한문/교양으로 한다.

② 전문 교과는 농생명 산업, 공업, 상업 정보, 수산 · 해운, 가사 · 실업, 과학, 체육, 예술, 외국어, 국제에 관한 교과로 한다.

다) 창의적 체험활동은 자율활동, 동아리활동, 봉사활동, 진로활동으로 한다.

(2) 단위 배당 기준

<table>
<tr><th rowspan="2">구분</th><th rowspan="2">교과
영역</th><th rowspan="2">교과(군)</th><th colspan="2">필수 이수 단위</th><th rowspan="2">학교자율과정</th></tr>
<tr><th>교과(군)</th><th>교과 영역</th></tr>
<tr><td rowspan="10">교
과
(군)</td><td rowspan="3">기초</td><td>국어</td><td>15
(10)</td><td rowspan="3">45
(30)</td><td rowspan="9">학생의 적성과 진로를
고려하여 편성</td></tr>
<tr><td>수학</td><td>15
(10)</td></tr>
<tr><td>영어</td><td>15
(10)</td></tr>
<tr><td rowspan="2">탐구</td><td>사회
(역사/도덕 포함)</td><td>15
(10)</td><td rowspan="2">35
(20)</td></tr>
<tr><td>과학</td><td>15
(10)</td></tr>
<tr><td rowspan="2">체육
·
예술</td><td>체육</td><td>10
(5)</td><td rowspan="2">20
(10)</td></tr>
<tr><td>예술
(음악/미술)</td><td>10
(5)</td></tr>
<tr><td>생활
·
교양</td><td>기술 · 가정/
제2외국어/
한문/
교양</td><td>16
(12)</td><td>16
(12)</td></tr>
<tr><td colspan="2">소 계</td><td colspan="2">116(72)</td><td>64</td></tr>
<tr><td colspan="3">창의적 체험활동</td><td colspan="3">24</td></tr>
<tr><td colspan="3">총 이수 단위</td><td colspan="3">204</td></tr>
</table>

[주] ① 1단위는 50분을 기준으로 하여 17회를 이수하는 수업량이다.

② 1시간의 수업은 50분을 원칙으로 하되, 기후 및 계절, 학생의 발달 정도, 학습 내용의 성격 등과 학교 실정을 고려하여 탄력적으로 편성 · 운영할 수 있다.

③ 필수 이수단위의 교과(군) 및 교과 영역 단위 수는 해당 교과(군) 및 교과 영역의 '최소 이수단위'를 가리킨다.

④ 필수 이수단위의 ( ) 안의 숫자는 전문교육을 주로 하는 학교, 예체능 등 교육과정 편성 · 운영의 자율권을 인정받은 학교가 이수할 것을 권장한다.

⑤ 총 이수단위 수는 교과(군)과 창의적 체험활동의 이수단위를 합한 것으로, 고등학교 졸업에 필요한 '최소 이수단위'를 가리킨다.

3) 보통 교과

교과 영역	교과(군)	과목
기초	국어	국어*, 화법과 작문 Ⅰ, 화법과 작문 Ⅱ, 독서와 문법 Ⅰ, 독서와 문법 Ⅱ, 문학Ⅰ, 문학Ⅱ
	수학	수학*, 수학의 활용, 수학Ⅰ, 미적분과 통계기본, 수학 Ⅱ, 적분과 통계, 기하와 벡터
	영어	영어*, 영어Ⅰ, 영어Ⅱ, 실용 영어 회화, 심화 영어 회화, 영어 독해와 작문, 심화 영어 독해와 작문
탐구	사회 (역사/도덕 포함)	사회*, 한국사*, 한국 지리, 세계 지리, 동아시아사, 세계사, 법과 정치, 경제, 사회 · 문화 도덕*, 생활과 윤리, 윤리와 사상
	과학	과학*, 물리Ⅰ, 물리 Ⅱ, 화학Ⅰ, 화학 Ⅱ, 생명과학Ⅰ, 생명과학 Ⅱ, 지구과학Ⅰ, 지구과학 Ⅱ
체육 · 예술	체육	체육*, 운동과 건강 생활, 스포츠 문화, 스포츠 과학
	예술 (음악/미술)	음악*, 음악 실기, 음악과 사회, 음악의 이해 미술*, 미술과 삶, 미술 감상, 미술 창작
생활 · 교양	기술 · 가정/ 제2외국어/ 한문/ 교양	기술 · 가정*, 농업 생명 과학, 공학 기술, 가정 과학, 창업과 경영, 해양 과학, 정보 독일어Ⅰ, 독일어Ⅱ, 프랑스어Ⅰ, 프랑스어Ⅱ, 스페인어Ⅰ, 스페인어Ⅱ, 중국어Ⅰ, 중국어Ⅱ, 일본어Ⅰ, 일본어Ⅱ, 러시아어Ⅰ, 러시아어Ⅱ, 아랍어Ⅰ, 아랍어Ⅱ 한문Ⅰ, 한문Ⅱ 생활과 철학, 생활과 논리, 생활과 심리, 생활과 교육, 생활과 종교, 생활 경제, 안전과 건강, 진로와 직업, 보건, 환경과 녹색 성장

[주] ① 각 과목의 기본 단위 수는 5단위이며, 각 과목별로 1단위 범위 내에서 증감 운영이 가능하며, 가능한 한 한 학기에 이수하도록 한다.

② *표 한 과목은 교과(군)별 학습의 위계를 고려하여 선택할 수 있도록 지도한다. 이 과목은 4단위 범위내에서 증감하여 운영할 수 있다.

③ 위 표에 제시된 과목 이외에 전문교과의 과목을 편성 · 운영할 수 있다.

3) 고등학교 교육과정 편성 · 운영의 중점

(1) 공통 지침

① 고등학교 교육과정의 총 이수 단위는 204단위이며 교과(군) 180단위, 창의적 체험활동 24단위로 나누어 편성한다.

② 교과의 이수 시기와 단위는 학교에서 자율적으로 편성 · 운영할 수 있다.

③ 교육 효과를 높이기 위해 학생의 학기당 이수 과목 수를 8개 이내로 편성하도록 한다.

④ 선택 과목 중에서 위계성을 갖는 과목의 경우 계열적 학습이 되도록 편성한다. 단, 학교의 실정 및 학생의 요구, 과목의 성격에 따라 탄력적으로 운영할 수 있다.

⑤ 선택 과목은 학교의 실정과 학생들의 요구를 반영하여 편성하되, 학교는 필요에 따라 이 교육과정에 제시되어 있는 과목 외에 새로운 과목을 개설할 수 있다. 새로운 과목을 개설하여 운영하고자 할 경우에는 시 · 도 교육청의 교육과정 편성 · 운영 지침에 의거하여 사전에 필요한 절차를 거쳐야 한다.

⑥ 일정 규모 이상의 학생이 이 교육과정의 편제에 있는 특정 선택 과목의 개설을 요청할 경우, 학교는 이를 개설해야 한다.

⑦ 학교에서 개설하지 않은 선택 과목 이수를 희망하는 학생이 있을 경우 그 과목을 개설한 다른 학교에서의 이수를 인정하도록 한다.

⑧ 학교 및 학생의 필요에 따라 지역사회의 학습장에서 행하는 학습을 이수 과목으로 인정할 수 있다. 다만, 이 경우 시 · 도 교육청이 정하는 지침에 따른다.

⑨ 학교는 필요에 따라 대학과목 선이수제의 과목을 개설할 수 있고, 국제적으로 공인받은 교육과정과 과목을 선택 과목으로 인정할 수 있다. 다만, 이와 관련된 구체적인 사항은 시 · 도 교육청의 지침에 따른다.

⑩ 학교는 필요에 따라 교과의 총 이수단위를 증배 운영할 수 있다. 단, 전문교

육을 주로 하는 학교는 전문 교과에 한하여 증배 운영할 수 있다.

⑪ 학교는 학생이 3년간 이수해야 할 학년별, 학기별 과목을 편성하여 안내해야 한다.

(2) 일반계 고등학교

① 교과(군)의 이수 단위 180단위 중 필수 이수 단위는 116단위 이상으로 한다.

② 학생의 진로 과정을 고려하여 교과(군)별 최소 필수 이수 단위 수로 편성할 수 있으나, 교과 영역별로 제시된 단위 수를 편성 · 운영하여야 한다.

③ 일반계 고등학교에서 체육, 음악, 미술 등의 과정을 개설하거나 자율학교로 지정된 학교의 경우 교과(군) 최소 이수 단위인 72단위로 편성 · 운영할 수 있다.

④ 학교는 학생의 요구 및 흥미, 적성 등을 고려하여 진로를 적절히 안내할 수 있는 진로 집중 과정을 편성 · 운영하도록 한다. 이를 위해 학교는 이 교육과정에 제시하는 '학교자율과정'에서 진로 집중 과정과 관련된 과목의 심화학습이 이루어질 수 있도록 편성 · 운영한다.

⑤ 과학, 수학, 사회, 영어, 예술, 체육 등 교과를 중심으로 중점 학교를 운영할 수 있으며 이 경우, 학교자율과정의 50% 이상을 관련 교과목으로 편성할 수 있다.

⑥ 체육, 음악, 미술 등의 과정을 개설하는 학교의 경우, 필요에 따라 지역 내 중점 학교 및 지역사회 학습장 등을 활용할 수 있다.

⑦ 일반계 고등학교에서 직업에 관한 과정을 운영할 수 있으며, 이와 관련된 세부 지침은 시 · 도 교육청에서 정한다.

⑧ 학교에서 제2외국어 과목을 개설할 경우, 2개 이상의 과목을 동시에 개설하도록 노력해야 한다.

(3) 전문교육을 주로 하는 고등학교

① 교과(군)의 이수 단위 180단위 중 보통 교과 필수 이수 단위는 72단위 이상으로 편성하며, 전문 교과의 과목은 80단위 이상 편성한다.

② 전문 교과의 각 과목에 대한 이수 단위는 시 · 도 교육감이 정하되, 외국어와 국제에 관한 교과의 각 과목별 이수 단위는 5단위를 기본으로 하되, 3단위 범위 내에서 증감 편성할 수 있다.

③ 전문 교과의 기초가 되는 과목을 선택하여 이수할 경우, 이를 해당 보통 교과의 이수로 간주할 수 있다.

④ 내용이 유사하거나 관련되는 보통 교과의 과목과 전문 교과의 과목은 교체하여 편성 · 운영할 수 있다.

⑤ 농생명산업, 공업, 상업정보, 수산 · 해운, 가사 · 실업 계열의 고등학교는 다음과 같이 편성 · 운영할 수 있다.

1] 전문 교과는 필요한 경우 다른 계열의 전문 과목을 선택하여 편성 · 운영할 수 있다.

2] 학과별 필수 과목은 필요한 경우 학교장이 정할 수 있으며, 2개 이상의 계열을 운영하는 경우, 해당 학과가 속한 계열의 필수 과목을 이수한다.

3] 교육과정 내용과 관련이 있는 현장 실습을 운영하여야 한다. 이 경우 다양한 형태로 운영할 수 있으며, 이와 관련된 구체적인 사항은 시 · 도 교육청이 정한 지침에 따른다.

⑥ 국제계열 고등학교는 전공 관련 교과군과 외국어에 관한 교과의 과목에서 80단위 이상 이수하되, 전공 관련 교과군에서 50% 이상 편성한다.

⑦ 외국어 계열 고등학교에서는 전문 교과 총 이수 단위의 60% 이상을 전공 외국어로 하고, 전공 외국어 포함 2개 외국어로 전문 교과를 편성해야 한다.

⑧ 이 교육과정에 명시되지 아니한 계열의 교육과정은 유사 계열의 교육과정에 준한다. 부득이 새로운 계열의 설치 및 그에 따른 교육과정을 편성할 경우와 학교의 실정에 따라 새로운 과목을 설정하여 운영하고자 할 경우에는 시 · 도 교육청의 교육과정 편성 · 운영 지침에 의거하여 사전에 필요한 절차를 거쳐야 한다.

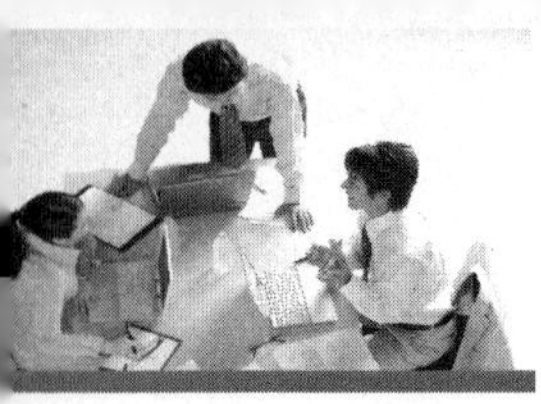

4. 학교급별 공통 사항

가. 편성 · 운영

(1) 학교는 이 교육과정을 바탕으로 학교 실정에 알맞은 학교 교육과정을 편성 · 운영한다.

(2) 학교는 학교 교육과정 편성 · 운영 계획을 바탕으로 학년 및 교과목별 교육과정을 편성할 수 있다.

(3) 학교 교육과정은 모든 교원이 전문성을 발휘하여 참여하는 민주적인 절차와 과정을 거쳐 편성 · 운영한다.

(4) 교육과정의 합리적 편성과 효율적 운영을 위하여 교원, 교육과정(교과교육) 전문가, 학부모 등이 참여하는 학교 교육과정위원회를 구성하여 운영하며, 이 위원회는 학교장의 교육과정 운영 및 의사 결정에 관한 자문의 역할을 담당한다.

(5) 학교 교육과정을 편성 · 운영함에 있어서는 교원의 조직, 학생의 실태, 학부모의 요구, 지역사회의 실정 및 교육 시설 · 설비 등 교육 여건과 환경이 충분히 반영되도록 노력한다.

(6) 학교는 동학년 모임, 교과별 모임, 현장 연구, 자체 연수 등을 통해서 교사들의 교육 활동 개선이 이루어지도록 한다.

(7) 학교가 종교 과목을 개설할 때에는 종교 이외의 과목을 포함, 복수로 과목을 편성하여 학생에게 선택의 기회를 주어야 한다.

(8) 각 교과의 기초적, 기본적 요소들이 체계적으로 학습되도록 계획하고, 이를 일관성 있고 지속성 있게 지도한다.

(9) 각 교과목별 학습 목표를 모든 학생이 성취하도록 지도하고, 능력에 알맞은 성취가 가능하도록 다양한 학습의 기회와 방법을 제공하며, 이를 위한 계획적인 배려와 지도를 하여 학습 결손이 누적되거나 학습 의욕이 저하

되지 않도록 노력한다.

(10) 공통 교육과정에서는 학생의 능력과 적성, 진로를 고려하여 교육 내용과 방법을 다양화한다. 특히 국어, 수학, 사회, 과학, 영어 교과에서는 수준별 수업을 권장한다.

(11) 수준별 수업 운영을 위한 학습 집단은 학교의 여건이나 학생의 특성에 따라 다양하게 편성할 수 있으며, 학습 결손을 보충할 수 있도록 '특별 보충 수업'을 운영할 수 있다. 특별 보충 수업의 편성 · 운영에 관한 제반 사항은 학교가 자율적으로 결정한다.

(12) 교과 수업은 탐구적인 활동을 통하여 개념 및 원리를 이해하고, 이를 새로운 사태에 적용하는 기회를 많이 가지게 한다. 특히 여러 가지 자료를 활용한 정보 처리 능력을 가지도록 하는 데 힘쓴다.

(13) 개별적인 학습 활동과 더불어 소집단 공동 학습 활동을 중시하여 공동으로 문제를 해결하는 경험을 많이 가지게 한다.

(14) 각 교과 활동에서는 학습의 개별화가 이루어지도록 하고, 발표 · 토의 활동과 실험, 관찰, 조사, 실측, 수집, 노작, 견학 등의 직접 체험 활동이 충분히 이루어지도록 유의한다.

(15) 학교는 창의적 체험활동이 실질적 체험학습이 되도록 지역사회의 유관기관과 적극적으로 연계 · 협력해서 프로그램을 운영해야 한다.

(16) 교과와 창의적 체험활동의 효율적인 운영을 위하여 지역사회의 인적, 물적 자원을 계획적으로 활용한다.

(17) 창의적 체험활동에 배당된 시간 수는 학생의 요구와 학교의 실정에 기초하여 융통성 있게 배정하여 운영할 수 있다.

(18) 교과와 창의적 체험활동의 내용 배열은 반드시 학습의 순서를 의미하는 것이 아닌 예시적인 성격을 지니고 있으므로, 필요한 경우에 지역의 특수성, 계절 및 학교의 실정과 학생의 요구, 교사의 필요에 따라 각 교과목의 학년별 목표에 대한 지도 내용의 순서와 비중, 방법 등을 조정하여 운영할 수 있다.

(19) 심신장애 학생을 위한 특수 학급을 설치, 운영하는 경우, 학생의 장애

정도와 능력을 고려하여 이 교육과정을 조정 · 운영하거나, 특수학교 교육과정 및 교수 · 학습 자료를 활용할 수 있다.

(20) 학습부진아, 장애를 가진 학생, 귀국 학생, 다문화 가정 자녀 등이 학교에서 충실한 학습 경험을 누릴 수 있도록 특별한 배려와 지원을 하도록 한다.

(21) 교육 활동 전반을 통하여 남녀의 역할에 관한 편견을 가지지 않도록 지도한다.

(22) 범교과 학습 주제는 관련되는 교과와 창의적 체험활동 등 교육 활동 전반에 걸쳐 통합적으로 다루어지도록 하고 지역사회 및 가정과의 연계 지도에도 힘쓴다.

> 민주 시민 교육, 인성 교육, 환경 교육, 경제 교육, 에너지 교육, 근로 정신 함양 교육, 보건 교육, 안전 교육, 성 교육, 소비자 교육, 진로 교육, 통일 교육, 한국 정체성 교육, 국제 이해 교육, 해양 교육, 정보화 및 정보 윤리 교육, 청렴 · 반부패 교육, 물 보호 교육, 지속 가능 발전 교육, 양성 평등 교육, 장애인 이해 교육, 인권 교육, 안전 · 재해 대비 교육, 저출산 · 고령 사회 대비 교육, 여가 활용 교육, 호국 · 보훈 교육, 효도 · 경로 · 전통 윤리 교육, 아동 · 청소년 보호 교육, 다문화 교육, 문화 예술 교육, 농업 · 농촌 이해 교육, 지적 재산권 교육, 미디어 교육, 의사소통 · 토론 중심 교육, 논술 교육, 한국 문화사 교육, 한자 교육, 녹색 교육 등

(23) 학교에서는 교육과정에 제시되지 않은 사회 현안에 대해 학생들의 올바른 이해를 돕기 위하여 계기교육을 실시할 수 있으며, 이 경우 계기 교육 지침에 따른다.

(24) 교과용 도서 이외의 교수 · 학습 자료는 교육청이나 학교에서 개발한 것 등을 사용할 수 있다.

(25) 각 교과의 특성에 맞는 다양한 학습이 이루어질 수 있도록 교과 교실제 운영을 활성화한다.

(26) 실험 · 실습이나 실기 지도에 있어서는 시설 및 기계 · 기구, 약품 사용의 안전에 유의하도록 한다.

(27) 학교는 학생과 학부모의 요구를 바탕으로 방과 후 학교 또는 방학 중 프로그램을 개설할 수 있으며, 학생들의 자발적인 참여를 원칙으로 한다.

나. 평가 활동

(1) 학교는 학교 교육과정 편성과 운영의 적합성, 타당성, 효과성을 자체 평가하여 문제점과 개선점을 추출하고, 다음 학년도의 교육과정 편성 · 운영에 그 결과를 반영한다.

(2) 학교에서 실시하는 평가 활동은 다음과 같은 사항을 고려해서 이루어지도록 한다.

가) 평가는 모든 학생들이 교육 목표를 성공적으로 달성하기 위한 교육의 과정으로 실시한다.

나) 학교는 다양한 평가 도구와 방법으로 성취도를 평가하여 학생의 목표 도달도를 확인하고, 수업의 질 개선을 위한 자료로 활용한다.

다) 교과의 평가는 선택형 평가보다는, 서술형이나 논술형 평가 그리고 수행 평가의 비중을 늘려서 교과별 특성에 적합한 평가를 실시하도록 한다.

라) 실험 · 실습의 평가는 교과목의 성격을 고려하여 합리적인 세부 평가 기준을 마련하여 실시한다.

마) 정의적, 기능적, 창의적인 면이 특히 중시되는 교과의 평가는 타당한 평정 기준과 척도에 의거하여 실시한다.

바) 학교와 교사는 학교에서 가르친 내용과 기능을 평가하도록 한다. 학생이 학교에서 배울 기회를 마련해 주지 않고, 학교 밖의 교육 수단을 통해서 익힐 수밖에 없는 내용과 기능은 평가하지 않도록 유의한다.

사) 창의적 체험활동에 대한 평가는 창의적 체험활동의 내용과 특성을 감안하여 평가의 주안점을 학교에서 작성, 활용한다.

5. 학교 교육과정 지원

가. 학교 교육과정 편성 · 운영 지원

1) 국가수준 지원 사항

이 교육과정의 원활한 편성 · 운영을 위하여 국가수준에서는 다음과 같이 평가하고 지원한다.

① 시 · 도 교육청의 교육과정 지원 활동과 단위학교의 교육과정 편성 · 운영 활동이 상호 유기적으로 이루어질 수 있도록 행 · 재정적 지원을 한다.

② 이 교육과정의 질 관리를 위하여 국가수준에서는 주기적으로 학업 성취도 평가, 학교와 교육기관 평가, 교육과정 편성 · 운영에 관한 평가를 실시한다.

㈎ 학업 성취도를 평가하기 위하여 교과별, 학년(군)별 학생 평가를 실시하고, 평가 결과는 교육과정의 적절성 확보와 그 개선에 활용한다.

㈏ 학교의 교육과정 편성 · 운영과 교육청의 교육과정 지원 상황을 파악하기 위하여 학교와 관련 교육청에 대한 평가를 주기적으로 실시한다.

㈐ 교육과정 편성 · 운영과 지원 체제의 적절성과 실효성을 평가하기 위한 연구를 수행한다.

③ 국가수준에서는 학교에서 교육과정의 정신을 구현한 평가 활동이 원활히 이루어질 수 있도록 다양한 방안을 강구해서 학교 현장에 제공해 주어야 한다.

㈎ 교과별로 '평가 기준'을 개발, 보급하여 학교가 교과 교육과정의 목표에 부합되는 평가를 실시할 수 있도록 한다.

㈏ 교과별 평가 활동에 활용할 수 있는 다양한 평가 방법, 절차, 도구 등을 개발하여 학교에 제공한다.

2) 교육청 수준 지원 사항

이 교육과정의 원활한 편성 · 운영을 위하여 교육청은 다음과 같은 사항을 지원한다.

① 교육과정의 편성 · 운영에 관한 조사 연구와 자문 기능을 담당할 위원회를 구성하여 운영한다. 이 위원회에는 교원, 교육 행정가, 교육학 전문가, 교과 교육 전문가, 학부모, 지역사회 인사, 산업체 인사 등이 참여할 수 있다.

② 지역의 특수성, 교육의 실태, 학생 · 교원 · 주민의 요구와 필요 등을 반영하여 교육 중점을 설정하고, 교육과정 편성 · 운영 지침을 작성한다.

③ 교육과정 편성 · 운영의 개선을 위한 연구학교를 운영하고, 수업 개선을 위한 연구 교사를 두어 교과별 연구회 활동을 적극적으로 지원한다.

④ 학년군, 교과군 도입을 통한 단위학교 교육과정 자율 편성과 창의적 체험활동의 효율적인 운영을 위한 교육과정 컨설팅 등 지원 기구를 조직하여 교육과정 편성 · 운영을 위한 각종 자료를 연구, 개발하여 보급한다.

⑤ 교원의 학교 교육과정 편성 · 운영 능력 향상과 교과와 창의적 체험활동에 대한 지도 능력 제고를 위하여 각급 학교 교원에 대한 연수 계획을 수립, 시행한다.

⑥ 각급 학교가 새 학년도 시작에 앞서 교육과정 편성 · 운영에 관한 계획을 세울 수 있도록 교육과정 편성 · 운영 자료를 개발 · 보급하고, 교원의 전보를 적기에 시행한다.

⑦ 학교 교육과정 편성과 운영을 위한 교육 시설, 설비, 자료 등의 정비 확충에 필요한 행 · 재정적인 지원을 한다.

⑧ 학교가 지역사회의 유관기관과 적극적으로 연계 · 협력해서 교과, 창의적 체험활동을 내실 있게 운영할 수 있도록 지원하며, 관내 학교가 활용 가능한 '지역 자원목록'을 작성하여 제공하는 등 구체적인 지원 방안을 마련한다.

⑨ 수준별 수업을 효율적으로 운영하도록 지원하며, 학습 결손을 보충할 수

있도록 '특별 보충 수업'을 운영하는 데 필요한 행 · 재정적인 지원을 한다.

⑩ 개별학교의 희망과 여건을 반영하여 지역 내 학교간 개설할 집중과정을 조정하고, 그 편성 · 운영을 지원한다. 특히, 소수 학생이 지망하는 집중과정을 개설할 학교를 지정하고, 원활한 교육과정 편성 · 운영을 위한 행 · 재정적 지원을 한다.

⑪ 특정 분야에서 탁월한 재능을 보이는 학생과 학습장애가 있는 학생들을 위한 교육 기회를 마련하고 지원한다.

⑫ 귀국자 및 다문화 가정 자녀의 교육 경험의 특성과 배경을 고려하여 이 교육과정을 이수하는 데 어려움이 없도록 지원한다.

⑬ 전 · 입학, 귀국 등에 따라 공통 교과를 이수하지 못한 학생들이 해당 교과를 이수할 수 있도록 다양한 기회를 마련해 주고, 학생들이 지역사회의 공공성 있는 사회 교육 시설을 통해 이수한 과정을 인정해 주는 방안을 마련한다.

⑭ 지역사회와 학교의 여건에 따라 초등학교 저학년 학생을 학교에서 돌볼 수 있는 기능을 강화하고, 이에 대해 교육청은 특별한 배려와 지원을 하도록 한다.

⑮ 교육과정에 제시되지 않은 교과목을 설치, 운영하는 경우에 대비하여, 교육청은 관련 지침을 학교에 제시해 주고, 학교로 하여금 필요한 사전 절차를 밟도록 지원한다.

⑯ 복식 학급 운영 등 소규모 학교의 정상적인 교육과정 운영을 지원하기 위해서 교원의 배치, 학생의 교육받을 기회의 확충 등에 필요한 행 · 재정적인 지원을 한다.

⑰ 학교 교육과정의 효과적 운영을 위하여 학생의 배정, 교원의 순회 및 수급, 학교 간 시설과 설비의 공동 활용, 자료의 공동 개발 활용에 관하여 학교 간 및 인접 교육청 간의 협조 체제를 구축한다.

⑱ 학생의 교육활동에 필요한 교과용 도서의 인정, 개발, 보급을 위해 노력한다.

⑲ 전문교육을 주로 하는 고등학교는 개설 전공과 유사한 산업체와 협력하여

특성화된 교육과정과 실습과목을 편성 · 운영할 수 있으며, 학생의 현장 실습이 내실 있게 운영될 수 있도록 행 · 재정적 지원을 한다.

⑳ 학교에 대한 교육과정 운영 지원 실태와 각급 학교의 교육과정 편성 · 운영 실태를 정기적으로 파악하고, 효과적인 교육과정의 운영과 개선 및 질 관리에 필요한 적절한 지원을 한다.

㉑ 학교의 교육과정 편성 · 운영에 대한 질 관리 및 교육과정 편성 · 운영 체제의 적절성과 실효성을 높이기 위하여 학업 성취도 평가, 교육과정 편성 · 운영 평가 등을 실시할 수 있다.

6. 특수한 학교에서의 교육과정 편성과 운영

(1) 초 · 중 · 고등학교에 준하는 학교의 교육과정은 이 교육과정에 따라서 편성 · 운영한다.

(2) 국가가 설립 · 운영하는 학교의 교육과정은 해당 시 · 도 교육청의 편성 · 운영 지침을 참고하여 학교장이 편성한다.

(3) 공민학교, 고등공민학교, 고등기술학교, 근로 청소년을 위한 특별 학급 및 산업체 부설 학교, 기타 특수한 학교는 이 교육과정을 바탕으로 학교의 실정과 학생의 특성에 알맞은 학교 교육과정을 편성하고, 시 · 도 교육감의 승인을 얻어 운영한다.

(4) 야간 수업을 하는 학교의 교육과정은 이 교육과정을 따르되, 다만 단위 수업 시간을 40분으로 단축하여 운영할 수 있다.

(5) 방송통신고등학교는 이 교육과정에 제시된 고등학교 교육과정을 따르되, 시 · 도 교육감의 승인을 얻어 이 교육과정의 편제와 단위 배당 기준을 다음과 같이 조정하여 운영할 수 있다.

① 편제와 단위 배당 기준은 고등학교 교육과정에 준하되, 162단위 이상 이수하도록 한다.

② 교육은 방송 통신에 의한 수업, 출석 수업 및 첨삭 지도의 방법에 의한

수업으로 한다.

③ 학교 출석 수업 일수는 연간 20일 이상으로 한다.

(6) 특성화학교, 자율학교 등 법령에 의거하여 교육과정 편성 · 운영의 자율성이 부여되는 학교의 경우에는 학교의 설립 목적 및 특성에 따른 교육이 가능하도록 교육과정 편성 · 운영의 자율권을 부여하고, 이와 관련한 구체적인 사항은 시 · 도 교육청의 지침에 따른다.

(7) 교육과정의 연구를 위해 새로운 방식으로 교육과정을 편성 · 운영하고자 하는 학교는, 교육과학기술부 장관의 승인을 받아 이 교육과정의 기준과는 다르게 학교 교육과정을 편성 · 운영할 수 있다.

형성평가

1. 다음 중 2007 개정 교육과정의 기본 방향으로만 묶여진 것은?

가. 탐구학습 및 역사교육 강화 등 국가 · 사회적 요구 반영 나. 단위 학교 교육과정 편성과 운영의 자율권 확대 다. 선택 과목 일원화 및 교과군 조정 등 고교 선택중심 교육과정 개선 라. 주 5일 수업제 월 2회 시행에 따른 수업시수 조정 마. 초등학교와 중학교 교과집중이수제 도입

① 가, 다, 라 ② 나, 다, 라 ③ 나, 다, 마 ④ 다, 라, 마 ⑤ 위 모두

2. 2007 개정 교육과정에 의하면, 중 · 고등학교의 주당 재량활동은 어떻게 운영하는가?
① 중학교 : 4시간, 고등학교 : 5단위 ② 중학교 : 3시간, 고등학교 : 6단위
③ 중학교 : 3시간, 고등학교 : 5단위 ④ 중학교 : 3시간, 고등학교 : 6단위
⑤ 중학교 : 4시간, 고등학교 6단위

3. 다음 중 2007 개정 교육과정의 내용으로 <u>틀린</u> 것은?
① 고등학교 1학년 과학과 수업시수를 주당 3시간에서 4시간으로 확대하였다.
② 고등학교 1학년 역사 과목 수업시수를 주당 2시간에서 3시간으로 확대하였다.
③ 고등학교 선택 과목으로 '동아시아사'를 신설하였다.
④ 고등학교 선택 과목군을 5개에서 6개 군으로 조정하였다.
⑤ 고등학교 '선택 과목'을 일반선택 과목과 심화선택 과목군으로 이원화하였다.

4. 2007 개정 교육과정은 주 5일 수업제 월 2회 실시에 따라서 수업일수 및 수업시수를 학교자율로 감축 운영하도록 하였다. 감축 운영 방법으로 <u>틀린</u> 것은?
① 수업일수는 연간 220일의 1/10의 범위 내에서 감축 운영한다.
② 감축 운영 대상은 초등학교 1학년부터 고등학교 10학년까지이다.
③ 수업시수를 연간 34시간(주당 1시간) 범위 내에서 감축 운영한다.
④ 초등학교와 고 2-3학년은 학교 자율로 교과에서 감축 운영한다.
⑤ 중학교 1학년부터 고교 1학년까지는 재량활동 중 교과와 성격이 유사한 교과재량활동에서 감축한다.

5. 2009 개정 교육과정의 특징을 바르게 반영한 학교만을 다음에서 모두 고른 것은?[2010]

> 가. A중학교는 1학년 1학기에 학생들이 이수하는 과목을 8개 이내로 편성 · 운영한다.
> 나. B중학교는 학교의 특성과 학부모의 요구에 따라 교과(군)별 수업시수를 20% 범위 내에서 증감 운영한다.
> 다. 일반계인 C고등학교는 보통 교과의 경우 각 과목을 4단위로 편성하고 각 과목별로 2단위 범위 내에서 증감 운영한다.
> 라. 일반계인 D고등학교는 학생의 요구와 적성 등을 고려하여 학교자율과정에서 진로 집중과정과 관련된 과목의 심화학습이 이루어질 수 있도록 편성 · 운영한다.

① 가, 나 ② 나, 다 ③ 가, 나, 라 ④ 가, 다, 라 ⑤ 나, 다, 라

6. 다음 중 2009 개정 교육과정의 구성 방침으로 <u>틀린</u> 것은?

① 초등학교 1학년부터 중학교 3학년까지 공통교육과정을, 고등학교 3년 과정을 선택과정으로 편성
② 초등학교 1–3학년, 4–6학년, 중학교 7–9학년, 고등학교 10–12학년 등 4개 학년군 설정
③ 공통교육과정의 기존 10개 교과를 국어, 사회/도덕, 수학, 과학/기술 · 가정, 체육, 예술(음악/미술), 영어 등 7개 교과로 개정
④ 선택 교육과정을 기초(국어/수학/영어), 탐구(사회/과학), 체육 · 예술, 생활 · 교양(기술 · 가정, 제2외국어, 한문, 교양) 등 4개 교과영역으로 구분하고, 필수이수단위 제시
⑤ 재량활동과 특별활동을 통합하여 배려와 나눔의 실천을 위한 '창의적 체험활동' 신설

7. 다음 중 2009 개정 교육과정의 중학교 내용으로 맞는 것은?

① 학교장의 판단에 따라 학교가 자율적으로 교과(군)별 수업 시수를 20% 범위 내에서 증감 운영할 수 있다.
② 교육과정은 교과(군)과 재량활동, 특별활동으로 편성한다.
③ 교육 효과를 높이기 위해 학생의 학기당 이수 교과목 수를 8개 이내로 편성한다.
④ 전입 학생이 특정 교과목을 이수하지 못할 경우, 학교장은 인접 과목으로 이수를 대체할 수 있다.
⑤ 학교가 새로운 선택과목 개설이 필요하다고 판단하는 경우에는 학교운영위원회에서 결정한다.

8. 다음 중 2009 개정 고등학교 교육과정 내용으로 맞는 것은?

① 교육과정은 교과(군)와 특별활동으로 편성한다.

② 교과는 보통교과와 전문교과로 하며, 보통교과는 기초, 탐구, 체육, 예술, 생활 · 교양 등 5개 영역으로 구성한다.
③ 창의적 체험활동은 자율활동, 동아리활동, 봉사활동, 진로활동, 학교행사 등으로 한다.
④ 보통교과의 경우 각 과목을 5단위로 편성하고 각 과목별로 1단위 범위 내에서 증감 운영한다.
⑤ 교육 효과를 높이기 위해 학생의 학기당 과목 수를 10개 이내로 편성한다.

9. 다음 중 2009 개정 고등학교 교육과정 편성 · 운영의 지침으로 틀린 것은?
① 학교에서 개설하지 않은 선택 과목 이수를 희망하는 학생이 있을 경우 그 과목을 개설한 다른 학교에서의 이수를 인정하도록 한다.
② 학교 및 학생의 필요에 따라 지역사회의 학습장에서 행하는 학습을 이수 과목으로 인정할 수 있다. 다만, 이 경우 시 · 도 교육청이 정하는 지침에 따른다.
③ 학교는 필요에 따라 대학과목 선이수제의 과목을 개설할 수 있고, 국제적으로 공인받은 교육과정과 과목을 선택 과목으로 인정할 수 있다. 다만, 이와 관련된 구체적인 사항은 교육과학기술부의 기준에 따른다.
④ 학교는 필요에 따라 교과의 총 이수단위를 증배 운영할 수 있다. 단, 전문교육을 주로 하는 학교는 전문교과에 한하여 증배 운영할 수 있다.
⑤ 학교는 학생이 3년간 이수해야 할 학년별, 학기별 과목을 편성하여 안내해야 한다.

10. 2009 개정 교육과정에서 규정하고 있는 평가활동 사항으로 맞는 것은?
① 평가는 모든 학생들이 교육 목표를 성공적으로 달성한 증거수집 과정으로 실시한다.
② 교과의 평가는 선택형 평가와 서술형이나 논술형 평가 그리고 수행 평가의 비중을 각각 50%로 하여 교과별 특성에 적합한 평가를 실시하도록 한다.
③ 학교 밖의 교육 수단을 통해서 익힐 수밖에 없는 내용과 기능은 평가하지 않도록 한다.
④ 창의적 체험활동에 대한 평가는 창의적 체험활동의 내용과 특성을 감안하여 평가의 주안점을 교육청에서 작성, 제공한다.

11. 특정 중학교 혹은 고등학교 1개를 정하고, 학교를 방문하여 2009 개정 교육과정이 어떻게 편성되고 운영되는지 그 사례를 조사 · 분석하고 문제점과 개선방안을 제시해 보라.

제 7 장

교육과정 개발

제1절 교육과정 개발의 의미와 성격
제2절 교육과정 개발모형들
제3절 교육과정 개발 절차 모형들

이 장의 개요

1. 교육과정 개발이란 교육과정 체제를 입안하고 구조화하는 일이다.
2. 교육과정을 개발할 때에는 이를 개발하는 사람들이 이용하는 사고와 활동의 기본적인 틀로서 '모형'이 있다. 이를 교육과정 개발모형이라고 한다.
3. 교육과정 학자들이 연구한 교육과정 개발모형은 매우 다양하게 제시되고 있다. 그것들을 유사한 것끼리 묶으면, 합리적/목표 모형, 예술적 모형, 순환적 모형, 역동적/상호작용적 모형 등으로 분류할 수 있다.
4. 교육과정 개발을 위한 합리적/목표 모형은 교육과정 개발 활동을 매우 체계적이며 단계적으로 이루어지는 사상으로 기술한다. 이에 비해 역동적/상호작용적 모형은 교육과정 개발 현상을 대략적인 절차를 제시하는 것은 가능할런지 모르나 기계적인 활동 순서를 밝히기는 어렵다고 본다. 따라서 역동적/상호작용적 모형에 의하면, 교육과정이 개발되는 모습은 개발되는 상황이나 사정에 따라 달라지는 매우 역동적인 사상이라고 주장한다.
5. 일반적으로 학교 교육과정 개발(SBCD : school based curriculum development)의 절차는 학교 교육과정위원회 조직과 편성 계획 수립⇒교육과정 기준과 지침의 분석⇒각종 실태 조사 및 분석과 시사점 추출⇒학교 교육과정의 기본 방향 설정⇒학교 교육과정 시안 작성⇒시안의 심의 및 확정⇒학교 교육과정 운영⇒학교 교육과정의 평가와 개선 등으로 이루어진다.

교육학이 그러하듯이, 교육과정이란 학문적 탐구의 대상임과 동시에 실천과 실제의 대상이다. 관념적으로는 교육과정이 학문적 탐구의 대상이 될 경우에는 이론과 원리와 모형을 정립하는 것이 탐구자의 중요한 역할이 되는 것이며, 실천과 실제의 대상이 될 경우에는 교육과정의 설계, 개발, 개정 등이 1차적 관심사가 된다. 그러나 학문 탐구의 대상과 실천과 실제의 대상으로서 교육과정은 편의상 구분될 수 있으나 실제는 하나의 사고 체제이다. 즉 교육과정 이론을 탐구하거나 정립하는 사람과, 그러한 이론이나 원리를 기계적으로 가져다가 실행에 옮기는 사람이 따로 있는 것이 아니며, 누구든지(교육과정 학자이거나, 아니면 중 · 고등학교 교사이거나) 이 둘을 동시에 통합하여야 한다.

이 장에서는 교육현장에서 적용하고 이용하기 위한 교육과정을 만들어 내는데 도움을 주는 내용으로서 교육과정 개발의 의미와 성격, 몇 가지 대표적인 교육과정 개발 모형, 그리고 특히 학교중심 교육과정을 개발(SBCD)하는 일반적인 절차 등을 살펴보고자 한다.

제1절 교육과정 개발의 의미와 성격

학문으로서의 교육과정이 아닌 실제로서의 교육과정을 말할 때, 관련된 용어들이 매우 혼란스러움을 느낀다. 교육과정 개발, 교육과정 구성, 교육과정 조직, 교육과정 계획, 교육과정 편성, 교육과정 설계, 교육과정 결정, 교육과정 개정, 교육과정 개선 등의 용어들이 그것이다. 이들 용어들은 엄밀하게 구분하는 경우 약간 다른 의미로 사용된다.

이성호(2004 : 34-35)는 교육과정을 '교육을 주도하는 기관이 체계적으로 개발하여 수립하는 사전계획과 기대하는 결과'로 정의하면서, 교육과정 개발을 교육과정 설계와 교육과정 작동(engineering)의 양 측면을 포함하여 통칭하는 용어라고 하였다. 그리고 교육과정 설계의 요소는 교육과정 계획, 교육과정 시행, 교육과정 평가 등 3가지라고 지적하였다.

진영은(2003 : 28-29)은 교육과정 설계를 목표의 배열, 교과의 선정, 구체적인 교수계획, 사용될 모든 형태의 수업자료, 시간표, 활동기준, 평가와 관련된 교육과정 구성 요소들의 배열로, 교육과정 개발을 교육과정 설계보다 더 넓은 개념으로서 교육과정 설계뿐만 아니라 사회문제, 교육의 기초, 변화와 개혁을 위한 조직, 프로그램 행정, 교과 혹은 학문의 본질, 인간관계, 조직개발, 이론과 실제, 장학, 연구, 인사문제 등과 같은 폭넓은 활동이라고 하였다. 그리고, 교육과정 설계는 목적, 내용 또는 경험의 선정과 조직, 교육평가 등을 다루는 기술만을 강조하는 것임에 비하여, 교육과정 개발은 설계와 그 배경, 교육과정 구성, 시행, 평가, 개혁의 수단과 방법까지를 포괄한다고 하였다.

또 김재춘 등(2005 : 149)은 교육과정 개발을 교육과정 계획과 설계, 이들 활동이 이루어지는 과정으로 광의로 기술하고 있다. 즉, 교육과정 개발은 교육과정 설계와 구분되는 용어로서, 전자는 교육과정의 구성 요소를 배열하는 일로서 교육과정 설계와는 달리 '과정'에 초점을 맞추며, 후자를 교육과정 구성 요소 각각의 성격 및 내용을 밝히고, 이들 요소들이 하나의 체계적인 교육과정으로 결합될 수 있도록 배열하는 방식으로서, 설계의 초점은 교육과정이 개발되는 과정이 아닌 교육과정 그 자체의 '내용'이나 '실체'에 있다고 하였다.

또 강현석과 주동범(2004 : 23-25)은 교육과정 설계를 교육과정 조직과 동의어로 사용되며, 목적 및 목표, 교과 및 내용, 학습활동, 평가 등의 교육과정 구성 요소들의 배열과 조직을 의미하는 것으로, 교육과정 구성을 설정된 일반적인 교육목표를 달성하기 위해 교육목표를 구체적인 것으로 세목화하고 학습내용 및 경험을 선정 · 조직하는 것으로서, 여기에는 일반 교육목표의 분석에 의한 구체적 목표의 진술, 스코프와 시퀀스의 설정, 학습내용 및 경험을 선정 · 조직, 단원의 구성 등이 포함된다고 하였다. 그리고 교육과정 개발은 교육과정의 기초 연구, 방향 결정, 성격 규정, 목표의 지향, 목표 설정, 실행 및 운영, 평가, 지도상의 유의점 모두를 새로운 차원에서 입안하는 것으로 정의하였다.

한편, 곽병선(1987 : 266)은 교육과정 개발과 교육과정 결정의 의미를 혼용하는 가운데, 교육과정 개발에는 교육과정 제정, 교과용 도서편찬, 수업계획 수립 등 3대 영역이 포함되는 것으로 설명하였다. 그리고, 김종서 등(1999)은 이들 용어들을 정의하는 일을 생략한 채 교육과정 계획에 교육목표 설정, 교육내용의 선정과 조직, 단원계획 등 3대 요소가 포함되는 것으로 개념화하였다.

교육과정 체제(curriculum system)는 교육과정의 구성, 교육과정 실행, 교육과정 평가 및 교육과정 체제의 효과성 평가 등 3대 요소를 이루고 있다. 그러므로 교육과정 개발이란 교육과정 체제를 입안하고 구조화하는 활동이다. 따라서 필자는 앞에서 살펴본 교육과정 구성, 편성, 계획, 설계, 조직, 개발 등의 용어들을 엄밀하게 구분하지 않고 '개발'로 통일하여 사용하고자 한다. 용어의 의미를 분명하게 하는 일은 교육과정 학자들에게는 의미 있는 일이 될 수 있으나, 교육과정을 만들거나 운영하려는 사람들에게 여러 학자들이 정의하려고 시도하는 방식에서 용어들의 사소한 의미상의 구분이 오히려 혼란을 초래할 가능성이 크다고 보기 때문이다. 따라서 여기서는 교육과정의 개발을 '학교 교육활동 계획 중 교육목표를 설정하고, 교육내용과 학습경험을 선정 및 조직하고, 교수-학습 활동을 계획하고, 교육과정 평가 방법을 구안하여 이들 교육과정 구성 요소들 간의 유기적인 관련성을 맺도록 구조화하는 일'이라는 제한적인 의미로 사용하고자 한다.

교육과정을 개발한다는 것은 교육과정의 정의에 충실한 교육활동 계획을 수립하는 것이다. 이 일은 실로 복잡하고 어려운 것으로 인식되고 있다. 이 일은 개발될 교육과정의 규모와 성격에 따라서 1개월, 1년, 혹은 수년이 걸릴 수도 있다. 이 일을 수행하는 1개월, 1년, 수년의 활동들을 일일이 열거하는 것은 불가능하다. 그래서 교육과정 탐구의 세계에서는 모든 활동들을 열거하기보다는 그 일의 대강을 압축해 놓거나 요약해서 제시해 주는 모형이나, 이론이라는 것을 개발하려고 한다. 이것들이 개발활동의 안내와 지침의 구실을 할 것이기 때문이다. 우리는 이 절에서 이들 모형과 이론들을 고찰하고자 한다. 이들은 일종의 선택을 위한 대상들이며, 어느 것을 선택할 것인가의 문제는 개인과 학교와 교육활동이 전개되는 맥락의 성격에 달려 있다.

제2절 교육과정 개발모형들

교육과정 개발은 실제의 문제임과 동시에 이론의 문제이기도 하다. 다른 학문 영역과는 달리 교육과정은 학교 교사들이 가장 직접적으로 부딪치는 대상이다. 그렇기 때문에 교사는 교육과정에 관하여 이론적으로 밝아야 한다. 이 점에서 모형, 이론 등의 용어들이 어떤 것인가를 잘 이해할 필요가 있다.

모형이나 이론은 실제를 개념적으로 요약하여 단순화한 표상(表象)이다. 지구의(地球儀)는 지구상의 나라, 산, 강, 바다 등의 실체를 가능한 사실 그대로를 표상화한 것이다. 비행기 모형은 복잡한 비행기의 구조의 실체를 단순하게 그림으로 나타낸 것이다. 이론도 마찬가지다. 학업성취이론은 학습자의 학업성취에 관련되어 있는 혹은 학업성취를 구성하는 제 변인들을 법칙을 사용하여 축소시켜 놓은 진술이다. 실체는 문장이나 그림으로 완벽하게 표현할 수 없으며, 이러한 모형이나 이론을 이용하여 자료나 현상을 이해하고 관련성을 분석하기 위한 하나의 조력자 구실로 활용한다.

교육과정 개발모형은 교육과정이라는 매우 복잡하고 상황과 시대와 사정에 따라서 천차만별로 기술할 수 있는 실체 속의 요소들을 조사하고, 그러한 요소들이 어떤 모양으로 상호 관련되어 있는가를 이해, 조사, 연구하기 위한 개념적 틀이다. 동시에 교육과정을 개발하는 절차와 활동의 전개과정을 절차와 활동의 중요한 요소를 중심으로 표상화한 것이다. 그리고 이 모형은 이론의 한 부분이기도 하며, 이론을 개발할 때 모형이 유용하게 이용된다. 이에 비하여 교육과정 이론은 교육과정을 이루고 있는 제 요소들 간의 사실적 관계를 나타내고 있는 진술문이다. 교육과정 개발모형은 개발의 '접근방법'으로 표현되기도 한다(박현주, 2005 : 56).

교육과정 개발 작업이나 활동에 포함되는 요소들이 무엇이며, 각 활동 요소들

간의 관계가 어떻게 되는가를 축약적으로 표현해 주는 개발모형은 교육에 대한 시각만큼이나 다양하다(이귀윤, 1996 : 187). 박현주(2005 : 56-57)는 여러 학자들의 교육과정 개발모형 혹은 개발접근을 크게 체계적 접근과 비체계적 접근으로 구분하여 다음과 같이 정리하였다.

표 7-1
교육과정 개발 접근방식들

<table>
<tr><th></th><th colspan="2">Miller & Seller</th><th>Marsh & Wills</th><th colspan="2">Ornstein & Hunkins</th><th>MacDonald</th><th colspan="3">Posner</th></tr>
<tr><td rowspan="3">체계적 접근</td><td rowspan="2">전달 입장</td><td rowspan="2">Gagné</td><td rowspan="2">목표모형 (Tyler)</td><td rowspan="3">기술적·과학적 접근</td><td rowspan="3">Tyler
Taba
Saylor & Alexander
Goodlad & Richter
Hunkins
Miller & Seller</td><td rowspan="2">조정(선형적-전문가 모형)</td><td rowspan="3">기술적 산출시각</td><td>절차적 질문</td><td>Tyler
Taba</td></tr>
<tr><td>기술적 질문</td><td>Walker</td></tr>
<tr><td>상호작용 입장</td><td>Taba
Robinson</td><td>숙의모형 (Walker)</td><td>합의(순환적 합의모형</td><td>개념적 질문</td><td>Goodlad & Johnson</td></tr>
<tr><td>비체계적 접근</td><td>변형 입장</td><td>Miller & Seller
Cornett
Fantini</td><td>예술적 접근 (Eisner)</td><td>비기술적·비과학적 접근</td><td>자유토론식 학습모형
Weinstein & Fantini
Rogers</td><td>해방(대화) 모형</td><td>비판적 시각</td><td>이념적 질문</td><td>Freire</td></tr>
</table>

그러나 이를 하나의 연속선상에 그려 보면 다음과 같은 그림으로 표현할 수 있다. 물론, 이들 모형의 절충형이나 변형들은 얼마든지 있을 수 있으나, 이들을 유사한 것으로 묶으면 네 가지 모형으로 대별할 수 있다(선 아래의 인명은 각 모형을 개발하거나 주장하는 학자들의 이름이며, 필자는 이경섭(1997 : 28)에서 제시한 모형에 Eisner 모형을 추가하였음).

합리적 모형	예술적 모형	순환적 모형	역동적 모형
Tyler, Taba	Eisner	Wheeler, Nicholls	Walker, Skilbeck

[그림 7-1] **교육과정 개발모형의 연속성**

이 네 가지 교육과정 개발모형이 연속선상에 위치지울 수 있다는 점은 그 기준이 단계적이며 체계적인 과정을 거치는 정도를 기준으로 삼았다는 이야기가 된다. 따라서 가장 왼쪽의 합리적/목표 모형이 가장 계열적이며, 교육과정 개발활동 요소들 각각이 철저히 단계적으로 진행되는 것을 강조한다. 반면에, 가장 오른쪽의 역동적/상호작용적 모형은 교육과정 개발과정이 매우 신축적인 활동임과 동시에 기계적인 단계를 거쳐 나가는 어떤 계열을 상정하는 것이라기보다는 그때 그때 상황적 조건에 따라서 무계열적인 활동으로 본다. 그러나 뒤에서 알 수 있듯이, 모든 교육과정 개발모형들은 모종의 순서와 계열을 따르기 마련이며, 그러한 계열의 엄격함 정도에 따라서 서로 다른 이름의 모형들이 개발된 것으로 보아야 한다. 그리고, 교육과정 개발활동에 이름 붙여진 명칭은 약간씩 다르지만, 그 핵심적이고 공통적인 활동은 교육과정의 중핵적 요소인 교육목표의 설정, 교육내용의 선정, 교육내용의 조직, 교수-학습방법의 계획, 교육평가 방법의 계획 등이다.

1. 합리적 모형

이 모형은 종종 목표모형, 고전적 모형, 목적-수단모형 등으로 불리우는데, 교육과정 개발에 대한 접근법으로서 목표로부터 시작하여 내용, 방법, 평가에 이르기까지 하나의 연속선적 계열을 따른다. 이 모형은 교육과정 개발 작업은 활동 요소들이 고정된 계열을 따라서 이루어지는 것으로 본다. 합리적 모형이라는 이름은 누구나 이해하기 쉬운 단계와 절차를 간명하게 밝히고 있어 우리의 상식이나 사고의 습관과 일치한다는 점에서 붙여진 것이다. 그리고 고전적 모형이라는 이름은 이 모형이 가장 오래전에 개발되어 다른 모형의 개발을 위한 기초를 제공해 주고 다른 모형개발에 영향을 크게 미쳤다는 점에서 붙여진 이름이다. 이 모형의 대표적인 학자는 Ralph R. Tyler와 Hilda Taba이다.

가. Ralph R. Tyler의 견해

Tyler는 1949년에 『교육과정과 수업의 기본 원리』(Basic Principles of Curriculum and Instruction)이라는 조그마한 분량의 저서를 통하여 그의 교육과정 개발에 대한 입장을 간명하게 밝혀 놓았다. 이 소책자는 그 후의 교육과정 개발에 대한 연구와 실제에 매우 중요한 영향력을 행사하여 오늘에 이르고 있다. 그는 모든 교육과정을 개발하는데 있어서(수업과정을 포함하여) 다음의 네 가지 기본적인 문제를 다루어야 한다고 제안하였다.

(1) 학교는 어떤 교육목적을 달성하려고 노력해야 하는가?(교육목표)
(2) 이 목표를 달성하기 위하여 어떤 교육적 경험이 선정되어야 하는가?(학습경험의 선정)
(3) 선정된 학습경험은 어떻게 조직해야 교육목표를 달성하는 데 도움이 되는가?(학습경험의 조직)
(4) 설정한 교육목표가 어느 정도 달성되었는가를 어떻게 확인할 수 있는가(학습성과의 사정과 평가)

Tyler는 유명한 '8년 연구'의 리더로서 활동한 경험과 자신의 교육과정에 관한 학문적 배경을 기초로 이러한 교육과정 개발모형을 제시함으로써 지난 40여 년 동안, 그리고 오늘날까지도 교육과정 개발자들과 학자들에게 중요한 영향을 미쳐 왔다. 교육과정 개발과정에 대한 그의 모형을 좀 더 구체적으로 제시하면 [그림 7-2]와 같다.

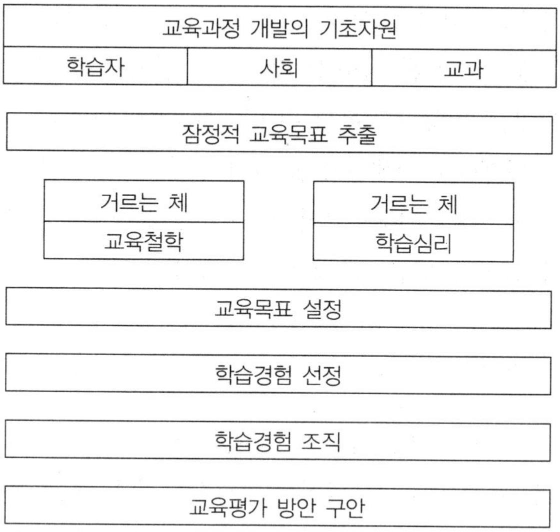

[그림 7-2] **Tyler의 교육과정 개발모형**

이 모형에 따르면, Tyler는 교육과정 개발의 과제를 네 가지 문제에 대한 논리적이고 계열적인 해결책으로 보았다. 일단 목표가 결정되면, 그러한 목적 혹은 목표를 달성하는데 최적이라고 생각할 수 있는 교육적 경험의 선정문제가 해결되어야 한다. 그 다음에 선정한 학습경험을 조직하는 문제가 해결되어야 하며, 마지막으로 처음 단계에서 설정한 목표가 얼마나 잘 달성되었는가를 평가하는 방안이 마련되어야 한다.

Tyler는 교육과정을 개발할 때, 목적(목표)을 명확히 규정하는 것이 절대적으로 필요하고 중요하다고 하였다. 목표 설정시 현대사회에 대한 연구, 학습자의 심리에 대한 연구, 교과전문가의 견해 등에 기초하여 교육목표가 설정되어야 한다고 지적한다. 교육목표가 드러나면, 교육철학과 학습심리라는 틀(체)에 의하여 걸러지고 우선순위를 밝히게 된다. 그리고 목표는 가능한 한 구체적으로 설정되어야 한다고 주장한다(Tyler의 교육과정 개발모형에 대한 상세한 내용은 진영은(1996)이 번역한 Tyler의 "교육과정과 수업의 기본 원리"를 참고).

이와 같은 Tyler의 교육과정 개발모형은 개발의 어떤 요소들보다 목표를 우선시한다는 점에서 목표우위모형이며, 목표가 평가할 바가 무엇인가를 안내한다는 점에서 평가중심모형이며, 개발의 단계가 목표 설정에서부터 평가 방법 구안으로 직선적인 계열을 따라 진행하는 것으로 본 점에서 직선적 모형이며, 모형을 누구나 쉽게 이해할 수 있고 적용할 수 있다는 점에서 합리적 모형이며, 교육과정 개발자가 각 단계에서 수행해야 할 바가 무엇인가를 구체적으로 알려준다는 점에서 처방적 모형이며, 전체로부터(전체 교과) 부분으로(각 교과의 단원으로) 진행된다는 점에서 연역적 모형이라고 할 수 있다.

나. Hilda Taba

Taba는 『교육과정 개발 : 이론과 실제』(Curriculum Development; Theory and Practice, 1962)라는 저서에서 교육과정 개발과정에 대한 접근 방법을 제시함으로써, 학교수준에서의 교육과정 개발에서 고전적 모형이라고 할 수 있는 Tyler의 교육과정 개발모형을 수정했다.

접근 방법에 있어서는 Tyler와 마찬가지로 여전히 단선적(單線的)인 반면, Taba는 교육과정 개발 과정의 각 단계에서 보다 많은 정보들이 투입되어야 한다고 보았다. 그는 〔그림 7-3〕과 같이 7가지 계열적 단계를 제시하였다.

학습자의 요구 진단	: 학습자가 필요로 하고 요구하는 바를 조사 · 분석한다.
교육목표의 구체화	: 요구진단에 기초하여 달성할 교육목표를 구체적으로 기술한다.
내용의 선정	: 목표달성에 적합한 교육내용을 선정한다.
내용의 조직	: 선정한 교육내용을 체계적으로 조직한다.
교수-학습 방법 설계	: 내용의 교수-학습방법을 설계한다.
학습활동의 조직	: 학습자를 염두에 두고 전개할 학습활동 방법을 결정한다.
교육평가 방안 구안	: 교육목표 달성도 평가방안을 계획한다.

[그림 7-3] **Taba의 교육과정 모형**

Taba 모형은 근본적으로 Tyler모형과 동일하다. 단지 Tyler모형을 보다 구체적으로 기술하는 모형을 제시하였을 뿐이다. 특히, 학습자의 요구 진단으로부터 교육과정이 개발되어야 한다는 주장은 그녀의 캘리포니아에서의 학교 교육경험에서 비롯된 것이다. 교사들과 함께 활동하면서, Taba는 교사란 미래의 중요한 교육과정 개발자들이며 체계적이고 논리적인 모형이 교사들에게 있어서 매우 가치 있다고 생각한 것이다. 따라서, Taba 모형에서는 '세목적 단계'를 강조하고 있다.

다. 합리적 모형의 강점과 단점

1) 강점

(1) 합리적 모형은 교육과정 개발과정을 단순하고 단계적으로 접근하는 방법을 제시함으로써 우리의 상식에 부합하는 이해가 용이한 모형이다.

(2) 시간-효능의 접근 방법을 제공해 주고 있다. 교육과정 개발과정을 매우 체계적이고 순차적인 것으로 기술하기 때문에 순서에 따라서 단계적인 활동을 전개해 나가면 시간을 절약할 수 있고 효과적으로 교육과정을 개발할 수 있는 가능성이 커진다는 것이다.

(3) 교육목적 혹은 목표를 강조함으로써 교육과정 개발의 방향을 명확히 하고 개발상의 혼란을 막을 수 있다.

(4) 교사들이 학교 현장에서 용이하게 적용할 수 있다.

2) 단점

(1) 교육과정 개발 작업이, 합리적 모형이 제시해 주는 것과 같이, 기계적이고 계열적 순서대로 진행되는 것만은 아니다. 따라서 역동적으로 사고하는 사람들에게는 오히려 어려움을 느낀다.

(2) 설정한 목표와 교수-학습 상황이 일치하지 않을 수 있으며, 이러한 문제를 이 모형은 적절하게 다루지 못하고 있다. 교수-학습은 항상 예측 가능한 것이 아니다.

(3) 합리적 모형은 교육목표의 행동적 진술을 지나치게 강조함으로써 목표의 행동적 진술이 어렵거나 불가능한 경우가 있음을 간과하고 있다. 또 교사들로 하여금 목표설정에 너무 많은 시간을 투입하도록 함으로써 상대적으로 다른 교육과정 개발 요소를 소홀히 다루도록 만들 가능성이 있다.

2. Eisner의 예술적 모형

가. 모형의 개관

Eisner의 교육과정 개발모형은 근본적으로 Tyler의 합리적 모형과 유사하다. 다만, 교육과정 개발이 학습자의 요구나 필요 등을 객관적으로 조사하여 객관적으로 교육목표를 추출하는 것과 같은 행동과학적 접근을 문제삼았다. 그에 의하면, 교육과정 개발이란 부단한 의사결정 과정이며, 교육과정에 대하여 의사결정을 하는 사람은 실재에 대한 다양한 시각을 표현하는 예술가와 같은 사람이라고 주장한다(박현주, 2005 : 90). 미술교사로서의 교직경험과 미술 교육과정 프로젝트에 참여한 경험을 통하여, Eisner는 교육과정이 객관적인 방식으로 기계적으로 개발될 수 있는 대상이 아니라 예술가적 상상력이 동원되는 교육적 상상력의 발휘 없이는 제대로 된 교육과정 개발은 불가능하다고 생각하였다.

에이즈너의 예술적 교육과정 개발모형은 다음과 같다(Marsh & Willis, 1995 : 24; 홍후조, 2006 : 259).

교육목표 추출과 우선순위 결정	: 일반적이고 보편적인 방식의 교육목표 설정
교육과정의 내용 선정	: 표면적 교육과정 + 영교육과정
교수-학습활동 계획	: 교사의 교육적 상상력이 가장 잘 발휘된다.
학습기회의 조직	: 계단식 모형과 거미줄 모형 등 학습자 중심의 학습기회 조직
내용영역의 조직	: 학습자에게 의미 있는 경험을 줄 수 있는 내용을 다양하고 통합적 방법으로 조직
내용의 제시방식과 표현양식의 다양화	: 다양한 방식으로 가르치고 학습하며, 표현하는 능력을 구안
교육평가 방안 구안	: 예술적 평가방법에 기초한 교육평가 방안 구안

[그림 7-4] Eisner의 교육과정 개발모형

나. 개발의 절차(Marsh & Willis, 1995 : 25-27)

1) 교육목표 추출과 우선순위 결정

Eisner(1985)는 구체성의 정도에 따라서 교육목적, 교육목표, 수업목표를 구별하고, 교육과정 개발에서는 교육목표를 설정하기를 권장하였다. 교육목적이란 어떤 집단이 지니고 있는 가치관을 밝히고 있는 일반적인 선언적 진술이라며, 교육목표는 어떤 교과나 교육프로그램을 개설한 의도를 진술한 것으로, 수업목표는 교수-학습이 종결된 후에 학생이 어떤 능력과 행동을 나타내 보여야 할 것인가를 밝힌 진술이다. Eisner는 교육목표의 우선순위를 결정하는 요소로서 교육과정이 시행되는 상황과 목표 달성 가능성을 들었다. 그러나 교육목표의 우선순위를 정하고 설정하는 역할은 교육과정 결정자의 교육에 관한 가치관이라고 하였다.

Eisner는 교육과정에 행동적 목표와 같은 구체적인 목표를 포함시키는 것은 부적절하며, 일반적이고 종합적인 목표, 학습활동이 끝난 후에 드러날 표현적 목표(expressive objectives) 혹은 잠재적 목표의 중요성을 강조하면서, 목표가 반드시 교수-학습 이전에 설정될 필요는 없으며 교수-학습 과정에서도 설정될 수 있다고 주장한다.

2) 교육과정의 내용 선정

교육과정의 내용을 선정할 때에는 교육목표 달성에의 적합성과 학습자에의 유의미성이라는 기준이 중요하다고 하였다. 그는 전통적인 주지주의 교과들만으로 구성되는 교육과정을 비판하면서 학습자들에게 의미 있는 경험을 제공할 수 있는 대중문화나, 전통적으로 교육과정에서 배제되어 온 영(零, null)교육과정에 관한 고려의 필요성을 지적하였다.

3) 교수-학습활동 계획

교육과정 개발자들이 교육적 상상력을 발휘해야 할 중요한 과정이 바로 학생들에게 의미 있고 만족스러운 다양한 학습경험을 어떻게 제공해 줄 것인가라를 '교수-학습활동 계획' 과정이라고 주장한다. 동일한 학습경험 요소라고 하더라도 교육과정 개발자의 상상력에 의해 학습자에게 주어지는 경험의 양과 질이 달라진다는 것이다.

4) 학습기회의 조직

학습기회의 조직이란 학습자들이 교육과정을 직접 실현해 가는 절차를 처방하는 것으로 교육과정 계열화라고 할 수 있다. 교육과정을 계열화하는 방법은 '계단식 모형'과 거미집 모형 등 두 가지가 있다(박현주, 2005 : 92). 전자가 선형적 절차모형이라면, 후자는 하나의 주제나 내용을 학습하기 위한 과정, 기회가 열려 있는 확산적 모형이다. 에이즈너가 강조하는 학습기회 조직 방식은 거미집 모형이다.

학습기회 조직으로서 확산적 모형을 택할 경우, 학습자의 위치와 교사의 역할은 Tyler모형에서와는 사뭇 달라진다. 학습자는 자신의 학습기회를 선택할 권리를 갖게 되며, 과정이 다르기 때문에 학습의 결과도 획일적으로 나타나지 않는다. 또 교사는 내용이나 경험의 전달자 혹은 지시자라기보다는 학습자의 학습기회에 대한 참여를 동기화하고 안내하는 안내자 역할이다.

5) 내용영역의 조직

Eisner는 전통적인 방식의 학문에 근거한 교과교육과정과 같은 내용 조직방식에 대하여 비판적인 입장을 취한다. 그 이유는 학습자의 실제 생활과 괴리될 수 있어서 생활상의 문제해결 능력을 기를 수 없으며, 학습자들을 획일화시킨다는 점이다. 따라서 그는 내용 조직은 획일적 방식에서 벗어나 다양화를 추구하면서 동시에 통합적인 경험을 할 수 있도록 조직되기를 요구한다.

6) 내용의 제시방식과 표현양식의 다양화

Eisner는 학습내용을 제시하는 방식과 학습자가 학습한 바를 그려내는 양식은 학습자에 따라서 매우 다양함에도 불구하고, 그리고 이와 같은 양식들을 존중해야 함에도 불구하고 전통적인 교과중심 혹은 학문중심 교육과정은 학습 내용을 제시하는 방식이 매우 제한적이며, 학습자가 학습한 바를 표현하는 방식은 강화를 받을 수 있는 목록이 제한되어 있기 때문에 제한된 범주에서만 표현하는 제한적인 양식을 습득한다는 것이다. 그래서 그는 교육과정을 개발할 때는 같은 내용이라도 다양한 방식으로 제시해야 하며(학습과정의 평등성), 학습자가 그 내용을 학습한 결과도 다양하게 표현할 수 있는 길을 열어 두어야 한다고 주장한다. 그렇지 않으면 학습결과의 평등성, 즉 학습자의 균등한 교육기회를 빼앗는 것이라고 지적한다.

7) 교육평가 방안 구안

Eisner는 교육평가라는 용어를 사용하고 있기는 하지만 전통적인 의미의 교육평가라기보다는 교육과정 평가를 강조하였다. 그의 교육과정 개발모형을 '예술적 모형'이라고 표현하는 데에서 시사되듯이 교육과정 평가란 교육적 감식안이나 비평과 같은 예술적 평가방법이 적용되어야 한다고 주장한다. 그러므로 평가자는 단순히 교육과정에 반영되어 있는 내용의 학습결과를 평가하는 데 그쳐서는 안 되며, 다양한 반응을 평가할 수 있어야 할 뿐만 아니라 교육이 일어난 상황을 잘 읽을 수 있는 능력, 학습자의 다양한 반응에 민감성을 지닐 것을 요구하고 있다.

다. Eisner 예술적 모형의 장·단점

1) 장점

(1) Tyler의 합리적 모형에 비하여 교육과정 개발과정의 융통성과 신축성을 강조하고 인정함으로써 교육과정 개발 활동을 보다 역동적으로 파악하였다.

(2) 교육과정 개발과정에서 영교육과정의 실체에 대하여 계속 주목하도록 하였다.

(3) 교육과정 개발에서 교사의 전문성 발휘를 강조하였다.

2) 단점

(1) 합리적 절차 모형의 문제점을 잘 파악하고 있으나, 그 대안을 구체적으로 제시하지 못하였으며, 그의 모형을 학교 현실에서 적용하기에 쉽지가 않다.
(2) 학습과정과 학습활동 후에 드러나는 '표현적 목표'를 주장하면서, 교수활동이 전개되고 난 후에 종합적이고 일반적인 용어로 표현되는 목표를 설정해야 한다고 하였으나, 교육목표란 학습활동이 이루어지기 전에 설정되어야 한다는 근거의 대안으로는 부적절하다.

3. 순환모형

가. Wheeler의 순환적 모형

(1) 합리적 모형의 연장이라고 할 수 있으나, 교육과정 개발을 상황의 변화, 새로운 정보나 실제에 따라서 항상 변화하는 하나의 지속적 · 순환적 활동으로 간주한다.
(2) 합리적 모형에서와 같이, 교육과정 개발활동 요소들 간의 차이점이나 단계가 명확하지 않으며, 상호 관련적이고 의존적인 관계로 파악한다. 예컨대, 교육과정 개발자들은 내용을 검토하면서 동시에 교수-학습방법을 구상하게 된다.
(3) 서호주대학교의 교수였던 Wheeler는 Tyler, Taba의 아이디어를 더욱 확장시키는데 기여하였다. Wheeler(1967)는 『교육과정 개발과정』이라는 저서에서 교육과정의 각 요소들은 상호 관련되어 있고, 상호 의존적이며, 순환적 형태를 띠고 있다고 주장한다. 그러나, 여전히 각 단계들은 계열적으로 진행되므로 합리적 형태를 띠고 있다. 그의 모형은 [그림 7-5]와 같다.

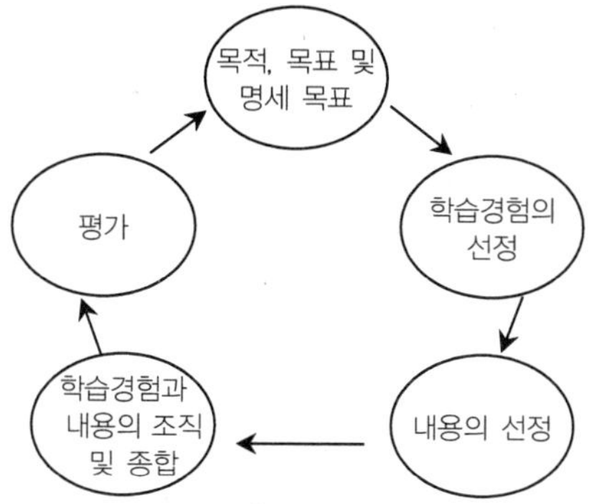

[그림 7-5] **Wheeler의 교육과정 개발과정 모형**

이들 단계들은 Tyler, Taba가 밝히고 있는 필수적 요소들을 통합해 놓고 있는데, 그 표현 양식은 약간 다르다.

나. Nicholls, A. and A. H. Nicholls

이들은 『교육과정 개발 : 하나의 실제적인 지침』(Developing Curriculum : A Practical Guide, 1978) 이라는 책에서 새로운 순환적 접근 방법을 제안하였다. 이들은 교육과정 개발의 순환적 성질과 예비단계, 즉 상황분석을 강조함으로써 Tyler, Taba, Wheeler의 아이디어를 더욱 확장 세련시켜 놓았다.

이들이 제시하고 있는 교육과정 개발과정은 다음의 5단계가 연속성을 지니면서 각 단계가 상호의존적으로 이루어진다.

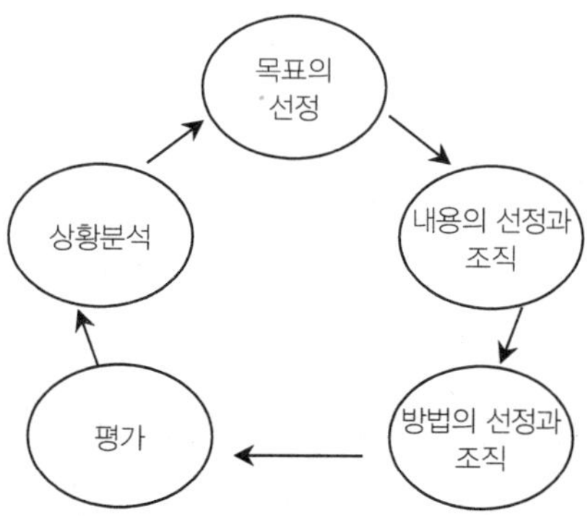

[그림 7-6] **Nicholls and Nicholls의 교육과정 개발모형**

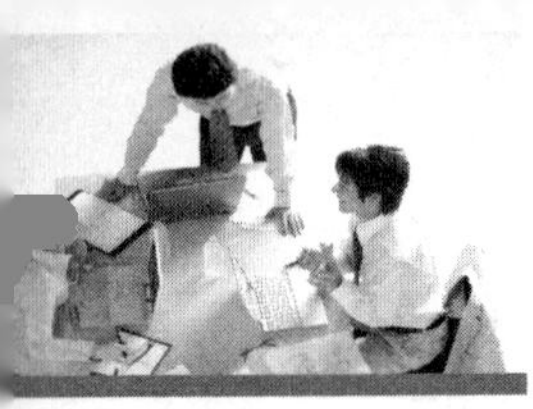

이들 상호의존적 단계에서 가장 특징적인 것은 '상황분석'이다. 각 학교의 교육과정 개발자들이 주위환경, 특히 학습자의 요구에 보다 잘 대처하기 위해서는 우선 상황분석이 이루어져야 한다는 것이다. 상황분석으로부터 표출된 지식과 통찰을 활용하여 전체적 상황을 구성하고 있는 요인들을 진단, 분석할 수 있는 보다 포괄적인 접근 방법을 제시한 것이다.

다. 순환적 모형의 장점과 단점

1) 장점

(1) 목적, 목표, 명세목표의 역할을 강조함으로써 교육과정 개발자로 하여금 개발과정이 진행되기 이전에 그 과제들을 개념화하도록 요구한다. 이것은 합리적 사고를 촉진시켜 보다 효과적인 교육과정을 개발할 수 있는 확률을 높여 준다.

(2) 상황분석을 하나의 출발점으로 삼기 때문에 효과적인 목표가 설정될 수 있는 기초 자료를 제공해 준다.

(3) 상황분석은 교육과정 개선상황이 일어나면 항상 신축성 있게 변화하는 것을 전제로 하므로 상황의 변화에 능동적으로 대처할 수 있는 가능성을 확대시켜 준다.

(4) 모형에 대한 이해가 용이하기 때문에 학교 교사들이 적용하기가 쉽다.

2) 단점

(1) 순환적 모형은 상황분석으로부터 개발 작업이 시작된다는 것을 가정한다. 그러나, 상황분석이 일단 이루어지고 난 뒤에는 어느 교육과정 요소에서라도 변화를 야기시킬 수가 있다.

(2) 효과적인 상황분석을 위해서는 매우 많은 시간이 소요된다. 이는 귀찮고 힘든 일이므로 많은 교사들은 '경험에서 생긴' 직관에 의존하는 경향이 있다.

4. 역동적 모형

교육과정 개발의 역동적 모형은 Walker와 Skilbeck에 의해 제안된 것으로 그 특성과 개발과정은 다음과 같다(이경섭, 1997 : 43-52).

Walker와 Skilbeck은 교육과정을 개발할 때 나타내 보이는 교사와 개발자들의 행동을 직접 관찰한 후, 그 관찰로부터 이 모형을 도출한 것이다. 이들의 관찰에 의하면, 실제로 교육과정 개발이란 직선적이며 계열적인 형태를 따르는 것이 아니라는 것이다. 이들은 학교 현장에서의 교육과정 개발은 어느 교육과정 요소로도 시작하기도 하고, 어떠한 순서로 진행되어도 무방하다는 점을 관찰하였다. 또 교육과정 계획에 있어서 획득해야 할 것으로 미리 결정된 정보가 중요한 것이 아니라 학습자의 요구가 더 중요하다고 강조한다.

가. Decker Walker의 자연주의적 모형

Walker는 자신의 연구에 따라서 다음 [그림 7-7]과 같은 교육과정 개발모형을 제시하였다.

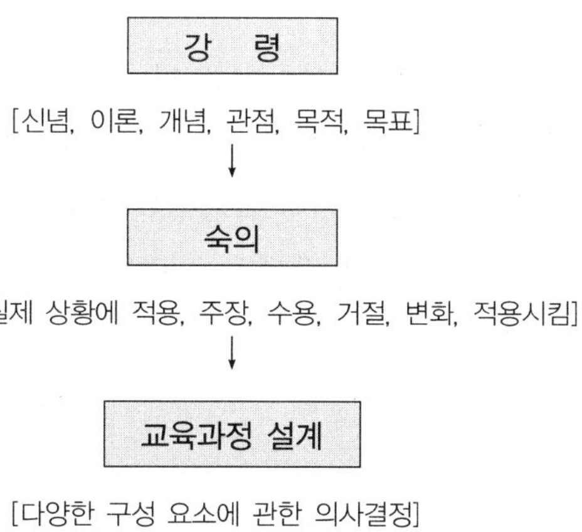

[그림 7-7] Walker의 교육과정 개발과정 모형

첫 번째 단계에서 교육과정 개발자들은 '강령(綱領)'(출발점 다지기) 단계로부터 활동을 전개한다. 이 과정에는 교육과정에 관한 아이디어, 선호성, 관점, 신념, 가치 등의 갖가지가 포함된다. 교육과정 개발자들은 '공백의 상태'에서 출발하지 않으며, 자신들이 기존에 지니고 있는 아이디어, 가치, 신념 등 선행경향성을 지니고 있기 마련이며, 이것이 교육과정 개발의 기초 다지기 혹은 강령만들기 과정이 된다.

일단 개개인의 상호작용을 통하여 전체적인 방향이 잡히면, 그들은 숙의의 단계로 들어간다. 이 과정에서 다양한 의견들이 제시되고 서로 갈등하거나 상치되는 의견들을 조정하며 주장, 수용, 거절, 변화, 적응, 대안 모색 등의 과정들을 거쳐 명료성을 이루어내는 결과를 얻는다.

Walker모형의 마지막 단계는 소위 '설계' 단계이다. 이 단계에서 교육과정 개발자들은 개발과정의 여러 구성 요소에 대하여 결정을 내리게 된다. 그런 뒤에 어떤 합의가 이루어지면 결정사항을 기록하고, 이것을 교육과정 문서 혹은 구체적인 교육과정 자료로 삼는다.

Walker 모형과 고전적/목표 모형과의 차이점은 목표와 평가의 역할을 상이하게 파악하는데 있다.

나. Malcolm Skilbeck

호주 교육과정 개발센터의 前 원장이었던 Malcolm Skilbeck은 학교단위 교육과정 개발(SBCD) 모형을 창안하였다. 역동적 혹은 상호작용 모형에 의하면, 교육과정 개발자는 어떤 교육과정요소로부터 개발활동을 시작할 수도 있고, 어떠한 수준의 계열성을 따라 진행할 수도 있다. 그의 교육과정 개발모형은 다음 [그림 7-8]과 같다.

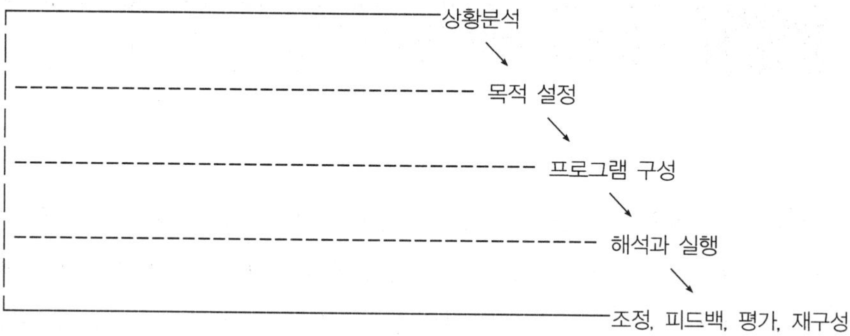

[그림 7-8] Skilbeck의 교육과정 개발 모형

다. 역동적 모형의 장점과 단점

1) 장점

(1) 행동목표 진술에 어려움과 회의를 갖는 교사들이 현실적으로 적용 가능한 모형이다.

(2) 융통성 있는 모형으로서 개발자들의 자율성과 창의성을 인정하며 이를 교육과정 개발과정에서 발휘할 수 있다.

(3) 학교 교육과정 개발의 실제를 잘 반영한다. 학교 교육적 상황을 잘 반영하고 있으므로 교육과정 개발과제를 학습하는 사람들에게 매우 적절하다.

2) 단점

(1) 교육과정 개발 작업의 나아가는 방향이 뒤섞여 있어 방향감이 부족하다.

(2) 운영실제에 있어서 개발자들의 역할상 혼란이 야기될 가능성이 크며, 전체를 충분히 반영하지 못하게 된다.

(3) 목표를 설정해 두는 일을 소홀히 하므로 어디로 나아가고 있는가를 분명하게 이해하기 곤란하다.

(4) 시간낭비가 클 가능성이 크다. 특히 숙의 단계에서 시간을 많이 소요하게 될 수 있다.

제3절 교육과정 개발 절차모형들

이상에서 살펴본 바와 같이, 다양한 교육과정 개발모형들이 이론적 혹은 실제적으로 연구되거나 적용되고 있다. 그러나 전문적인 교육과정 개발자 혹은 학교 교사들은 체계적 접근을 선호하는 경향이 있으며, 절차와 단계가 비교적 분명한 합리적 모형을 통하여 교육과정을 개발하기를 원하는 경향이 있다. 여기에서 제시하려는 모형은 교육과정 개발 작업의 실행방식으로서 근본적으로 단계적 절차를 처방하는 접근방식이다. 이 모형을 적용할 수 있는 교육과정 개발의 몇 가지 수준을 살펴보면 다음과 같다.

가. 국가수준의 교육과정 개발

예 : 제7차 교육과정 총론　　각급 학교 교육과정 총론　　각 교과 교육과정 총론
특별활동 총론　　재량활동 총론

나. 시 · 도 교육청 수준의 교육과정 개발

예 : J道 교육청에 소속된 각급 학교의 교육과정　　I시의 공립학교 교육과정

다. 학교 교육과정 총론 개발

예 : K중학교 교육목적과 교육목표 개발
G고등학교 연간 교육과정 총론

라. 학교 내 하위 교육과정의 개발

예 : 초등학교 저학년 교육과정　　중등학교 상급학년 교육과정

마. 각과 학년별 교육과정 개발

예 : 초등학교에서 고등학교까지의 각 학년별 국어과 교육과정
중 · 고등학교 학년별 재량활동 교육과정

바. 프로젝트 교육과정의 개발

예 : 환경교과에 관한 교육과정 프로젝트　　인성교육 교육과정 프로젝트
방과후 학습부진 학생 보충과정

이상과 같은 교육과정 개발의 각 수준을 고려하면서 학교 교사들에 의하여 적용할 수 있는 학교 교육과정 개발(SBCD)의 일반모형(단계와 각 단계의 활동요소들의 체계)을 다음과 같이 제시한다.

1단계	학교 교육과정위원회 조직과 편성 계획 수립

1. 위원회 구성
2. 교육과정 편성 계획 수립
   2.1 교육과정 편성의 목적
   2.2 교육과정 편성 내용
   2.3 교육과정 개발 절차
   2.4 일정
   2.5 예산
3. 인적 조직과 임무, 역할의 구체화

2단계	교육과정 기준과 지침의 내용 분석

1. 교육과학기술부 고시 교육과정 기준 분석
   1.1 교육과정의 성격
   1.2 추구하는 인간상
   1.3 교육과정의 구성 방침
   1.4 학교급별 교육목표

1.5 편제와 시간 배당 기준
1.6 교육과정 편성의 기본 지침
1.7 교육과정의 평가와 질 관리 지침

2. 시 · 도 교육과정 편성지침의 분석 : 교육과학기술부 고시 내용과 동일
3. 관계 법령, 교육시책, 교육지표, 교육적 과제의 분석
   ⇒ 학교 교육과정에 반영할 시사점 추출

3단계 각종 실태 조사 및 분석(상황분석)과 시사점 추출

1. 교직원, 학교, 학생과 학부모 실태, 지역사회의 특성 조사 분석
2. 교원, 학생, 학부모의 요구 사항 조사 분석
3. 학생들의 교육적 필요(educational needs) 조사 분석
4. 교과활동, 특별활동, 재량활동의 운영 실태와 개선점 추출
   ⇒ 학교 교육과정에 반영할 시사점 추출

4단계 학교 교육과정의 기본 방향 설정

1. 학교장의 학교 경영 방침 및 학교 교육 목표 설정
   1.1 학교 경영상의 주안점
   1.2 해당 연도 교육의 특색
   1.3 학교 교육목표 체계
2. 교과별, 교육활동 영역별, 학년별 교육 중점 제시
   ⇒ 학교 교육과정 편성과 운영의 기본 원칙 결정

5단계 학교 교육과정 시안 작성

1. 편제와 시간 배당, 수업 일수, 수업 시수 결정
2. 교과활동, 창의적 체험활동의 연간 운영 계획
3. 창의적 체험활동의 학교 별도 확보 시간 결정
4. 목표, 내용, 수준, 지도 순서, 시간, 방법의 조정
5. 교육평가 계획
6. 생활지도, 특수학생 지도 및 교육 자료 활용 계획
7. 교과 전담 운영, 특별 교실과 운동장 활용 계획
8. 특별 학급 운영 계획
9. 수준별 수업 운영에 따른 특별 보충 과정 운영 계획
10. 영재아, 학습부진학생 지도 계획
11. 복식학급 등 특수한 학습집단 편성 운영

12. 기타 학교 교육활동에 필요한 계획
⇒ 학교 특색을 실리는 창의적인 교육활동 계획 수립

6단계 학교 교육과정 시안의 심의 및 확정

1. 시안의 심의, 검토 분석, 목표 설정
2. 수정 및 보완 사항 추출, 문제점 추출
3. 시안의 수정 보완
⇒ 학교 교육과정의 확정

7단계 학교 교육과정의 운영

1. 지속적인 연수 실시, 교내 자율 장학의 활성화
2. 운영 과정의 문제점에 탄력적으로 대처
3. 교·내외 장학 협의를 통한 교육과정의 수정 및 보완
⇒ 융통성 있는 운영
(시간 운영, 장소 활용, 교사 조직, 주제 선정, 집단 편성 등)

8단계 학교 교육과정의 평가와 개선

1. 교과활동, 창의적 체험활동의 운영 평가
2. 평가 기준에 따른 교육과정 평가
⇒ 개선점 추출, 다음 해의 학교 교육과정 편성과 운영에 반영

어떤 교육과정 개발이건 교육과정 맥락을 공식화하는 절차가 중요한 출발점이다. 특히, 제1단계에서 깊이 고려해야 할 바는 어떤 사람이 교육과정을 개발해야 하는가 하는 인적 조직과 그들의 교육과정관과 그들의 배경을 이해하는 일이다. 참여인사와 관련하여 세 가지 질문을 제기해 보는 것이 도움이 된다.

(1) 교육과정 개발에 누가 참여하는 것이 바람직한가? 교육과정 개발 참여자들이 대체적으로 정해져 있다면, 그들은 어떤 집단을 대표하고 있는가? 교육행정가 집단인가, 교사집단인가, 학생집단인가, 학부모 집단인가, 그도 아니면 산업체 등 사회집단인가?

우리가 특정 교육과정을 검토하거나, 하나의 교육과정을 개발해 내기 이전에 먼저 그 교육과정의 개발에 참여하는 개인들을 인식해야 한다. 주지주의적 교사와 인간주의적 교사, 교육과정 전문가, 초등학교 · 중학교 · 고등학교의 교사들 간에 어떤 차이가 있을까를 면밀히 검토하여야 한다.

또 학교 교육과정 개발(SBCD)의 경우, 교장의 교육철학은 무엇이며, 교육과정 개발에 참여할 교사들의 교직경력이나 연령과 성, 관심 분야 등을 고려해야 하며, 학교 교사들만으로 개발팀을 구성할 것인가, 학부모나 교육과정 전문가를 참여시킬 것인가 등을 신중하게 결정해야 한다.

(2) 교육과정 개발자들이 지니고 있는 교육과정관과 중요하게 생각하는 유형은 무엇인가?

교육과정 개발자들이 지향하거나 처방하려는 방향은 무엇인가? 기본적인 학습기능의 습득과 육성에 주안점을 두려고 하는가, 아니면 학문지향적인가? 교과교육에 치중하는가, 아니면 인성교육에 보다 비중을 두려는 성향을 지니고 있는가? 등 그들이 교육의 무게중심을 어디에 두고 있는가를 인식할 필요가 있다.

또 그들의 교육과정관은 교과중심 교육과정, 경험중심 교육과정, 학문중심 교육과정, 인간중심 교육과정, 사회재건주의적 교육과정, 통합교육과정 등과 같은 여러 유형 중에서 어느 유형을 보다 강조하는가를 파악해야 한다. 교육과정 개발자들이 지니고 있는 교육과정관은 최종적으로 산출될 교육과정의 모습에 매우 큰 영향을 미치기 때문이다.

(3) 교육과정 개발자의 생각에 영향을 미친 근본 힘이나 배경, 즉 교육과정 개발의 기초자원으로서 무엇을 특히 중요시 여기는가? 즉, 교육과정 개발자들의 사고방식에 영향을 미치는 세력이나 교육과정 개발에서 중요시 여기는 기초적인 자원은 무엇인가?

교육과정의 개발이란 이를 개발하는 사람들이 중요하게 고려하는 자원(요소)에 영향을 받기 마련이다. 이러한 기초자원으로서 강조하는 교육철학(이념), 학습자의 심리, 사회적 필요 등 3대 자원을 고려할 수 있다. 이 외에도 교육내용과 학습경험을 학습자들이 어떻게 학습하느냐를 고려하는 학습심리와 교과(학문)

의 발전 동향 등을 들 수 있다.

이와 같은 사항을 미리 검토해야 하는 일의 중요성은, 교육과정 개발팀에 참여하는 사람들의 사고방식은 개발될 교육과정의 모습을 결정하는 데 결정적인 영향을 미치기 때문이다.

이와 같은 교육과정 개발의 종합모형은 이론적인 논의의 차원과는 달리 학교 교육현장에서 교사들이 적용하는 것을 전제로 제시한 것이다. 그리고 이 종합모형은 앞의 다양한 교육과정 개발모형들, 특히 순환적 모형의 중요한 요소들을 반영하고 있다. 즉, 교육과정 개발이란 교육과정 평가과정을 거쳐 다음에 개발 혹은 개정되는 교육과정의 의사결정을 위한 정보 수집과정임을 나타내고 있다.

형성평가

1. 타바(Hilda Taba)의 교육과정 개발모형의 첫 단계는 무엇인가?

① 교육목표 설정 ② 내용의 선정 ③ 학습경험의 선정 ④ 요구의 진단

2. 교육과정 개발모형으로서 합리적 모형의 장점이라고 할 수 <u>없는</u> 것은?

① 교육과정 개발과정을 단순하고 단계적으로 접근하는 방법을 제시
② 교사들의 시간과 노력을 적게 들일 수 있음
③ 요구분석을 강조함으로써 교육과정 개발의 반향이 분명하며, 개발상의 혼란 방지
④ 교사들이 학교현장에서 적용하기에 용이한 모형

3. 교육과정 개발모형으로서 목표모형의 단점이라고 할 수 있는 것은?

① 사전에 설정한 교육목표와 실제 교수-학습 상황 간에 불일치가 일어날 수 있다.
② 단계적이고 계열적으로 사고하거나 일하기 좋아하는 사람들에게 어려움을 줄 수 있다.
③ 교육목표의 행동적 진술을 너무 강조함으로써 중요한 교육목표가 누락될 수 있다.
④ 교육목표 진술을 너무 강조함으로써 교사들이 목표 진술에 많은 시간을 소모하게 만든다.

4. 다음은 어떤 교육과정 개발모형에 대한 설명인가?

- 교육과정 개발이란 새로운 정보나 실제에 따라서 항상 변화하는 하나의 연속적 활동이다. - 교육과정 요소들 간의 관계를 명확하게 기술하는 것은 어려운 일이다. - 교육과정 요소들은 상호 관련적이며 의존적이다.

① 순환적 모형 ② 역동적 모형 ③ 합리적 모형 ④ 자연주의 모형

5. Audrey와 Nicholls의 교육과정 개발모형에서 교육과정 개발에 방해가 되는 요인들을 찾아내는 예비적 단계는 무엇인가?

① 요구분석 ② 목표 설정 ③ 교육과정 평가 ④ 상황분석

6. 교육과정 개발의 순환적 모형의 장점이라고 할 수 있는 것은?
① 사전에 설정한 교육목표와 실제 교수-학습 상황 간에 일치도가 높다.
② 단계적이고 계열적으로 사고하거나 일하기 좋아하는 사람들에게 도움을 줄 수 있다.
③ 교육목표의 행동적 진술을 강조함으로써 효과적인 교육과정 개발의 확률을 높여 준다.
④ 상황분석을 하나의 출발점으로 삼기 때문에 효과적인 목표설정에 도움을 준다.

7. 다음은 어떤 교육과정 개발모형의 단점을 지적한 것인가?

- 이 모형은 교육과정 개발이란 상황분석으로부터 시작된다는 것을 가정한다. 그러나 상황분석이 일단 이루어지고 나면 어느 교육과정 요소에서라도 변화를 야기시킬 수가 있다. - 효과적인 상황분석을 위해서는 많은 시간이 소요된다. 이러한 상항분석은 귀찮고 힘든 일이므로 교사들이 쉽게 수행하기 곤란하다.

① 예술적 모형 ② 순환적 모형 ③ 합리적 모형 ④ 역동적 모형

8. 워커(D. Walker)의 교육과정 개발모형에서 교육과정 개발을 위한 다양한 견해와 기초자원에 대한 견해를 지닌 개발자들의 집합체를 무엇이라고 하는가?
① 설계(design) ② 강령(platform) ③ 숙의(deliberation) ④ 평가(evaluation)

9. 워커(D. Walker)의 교육과정 개발모형에서 여러 대안 중 가장 현실적인 대안을 찾아내는 단계는?
① 설계(design) ② 강령(platform) ③ 숙의(deliberation) ④ 평가(evaluation)

10. D. Walker, W. Reid 등이 제안한 '실제적 교육과정 개발모형'에서 다음과 같은 활동이 이루어지는 단계는?

(1) 각각의 교육과정 대안이 가져올 결과를 가름한다. (2) 자신이 속한 집단의 이해관계를 반영하기도 한다. (3) 참여자가 공정하고 균형잡힌 판단에 이르도록 도와 준다. (4) 제안된 교육과정 대안들 간의 상호 충돌하는 측면을 제시한다.

① 설계 ② 숙의 ③ 토대구축 ④ 통합 ⑤ 실행

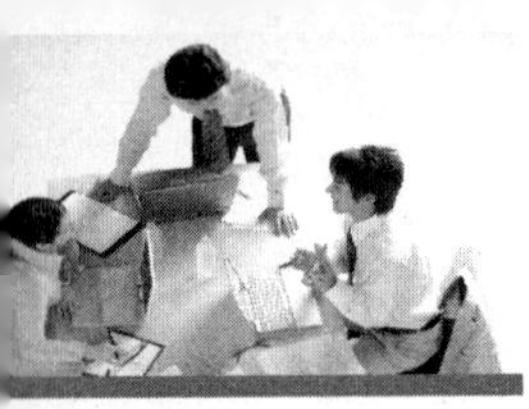

11. 교육과정 개발모형 중 그림 II에 해당하는 교육과정 개발모형은?

Ⅲ	Ⅳ
Ⅰ	Ⅱ

처방적 ↑ ↓ 기술적

합리적/ 목표중심 ← → 역동적/상호작용적

① Tyler의 합리적 모형
② Nicholls의 순환적 모형
③ Eisner의 예술적 모형
④ Walker의 자연주의 모형

12. 교사들이 교육과정 개발에서 적극적인 역할을 수행하지 못할 경우, 교육과정을 중요하게 생각하지 않는 '교육과정의 사소화' 현상이 종종 일어난다. 다음에서 이러한 문제를 최소화하기 위한 적절한 방안을 골라 바르게 묶은 것은?

가. 단위 학교 내 학교교육과정위원회의 기능을 활성화한다.
나. 전문가의 연구 · 개발 · 보급 과정을 거쳐 현장에 적용하는 교육과정 개발 방식을 강화한다.
다. 국가는 '교사 배제형 교육과정'(teacher-proof curriculum)을 개발하여 단위 학교에 보급한다.
라. 일반 원리에 따른 절차보다는 구체적인 실천 사례의 반성을 통해 교육과정을 개발한다.

① 가, 나　② 나, 다　③ 가, 라　④ 다, 라

13. 교육과정 개발과 운영에 관한 현장연구(action research)의 특징에 대한 설명으로 가장 적절한 것은?
① 행위를 통한 성찰에 근거하여 교육과정 운영상의 특수한 문제해결에 관심을 둔다.
② 교육과정 개발에서 질적 연구방법보다 양적 연구방법에 더 큰 비중을 둔다.
③ 비판적 연구와 경험과학적 연구를 통합하여 교육과정 개발의 보편적 법칙을 발견한다.
④ 교사는 교육학자들의 이론을 교육과정 개발의 원리로 수용하고 그대로 교육현장에 적용한다.

14. 다음 중 학교교육과정의 편성에서 가장 중요하게 고려할 것은?
① 교사들의 적극적인 참여
② 지역성을 배제한 보편성 추구
③ 교과서 중심의 진도계획 작성
④ 교육과정 및 교과서에 제시된 배열 순서 준수

15. 교육과정 설계의 유형으로서 교과중심 설계, 학문중심 설계, 문제중심 설계 등에 대하여 설명하라.

제 8 장

상황분석과 교육목표 설정

이 장의 개요

1. 일반적으로 교육과정 개발 절차를 미시적으로 제시하면, 상황분석 ⇒ 교육과정 목표 설정 ⇒ 교육과정 내용의 선정 및 조직 ⇒ 교수 · 학습 방법 결정 ⇒ 교육평가 방안 결정 등 5개 요소로 제시할 수 있다.
2. 상황분석은 '요구사정을 포함하여 교육과정 개발에 필요한 교육 내 · 외적 자원과 자료와 상태를 파악 · 분석하는 활동'으로서 교육과정 개발을 보다 효율적으로, 자료에 기초하여 이루어지도록 만든다.
3. 교육과정 목표는 교육활동을 통하여 학습자들이 달성하려는 혹은 교육을 통하여 도달하고자 하는 상태의 진술이다. 어떤 교과 교육과정이거나 프로그램이건 반드시 달성하거나 도달하거나 학습자를 변화시키려는 어떤 상태가 있기 마련이다. 이러한 상태로서의 교육목적과 목표를 적절하게 진술하는 것은 교육과정 개발의 중요한 절차이다.
4. 교육과정 목표를 진술할 때에는 고려해야 할 원칙이 있다. 즉, 교육목표 진술의 원리가 있다. 따라서 교육과정 개발자는 교육목표 진술의 원리를 잘 이해하고, 이에 바탕하여 교육목표를 진술해야 한다.

교육과정 개발은 개발자의 취향과 관점에 따라서 어느 하나 혹은 둘 이상의 교육과정 개발모형을 적용하거나 참고하여 이루어지기 마련이다. 여기서는 비교적 교사들이 쉽게 이해하고 적용할 수 있는 순환적 모형을 기초로 하여 교육과정 개발 활동 요소들을 기술하고자 한다. 그것은 (1) 상황분석 ⇒ (2) 교육과정 목표 설정 ⇒ (3) 교육과정 내용의 선정 및 조직 ⇒ (4) 교수 · 학습 방법 결정 ⇒ (5) 교육평가 방안 결정 등 5개 요소이다. 이들 5개 교육과정 개발 활동 요소들은 각각 분리될 수 있는 것이 아니며, 고정적인 순서로 진행되는 것도 아니다.

이 장에서는 이들 5개 교육과정 개발 활동 요소들 중 상황분석과 교육과정 목표 설정에 관한 내용을 살펴보고자 한다.

제1절 상황분석

1. 상황분석의 의미와 필요성

가. 상황분석의 의미

교육과정 개발팀이 구성되면, 이 팀에서 수행해야 할 업무, 일정계획, 소요 예산의 산출, 외부로부터 협력과 지원받을 사항 등을 결정하게 된다. 이러한 구체적인 개발 계획 수립에 이어서 교육과정 개발자들이 착수해야 할 작업은 상황분석이다. 박현주(2005)는 요구사정(need assessment)이나 요구분석(need analysis)을 상황분석과 구분하여, 전자가 기술공학적 접근을 선호하는 교육과정학자들이 강조하는 방법으로, 후자를 학교중심 교육과정 개발을 옹호하는 사람들이 주로 사용한다고 하였다. 그는 또 전자가 학교 외적인 지역사회에 관한 정보를 모으는 것을 강조하는 반면에, 후자는 학교에서 지역사회에 대한 정보를 모으는 것을 더 강조하는 것으로 구별하였다.

그러나 필자는 상황분석을 요구사정에 비하여 보다 넓은 의미를 지니는 용어나 활동으로 보고자 한다. 즉, 요구사정은 '교육을 통하여 여러 특성들이 도달되어 있어야 할 바람직한 상태 혹은 최소한의 도달수준과 학습자의 현 수준(상태)과의 격차'로 정의한다. 그리고, 상황분석은 '요구사정을 포함하여 교육과정 개발에 필요한 교육 내 · 외적 자원과 자료와 상태를 파악 분석하는 활동'을 일컫는 개념으로 사용한다.

상황분석을 Hilda Taba(1962)는 '요구의 진단'이라고 표현했으며, Tyler(1949)는 교육과정 기초자원의 조사라고 기술하였다. 상황분석이란 "교육과정이 적용될 상황을 세밀하게 분석 검토해서 개발되는 교육과정에 그 분석 결과를 적절히 적용하는 것"이다. 이러한 상황분석은 어떤 종류의 교육과정을 개발하는 과정에서도 반드시 필요한 과정이기는 하지만 특히 학교중심 교육과정(SBCD) 형태의 예비단계로 간주되고 있다. 이는 학생들의 요구와 필요, 문제점을 정확하게 규명하여 교육과정 개발에 반영함으로써 학습자중심의 교육과정을 개발하려는 목적을 충족시키려는 것이다.

상황분석은 학교의 위치와 성격, 학생들의 특성 등에 따라서 신축성 있게 이루어지는 작업이기 때문에 어떤 정형화된 모형을 제시하기란 곤란하다. 이는 상황의 복잡성, 교사집단의 교육과정관이 교사에 따라서 서로 다르기 때문이다. 따라서 교육과정 개발자들은 각각의 상황에 가장 적합한 상황분석모형을 염두에 두고 실행할 수 있어야 한다. 이는 탁상공론식의 교육과정 개발이나, 개인적 경험에 바탕한 교육과정 개발 등이 지양되어야 함을 강조하는 것이기도 하다.

나. 상황분석의 필요성

상황분석이 필요한 이유는 개발할 교육과정의 타당성을 높이려는 것이다. 즉, 교육과정이 원래 의도한 바대로 개발되도록 돕는 것이며, 교육과정 개발 활동을 보다 과학적이고 체계적으로 수행하도록 만들 수 있다. 상황분석이 필요한 이유를 좀 더 구체적으로 기술하면 다음과 같다.

첫째, 학생과 학부모의 교육적 요구와 필요를 파악하여 이에 기초한 교육과정을 개발함으로써 개발될 교육과정의 학습자에의 적합성을 제고할 수 있다. 학교 교육과정과 학생과의 관계는 제품 생산회사의 생산품과 고객과의 관계에 비유할 수 있다. 회사의 제품이 고객의 취향과 요구를 충족시키지 못하면 구매력을 잃어 제품으로서의 가치를 상실하는 것과 같이, 교육과정이 학생의 눈높이에 맞지 않거나 그들의 필요와 요구를 충족시켜 주지 못한다면 교육의 효과성을 기대하기 어려울 것이다.

둘째, 지역사회의 요구와 실태를 교육과정에 반영함으로써 교육과정의 지역화를 추구할 수 있다. 해당 지역의 학교들이 길러내 주기를 바라는 교육적 인간 특성은 지역에 따라서 다를 수 있다. 또 교육과정은 교과나 교육프로그램에 따라서 지역적 요소 — 인물, 지리, 문화, 산업, 역사, 자원, 경제 등 — 가 포함되기 마련이다. 또한 같은 교육내용이나 학습경험이라고 하더라도 지역적 요소가 포함되는 경우 학생들이 보다 관심도가 높아지고 학습에 흥미를 지닐 수 있다.

셋째, 당해 학교의 인적 · 물적 자원의 배분과 동원 역량을 파악하여 교육과정의 실현가능성을 높인다. 교육과정은 한정된 자원과 환경 조건 안에서 운영되기 마련이다. 그리고 그와 같은 인적 · 물적 자원의 조건을 기초로 교육과정이 개발되어야 그 실현가능성이 높아진다. 아무리 훌륭한 교육과정을 개발한다고 하더라도, 그러한 교육과정을 운영할 수 있는 사람이나 시설, 설비 등이 갖추어져 있지 않다면 교육과정의 교육적 효과를 기대하기 어렵다. 예컨대 학생들에게 국악기를 다룰 수 있는 능력을 길러주기 위한 교육과정을 개발했는데, 국악기를 가르칠 수 있는 인적 자원이 없거나, 가르칠 사람은 있으나 교수 · 학습 장소가 없거나 악기를 구할 수 없는 형편이라면 그 교육과정은 무의미한 것이 되고 만다.

넷째, 교육과정 계획과 그에 따른 교육과정 개발을 촉진시킨다. 체계적으로 상황분석을 하고, 교육과정 개발에 구체적으로 활용할 수 있는 자료나 자원이 갖추어지면 교육과정 계획이 보다 체계적이며 짜임새가 있게 되고, 교육과정 개발이 활성화될 수 있다. 학생들의 가정환경이 조사 · 분석되고, 그들의 학교생활 만족도를 비롯하여 필요로 하는 프로그램이나 부진한 교과 혹은 부족한 능력 등이 충실하게 파악된 자료를 바탕으로 교육과정을 개발하는 경우와, 이와 같은 자료가 제대로 구비되지 않은 상태에서 교육과정을 개발하는 경우를 상상해 보라.

다섯째, 교육과정 목적과 목표의 설정, 내용을 선정하고 추출하기 위한 체계적인 토대와 자료를 제공한다. 상황분석 결과 인성교육이 강화될 필요가 제기된다든지, 기초학습 기능을 충실하게 길러 줄 필요, 학습의욕이 저하되어 학습효과가 낮게 나타나는 것 등이 확인된다면 이러한 방향에서 교육목적과 목표를 설정할 수 있게 된다. 또 교육목적이나 교육목표를 달성하는데 효과적인 내용을 선정하고 추출하는 데에도 도움을 준다.

여섯째, 개발될 교육과정에 대한 신뢰성과 친숙성을 제고한다. 학생, 교원, 학부모, 지역사회인 등을 대상으로 의견과 요구와 필요를 조사하고, 그 결과를 반영한 교육과정을 개발하는 경우, 개발한 교육과정에 대한 친숙성과 친밀감이 높아질 것이며, 이것은 결국 교육과정에 대하여 학생뿐만 아니라 교육 관련 인사들로 하여금 신뢰감을 지니도록 하는데 도움을 줄 것이다.

2. 상황분석의 실행과 주요 고려 요인들

가. 상황분석 요인에 대한 Skilbeck(1976)의 모형

1) 학교 내적 요인

(1) 학생의 교육적, 생활상의 요구와 필요, 지적 · 정의적 · 신체기능적 발달상의 특성들

(2) 교사의 특성 : 교과 및 교과 외 활동 수업 부담(주당 수업 시수 및 시간확보 가능성 등), 교수 스타일, 열의, 교직관, 장 · 단점 등

(3) 학교풍토

- 학교장의 리더십 스타일, 권력 분배 및 사무분장의 형태, 학교운영 방식 등

- 교사들 간 협력 정도, 교사들의 책무성 이해 수준
- 학생들의 문화적 특성 : 학구열, 수업분위기

(4) 시설 및 자료 : 현재의 여건, 필요한 것, 사용 정도, 재정 여건 등
(5) 지각된 문제들 : 교육과정 개발과 운영상 예상되는 문제들
(6) 학교 구성원의 교육철학 : 교육목적관, 교육내용관, 교육방법관 등

2) 학교 외적 요인

(1) 문화적, 사회적 변화와 기대, 필요
(2) 교육체제상의 요건과 문제점
(3) 사회가 요구하는 교육내용의 변화
(4) 교사 충원 체제
(5) 자료 : 외부 시설과 설비의 구비의 가능성, 이용 가능성
(6) 학문(교과)의 발전과 변화에 대한 요구

나. Brady의 상황분석 요소들

Brady는 앞의 Skilbeck(1976)이 제안한 상황분석의 요소들을 더욱 구체화하여 제시한 바 있다(박현주, 2005 : 109-112). 필자는 Brady의 제안 중에서 학교 교육과정 개발에서 활용 가능한 요소들을 발췌하여 다음과 같이 제시하고자 한다.

1) 학교 외적 요소

(1) 문화적 · 사회적 변화와 기대

- 재학 중인 학생들의 부모의 직업과 고용증대 현상
- 지역 주민의 생활 상태, 소득 수준, 자녀 교육에의 관심도, 학교 교육활동에의 참여도, 학교 교육에 대한 기대
- 상급학교 진학 상황

(2) 교육체제의 요구
- 외부 평가의 유형과 영향
- 교육과정 의사결정에서 학교의 기능, 책임, 자율성 정도
- 교육과정 의사결정에서 외부 인사의 참여 가능성

(3) 국가와 시 · 도 교육청 수준의 교육과정 개발 요구상의 변화
- 개발될 교육과정 유형에 대한 요구
- 내용 조직 방식에 대한 상위 수준의 요구
- 교육방법 및 교육평가 방법에 대한 상위수준의 요구

(4) 교사 지원 체제의 조건
- 지역의 교육기관 실태
- 교육과정 개발에 협력을 구할 수 있는 전문 인적 자원 상황
- 교사를 대상으로 도움을 받을 수 있는 연수과정, 연수 프로그램 실태
- 교육과정 운영을 위한 각종 자료와 전문 서적의 확보 가능성

(5) 인적, 물적 자원의 활용 가능성
- 교육과정 운영을 위한 재원의 정도, 확보 가능성
- 학부모의 보조교사 활용 가능성
- 지역사회의 교육공간, 교육지원 인력 현황

2) 학교 내적 요소

(1) 학생
- 학생의 학습 능력
- 학생의 교육적 필요와 요구
- 학생의 학습태도와 동기(의욕)
- 학교생활 만족과 불만족 요인
- 표준화 검사에 의한 학생 이해 자료들

(2) 교사
- 교사의 장점과 미흡한 점
- 교사의 수업부담, 활용 가능한 시간

- 교육과정 개선 및 혁신에 대한 태도
- 교사의 교직수행 유형

(3) 학교풍토
- 학교장의 지도성 유형
- 학교장의 학교경영에 대한 신뢰도
- 교사 상호 간 협력과 지원 정도
- 교사 친밀성

(4) 물리적 지원
- 학교 내의 시설, 설비, 교육활동 공간, 자료 등의 구비 상태
- 각종 시설 설비의 유용성
- 교과교육 지원센터나 교수개발센터, 교육자료센터 등의 지원받을 가능성
- 새로운 자료와 설비 구축 가능성

(5) 인식된 현 교육과정의 문제들
- 교육과정 목표 설정의 적절성
- 교육과정 내용의 양과 수준의 적절성
- 교수-학습 방법의 개선점
- 교육평가 방법의 개선점
- 교육과정 운영을 위한 인적 조직상의 개선점

3. 상황분석 절차

가. 문제의 확인

(1) 어느 수준과 영역의 교육과정 개발인가? 교과과정인가, 특별활동인가, 재량활동인가, 선택과정인가? 아니면 이들 모두인가?

(2) 특정 학년의 교육과정 개발인가, 전 학년의 교육과정 개발인가?

(3) 국민공통기본 교육과정이 아닌 학교의 특성화 교육과정 개발인가? 아니면 양자를 통합한 교육과정 개발인가?

나. 적절한 요인의 선정

앞에서 Skilbeck과 Brady가 제안한 상황분석 요인을 참고하여 중요하다고 판단되는 요인 혹은 새로운 요인을 추가하여 선정한다.

다. 자료수집 및 분석

1) 자료수집의 기법

자료수집의 기법은 개발할 교육과정의 성격과 규모에 따라서 적절한 방법이 선정되거나 새로 개발되어야 한다. 대체로 활용할 수 있는 기법을 정리하면 다음 〈표 8-1〉과 같다(이경섭, 1997 : 113).

이 표에 제시된 것은 자료수집을 위한 기법 혹은 방법들이 망라된 것은 아니며, 필요에 따라서 새로운 기법이 창안되어 활용될 수 있다. 예컨대, 학교가 그간에 누가적으로 기록해 놓고 있는 자료목록이나 표준화된 검사지를 이용하여 학생들의 심층적인 심리적 구조를 파악할 수도 있는 것이다.

표 8-1
자료수집의 기법들

요 소	기법	수집된 자료
학생	면접	학생의 정보 및 태도
	각종 기록물	배경과 성취자료(성적)
	체계적인 관찰	행동패턴
	질문지	태도, 의식구조, 필요
	외부시험	성적의 비교
	심리적 환경	학급풍토에 대한 지각
	자기보고 척도	태도

요 소	기법	수집된 자료
교사	일화기록 각종 프로파일 질문지	교사의 태도와 행동에 관한 정보 능력 및 기능에 관한 기록 태도, 의견, 의식구조, 필요
학교풍토	체계적 관찰 심리적 환경 면접	학교풍토에 대한 인상 축적된 학급풍토 학생, 교사, 학부모, 지역사회인의 태도
자원	목록 작성 체크리스트 체계적 관찰	학교자원 일람표 학교의 제 자원에 대한 인상

2) 자료의 분석과 정리

일단 자료가 수집되면 자료를 의미 있게 분석하고 정리하여야 한다. 이 분석은 복잡한 통계적 분석기법이 적용되는 것이라기보다는 어떤 경향과 주류를 발견하려는 것이 목적이므로 이러한 목적에 적합하게 분석 · 정리하면 충분하다. 공통적인 조사 항목인 경우에는 학생과 교사, 학부모 등 집단들 간의 비교, 학생의 경우에는 학년별, 성별, 학업성취도별로 비교를 할 수 있도록 조사문항별 사례수와 백분율(%)을 구하는 것으로 충분할 것이다.

라. 권고안의 작성

자료의 분석 · 정리가 끝나면, 이에 바탕하여 교육과정 개발을 위한 권고안을 작성한다. 권고안은 원래 진술한 교육목적 혹은 목표를 기반으로 한 일련의 권장된 행동의 목록이라고 할 수 있다. 또 상황분석에 바탕한 권고안은 교육과정 개발팀에게 목표, 명세목표, 내용, 교수-학습활동, 평가방략을 개발하기 위한 지침과 방향을 제공해 준다.

[예]

(1) 초등학교 4학년 방과후 영어교과는 희망자에 한하여 이수하도록 할 필요가 있다.

(2) 성교육프로그램은 필요하기는 하지만 보다 현실적인 프로그램을 개발해

야 한다.

(3) 교직원은 학생들의 진로지도 및 상담에 관한 보다 전문적인 지식을 지녀야 한다.

(4) 교직원은 연 1회 교육학에 대한 연수를 요한다.

(5) 주 5일제 시행에 따라서 토요일은 전교생을 대상으로 다양한 프로그램을 개발하여 운영할 필요가 있다.

(6) 수행평가는 학부모들의 신뢰감이 매우 부족한 실정이므로 꼭 필요한 단원이나 내용에 한하여 실시하고, 점진적으로 그 비율을 확대해 나가야 한다.

(7) 글쓰기에 대한 기초능력을 향상시키기 위하여 국어 시간뿐만 아니라 전 교과 수업시간에서 교육이 이루어지도록 해야 한다.

(8) 학생들은 특별활동 운영에 관해서 불만족도가 높으므로 학생들의 의견에 기초하여 유익하고 흥미 있는 소재를 개발하여 운영할 필요가 있다.

4. 요구사정

요구사정(needs assessment)이란 학생들의 교육적 요구를 확인하고 우선순위를 정함으로써 교육과정 개발의 출발점을 제공하는 일이다. 이는 자료수집의 한 가지 방법으로 이해할 수도 있고, 교육과정 개발을 조감할 수 있는 윤곽을 시사할 수도 있다. McNeil(1977)은 요구사정을 "교육과정의 맥락에서 관찰된 학습자의 현재 상태와 바람직한 행동이나 태도 간에 격차가 있는 조건"으로 정의한다. 즉, 학생들이 놓여 있는 현재의 상태(지적, 정의적, 신체기능적)와 교육을 통하여 도달해야 할 바람직한 상태간의 격차를 조사 확인하는 일이다.

가. 요구사정 절차

1) 목표의 진술

교육활동을 통하여 학생들이 나타내 보이기를 바라는 행동특성을 진술하는

것으로서, 예를 들면,

(1) 학생들은 자신에 대한 간단한 소개를 영어로 말할 수 있다.

(2) 학생들은 타인의 의견을 경청할 줄 알고, 다른 사람의 의견도 존중하는 태도를 갖는다.

(3) 학생들은 IMF체제가 개인과 가정생활에 미치는 영향을 이해한다.

2) 진술된 목표의 현재 상태와 기대하는 상태의 평가

진술된 목표는 교육과정 운영을 통하여 기대하는 바를 나타내고 있다. 요구사정이란 이 상태와 학생들의 현재 상태간의 격차를 밝히려는 것이므로, 이러한 격차를 규명하기 위하여 여기에서는 다음과 같은 두 가지 일을 수행한다.

첫째, 다양한 방법으로 진술된 목표들의 우선순위를 정하기 위하여 점수화하는 방법을 적용한다. 예컨대, 교사, 학생, 학부모 등에게 각각의 교육목표 중에서 중요도에 따른 우선순위를 정하도록 하거나, Q분류 방법으로 분류하도록 하거나, 5점 척도('매우 중요함'에서 '전혀 중요하지 않음'까지)에 반응하도록 하는 방법이 적용될 수 있다.

둘째, 교사, 학생, 학부모 등에게 진술된 목표와 관련하여 현재 상태를 묻는 질문지나, 평정척도(5점 척도)를 이용하여('매우 미흡'에서부터 '매우 훌륭함'에 이르기까지) 반응을 구한다.

3) 반응의 분석과 목표의 서열짓기

점수화한 결과를 집단적으로 분석하면 교육목표의 우선순위를 정할 수 있게 된다. 또한 기대하는 목표와 현 상태 간 간격과 간격의 크기를 정하기 위한 자료분석을 한다.

4) 최종적인 목표진술

분석한 자료를 가지고 주관적 혹은 객관적인 검토과정을 통하여 어떤 목표의 달성이 가장 요구되는가를 밝힌다. 여기에서 유의할 사항은 자료의 분석결과 우선순위가 앞서는 것이 항상 가장 중요한 목표가 되거나 우선적으로 설정할 목표가 되는 것이 아니라는 점이다. 여기에서 교사의 교육과정에 관한 전문가적 역량이 발휘되는 것이다. 교사들의 협의와 토론을 통하여 우선순위는 달라질 수 있는 것이다.

5) 실행계획 세우기

최종적인 목표진술의 윤곽이 드러나면 다음으로 할 일은 그 후속과정을 수행하기 위한 실행계획을 세우는 것이다. 그 과정과 절차는 다음 절과 장에서 다루어진다. 그것은 대략 목표의 상세화, 교육과정의 내용 선정과 조직, 교수-학습활동 지침 마련, 평가방안 강구, 그리고 새로운 교육과정 운영을 위한 관련인사들의 사고와 의식의 점검, 대처 등이다.

제2절 교육목표 설정

앞에서 살펴본 바와 같이, 교육과정 개발모형에 의하면 교육과정 개발과정의 요소들이 일정한 계열을 따르는 것은 아니며 어떤 요소나 순서로 시작해도 문제가 없다고 주장하기도 한다. 그러나 교육과정 개발이 시작하는 단계나 일정한 활동계열을 따르지 않음을 상정할 수는 없다. 예컨대, 교육목표에 대한 구상과 설계 없이 교육내용이나 학습경험의 선정부터 착수한다고 가정해 보자. 이럴 경우, 그러한 내용이나 경험의 적절성은 무엇을 기준으로 평가할 수 있을 것인가? 이 평가기준은 아무래도 교육목표가 담당해야 할 것이며, 따라서 교육과정 개발의 가장 첫 작업은 상황분석을 하고, 이에 따라 교육목표를 밝히는 일이 된다고 봐야 한다. 그러므로 상황분석 결과에 따라서 교육과정이 달성하려는 목적과 목표를 밝히는 과정을 밟는 것은 교육과정 개발에서 자연스러운 절차이다.

1. 교육과정 목표의 위계

교육과정 개발의 중심적 영역 혹은 출발점은 교육목적과 목표를 선정하고 진술하는 것이다. 교육목표란 교육에 의하여 학생들이 변화되기를 기대하는 상태, 즉 학생들에게 기대되는 그들의 사고, 감정, 정서, 행동 등의 변화모습을 분명하고 간결하게 진술한 것을 말한다. 교육과정 목표 체계에서 국가 교육이념이나 교육목적은 매우 추상적으로 진술되어 교육이 지향해야 할 바를 밝히는 것으로서 모든 학교 교육은 이러한 이념과 목적을 달성하도록 교육과정을 계획하고 구성하게 된다. 그러나 이러한 이념과 국가 교육목적은 일반적으로 교육과정 목표에 포함시키지는 않는다.

따라서 보통 교육과정 목표란 아래의 그림에서 보는 바와 같이, 학교급별 교육목적 설정에서부터 각 교과의 단원별 목표 진술에 이르기까지의 과정을 일컫는다.

		← 교	육 과	정 목	표 →		
국가 교육이념	국가 교육목적	학교급별 교육목표	교과과정 교육목표	교과 · 학년별 교육목표	단원 목표	수업 목표	평가 목표
		↑── 목 적	──↑	목 표	↑─명 세	목 표─↑	

[그림 8-1] **교육과정 목표들의 위치**

위 그림은 국가의 교육이념이 학교 교육과정 목표를 진술하기 위한 가장 근본적인 방향을 안내하는 역할을 하며, 교육이념에 기초하여 국가의 교육목적이 진술되고, 이에 바탕하여 학교급별(초등학교, 중학교, 고등학교 등) 교육목표가 위계적으로 진술된다는 교육목표 설정의 위계성과 계열성을 나타내 주고 있다. 물론, 학교급별 교육목표는 국가수준의 교육과정 고시문에 다음과 같이 밝혀져 있다. 그러므로 학교 교육과정을 개발할 때에는 특별히 신경 쓰거나 고려할 필요가 없다고 생각하기 쉽다. 그리고 각급 학교별 교과 교육목표, 교과의 학년별 교육목표, 특정 학년의 특정 교과의 단원목표 등도 국가의 교육과정 고시에 밝혀 두고 있다는 점에서 같은 생각을 할 수 있다.

그러나, 교육과정 개발에서는 고시문으로서의 교육목표가 어떤 의미를 지니고 있으며, 어떤 요소들로 표현되고 있는가, 학교는 어떤 목표에 우선점을 둘 것이며, 보다 보완되고 강화해야 할 목표가 무엇인가를 치밀하게 검토하고 재해석하여 재 진술할 필요가 있는 것이다. 국가수준에서 고시한 교육과정은 요지부동의 원칙이 아니라 큰 방향을 밝히고 있는 것이어서 이를 상황분석 자료에 기초하여 수정할 가능성을 열어 두고 있다고 보아야 한다. 이 점은 교과 교육목표뿐만 아니라 특별활동과정이나 재량활동 혹은 특별한 학교 교육프로그램에도 동일하게 적용된다.

[2007 개정 교육과정에서의 학교급별 교육목표]

초등학교 교육목표	중점 : 학습과 일상생활에 필요한 기초능력 배양과 기본생활습관 형성
	1. 몸과 마음이 균형 있게 자랄 수 있는 다양한 경험을 가진다. 2. 일상생활의 문제를 인식하고 해결하는 기초 능력을 기르고, 자신의 생각과 느낌을 다양하게 표현하는 경험을 가진다. 3. 다양한 일의 세계를 이해할 수 있는 폭넓은 학습경험을 가진다. 4. 우리의 전통과 문화를 이해하고 애호하는 태도를 가진다. 5. 일상생활에 필요한 기본생활습관을 기르고, 이웃과 나라를 사랑하는 마음씨를 가진다.

중학교 교육목표	중점 : 초등학교 교육의 성과를 바탕으로 학생 학습과 일상생활에 필요한 기본능력과 민주시민으로서의 자질 함양
	1. 심신의 조화로운 발달을 추구하고, 자기 발견의 기회를 가진다. 2. 학습과 생활에 필요한 기본능력과 문제해결력을 기르고, 자신의 생각과 느낌을 창의적으로 표현하는 경험을 가진다. 3. 다양한 분야의 지식과 기능을 익혀 적극적으로 진로를 탐색하는 경험을 가진다. 4. 우리 전통과 문화에 대한 자긍심을 지니고, 이를 발전시키려는 태도를 가진다. 5. 자유 민주주의의 기본적 가치와 원리를 이해하고, 민주적인 생활방식을 익힌다.

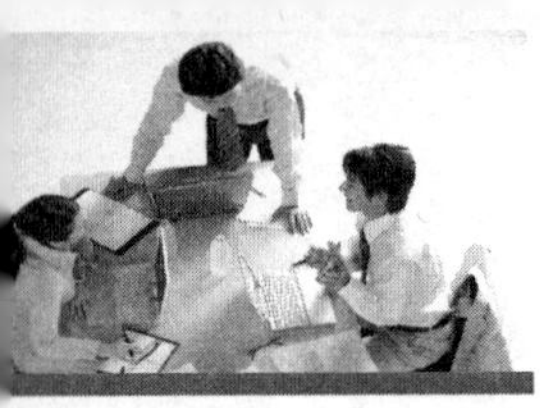

고등학교 교육목표	중점 : 중학교 교육의 성과를 바탕으로 학생의 적성과 소질에 맞는 진로개척 능력과 세계 시민으로서의 자질 함양
	1. 심신이 건강한 조화로운 인격을 형성하고, 성숙한 자아의식을 가진다. 2. 학문과 생활에 필요한 논리적 · 비판적 · 창의적 사고력과 태도를 익힌다. 3. 다양한 분야의 지식과 기능을 익혀, 적성과 소질에 맞게 진로를 개척하는 능력을 기른다. 4. 우리의 전통과 문화를 세계 속에서 발전시키려는 태도를 가진다. 5. 국가 공동체의 형성과 발전을 위해 노력하며, 세계시민으로서의 의식과 태도를 가진다.

[2009 개정 교육과정에서의 학교급별 교육목표]

초등학교 교육목표	중점 : 학습과 일상생활에 필요한 기초능력 배양과 기본생활습관 형성
	1. 풍부한 학습 경험을 통해 몸과 마음이 건강하고 균형 있게 자랄 수 있도록 하며, 다양한 일의 세계에 대한 기초적인 이해를 한다. 2. 학습과 생활에서 문제를 인식하고 해결하는 기초 능력을 기르고, 이를 새롭게 경험할 수 있는 상상력을 키운다. 3. 우리 문화에 대해 이해하고, 문화를 향유하는 올바른 태도를 기른다. 4. 자신의 경험과 생각을 다양하게 표현하며 타인과 공감하고 협동하는 태도를 기른다.

중학교 교육목표	중점 : 초등학교 교육의 성과를 바탕으로 학생 학습과 일상생활에 필요한 기본능력과 다원적인 가치를 수용하고 존중하는 민주시민의 자질 함양
	1. 심신의 건강하고 조화로운 발달을 추구하며, 다양한 분야의 경험과 지식을 익혀 적극적으로 진로를 탐색한다. 2. 학습과 생활에 필요한 기초 능력과 문제해결력을 바탕으로 창의적 사고력을 기른다. 3. 자신을 둘러싼 세계에 대한 경험을 토대로 다양한 문화와 가치에 대한 이해를 넓힌다. 4. 다양한 소통능력을 기르고 민주시민으로서의 자질과 태도를 갖춘다.

고등학교 교육목표	중점 : 중학교 교육의 성과를 바탕으로 학생의 적성과 소질에 맞는 진로개척 능력과 세계 시민으로서의 자질 함양
	1. 성숙한 자아의식을 토대로 다양한 분야의 지식과 기능을 익혀 진로를 개척하며 평생학습의 기본 역량과 태도를 갖춘다. 2. 학습과 생활에서 새로운 이해와 가치를 창출할 수 있는 비판적, 창의적 사고력과 태도를 익힌다. 3. 우리의 문화를 향유하고 다양한 문화와 가치를 수용할 수 있는 자질과 태도를 갖춘다. 4. 국가 공동체의 발전을 위해 노력하며, 세계 시민으로서의 자질과 태도를 기른다.

이처럼 국가수준 교육과정에는 초등학교, 중학교, 고등학교 등 각급 학교는 달성할 목적과 목표를 4개 항목으로 초 · 중 · 고등학교 간에 유기적인 연계성을 지니도록 밝혀져 있다. 그러므로 교육과정 개발자는 이러한 목적과 목표를 명확하게 인식하고 목표와 일관되고 타당한 교육과정을 계획하고자 노력해야 한다. 또 각급 학교는 다양한 과정(교과를 포함하여)을 통하여 목표를 달성하는 것이므로 모든 과정의 목표를 지니게 되기 마련이다. 국어, 수학, 과학, 영어 등의 교과와 더불어 창의적 체험활동 등의 과정을 통하여 추구하려는 목표를 분명하게 설정하여 교육과정을 개발하게 된다.

2. 교육목적과 목표 설정의 원천

교육과정을 개발해야 하는 입장에서 교육과정의 개발, 특히 교육목적과 목표를 설정할 때 무엇을 고려해야 하는가 하는 문제는 매우 막연할 수 있다. 대체로 교사들은 자신의 교직생활 경험이나 교육의 세계를 관찰해 온 바에 입각해서 여러 자료를 참고하여 의식적으로 교육목표를 선정하거나 설정하게 된다. 이 때 고려할 수 있는 원천(자원)을 다음과 같이 기술할 수 있다.

(1) 국가수준의 교육과정 고시에 제시되어 있는 교육목적과 목표
(2) 교과 교육목표
(3) 상황분석 결과가 시사하는 교육목적과 목표들
(4) 현대 교육철학들이 중요시하는 교육목적들
(5) 교사들의 교직 경험을 통하여 중요시하는 교육목적과 목표
(6) 교육목표분류학

3. 교육목표 설정 자원으로서 교육목표분류학

교육의 목적 혹은 목표로서 개인에 초점을 맞추어야 하는가, 아니면 국가나

사회에 주안점을 두어야 하는가? 또 학교교육을 통하여 달성해야 할 교육목표가 어떻게 분류될 수 있는가? 이것은 교육의 역사를 통하여 부단히 제기되어 온 질문이다. 그리고 많은 사상가와 철학자, 교육학자들이 이에 대한 답을 추구하고자 노력했다. 예컨대 플라톤은 교육의 이상적인 목적을 정의로운 국가 건설로 보았다. 그리고 그는 교육을 받을 대상을 개인적 특성이나 성향에 따라서 '욕망' 성향이 강한 사람, '기개' 성향이 강한 사람, '이지' 성향이 강한 사람 등 세 부류로 구분할 수 있는 것으로 보았으며, 세 부류 각각의 성향을 잘 길러내는 것이 교육의 목표라고 생각하였다. 이러한 세 부류의 인간들이 자신의 역량을 잘 발휘할 수 있을 때 국가와 사회가 건전하게 발전하는 것으로 봄으로써 그는 개인보다 국가 중심적 교육목적관을 지녔다.

또 루소는 교육의 목적을 개인의 자유를 최대한 보장해 줌으로써 타고난 본성을 잘 유지 · 보존하는 것으로 보았다. 따라서 루소는 국가보다 개인에 주안점을 둔 교육목적관을 지닌 사상가였다. 그런가 하면 듀이는 플라톤과 루소의 교육목적관의 조화, 혹은 양자가 서로 보완적인 관계를 지녀야 하며, 지닐 수 있다고 주장한다. 이러한 주장이나 관점은 아직 논쟁이 끝나거나 결론이 내려진 것이 아니라 논자에 따라서 다양하게 제시되고 있다. 이러한 교육목적 혹은 교육목표가 어떻게 분류되고 기술될 수 있는가에 대한 탐구의 하나가 교육목표 분류학이다.

여기서 소개하는 교육목표 분류체계는 1948년도에 Boston에서 열린 미국심리학회(American Psychological Association) 연차대회에 참가했던 대학 입학담당자들의 비공식 회합에서 이루어졌다. 이 회합에서 검사(입학시험) 개발자들은 의사소통을 편리하게 하는 데 사용될 이론적 기반에 관한 관심을 가졌다. 이러한 이론적 기반은 하나하나의 교육적 과정의 목적을 분류함으로써 얻어질 수 있다는 데 의견의 일치를 보았다. 교육목표는 교육과정 구성과 평가문항 작성의 기초가 되며, 대부분의 교육연구의 출발점이 되기 때문이다(임의도 · 고종렬 · 신세호 역, 1978 : 6-7). 이러한 회합이 더욱 진전되어 Rammers, Bloom, Krathwohl, Buros, Mowrer, Stalnaker 등이 중심이 된 1951년 시카고의 미국심리학회 제59차 심포지움으로 이어졌다.

중등학교 교사, 교육과정 전문가, 행정가, 교육연구전문가, 심리학자 등 30명 이상이 참여한 논의과정을 거쳐 교육목표는 지적 영역, 정의적 영역, 신체기능 영역 등으로 크게 분류되고, 각 영역은 다시 중분류와 소분류의 위계적 구조로 분류되었다. 이러한 교육목표 분류체계는 다음과 같다. 여기에는 Bloom과 그의 동료들이 분류한 지적 영역(임의도 · 고종렬 · 신세호 역, 1978), Krathwohl과 그의 동료들이 분류한 정의적 영역(임의도 · 진위교 · 고종렬 · 신세호 역, 1990), Harrow가 분류한 심리운동적 영역(김종선 · 김기웅 역, 1978)의 중분류까지만 제시한다.

가. 지적 영역

지적 영역의 교육목표 분류는 지적 작용의 복잡성, 복합성의 수준에 따라서 다음과 같이 위계적 구조로 분류된다.

1.00 지식

인지나 재생에 의하여 아이디어나 자료 또는 현상을 기억해 내는 행동

1.10 특수사상에 관한 지식

구체적이며 단편적인 정보를 기억하고 재생하는 행동

1.11 용어에 관한 지식

언어적 또는 비언어적 기호로 표시되는 특수사상에 관한 지식

1.12 특수사실에 관한 지식

일자, 사건, 인물, 장소, 정보원에 관한 지식

1.20 특수사상을 다루는 방법과 수단에 관한 지식

아이디어 및 현상을 조직하고 연구하며, 판단하고 비판하는 방법에 관한 지식

1.21 형식 혹은 관례에 관한 지식

아이디어와 현상을 처리하고 제시하고 특징적 방법에 관한 지식

1.22 경향과 순서에 관한 지식

시간적인 면에서 본 현상의 과정, 방향, 운동에 관한 지식

1.23 분류와 유목에 관한 지식

일정한 대상 분야, 목적, 논의, 문제에 기본적이거나 유용하다고 여겨지는 항목, 종, 구분, 배열에 관한 지식

1.24 준거에 관한 지식

사실, 원리, 의견, 행위를 검증하고 판단하는 준거 혹은 기준에 관한 지식

1.25 방법론에 관한 지식

특정 문제나 현상을 탐구하는 데 사용되는 연구방법, 기술, 절차에 관한 지식

1.30 보편적 · 추상적 사상에 관한 지식

현상과 개념들이 조직되는 주요 개념, 체계 및 형태에 관한 지식

1.31 원리와 통칙에 관한 지식

관찰된 현상을 요약한 특정 추상개념에 관한 지식

1.32 이론과 구조에 관한 지식

복합현상, 문제, 학문분야에 대한 명백하고 원숙한 체계적인 견해를 나타내는 원리 및 통칙의 체계와 그 상호관계에 관한 지식

2.00 이해력

2.10 번역능력

어떤 자료를 원래와는 다른 용어 및 다른 형태의 자료로 바꾸어 놓을 수 있는 능력

2.20 해석력

자료의 주요 부분을 파악하고, 그 부분간의 관계를 해득하고, 그것을 재조직함으로써 그 자료에 포함된 내용에 대해 어떤 전체적 견해를 가질 수 있는 능력

2.30 추론능력

자료에 담겨진 경향, 추세 또는 조건들을 해득하고 이에 입각해서 추정을 하거나 예언하는 능력

3.00 적용력

방법, 원리, 학설, 추상개념의 이해를 기초로 하여 새로운 문제사태에 그 방법, 원리, 학설, 개념을 적용하여 문제를 해결하는 능력

4.00 분석력

이해력이나 적용력보다 높은 수준의 기능으로서, 자료를 그 구성 부분으로 분해하고, 부분 간의 관계와 그것이 조직되어 있는 방식을 발견해 내는 능력

4.10 요소의 분석력

4.20 관계의 분석력

4.30 조직원리의 분석력

5.00 종합력

여러 개의 요소나 부분을 전체로서의 하나가 되도록 묶는 능력으로서, 창의적 능력을 포함

5.10 독특한 의사전달의 구안

5.20 계획 및 시행절차의 구안

5.30 추상관계의 도출

6.00 평가력

어떤 목적으로 아이디어, 작품, 해답, 방법, 소재 등의 가치를 판단하는 능력

6.10 내적 증거에 의한 판단

논리적인 정확성, 일관성, 기타 내적 증거에 의한 의사전달 자료의 평가

6.20 외적 준거에 의한 판단

선정된(외부에서 정해진) 준거나 기억된 준거에 의한 판단

나. 정의적 영역(Krathwall, et al.)

정의적 영역의 교육목표분류는 내면화의 정도(수준), 즉 마음 깊숙이 자리 잡고 있어서 잘 변하지 않는 정도에 따라서 다음과 같이 분류한다.

1.0 감수 혹은 주의

어떤 대상이나 현상에 대하여 의식하고 주의를 기울임.

1.1 인지(감지)

어떤 사태나 사상, 사물, 현상을 고려에 넣음.

1.2 자진감수

주어진 자극을 피하지 않고 기꺼이 관용하려는 행동을 나타냄.

1.3 주의집중

어떤 현상이나 대상에 관심을 가짐. 지각되는 자극의 여러 측면을 변별함.

2.0 반응

충분히 동기가 유발되어 자진해서 주의를 기울임과 동시에, 능동적으로 반응함.

2.1 묵종반응

복종, 순종 등 반응을 하지만, 그런 반응을 할 필요성을 충분히 납득하지 못함.

2.2 자진반응

스스로의 선택에서 오는 자발적인 반응.

2.3 만족

자발적인 반응에서 즐거움, 열정, 향락 등의 만족감 또는 정서적 반응을 수반.

3.0 가치화

한 사물, 현상 또는 행동이 가치 있음을 받아들임.

3.1 가치수용

하나의 가치를 단지 받아들이기만 하거나, 가치를 부여함. 어떤 가치를 보유하고 있다는 인정을 기꺼이 시인함.

3.2 가치선택

가치를 충분히 확신함으로써 그것을 추구하고 또 바람.

3.3 확신

어떤 가치를 의심의 여지없이 믿음. 충성, 신앙과 같이 어떤 신념을 굳게 수락함.

4.0 조직화

여러 가치를 하나의 체계로 조직하고, 그들 간의 상호 관계를 결정하며,

지배적인 가치와 모든 경우에 통용되는 가치를 설정함.

4.1 가치의 개념화

한 가치가 이미 개인이 지니고 있는 다른 여러 가치 또는 그가 앞으로 가지게 될 새로운 가치와 어떻게 관련되는지를 알게 됨.

4.2 가치체계의 조직

하나하나 떨어져 있는 여러 가치를 한데 복합하고 이들을 서로 질서 있게 관련지음.

5.0 가치 또는 가치복합에 의한 인격화

개인의 독특한 인간 특성, 생활의 여러 측면에 통합성과 일관성을 부여하는 원리와 이념 및 개인적 신조를 지님. 인생철학, 세계관을 확립함.

5.1 일반화된 행동태세

어떤 상황에서도 태도 및 가치체계에 내적 일관성을 부여함. 행동 결정경향 혹은 행동의 일관된 경향.

5.2 인격화

개인의 우주관, 세계관, 인생철학, 양심을 확고하게 지님.

다. 운동기능적 영역(Harrow)

운동기능적 교육목표분류는 신체 동작이나 기능의 복잡성 수준에 따라서 다음과 같이 분류한다.

1.0 반사적 운동

불수의적, 비의도적, 무조건 반사적인 행동

1.1 分節 반사

하나의 척추분절을 포함한 반사동작

1.2 分節間 반사

한 개 이상의 척추분절을 포함하는 반사동작

1.3 超分節 반사

눈으로 볼 수 있는 동작이 일어나도록 하기 위해 척추 통로와 사지의 근육

및 同體와 아울러 뇌중추의 관여가 필요한 반사

2.0 초보적 기초 동작

학습자의 반사동작에 기초를 두고 훈련 없이 나타나는 선천적인 운동 유형임.

2.1 이동 동작

정지해 있는 학습자를 이동성 있는 학습자로 바꾸는 행동을 포함.

2.2 非移動 동작

축을 중심으로 움직이는 신체사지나 몸통 부분들에 관계되는 동작행동들을 포함.

2.3 조작행동

피아노 연주, 컴퓨터 자판 치기와 같은 말초의 협응 동작. 파지와 정교성

3.0 운동지각 능력

학습자가 자극을 해석하는데 도움을 주어 환경에 필요한 적응을 하는 것.

3.1 운동지각 변별

신체와 신체표면 및 사지에 대한 정확한 개념 형성을 포함. 공간 속에서의 주변 물체와의 관계에서 자기 신체에 대한 지각적 판단을 포함.

3.2 시각 변별

시각 민감성, 시각 추적, 시각 기억, 형태 배경 변별, 일관성(똑같은 형태의 물체를 보고 내리는 학습자의 일관된 해석능력), 청각 변별, 촉각 변별, 협응능력 등.

4.0 신체적 능력(기능)

신체의 각종 계통이 기능을 적절히 발휘하는 것. 숙련 동작의 발달을 위한 필수적인 토대가 됨.

4.1 지구력

4.2 근력

4.3 유연성

4.4 민첩성

5.0 숙련된 운동기능

복잡한 동작과제 수행에서의 효율성의 정도.

5.1 단순 적응 기능

톱질하기, 타이핑, 피아노연주, 활쏘기 기능, 넓이뛰기, 스케이팅 등

5.2 복합 적응 기능

기구나 신체 조종의 통합. 테니스, 베드민턴, 탁구치기 등.

5.3 복잡 적응 기능

신체구조학에 대한 보다 큰 숙달을 요구하는 기능. 공중체조 묘기, 몸 비틀며 다이빙.

6.0 동작적 의사소통

안면표현, 자세 및 몸짓에서부터 까다로운 무영 안무에 이르기까지 광범한 종류의 의사소통적 동작.

6.1 표현 동작

매일의 생활에서 사용되는 의사소통적 동작으로 신체 자세, 몸가짐, 몸짓, 안면 표현 등.

6.2 해석적 동작

미적 동작과 창의적 동작

이와 같이 교육목표를 일정한 체계로 분류하면 교육과정 개발과정에서 포괄적인 교육목표를 설정할 수 있게 되며, 교육목표를 설정하는 과정에 참여하는 교사들 간 의사소통의 편의를 도모하게 됨으로써 설정되는 교육목표에 대한 공유의식과 내면화에 도움을 주게 된다. 또 변화되기를 기대하는 학생의 행동특성과 평가되어야 할 특성이 정밀하게 정의될 수 있기 때문에 교육과정 목표에 적합한 평가가 이루어지도록 돕는다. 즉, 교육평가의 타당성을 높이도록 만들게 된다.

4. 교육목표 설정의 준거

교육목표를 설정(진술)할 때는 국가의 이념, 사회와 문화의 필요 및 요구, 학생

과 학부모의 필요와 요구, 교육전문가들의 견해, 교육철학 등 고려해야 할 사항은 여러 가지다. 그 중 중요한 몇 가지를 기술하면 다음과 같다.

가. 포괄성

교육은 본질적으로 전인교육을 추구한다. 그러므로 교육목표는 지적 발달뿐만 아니라 정의적, 신체 · 기능적, 정서적, 사회적 특성들이 조화롭게 발달되도록 포괄적으로 설정되어야 한다. 이러한 교육목표 설정의 준거는 특정 교과 교육과정에서도 마찬가지로 강조되어야 한다. 예컨대, 수학 교사는 수학 교과내용만을 가르쳐 지적 영역의 교육목표만을 달성하는 것이 아니라, 수학 교과에서도 정의적, 사회적 특성의 목표 설정의 여지는 얼마든지 있다.

나. 일관성

진술되는 교육목적 혹은 교육목표들 간에는 일관성, 통일성, 체계성이 있어야 한다. 앞의 교육목표의 위계적 구조를 살펴보았듯이, 교육이념-국가의 교육목적-각급 학교의 교육목표-교과교육목표-각 학년별 교과별 교육목표-수업목표 등 상위의 목적과 하위의 목표 간, 교육목표들 간 일관된 철학적 지향점이 있어야 한다는 것이다. 예컨대, 어떤 교육목표는 문제해결력이나 탐구능력 함양이 강조되고, 다른 교육목표는 교과서 내용의 기계적 습득이 강조된다면 통일적인 일관성이 없는 것이다.

다. 달성가능성

학생들이 교수학습을 통하여 달성할 수 있는 목표를 설정해야 한다. 즉, 설정한 교육목표가 학생들의 능력이나 신체적 조건에 비추어 도저히 달성할 수 없는 이상적인 목표라든지, 학교 내 · 외의 제반 시설이나 설비, 자원을 활용하여 달성하기 곤란한 목표라면 교육목표로서의 구실을 하지 못한다.

라. 적합성

교육목표는 학습자의 요구와 필요, 사회적 요구를 잘 반영하여 학습자와 사회적 적합성이 높은 것으로 설정해야 한다. 앞의 1절 '상황분석'에서 살펴본 바와 같이, 학습자의 눈높이에 맞으면서, 사회적으로 필요로 하는 교육목표를 설정할 때 그것을 보다 효과적으로 달성할 수 있다.

마. 타당성

설정할 교육목표는 교육의 본질적 성격에 맞아야 한다. 즉, 개인의 성장과 발달에 기여함과 동시에 국가나 사회가 발전하는 데 도움되도록 양자가 조화를 이루어야 한다. 사회가 지향하는 민주주의의 이념과 철학, 민주적 가치와 신념을 신장시키는 데에도 도움이 되면서 개인의 자아실현과 역량 개발에 관련되는 교육목표 설정이어야 하는 것이다. 또한 학습자들의 현재의 삶뿐만 아니라 미래의 생활에 있어서도 가치 있는 필수적이고 중요한 목표를 설정해야 한다.

바. 명세성

교육목표는 교육내용과 학습경험의 선정 및 조직에 구체적인 시사를 줄 수 있을 정도로, 그리고 교육목표 달성에 관여하는 사람들 — 교사, 행정가, 학부모, 지역사회인 등 — 간에 이해와 해석에 상반이나 갈등이 생기지 않도록 구체성과 명료성을 지녀야 한다. 물론, 교육목표의 수준에 따라서 일반적이고 보편적인 수준에서 진술될 교육목표가 있을 수 있고, 명세적이고 행동적 용어로 진술해야 할 목표가 있을 수 있으나, 대체로 그 의미가 적어도 교사들 간에는 소통이 될 수 있어야 한다.

사. 공유성

교육목표는 모든 교사들이 이해하고 받아들여 내면화해야 함과 동시에, 그들의 교육행위 속에서 항상 살아 있는 것이어야 한다. 따라서 교육과정 목표를 설정하는 과정은 모든 교사가 함께 참여하고 공동으로 연구하는 과정이 중요하다. 즉, 교육목표를 설정하는 교사가 따로 있고, 그러한 교육목표를 달성하는 교사가 따로 분리된다면 교육목표 달성은 그만큼 어려워지는 것이다.

아. 수정가능성

진술된 교육목표는 고정불변의 것이 아니라 그 타당성과 적합성이 부단히 비판되고 필요에 따라 수정과 개선이 가능한 것이다. 특히, 학교 교육과정은 매년 편성되기 때문에 해마다 동일한 교육목표가 설정되기보다는 계속적인 평가와 그에 따르는 지속적인 개선이 요청된다. 급격히 변화되어 가는 세계 속에서 나날이 성장과 발달이 이루어지는 학생들의 요구, 흥미, 필요, 문제들을 고려할 때 설정하는 교육목표가 고정될 수 없음은 너무나 당연하다.

형성평가

1. 교육목표를 가장 정확하게 설명한 것은?

① 교육목적

② 지식 내용의 습득

③ 학습경험의 전 과정

④ 교육의 한 과정이 끝나는 과정

⑤ 교육을 통하여 달성하고자 하는 행동 변화

2. 교육목표가 수행하는 기능으로 적절하지 않은 것은?

① 교육내용의 나선형적 계열화 기준 제공

② 합리적이고 타당한 교육과정 계획을 위한 토대 제공

③ 교육평가의 기준 제공

④ 교육내용과 학습경험 선정의 기준 제공

3. 교육목표와 관련된 다음의 용어들을 잘못 설명하고 있는 것은?

① 교육목적 : 교육과정 의도와 교육과정에 의하여 성취할 것으로 기대되는 바를 폭넓게 진술한 것이며, 비교적 장기간에 걸쳐 달성하는 것이다.

② 교육목표 : 교육목적을 더욱 구체적이고 명세적으로 진술한 것으로 보통 비전문적인 용어로 진술되며, 학생들의 성취수행의 방향을 내용과 기능 쪽으로 나아가게 하는 기능을 한다.

③ 명세목표 : 학생들이 교육과정과의 상호작용을 통하여 학습해야 할 바를 나타낸 것으로 학습자의 행동변화의 측면에서 표현한 진술이다.

④ 행동목표 : 학습자의 신체적 동작이나 기능 등 교육목표 분류 중 심동적 영역의 교육목표를 진술한 것이다.

4. 교육목표와 관련된 다음의 용어들에 대한 진술의 예로서 가장 적절한 것은?

① 교육목적 : 학생들로 하여금 자신의 진로를 탐색하고 직업의 중요성을 인식하도록 한다.

② 교육목표 : 학생들은 민주시민 정신을 이해할 것이다.

③ 명세목표 : 학생들은 집중경향치로서 최빈치, 중앙치, 평균치의 차이점을 설명할 수 있다.

④ 행동목표 : 세 변의 길이가 주어진 삼각형 넓이 구하는 문제 10개 중 7개 이상을 정확하게 풀 것이다.

5. Bloom 등의 교육목표 분류학 중 지적 영역은 지적 특성의 복잡성과 복합성 수준에 따라서 위계를 이루고 있다. 지적 영역의 교육목표 위계가 올바른 것은?

① 지식–이해력–분석력–적용력–종합력–평가력

② 지식–이해력–적용력–분석력–종합력–평가력

③ 지식–적용력–분석력–이해력–평가력–종합력

④ 지식–적용력–이해력–종합력–분석력–평가력

6. Krathwohl 등의 교육목표 분류학 중 정의적 영역은 정의적 특성의 내면화 수준에 따라서 위계를 이루고 있다. 정의적 영역의 교육목표 위계가 올바른 것은?

① 감수–반응–조직화–인격화–가치화

② 감수–반응–가치화–인격화–조직화

③ 감수–반응–가치화–조직화–인격화

④ 감수–반응–조직화–가치화–인격화

7. Harrow 등은 교육목표 분류 중 심동적 영역의 목표를 기능의 복잡성 수준에 따라서 6단계로 체계적으로 분류한 바 있다.
이 분류 체계 중 반사적 운동과 초보적 기초 동작 다음에 위계적 구조를 잘 나타내고 있는 것은?

① 운동지각능력–신체적 기능–동작적 의사소통–숙력된 운동기능

② 신체적 기능–숙련된 운동기능–운동지각능력–동작적 의사소통

③ 신체적 기능–운동지각능력–동작적 의사소통–숙련된 운동기능

④ 운동지각능력–신체적 기능–숙력된 운동기능–동작적 의사소통

8. 다음 중 교육목표가 갖추어야 할 요건에 대한 설명이 적절하지 <u>못한</u> 것은?

① 포괄성 : 교육목표는 학습자의 지적 특성, 정의적 특성, 기능의 습득 등 다양한 인간 특성을 포함해야 한다.

② 일관성 : 교육목표는 목표들 간에 상치되거나 상반되지 않도록 설정해야 한다.

③ 적합성 : 교육목표는 학습자의 요구와 필요, 사회적 필요를 반영하여 설정해야 한다.

④ 타당성 : 교육목표는 진실되고 중요한 것이어야 하며, 교육평가가 가능한 것으로 설정해야 한다.

9. Bloom의 교육목표 분류체계에 따를 때, 다음 중 가장 상위수준의 교육목표에 해당하는 것은?
① 삼투압의 원리를 설명한다.
② 삼투압의 원리를 암송한다.
③ 삼투압의 원리를 이해한다.
④ 삼투압의 원리를 실생활에 적용한다.

10. Bloom의 수업목표 분류 체계에 따를 때, "속성, 특징, 관계 등을 밝힘으로써 전문술어를 정의한다."는 목표와 관련되는 것은?
① 지식 ② 이해 ③ 적용 ④ 분석 ⑤ 평가

11. 학생들에게 금연교육 프로그램을 실시할 때 변화시켜야 할 가장 중요한 학습자의 정의적인 특성은?
① 불안 ② 태도 ③ 사회성 ④ 인간관계

12. 정의적 영역의 수업목표에 대한 설명이다. 바르게 연결된 것은 어느 것인가?
① 인격화 - 가치관이 일관성 있게 내면화 됨
② 가치화 - 서로 다른 가치들을 비교하고 연관시켜 통합함
③ 수용 - 어떤 자극이나 활동에 적극 참여하여 만족감을 얻음
④ 조직화 - 특정대상이나 활동에 대해 의의와 가치를 추구하고 행동으로 나타냄

13. 교육목표분류학이 지니고 있는 한계 혹은 문제점은 무엇인가?

제 9 장

교육내용의 선정과 조직

이 장의 개요

1. 교육과정은 교육내용의 체계라고 할 만큼 '교육내용'은 교육과정의 핵심적인 요소이다.
2. 교육내용의 가장 큰 영역 혹은 비중이 가장 큰 영역은 '교과'다. 즉, 학교교육에서 중요시해 온 교과목들이 교육과정 내용의 중심을 차지한다. 그렇다고 해서 교과들만이 교육내용의 전부라는 생각은 교육과정을 지나치게 협의로 규정하는 것이며, 교과 외에도 학생들이 배우고 익혀야 할 중요한 내용은 무수히 많다.
3. 학생들이 배우고 익힐 가치 있는 교육내용은 너무 다양하고 많기 때문에 어떤 기준을 적용하여 선정하는 것이 불가피하다. 즉, 교육내용을 선정하는 기준이 있다.
4. 이러한 기준을 적용하여 선정한 교육내용은 체계적으로 조직되어야 한다. 교육내용을 조직하는 데 적용하는 기준이 있다.
5. 교육내용을 선정하고 조직한 일련의 학습활동 단위를 '단원'(unit)이라고 한다.

현재 제7차 개정 교육과정은 교과활동과 특별활동, 재량활동으로 편제되어 있다. 그리고 2009 개정 교육과정은 교과활동과 창의적 체험활동의 2대 요소로 편제된다. 이는 무수한 교육내용과 학습경험 중에서 어떤 기준에 의해 선정한 것이다. 그리고, 국민공통기본 교육과정의 교과과정을 국어, 도덕, 사회, 수학, 과학, 체육, 음악, 미술, 실업 · 가정, 외국어(영어) 등 10개 과목으로 편성한 것도 가르칠 가치가 있는 많은 교과들 중에서 선정한 것이다. 마찬가지로 특별활동을 자치활동, 적응활동, 계발활동, 봉사활동, 행사활동 등으로 규정한 것도 다름 아닌 선정이며, 재량활동을 교과재량활동과 창의적 재량활동으로 정한 것도 선정이다. 이 점은 중학교 국어과, 수학과, 과학과 등의 교과에 포함되어 있는 세부적인 내용들에 대해서도 마찬가지로 설명할 수 있다.

이처럼 교육과정의 최종적인 내용과 경험은 그것의 전집(全集) 혹은 모집단(母集團, population)이 있어서 모집단으로부터 어떤 기준을 가지고 선정(혹은 標集)하는 과정을 거쳐 도출된 표본이라고 할 수 있다. 이와 같은 교육내용과 학습경험의 표본이 교육과정의 핵심을 이룬다. 어떤 내용이며 무슨 경험이냐에 따라서 교육받은 사람의 모습이 결정되기 때문이다. 이 장에서는 교육내용의 의미, 교육내용을 선정할 때 적용해야 하는 기준(원칙), 선정한 교육내용을 조직하는 데 적용되는 원리, 그리고 각 교과의 교수-학습 활동 단위로서 '단원'의 개념과 유형 등을 살펴보고자 한다.

제1절 교과(지식)와 경험 간의 논쟁

교육과정 개발자가 교과를 강조할 것인가, 아니면 경험을 강조할 것인가를 결정하는 것은 매우 중요한 과제이다. 교육에서 지식을 가르칠 것인가, 구체적인 경험을 시킬 것인가의 논쟁은 역사가 오래되었다. 이러한 논쟁은 전통적으로 교과중심 교육과정인가, 경험중심 교육과정인가의 논쟁, 학문중심 교육과정인가, 인간주의 교육과정인가의 논쟁으로 이어지면서 오늘날에도 계속되고 있다. 여기서 교육과정 개발자는 교육과정 내용을 지식으로 볼 것인가, 경험으로 볼 것인가에 대한 분명한 관점을 지녀야 한다는 의미는 교육내용의 의미를 분명하게 포착하라는 요청임과 동시에, 개발될 교육과정의 정체성을 명백히 하라는 요구이다.

교육과정은 교육내용들로 구성되며 교육내용은 다름 아닌 지식이어야 한다고 주장할 때, '거기에 교과(지식)가 있어 가르친다' 라기보다는, 관심의 초점은 지식을 왜 가르쳐야 하는가, 지식을 가르친다는 것은 교육적으로 어떤 의미를 갖는가, 지식을 가르쳐 어떤 인간을 육성해 내려고 하는가 등과 같은 물음에 답할 수 있어야 한다. 마찬가지로 교육내용을 경험으로 볼 경우에도 경험을 하도록 한다(가르친다)는 말은 무슨 뜻이며, 경험을 어떻게 하도록 하는 것(가르치는 것)이 올바른 가르침인가, 경험을 하도록 함으로써 어떤 인간을 길러 내려고 하는가 등과 같은 물음에 답을 할 수 있어야 한다.

전통적으로, 그리고 오늘날에도 교육과정은 여전히 교과들로 구성된다. 이를 뒷받침하는 이론이 형식도야 이론이요, 지식의 구조 이론이며, 지식의 형식 이론이다(이홍우, 1999 : 220). 이홍우 교수는 지식의 구조와 지식의 형식에 '이론'이라는 용어를 사용하지는 않았으나 이론으로 볼 수 있는 충분한 근거가 있다.

형식도야 이론에 의하면, 교과는 사람의 마음을 이루고 있는 부소(部所) 능력(기억, 추리, 상상, 지각, 감정, 의지 등 서로 구분되는 능력들로서 능력심리학이 인간의 마음 혹은 심리를 이해하는 방식이다)을 도야하는 수단이며, 교과에 의해 도야된 부소능력은 교과 이외의 생활사태에도 일반적으로 적용된다는 것이다. 이 이론의 핵심, 즉 교과를 통하여 도야된 부소능력은 다른 생활사태에도 전이된다는 주장은 William James, Thorndike 등의 전이실험, Dewey의 심신이원론에 대한 비판 등에 의해 부정되면서, 그리고 20세기 초엽의 아동중심 사상, 경험주의 사상 등과 맞물리면서 생활적응 교육을 강조하는 경험중심 교육과정을 태동시키게 되었다.

경험중심 교육과정은 교과를 아동 학생의 경험으로 대체시키게 되었다. 즉,

일상생활의 문제사태를 직접 교육의 대상으로 삼게 된 것이다. 지식의 구조 이론은 생활적응 교육 또는 경험중심 교육에서 생활문제 사태에 밀려난 교과를 원래의 자리에 되돌려 놓으면서 다시 왜 교과를 가르쳐야 하는가, 교과를 가르치는 교육적 가치는 무엇인가에 대한 새로운 관점을 제시하였다. 지식의 구조 이론에 의하면, 교과와 경험은 서로 분리될 수 없으며 한쪽이 다른 한쪽을 필연적으로 내포하고 있는 불가분의 관련성을 갖는다고 지적한다. 즉, '지식의 구조는 바깥에 있는 토픽이 아니라 학생이 소유해야 할 사고방식이며, 책에 적혀 있는 사실의 더미가 아니라 지식을 처리할 수 있는 마음의 장치'(이홍우, 1999 : 299)라는 것이다. 이렇게 보면, 지식의 구조 이론은 형식도야 이론이 주장하는 교과와 생활적응 교육에서 주장하는 경험과를 통합하는 교육내용(지식)의 조직과 표현방식, 그리고 그 지식을 올바로 습득하는 방법에 관한 이론이라고 할 수 있다.

지식의 형식(forms of knowledge) 이론에 의하면, 지식의 형식이란 '인간의 경험을 일반적으로 인정되는 방식으로 분류해 놓은 것'으로서 여기에는 논리학과 수학, 자연과학, 인간과학, 역사, 종교, 문학과 예술, 철학, 도덕 등의 형식이 있다는 것이다(김재춘 외, 2005 : 78). 이들 지식의 형식을 구분하는 준거는 그 자체의 고유한 개념체계와 탐구방법 혹은 지식의 성립근거를 규명하는 방식이다. 이와 같은 지식의 형식은 인류가 오랜 역사와 전통을 통하여 체계화한 공적 산물이기 때문에 선택의 대상이라기보다는 태생적으로 배워야 한다는 것이다. Peters의 용어대로 선험적 정당화 대상이다. 그러므로, Peters와 Hirst에 의하면, 이러한 지식의 형식을 제대로 배우지 않으면 삶을 원만하게 살아갈 수 없다는 것이다.

이들 이론들이 제시하는 교육과정 내용으로서의 지식의 가치는 그것의 실용적인 가치 때문이 아니라(실용적 가치를 해석하는 방식이 다양하지만), 인간의 마음(주관적 측면)과 실재(객관적 측면) 간의 관련성을 올바로 볼 줄 아는 태도와 안목을 갖도록 하는 데 있다. 이홍우(1999 : 314)는 지식의 유용성을 외적 사태의 변화에의 쓰임새와 내적 안목의 변화에의 쓰임새로 구분하고 전자를 기술로, 후자를 지식으로 표현하면서 지식교육이란 학생 자신이 배우지 않으면 안 되는 내용이며 교육과정은 바로 이와 같은 지식들로 구성되어야 한다고 하였다.

이에 관한 예로, 컴퓨터의 작동 원리를 배우는 것과 컴퓨터에 새로운 한글 프로그램을 설치하는 방법을 배우는 경우를 생각해 보자. 양자는 모두 지식이되 (전자를 이론적 지식이라고 하고, 후자를 실제적 지식이라고 할 수 있다), 전자는 당사자 자신이 배우지 않으면 안 되는 내용이며, 후자는 누구나 배울 필요가 없는, 즉 몇 사람만 배워도 되는 지식이다. 또한 지식교육은 세상을 올바로 볼 줄 아는 눈(心眼)을 개안시킴으로써 무지와 편견으로부터 자유롭게 만드는 교육이라고 할 수 있다.

교육과정은 전통적으로 지식을 중심으로 구성되어 왔고, 지금도 사정은 마찬가지라고 할 때, 1900년대에 들어와 '경험'이 강조된 이유는 무엇인가? 그것은 그 때까지의 교육과정이 교과와 학습자간의 불연속 문제의 해결로 등장한 것이다. 교과의 가치를 인정한다 할지라도 그것은 기성의 지식의 형식이며, 지난 세대의 문화 중에서 정선된 것이므로, 그것이 학습자들에게 흥미를 유발하기도 어렵고, 당장의 필요를 충족시키지 못한다는 것이다. 그러므로 교육과정 개발에서 학습자의 경험을 강조한다는 말은 교과를 제외시키고, 또는 교과와는 전혀 다른 어떤 경험꺼리들로 교육과정을 구성한다는 의미라기보다는 교과와 학습자와를 통합하자는 것이요, 교과(지식)를 학습자의 경험세계에까지 내면화하도록 내용을 조직하고, 교수-학습 방법을 개발하자는 것으로 이해해야 한다.

제2절 교육내용의 선정

앞에서 기술한 바와 같이, 학생에게 가르쳐야 할 내용은 무수히 많은 양으로 존재한다. 교육과정 개발자가 상황분석을 비롯한 다양한 자원에 기초하여 교육목적과 교육목표를 설정하고 나면, 이들을 달성하는 데 가장 적합하거나 적절한 교육내용을 선정하는 과제에 직면하게 된다. 어떤 내용을 선정해야 하는가는 매우 어렵고 복잡한 사고를 요한다. 어떤 교육과정 개발자는 교육철학자를 비롯한 이론가들이 제시하고 있는 내용을 선정할 수도 있을 것이며, 교육과정 개발자들 간의 토론과 협의과정을 통하여 선정할 수도 있을 것이다. 그러나, 어느 경우든지 교육내용을 선정할 때 적용되는 일반적인 기준(원칙)이 있다.

그와 같은 기준으로서 Pring(1984 : 140-142)은 사회적 유용성, 사회적 책임감, 공통문화, 개인적 만족, 인지적 관심, 부모와 사회적 압력, 정신능력 등 7가지를, Brady(1992 : 111-116)는 타당성, 중요성, 흥미, 학습가능성, 사회적 실재와의 일치성, 유용성 등 6가지 기준을 제시하였다. 그리고 Miller & Seller(1990 : 185-189)는 철학적 준거, 심리학적 준거, 사회학적 준거, 학생흥미 준거, 학생 준비도 준거, 공리적 · 실제적 준거 등 6가지를 강조하였다(박현주, 2005 : 137-138에서 재인용).

이경섭(1997), 강현석과 주동범(2004 : 156-160)은 중요성, 타당성, 사회적 적절성, 유용성, 학습가능성, 흥미 등 6가지를, 그리고 길형석과 손충기(1998)는 교육내용과 학습경험을 구분하여 교육내용 선정의 원칙으로 중요성, 생존성, 유용성, 흥미, 사회발전의 원칙 등을, 학습경험의 원칙으로 타당성, 만족, 가능성, 동경험 다목적, 동목적 다경험의 원칙 등을 제안하였다.

또 이성호(2004)는 내용의 유의미성, 타당성, 유용성, 학습가능성, 경제성, 내적 · 외적 관련성, 균형성, 사회가치 적합성 등 8가지를 들었다. 이 중 내용의 경제성 기준이란 적은 시간과 노력과 비용을 들여 가르치고 학습해 낼 수 있는 내용을 선정해야 한다고 하였다. 또 그는 내용 선정의 내적 · 외적 관련성 기준이란 내용을 선정할 때 학문분야의 다른 내용들과 상 · 하–좌 · 우–전 · 후 간, 그리고 인접 학문간 유기적인 관련성을 지니도록 선정해야 함을 의미한다고 하였다.

또한 이경섭(1990 : 402)은 내용 선정의 준거를 내적 준거(교과 자체가 지닌 내용의 특성을 내용 선택의 기준으로 삼는 것)와 외적 준거(내용 자체가 아닌 그것의 활용, 학습자에의 관련성, 사회 및 목표와의 관계 등을 내용 선정의 기준으로 삼는 것)로 구분하여 여러 학자들의 견해를 다음과 같이 정리한 바 있다.

제안자	내적 준거	외적 준거
R. S. Zais	- 중요성	- 유용성 - 흥미 - 인간발달
H. Taba	- 내용의 타당성과 의의 - 폭과 깊이의 균형	- 사회적 실재와의 일치 - 광범한 목적을 위한 대책 - 학생들의 경험에 대한 적응력과 학습 능력 - 학생의 욕구 및 흥미에의 적절성
E. W. Eisner	- 선택가능한 내용 가운데서 어느 것을 선정해야 할 것인가를 결정 - 학습자가 살고 있는 가정 및 지역사회에서 유래하는 넓고 다양한 경험을 학교에 가져올 수 있는가?	- 내용과 목적 간의 관련성 - 학습자에의 유의미성
R. C. Doll	- 학문적 지식으로서 타당성과 중요성 - 존속성 - 주제와 주된 아이디어 및 개념과의 논리적 관계 - 타과로부터 자료를 끌어 올 가능성	- 학습자의 욕구와 취미에의 적절성 - 학습가능성
W. H. Schubert	- 존속성 - 학문의 구조	- 사회적 욕구 - 유용성 - 출판업자의 결정 - 정치적 압력 - 학습자의 흥미 - 민주적 행위
M. Pint	- 중요성 - 타당성	- 사회적 적절성 - 유용성 - 학습가능성 - 흥미

이와 같은 여러 교육과정학자들의 의견을 종합하여 여기서는 다음과 같은 교육내용 선정의 기준(원칙)을 제시한다.

1. 타당성의 원칙

교육내용은 교육목표를 달성하는 데 가장 적합한 것들을 선정해야 한다. 교육내용은 교육목표를 달성하기 위한 방편으로 선정되는 것이므로 교육목표와 일치되도록 선정해야 한다는 것이다. 아무리 훌륭한 교육내용이라고 하더라도 설정한 교육목표 달성에 기여할 수 없는 내용이라면 교육과정을 개발하기 위하여 선정할 수 없다는 것이다. 또한 교육내용의 타당성이란 진실한 내용, 참으로 인정되는 내용이라는 의미를 지닌다. 그러므로 교육내용으로 선정되어야 할 바는 참(眞)으로 밝혀진 내용이어야 할 것이다.

교육내용 선정의 원칙으로서 타당성 기준과 관련된 것이 '기회의 원칙'이다. 이는 교육목표 달성을 위한 경험을 직접해 볼 수 있는 것을 선정해야 한다는 것이다. 예컨대, 교육목표로서 '수영의 여러 가지 유형을 익힌다'라고 설정하고 교실에서 수영의 여러 가지 형태를 그림이나 기술된 인쇄자료로만 가르치도록 선정했다면, 수영장에서 여러 가지 수영 유형을 익히는 기회를 선정하지 않은 것이 되는 것이다.

이러한 내용 선정의 타당성 기준에 대하여 이성호(2004 : 373)는 반드시 가르치고 배워야 할 모든 내용을 고르게 포함시키는 것, 혹은 전문가들이 입증하고 확인하는 내용의 선정이나 내용의 깊이와 폭의 균형이 확보될 수 있는 내용의 선정이라고 하였다.

2. 중요성의 원칙

교육내용이 중요하다는 것은 해당 분야(교과 혹은 경험)의 기본 기초적인 내용(Bruner의 표현을 빌리면, 교과의 기본적인 개념, 원리, 아이디어들로서 지식의 구조이다)이라는 의미이다. 그리고 교육내용의 중요성이란 그 내용을 학습한 결과의 전이가(轉移價)가 크다는 것을 뜻한다. 하나를 가르치면 넷 혹은 다섯을 깨우칠 수 있는 내용이 하나나 둘만을 깨우치는 내용보다 중요한 것이다. 이 기준을 이성호(2004 : 372)는 '내용의 유의미성'으로 표현하고 있다.

이와 같은 중요성의 원칙을 반드시 교과내용 선정의 원칙으로만 이해할 필요는 없다. 교육내용이 학생들의 현재와 미래의 삶에 보다 중요한 가치를 지닌다고 판단하여 선정한다면 이도 중요성의 원칙이 적용되는 것이다.

3. 생존의 원칙

이 원칙은 교육내용으로 선정해서 가르쳐야 할 것은 오랜 교육의 역사를 통하여 지속적으로 가르쳐야 할 가치를 인정받아 교육내용으로 선정해 온 것을 선정해야 한다는 것이다. 이 원칙은 특히, 문학이나 미술, 음악과 같은 교과에서 적용되고 있다. 예컨대, 교육과정에 포함되어 있는 문학작품이나 고전음악의 어떤 것은 수 십년 동안 교육내용의 자리를 차지하고 있는데, 이런 내용은 몇 세대를 두고 높이 평가되어 왔다는 정평에 의해서 가치를 인정받은 것이다. 그러나 오랜 세월 동안 전승해 왔다는 사실만으로 가치 있는 것이라고 보는 것은 적절하지 않다. 그것은 또 다른 내용 선정 원칙에도 부합해야 하는 것이다.

4. 유용성의 원칙

이 원칙은 교육내용이 학습자의 현재와 미래생활에 얼마나 유용하게 활용될 수 있느냐를 고려하여 선정되어야 한다는 것이다. 이 원칙에 입각한 교육과정 내용 선정의 원칙은 생활영역 교육과정 구성에 가장 잘 들어맞는 것으로, Herbart와 Spencer에 의해서 강조된 것이다. 또 Bobbitt이나 Frederick 등에 의해서 유용성의 원칙이 주창되기도 하였다. 이들은 교육내용이란 사회생활에 유용해야 하며, 유용성을 높이기 위해서는 인간의 생활을 조사 · 분석하여 생활영역을 추출하고, 그와 같은 생활영역에 활용할 수 있는 내용이 선정되어야 한다고 주장한다.

이러한 유용성의 원칙을 적용하여 교육내용을 선정하는 경우, 유의할 바는 그 유용성이란 학습자의 현재생활의 유용성인가, 미래생활의 유용성인가를 고려해야 하며, 이를 조화시키거나 어느 한쪽을 강조하는 근거를 분명하게 파악해야 한다는 점이다. 또한 유용성이라는 기준이 타당성이나 중요성 기준보다 우선할 수 없음을 잘 인식해야 한다.

5. 학습자의 필요와 만족과 흥미의 원칙

이 내용 선정 원칙은 교육내용은 학습자가 필요로 하는 바를 충족시킬 수 있는 내용, 그 내용을 학습함으로써 만족감을 느낄 수 있는 것, 내용을 학습하는 과정에서 흥미를 느낄 수 있는 것을 선정해야 한다는 것이다. 이러한 교육내용 선정의 원칙은 학생들이 필요로 하거나 만족감을 느끼거나 흥미로워하는 내용이나 학습경험들을 조사하여 그러한 항목들로 교육과정을 구성한다는 의미만은 아니다(물론, 교과 외에는 그런 내용이나 경험도 있을 수 있을 것이다). 오히려 교육내용이 그럴 가능성이 있는가를 염두에 두고 내용을 선정해야 함을 강조하는 기준이다.

학습자는 자신이 만족감을 느끼거나 흥미로워하는 내용, 활동을 잘 학습해 낼 수 있기 마련이다. 그러므로 한편에서는 생성교육과정(또는 현성교육과정)을 주장하는 사람들처럼, 교육과정을 사전에 구성할 것이 아니라 교육이 이루어지는 장에서 직접 학생들과의 협의를 통하여 교육과정을 구성한다면 학습자의 필요, 만족감, 흥미의 원칙이 잘 지켜질 수 있다. 그러나 이러한 방식으로 구성되는 교육과정의 문제점도 있을 수 있다. 따라서 또 하나의 접근은 의미 있는 교육과정이 학습자의 필요와 흥미와 어떻게 결합되고 결부될 수 있는가를 고려하여 교육내용을 선정하는 것이다.

6. 가능성의 원칙

이 교육내용 선정의 원칙은 학습자의 준비성과 관련되는 것으로 학습자의 능력, 발달수준, 경험 등에 비추어 노력하면 학습해 낼 수 있는 것을 선정하라는 요청이다. 아무리 훌륭한 교육내용이라고 하더라도 학습자가 학습해 낼 수 없는 것이라면 교육내용으로서 의의를 지닐 수 없다. 물론 학습해 내기 위한 시간이 충분하고 많은 인력이 투입되며 적절한 환경만 조성할 수 있다면 어떤 내용이라도 학습해 내는 것이 가능할 것이다. 그러나 현실은 많은 제약 속에서 교육활동이 전개될 수밖에 없다. 이 원칙을 쉬운 내용을 선정한다는 것으로 이해하는 것은 부적절하다. 교육내용은 현재의 능력과 발달 수준 혹은 경험에 비추어 보아 어느 정도 도전감을 불러일으킬 수 있도록 적정 수준의 곤란도를 지녀야 한다. 현재의 수준에 비추어 지나치게 쉬운 내용을 선정하게 되면 학습에서의 무기력감을 기르게 되며, 지나치게 어려운 내용을 선정하는 경우 좌절감과 부정적인 학습 자아개념을 형성하게 될 가능성이 크다.

7. 동경험(同經驗) 다목적(多目的)의 원칙

예컨대, 하나의 내용을 학습하게 되면 2-3개의 목표를 달성하는 데 도움을 주는 것과, 한 가지 내용을 학습하는 것이 하나의 목표 달성에만 도움을 주는 것이 있다고 가정할 때, 이 원칙은 전자의 교육내용을 선정하라는 요청이다. 즉, 같은(하나의) 경험을 하더라도 그것으로 여러 가지 목적(예 : 지적 목적+정의적 목적+기능적 목적)을 달성하는 데 도움이 되는 그와 같은 내용이나 경험을 선정한다는 것이다.

이 원칙은 교육과정 개발자 혹은 교사들에게 매우 중요한 시사를 하고 있다. 즉, 교육내용은 선정하기에 따라서 둘 이상의 교육목표에 관련되어 있는 것이 있으며, 교육목표와의 연관성이 매우 제한적인 교육내용도 있기 때문에 다양한 교육목표와 관련되는 교육내용, 여러 교육목표를 동시에 달성할 수 있는 교육내용을 선정해야 한다. 그러므로 잘 구성된 교육과정이란 바로 하나의 내용이나 경험으로 여러 목표를 달성할 수 있도록 내용이나 경험을 잘 선정했는가에 달려 있다고 할 수 있다. 학습자가 암기해야 할 내용에 비하여 직접 과제를 해결하고, 토론하고, 발표하는 내용이나 경험, 풍부한 내용, 다양한 학습활동을 필요로 하는 내용, 독립적인 사고를 촉진할 수 있는 내용 등을 선정할 경우에 이 원칙을 잘 적용하는 것으로 볼 수 있다.

8. 동(同)목표 다(多)경험의 원리

교육내용 선정을 위한 이 원칙은 하나의 교육목표를 달성하는 경우에라도 목표 달성을 위한 내용과 경험은 다양하게 선정하는 것이 바람직하다는 것이다. 하나의 교육목표를 달성하는 데에는 여러 가지 유용한 내용이나 경험이 있을 수 있기 때문에 어느 교육목표 달성을 위해 하나의 내용만을 선정하기보다는 타당하기만 하다면 신축성 있게 여러 가지 적절한 내용과 경험을 선정할 것을 요구한다.

예컨대, 오염의 폐해를 인식하도록 하는 교육목표가 설정되었다고 가정하자. 이러한 목표 달성을 위한 교육내용은 오염실태 보고서, 사진자료, 비디오, 현장견학 등 다양한 내용과 경험을 선정할 수 있는 것이다.

이 원칙은 교사, 교육과정 구성자에게 동일한 교육목표 아래 두 교사, 두 학교, 두 지역이 서로 다른 학습 경험을 선정할 수 있는 이론적 근거를 제시해 주며, 학교의 여건이나 학습자의 필요와 요구 등에 알맞은 교육내용을 선정하면서 의도하는 교육목표를 달성할 수 있다는 가능성을 시사해 주고 있다. 또 이 내용 선정의 원칙은 하나의 교육목표가 다양한 내용이나 경험을 통하여 달성되는 경우보다 충실하게 성취하게 된다는 점을 지적하는 것이기도 하다. 그러므로 교육과정 개발자는 어떤 교육목표를 달성하기 위한 교육내용의 선정에는 상당히 넓은 범위와 가능성이 있다는 점을 인식할 필요가 있다.

9. 내용의 균형성

교육내용 선정 원리의 하나로 내용의 균형성은 두 가지 의미로 쓰인다. 하나는 내용의 폭과 깊이의 균형성이며, 다른 하나는 어느 하나의 집단, 어느 하나의 시간대, 어느 하나의 사회, 개인-지역사회-국가-세계에 관련된 내용 등 어느 한쪽으로 치우치지 않는 균형성이다.

먼저, 교육내용은 내용에 따라서 넓은 범위에 걸쳐 가르쳐야 할 것이 있는가 하면, 어떤 내용은 깊이 있게 다루지 않으면 교육내용으로서의 가치가 상실되는 것이 있다. 넓은 범위로 가르쳐야 할 내용을 선정하게 되면 다른 내용의 깊이의 문제가 발생하고, 깊이 있게 가르쳐야 할 내용을 선정하게 되면 다른 내용의 넓이 문제가 발생할 수 있다. 그러므로 교육과정 개발자가 교육내용을 선정할 때는 내용이 다루어지는 넓이와 깊이를 잘 고려하여 균형을 이루도록 노력해야 한다. 이러한 문제는 초등학교인가, 중학교인가, 고등학교인가, 고등학교 중에서도 일반계 고등학교인가, 실업계 고등학교인가에 따라서 서로 다른 구성비를 지니게 된다. 일반적으로 저학년의 경우에는 깊이보다 넓이를 강조하게 되고, 고학년으로 갈수록 넓이로부터 깊이로 지향할 것이다.

또 교육내용은 지식과 태도 육성의 균형, 학습자의 필요나 사회의 필요, 학문적 필요 등 어느 하나에 치우침이 없이 균형을 이루어야 하며, 현재뿐만 아니라 미래에 관련한 혹은 미래 준비에 필요한 내용의 균형, 문화의 특수성과 보편성 간의 균형도 필요하다. 다양성을 추구하는 다문화주의 사회에서는 어느 한쪽에 치우친 내용 선정은 적절할 수 없다.

10. 사회발전에의 기여도

교육은 개인의 자아실현을 돕고 유능한 생활인으로 발달해 나가도록 조장하는 활동임과 동시에 사회를 발전시키는 역할도 수행한다. 그러므로 교육과정은 개인적 발달과 사회의 발전 양자를 추구할 수 있도록 구성되어야 하는 것이다. 이 점에서 내용 선정의 이 원칙은 학습자가 교육내용을 학습하면 사회를 발전시키는 데도 도움을 줄 수 있는 그런 내용을 선정해야 한다는 것이다. 물론, 이 원칙이 지나치게 강조되면 개인의 성장과 발전이 저해될 수 있으나, 그런 경우가 아니라면 교육내용을 학습한 것이 국가사회 발전에 도움을 줄 수 있는 것으로 선정해야 한다. 민주주의 가치와 원리, 문화적 편향을 줄이는 내용, 정치와 경제의 사회화, 시민사회 단체 활동의 역할 등에 관련된 내용은 이의 몇 가지 예들이다.

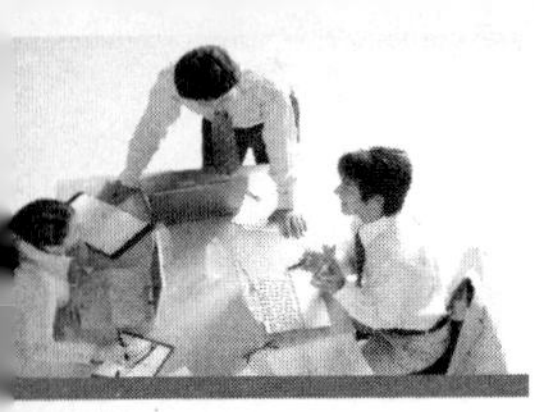

11. 창의성, 탐구정신 육성 관련 내용

교육내용을 선정할 때 가능하면 학습자의 창의성을 육성하고 탐구정신, 문제해결력 등을 육성하는 데 도움을 줄 수 있는 내용들을 선정해야 한다는 것이다. 고등정신기능의 육성이 어느 때보다도 강조되고 있는 현대사회에서 습득했다가 바로 잊혀지는 내용, 학교 교육과정이 아니더라도 습득할 수 있는 내용과 같은 것을 선정할 것이 아니라 학교 교육과정을 통하여 창의성, 사고하는 방식, 문제를 해결하는 방법 등 과정을 익히고 체득하는 데 도움을 주는 내용을 선정해야 한다.

이상에서 살펴본 교육과정 개발로서의 교육내용 선정을 위한 원칙들은 어느 하나가 적용되거나 중요시되는 것은 아니며 종합적으로 고려해야 할 것들임은 두 말할 나위가 없다.

제3절 교육내용의 조직

교육내용의 선정과 조직이 분리된 작업으로 진행되는 것은 아니며 양자가 동시에 진행되는 교육과정 개발과정이다. 그러나 논리적인 순서는 내용 선정을 한 후 그것들을 조직한다고 보아야 한다. 교육과정 내용 조직은 무계획적으로 혹은 경험에 의해 조직되는 것이 아니라, 내용을 선정할 때 적용되는 원칙(기준)이 있듯이, 어떤 원칙(기준)이 있다. 선정한 교육내용의 조직은 기본적으로 두 가지 측면에서 이루어진다. 하나는 수직적 조직(vertical organization)이며, 다른 하나는 수평적 조직(horizontal organization)이다. 전자를 흔히 계열(系列, sequence)이라고 하고, 후자를 범위(範圍, scope)라고 부른다.

수직적 조직이란 동일 교과내용 혹은 교육프로그램이 학년이 올라가면서 순차적으로 아래 학년과 다음 학년에서 유기적인 지속성이나 연속성 혹은 관련성을 지니도록 조직하는 것으로 도덕과에서 '개인생활'에 관한 내용이 3학년에서 조직되고, 4학년, 5학년, 6학년 등으로 학년이 올라가면서 계속 조직된다든지, 진로개발과 직업준비 내용이 초등학교, 중학교, 고등학교로 올라가면서 계속적으로 조직되는 것 등이 이에 해당한다.

수평적 조직은 교과들 간의 횡적 연계성과 통합성을 기하는 내용 조직으로서, 예를 들면 중학교의 진로개발 내용이 도덕과, 사회과, 국어과, 기술 · 가정과 등의 교과들에서 횡적인 관련성을 지니면서 조직되거나 관련되는 교과들을 하나로 통합하여 제 3의 교과로 개발하는 것 등이 이에 해당한다.

여기서는 교육내용 조직의 한 측면인 수직적 조직의 기준(원칙)으로서(Tyler, 1949)가 제안한 계속성과 계열성의 원칙을, 수평적 조직의 측면인 통합성 기준을 살펴보고자 한다. 이러한 내용 조직의 기준을 이해하기 위한 자료로서 제7차 개정 교육과정의 도덕과 7-10학년의 내용 조직표를 보면 〈표 9-1〉과 같다.

표 9-1
7-10학년의 도덕과 내용 조직표

영역	주요 가치덕목	7학년	8학년	9학년	10학년
개인 생활	생명존중 성실 정직 자주 절제	· 삶의 의미와 도덕 · 개성신장과 인격 도야 · 인간다운 삶의 자세 · 청소년기와 중학생 시절		· 삶의 설계와 가치 추구 · 인간의 삶과 가치 갈등 · 도덕문제와 도덕 판단	
가정 이웃 학교 생활	경애 효도 예절 협동 애교애향	· 행복한 가정생활 · 친족간의 예절 · 이웃간의 예절 · 학교생활예절		· 진학과 진로 탐색 · 가정 친족 이웃 생활과 도덕 문제 · 학교생활과 도덕 문제	

영역	주요 가치덕목	7학년	8학년	9학년	10학년
사회 생활	준법 타인배려 환경보호 정의 공동체 의식		· 현대사회와 전통 도덕 · 현대사회와 시민 윤리 · 민주적 생활 태도 · 생활 속의 경제 윤리		· 공동체 의식문제와 환경문제 · 청소년문화와 청소년 문제 · 도덕공동체의 구현과 공동선의 추구
국가 민족 생활	국가애 민족애 안보의식 평화통일 인류애		· 민족의 발전과 민족문화 창달 · 국가의 중요성과 국가발전 · 올바른 애국애족의 자세 · 남북통일과 통일 실현의지		· 민족분단의 원인과 과정 · 남북한의 통일 정책과 통일의 과제 · 민족공동체의 번영과 통일 한국의 모습

[출처 : 교육부(1997). 초중등학교 교유과정 : 국민공통기본 교육과정. 제7차 교육과정 교육부 고시 제1997-15호, 별책 1, 120쪽].

1. 계속성

교육내용 조직의 계속성 원칙이란 한 교과, 하나의 교육프로그램이 학년이 올라감에 따라서 동일한 내용이 비교적 일정한 기간에 반복 학습할 수 있도록 조직되어야 한다는 원칙이다. 1학년에서 교수-학습할 내용이 2학년에서도, 3학년에서도 반복하여 교수-학습하도록 조직한다는 것이다. 위 표에서 보면, 도덕과의 내용 영역별 주요 가치덕목의 내용들이 7학년과 9학년, 8학년과 10학년에서 반복되어 조직되어 있음을 알 수 있다. 이와 같은 교육내용 조직의 계속성 원칙은 비단 도덕과에만 국한되는 것은 아니며, 영어과에서의 동사의 시제 변화, 수학과에서의 집합, 과학에서의 에너지의 개념이나 물리학에서의 물질의 개념 등 모든 교과에 해당한다.

교육내용으로서 어떤 내용은 한번의 학습으로 끝나기도 하지만, 거의 대부분의 교육내용은 적절한 반복을 통하여 학습의 누적적 효과를 기대하는 것들이므로 학년 증가에 따라 계속적으로 학습하도록 조직해야 한다는 것이다. 물론, 어떤 내용을 어느 기간까지 반복해서 학습하도록 조직해야 하는가의 '기간' 설정 문제는 간단한 것이 아니며 심층적인 연구를 요한다. 그러나 학교 현장에서는 교사들의 풍부한 교직경험에 바탕하여 논의과정을 거쳐 결정할 수도 있을 것이다.

앞에서 설명한 바와 같이, 교육과정 내용조직의 계속성 원칙은 모든 교과의 내용 조직의 기준이 되지만, 특히 학습 후 망각 현상이 쉽게 일어나는 내용의 교과나 반복 학습이나 연습이 요구되는 내용을 다루는 교과, 그리고 습관적인 행동양식이나 심층적인 심리적 특성(예 : 가치관, 태도, 의지력 등)을 변화시키려는 교육프로그램 등에서 적용되는 원칙이다.

Bruner(1960)에 의하여 제안된 교육내용의 나선형적 조직원리는 계속성의 원칙과 계열성의 원칙이 제시되고 있다. 즉, 학생에게 가르쳐야 할 교과내용은 학년 수준에 관계없이 동일한 것들이 반복되면서 조직한다는 것이다. 그에 의하면, 각 교과에서 가르쳐야 할 내용은 지식의 구조이며, 이 지식의 구조는 학년에 관계없이 동일하다는 것이다.

2. 계열성

교육내용 조직의 원칙으로서 계열성을 Tyler는 "계속성과 관련을 가지지만 거기에서 더 발전한 것"으로 설명하였다. 즉, 계속성은 하나의 교육내용이 학년이 올라가면서 동일한 수준에서 반복 · 조직되는 것임에 비해 계열성은 학년 수준이 높아지면서 내용의 단순 반복 차원을 넘어서서 점차적으로 그 내용의 깊이와 넓이가 더해 가도록 조직하는 것을 뜻한다.

앞의 〈표 9-1〉 도덕과 내용조직의 예를 보면, 7학년과 9학년 간에는 같은 내용이 동일 수준에서 반복적으로 제시되는 부분도 있지만, 동시에 9학년의 내용은 7학년 내용을 단순 반복하고 있는 것이 아니라 보다 심화되고 확대되도록 조직하고 있는 것이다. 즉, 7학년의 '삶의 의미와 도덕' 내용은 9학년에서 '삶의 설계와 가치 추구'내용으로 조직되면서, 인간생활에서 도덕적 삶이 주는 가치를 이해하도록 하는 내용의 반복과, 단순 반복 차원을 넘어 좀 더 심화되고 확대되는 방식으로 내용을 조직한 것이다.

교육내용 조직의 계열성은 Taba의 누적학습(累積學習, cumulative learning), Bruner의 교육과정 내용 조직의 나선형(螺旋形)적 조직[흔히 나선형 교육과정(spiral curriculum)이라는 용어를 사용하고 있으나, 적절한 용어 사용은 아니다.]과 일치한다. 즉, Taba는 Tyler의 계속성을 '누적학습'과 같은 의미로 사용하고 있으나, 자신의 누적학습에 관한 설명, 즉 학년수준이 올라가면서 동일요소의 단순 반복이 아니라 점진적인 심화 확대를 기하도록 특정 개념(내용)에 있어서 더욱더 깊은 이해, 더 넓은 사태로의 적용, 더 정밀한 분석, 더 의미 있는 종합으로 이끌어 주도록 하는 내용 조직이라고 함으로써(김종서 외, 1999 : 187), 계열성 원칙과 같은 의미로 사용하였음을 알 수 있다.

그리고 Bruner(1960)는 교육내용을 조직하는 방식으로서 나선형적 조직 방식을 제안하였다. 그에 의하면 교과의 지식의 구조는 모든 학년에서 동일하며, 단지 그 내용을 조직할 때 점점 깊이와 폭(넓이)을 더해 가면서 조직해야 한다는 것이다.

교육내용 조직의 원칙으로서 앞의 계속성의 원칙이 망각하기 쉬운 내용, 반복해서 가르쳐야 내면화가 될 수 있는 내용, 기초적인 내용 등에 보다 잘 적용된다면, 계열성의 원칙은 선(先)과 후(後)의 연계성이 강조되는 내용, 적용력, 분석력, 종합력, 판단력과 같은 고등정신을 기르는 데 초점을 두고 있는 내용 조직의 원칙이라고 할 수 있다.

그러면 교육내용 조직의 계열성 원칙은 구체적으로 어떻게 적용되는가? 이 문제에 대하여 지금까지 사용해 온 구체적인 원리는 다음과 같다.

- 단순하고 구체적인 내용으로부터 복잡하고 추상적인 내용의 순으로 조직
- 선수학습 내용을 기초로 점진적으로 확대되는 내용 순으로 조직(예 : 곱하기를 먼저 조직하고 나누기 내용을 조직하는 것)

■ 학습자의 생활주변에 관련된 내용으로부터 먼 내용의 순으로 조직
■ 사건의 연대기 순으로 조직
■ 전체적인 내용으로부터 부분적인 내용으로, 부분적인 내용으로부터 전체적인 내용의 순으로 조직
■ 학습자의 구체적인 경험 요소로부터 개념과 원리와 같은 사고를 요하는 내용의 순으로 조직

앞에서 소개한 바와 같이, 교육과정 내용 조직의 원리인 계속성과 계열성을 Sequence라고 한다. 시퀀스란 앞에서 설명한 계속성과 계열성 개념으로서, 일정 기간에 학습자들이 학습할 내용의 제시와 배열 순서, 혹은 내용을 일정 기간에 걸쳐 교수-학습이 효율적으로 이루어질 수 있도록 순서지우는 것(계열화)을 의미한다.

Sequence를 합리적이고 효과적으로 결정하기 위해서 교육과정 개발자는 다음과 같은 질문을 제기해 보는 것이 도움이 된다(Zais, 1976 : 340).

첫째, 내용의 순서를 정하기 위해서 적용할 수 있는 어떤 원칙이나 기준이 있는가? 그런 기준이 있다면 무엇이며, 어떤 기준이 우선적으로 적용되어야 할 기준인가? (앞에서 제시한 일반적인 기준 참조)

둘째, 어떤 내용 뒤에 와야 할 내용은 무엇인가? 내용들 간의 선과 후의 위치를 정당화하는 논리가 있는가?

셋째, 학습자는 특정 내용을 학습해야 하는 시기는 언제인가?

3. 통합성

교육내용 조직의 통합성 원칙은 교육과정 내용들이 횡적인 연계성과 관련성을 지니도록 조직해야 한다는 것이다. 교육과정은 편의상 교과들과 교육프로그램들로 구성되는 것이며, 각 교과교육활동들이 상호 유기적으로 관련 맺으며 통합될 때 효과적인 학습과 발달이 이루어질 수 있다. 흔히 '전 교사의 상담

교사화', '전 교사의 윤리 교사화' 등과 같은 말을 하는 것은 교육과정 내용의 통합성 원칙을 지적하는 것이다.

제7차 개정 교육과정에는 중학교와 고등학교 교육목표가 5개 항으로 설정되어 있다(2009 개정 교육과정에는 4개 항으로 설정되었음). 이들 교육목표는 항목에 따라서 특정 교과활동이나 교육프로그램에 의해 보다 잘 달성될 수 있는 것이 있는가 하면, 모든 교과나 교육프로그램들이 공통적으로 달성하기 위한 교육목표들이 있다. 그리고 교육목표들은 대부분 모든 교과를 통하여, 모든 교육프로그램들이 동시에 달성하도록 요구하는 것들이다. 예컨대, 학생들의 진로개발을 위한 능력의 육성이란 도덕, 국어, 사회, 과학, 기술 · 가정, 외국어 등 거의 모든 교과가 관련된 교육목표이며, 언어교육이 국어과 교육과정을 통해서만 이루어지는 것은 아니다. 읽기, 말하기, 쓰기 능력을 기르는 것이 국어과 교육만의 몫이 아니며, 모든 교육과정 운영과정에서 통합적으로 이루어지도록 내용을 조직해야 한다.

교육내용 조직의 통합성 원칙에 따라서 교육과정을 개발하려는 시도는 다양하게 전개되어 왔다. 분과주의적 교과중심 교육과정의 폐단을 해결하기 위하여 상관형, 융합형, 광역형, 통합형 교육과정 개발이 시도되고 개발 · 적용되고 있는 것은 이의 예들이다.

어떤 교육내용이 어느 교과들이나 교육프로그램에서 언제, 어느 정도의 비중으로 조직되어야 하느냐를 결정하는 문제는 매우 어려운 과제이다. 그러나 분절된 내용 조직으로서는 학습자의 균형잡힌 사고방식, 전체를 조망할 수 있는 안목, 앎과 실천을 결합시킬 수 있는 인간을 길러 내는 데 한계가 있을 수밖에 없으며, 이 과제를 해결하기 위한 노력이 경주되어야 한다.

통합성의 원칙에 관한 핵심적인 개념이 범위, 즉 스코프(Scope)이다. 교육과정 내용 조직의 Scope란 교육과정 구성에서 특정 시점에 학습할 내용의 폭(범위)과 깊이를 의미한다고 하였다. 이는 교육과정 내용의 수평적 조직 또는 횡적 통합 조직 방식에 해당한다. 예컨대, 제7차 개정 교육과정에서는 10년간의 국민공통기본 교육기간에 학생들이 학습할 교과를 10개(초등학교 1, 2학년의 경우 6개) 과목을 배우도록 되어 있다. 이들 교과를 횡적으로 열거해 본다면 제6차 개정 교육과정에 비해 배워야 할 교과의 수가 크게 줄어들었다. 이는 Scope, 즉 각 학년에서 학습할 내용의 폭(범위)을 줄이면서 깊이를 강조하는 내용 조직 방식이다.

Scope 개념 이해를 위한 다른 예는 제7차 개정 교육과정에서 교육과정은 교과활동과정, 특별활동과정, 재량활동과정 등 3대 영역으로 편성하고, 각 과정에 투입해야 할 시간량이 정해져 있다. 과정의 종류와 각 과정 내에서의 과목이나 교육프로그램의 숫자가 늘어나면(폭) 그만큼 깊이는 줄어들게 되는 것이다. 그러므로 교육과정을 개발할 때 Scope의 결정은 매우 중요한 의사결정 대상이다.

내용의 스코프에 관련된 문제들을 제시하면 다음과 같다.

첫째, 모든 학생들이 알아야만 하는 공통의 교과나 내용이 있는가?

둘째, 특정시기에 학생들은 어떤 교과를 배워야 하고, 어떤 학습경험을 해야 하는가?

셋째, 각 교과들은 어떤 내용을, 얼마만큼 학습하도록 해야 하는가?

넷째, 선택과정이 설정될 필요가 있는가? 필요가 있다면 어떤 점에서 그러한가?

다섯째, 현재의 교육과정에서 제외해야 할 내용이 있는가? 제외해야 하는 객관적이고 타당한 근가가 있는가?

여섯째, 선택된 교과나 교육프로그램들은 특정 시기에 어느 정도 깊이 있게 학습하도록 해야 하는가?

이와 같은 내용의 스코프 결정은 주어진 현실 여건을 고려할 수밖에 없다. 아무리 이상적인 Scope 결정이라고 하더라도 그것을 실현할 수 있는 조건이 갖추어져 있지 않다면 그 결정을 수용할 수 없기 때문이다. Scope 결정에서 고려할 수 있는 사항은 다음과 같다(이경섭, 1997; 152-153).

첫째, 시간은 내용의 스코프를 결정하는데 중요한 제약조건이다. 학교교육이란 한정된 시간 안에서 이루어지는 것이므로(학 학기는 17주라든지, 7학년은 연간 수업시간 수가 1,156시간이라든지 등) 주어진 시간에 가르칠 필요가 있다고 해서 많은 교과나 교육프로그램을 가르치거나 운영할 수 없다.

둘째, 중핵 또는 공통과목(내용)은 교육과정에서 항상 존재하기 마련이다(예 :

도덕, 국어, 수학, 영어, 사회, 과학, 음악, 미술, 체육, 기술 · 가정 등). 이것은 교사나 교육과정전문가, 교육정책 입안자, 일반 국민 등의 대체적인 합의가 이루어진 것으로 볼 수 있다. 이처럼 중핵 혹은 공통내용이 정해지면 다른 내용이 교육과정에 포함될 여지는 줄어들 수밖에 없다.

> 왜 이들 과목이 중핵 혹은 공통과목이 되어야 하는가? 어떤 근거인가?

셋째, 교육과정 내용의 스코프는 학교교육이 학습자의 욕구와 필요(공통적인 것과 개인적인 것들)를 충족시켜야 한다는 점에 영향을 받는다. 이와 같은 욕구가 많아지고 이를 충족시키려는 압력이 커지면 다른 내용이 포함될 영역은 줄어들게 된다.

넷째, 교과 자체의 교육적 가치에 대한 합의를 도출하기 곤란하다. 때로는 교과의 통합이 주장되기도 하는데, 통합이 오히려 교육적 가치를 훼손할 수 있다.

다섯째, 교육과정에 포함되어야 할 내용, 제외시켜야 할 내용, 사회가 요구하는 내용을 결정하기가 어려우며, 학교교육에 대한 사회적 압력(정치분야, 경제분야, 국제분야 등)이 점차 거세지고 있다. 예컨대 보건당국에서는 보건과를 신설해야 한다고 주장하며, 경제 부처에서는 생활경제와 같은 과목을 교육과정에 포함시켜야 한다고 주장한다.

여섯째, 교육내용의 적정화 판단 기준이 모호하다. 교육내용의 적정화는 교육내용의 양과 난이도 문제와 관련된 것으로(소경희, 2005 : 50), 내용의 학년별 스코프와 시퀀스를 결정하는 데 매우 중요한 고려 사항이다.

이러한 고려 사항 외에도 교사 운용 조건, 교사양성 조건, 교육환경 조건 등을 고려하지 않으면 안 된다. 이상적인 스코프 결정이란 현재 주어진 조건의 범주 안에서 구현이 가능한 교육과정을 개발하는 일이라고 할 수 있다.

4. 교육과정 내용의 스코프와 시퀀스의 적용

지금까지 기술한 스코프와 시퀀스가 교육과정 개발에서 구체적으로 어떻게 적용되는가를 살펴보도록 하자.

어느 중학교의 연간 교육과정을 개발한다고 가정해 보자. 학교에서는 6개월 전부터 교육과정 개발팀을 구성하여 교육과정 개발 절차에 따라서 현재 국민공통기본 교육과정을 주축으로 하고, 학교의 특성화 교육프로그램으로 주 5일제 실시에 따른 토요일 '지역문화 탐방' 및 '생태계 보고' 등의 교육내용을 정하여 다음의 [그림 9-1]과 같은 스코프와 시퀀스를 정했다.

이 그림에 나타나고 있듯이, 이 학교의 교육과정은 저학년에서 국어, 도덕, 음악, 미술, 체육과 같은 교과의 비중을 크게, 고학년에서는 사회, 과학, 실업 · 가정, 외국어(영어) 등과 같은 교과의 비중을 크게 스코프와 시퀀스를 정한 것을 알 수 있다.

[그림 9-1] **학교 교육과정 개발에서 스코프와 시퀀스의 적용 예**

다음의 [그림 9-2]는 중학교 도덕과 내용의 스코프와 시퀀스 결정에 관한 것을 예시한 것이다.

이 그림을 보면, 도덕과의 4대 내용 영역 중 개인생활[1]과 가정 · 이웃 · 학교생활[2]은 1학년에서 상대적으로 큰 비중으로 조직하고, 2학년, 3학년으로 올라가면서 비중을 줄이는 방식을 택하고 있다. 반대로 사회생활[3] 영역과 국가 · 민족생활[4] 영역은 학년이 올라가면서 증가하는 방식으로 스코프와 시퀀스를 정했음을 예시하고 있다.

학년					시퀀스
3학년	[1]	[2]	[3]	[4]	
2학년	[1]	[2]	[3]	[4]	
1학년	개인생활[1]	가정 · 이웃 · 학교 생활[2]	사회생활[3]	국가 · 민족 생활[4]	
	스코프(비율)				

[그림 9-2] **중학교 도덕과 내용의 스코프와 시퀀스의 예**

제4절 단원의 계획

단원의 계획이란 교사수준의 교육과정을 구성하고 조직하는 것이라고 할 수 있다. 교육과정의 최종적인 결정자는 교사이며, 교사에 의해 교육과정의 효과성, 적절성, 타당성 등이 판명된다. 그러므로 교사는 단원의 개념과 성격, 유형, 계획에 대하여 깊은 전문적 지식을 지녀야 한다.

1. 단원의 개념과 성격

교육과정을 구성하는 기본적인 단위를 단원이라고 한다. 단원(單元, unit)이라는 용어는 Herbart에 의해서 사용되기 시작했고, 그의 제자 Ziller에 의해 보다 정교해졌다. Herbart는 교수단계설을 명료 ⇒ 연합 ⇒ 계통 ⇒ 방법 등 4단계로 제시하고, 이것은 교재의 작은 하나의 집합체로 통일하여 가르치기 위함이라고 하였다(대학교직과교재편찬위원회 편, 1985). 즉, 교사가 교과를 가르칠 때에는 낱낱의 교과내용들을 연관성 없이 나열식으로 가르치는 경우에는 교육의 효과를 가져올 수 없으므로, 가르칠 내용의 통일된 단위를 조직해야 한다는 것이다.

그의 제자인 Ziller는 1876년에 저술한 『일반교육학강의』에서 Herbart의 4단계 교수과정 중 명료를 분석과 종합으로 나누어, 분석 ⇒ 종합 ⇒ 연합 ⇒ 계통 ⇒ 방법 5단계로 나누고, 이러한 5단계 교수법이 적용되는 교재의 통일된 한 분절을 방법적 단원 혹은 '단원'이라고 하였다.

단원이란 단일성(oneness), 전체성(wholeness), 통일성(unity), 통합성(integration) 등의 성격을 갖는데, 이 개념의 정의 방식은 학자에 따라 다양하다(대학교직과교재편찬위원회 편, 1985). 즉, 단원의 개념을 Morrison은 '의도적인 학생 행동의 변화를 위해서 학생에게 의가 있는 학습경험의 통합된 조직'으로, Good은 '중요한 문제나 목적을 중심으로 여러 가지 학습의 형태나 활동이나 경험의 한 조직이며, 교사의 지도 아래 학생집단에 의해 협동적으로 전개되는 것'으로 정의하였다. 또 정범모(1961)는 단원을 '학생에게 바람직한 변화를 가져오기 위하여 어떤 자원을 중심으로 학생에게 학습내용 혹은 경험의 통일되고 단일화된 하나의 조직 및 활동'이라고 하였다.

이러한 학자들의 견해를 종합해 보면, 단원이란 통일성 있는 학습활동으로 전개시킬 학습자료의 묶음 혹은 분절이라고 할 수 있다. 그러므로 교과 혹은 교육프로그램은 하나 이상의 단원으로 구성된다.

2. 단원의 유형

가. 교재단원과 경험단원

교재단원(subject matter unit)은 교과서 제1장, 제1절, 제1항 등과 같이 교재내용의 일정량으로서, 그 내용이 하나의 통일된 내용요소들로 묶여진 것을 말한다. 교재단원은 특히 교과중심 교육과정에서 교과 지식의 일정한 분량 혹은 지식의 묶음이다. 이것은 정적이며 지적인 일정량의 학습내용이다. 교재단원은 통일되고 통합된 내용 자원을 교과교재의 체계성, 논리성에서 찾는다.

경험단원(experience unit)은 주로 경험중심 교육과정이나 중핵교육과정 등에서 지역사회 봉사활동 단체들의 활동 조사 프로젝트 수행, 혹은 자아정체감 육성 프로그램의 각 회기 활동 조직과 같이, 혹은 사회문제 해결을 위한 일련의 활동 단위, 학생들의 필요나 흥미를 조사하여 이에 기초한 특별활동에서처럼 학생이 경험하거나 활동할 일련의 관계로서, 일정한 목표를 달성하기 위하여 전개되는 통합되고 관련성을 지닌 일련의 활동 단위를 일컫는다. 이러한 경험단원의 통일의 자원을 학생들의 내면적인 심리성에 찾는다.

나. 자료단원과 학습단원

단원은 그 구성의 과정 혹은 쓰임새에 따라서 자료단원과 학습단원으로 나눌 수 있다.

자료단원(source unit)이란 학습단원을 구성하는데 필요한 기초자원, 즉 학습문제, 학습활동, 참고자료와 교구의 목록, 평가자료 등을 체계적으로 조사 · 분석하고 조직한 것을 일컫는다. 다시 말하면 자료단원이란 여러 상이한 교과 영역이나 여러 상이한 학년의 교사들이 그들의 특정 학습집단을 위한 단원계획에서 활용할 자료들을 끄집어 낼 수 있는 일종의 학습자료의 저장고라고 할 수 있다.

이에 비하여 학습단원은 그냥 '단원'이라고 표현할 수 있는 것으로서, 자료단원을 참고로 하여 교사가 학생의 다양한 특성, 학교의 교육적 조건, 학부모와 지역사회의 실태 등에 바탕하여 교수활동을 계획한 단원과 이 단원을 학습하기 위한 학생의 학습활동을 계획한 것을 말한다. 즉, 학습단원(learning unit)이란 학습자의 행동에 바람직한 변화를 가져오고자 목표를 설정하고, 내용을 선정 조직하고, 교수-학습활동을 조직하고 평가활동을 계획하는 일련의 유기적인 교수-학습 활동을 체계적으로 조직한 것을 일컫는다. 이러한 학습단원을 계획하는 것을 단원계획(unit plan)이라고 한다.

단원은 이 외에도 작업 수행 단위의 작업단원, 과학과의 실험과정이나 활동을 단위로 하는 실험단원, 문제해결에 초점을 두고 학습활동이 전개되도록 조직하는 문제단원, 학생들의 흥미를 중심으로 구성하는 흥미단원 등이 있다.

3. 단원의 계획

앞에서 기술한 바와 같이, 단원계획이란 학습단원에 대한 계획으로서 교육과정 구성의 최종적인 과정이요 형태이다. 단원계획을 보통 학습지도안, 교수 · 학습과정안, 교안, 수업전개안, 단원전개안 등 다양한 명칭으로 불리고 사용되고 있는데, 학습지도안이라는 명칭이 적절하다고 본다.

단원계획 과정에서 고려해야 할 사항이 다양하지만, 중요한 것을 기술하면 다음과 같다.

가. 단원명 혹은 제재명(題材名) 결정과 진술

단원명 혹은 제재명은 간결하면서도 그 의미가 잘 드러나고 매력적이어서 학생들의 주의를 끌 수 있도록 기술되어야 한다. 보통 교과서에 나와 있는 장이나 절의 제목을 그대로 옮겨 적는 방식을 취하는데, 이를 학생들의 호기심을 자극하고 흥미를 끌 수 있도록 적절한 표현방식을 모색할 필요가 있다. 이러한 방식에는 다음과 같은 것들이 있다(정범모, 1961 : 362-363).

첫째, 교과서의 장이나 절의 표현을 거의 그대로 살리면서 일반적이고 대표적인 중요한 제목 형식으로 '물질의 세 가지 상태', '화학반응에서의 규칙성', '상대도수의 분포와 누적도수의 분포' 등으로 표현한다.

둘째, 어떤 중요한 원리, 개념, 사실을 대표하는 문구 형식으로 '전제주의는 혁명을 가져온다.', '한 국가의 교육수준과 경제발전과는 높은 상관이 있다.' 등으로 표현할 수 있다.

셋째, 학생들이 당면하고 있거나 당면할 수 있는 문제(과제)를 표시하는 의문문 형식으로 '어떻게 하면 평화통일을 가져올 수 있는가?', '어떤 과학적 태도가 바람직한가? 등으로 표현할 수 있다.

넷째, 중요한 사회문제를 표시하는 의문문 형식으로서, '소득의 계층이 생기는 이유는 무엇인가?', '민주시민의 자질이란 무엇인가?' 등으로 표현할 수 있다.

나. 단원의 학습목표 진술

단원의 학습목표란 단원에 관한 교수학습 활동이 종결되었을 때 학생들이 나타내 보여야 할(혹은 나타내 보이기를 원하는) 행동특성을 진술한 것이다. 이러한 학습목표 진술에서 고려해야 할 원칙들을 8장 2절에서 기술한 바 있다. 그러한 원칙을 잘 고려하고 염두에 두어 단원의 학습목표를 진술한다. 특히, 학습목표는 학생의 행동이 드러나도록 이른바 명세적인 목표 진술이 되어 그 의미가 소통되도록 해야 한다.

물론 학습목표란 그 본질상 세분화하여 이른바 행동적인 용어로 표현할 수 있는 것이 있고, 세분화가 곤란하거나 오히려 세분화해서는 안 되는 것이 있을 수 있다. 즉, 비교적 짧은 시간에, 목표 달성 여부를 객관적으로 확인할 수 있는 인지적 영역이나 기능적 영역의 목표는 세분화하고 구체적으로 진술하는 것이 가능하고 필요하다. 그러나 많은 시간을 요하면서 목표 달성도나 목표 달성 여부를 객관적으로 확인하기 곤란한 정의적 영역, 인성 · 정서적 영역, 심미적 영역 등의 경우에는 학습목표의 세분화가 어렵다. 따라서 학습목표의 구체적 진술여부는 교과, 교육내용 등의 성격에 따라서 신중하게 판단해야 할 문제이다. 그러나 한 가지 분명한 것은 학습목표가 불분명한 정도만큼 교육의 과정이 비효과적이라는 점이다.

다. 과제분석

과제분석이란 해당 단원에서 다루고 있는 내용들의 체계(교수 · 학습의 단계와 순서)를 분석하는 일이다. 이러한 과정은 단원에서 핵심적인 개념과 원리, 아이디어가 무엇이며, 그것들의 선후관계가 어떻게 되는가를 파악하여 학습지도의 계열화를 추구하여 결국 학습목표 달성을 극대화하는데 의의가 있다.

라. 단원 전개계획

단원의 전개란 곧 수업을 의미하므로, 단원의 전개계획을 수립하는 것은 수업계획을 수립하는 것이다. 오늘날 초등학교나 중 · 고등학교 교사들이 이 계획을 수립하는 방식은 매우 다양하다. 즉, 작성 양식에 있어서 약식안과 세안, 절충안 양식이 혼용되고 있고, 양식에 포함되는 세부 내용에서도 교사들에 따라서 다양하다. 심지어 단원 전개계획의 필요성, 가치에 대해서 견해가 다양하다. 그러나 수업을 담당하는 교사는 반드시 수업지도안을 철저하게 준비하고 치밀하게 작성해야 한다. 준비와 계획 없는 항해가 위험하듯이, 준비와 계획 없는 수업은 효과를 기대하기 어렵고, 교육적으로 위험하다.

수업지도안을 계획하는 데에는, 전개 단계의 설정(보통 도입, 전개, 정리 등 3단계를 취함), 전개단계에 따르는 교수 · 학습 내용의 결정과 조직, 수업모형 혹은 수업방법의 결정, 교사와 학생의 활동 결정, 학생들의 분단조직 결정, 교수 · 학습 자료와 매체의 결정, 시간운용 방식의 결정, 교수 · 학습 과정에서 유의할 사항 파악 등에 대하여 계획해야 한다.

마. 평가계획

평가계획은 필요하다고 판단되는 경우 단원전개에 앞서서 실시하는 진단평가, 단원전개 과정에서 실시하는 형성평가, 단원전개가 끝난 후에 일괄적으로 실시하는 총괄평가, 잠재적 교육과정(학급 및 학습분위기 등)에 대한 평가계획 등이 사전에 치밀하게 수립되어야 한다.

형성평가

1. 다음과 같은 교육과정의 관점을 반영하여 교육내용을 가장 적절하게 조직하는 방법은? [2010]

> 어떤 교과든지 그 교과를 특징적으로 교과답게 해 주는 골간(骨幹)으로서 구조가 있다. 교과의 구조란 각 교과가 모태로 삼고 있는 학문 분야의 기본적인 아이디어나 개념 및 원리를 말한다. 이러한 구조는 기본적이고 일반적이므로 단순하다. 그래서 어린 나이에도 지식의 구조 학습이 가능하며 나아가서는 새로운 문제에 대한 적용 범위도 넓다. 그리고 구조 학습을 통해 초보수준의 지식과 고등수준의 지식 간의 간극을 좁힐 수 있다.

① 구안법을 통하여 활동 중심으로 내용을 조직한다.
② 교과의 논리보다 학습자의 심리를 우선하여 조직한다.
③ 작업단원법에 따라 생활영역을 중심으로 내용을 조직한다.
④ 사회의 주요 문제를 중심으로 핵심 및 주변 과정을 조직한다.
⑤ 기본 개념을 반복하면서 폭과 깊이를 확대 · 심화시켜 조직한다.

2. 다음은 교사들이 교육과정 설계에 관하여 문제를 제기한 것이다. 이를 해결하기 위한 가장 적합한 전략을 올바르게 짝지은 것은?[2010]

> 김 교사 : 시(詩) 수업에서의 행동목표는 너무 구체적이고 명세적이기 때문에 문학의 의미를 가르치는 데 많은 한계가 있다.
> 이 교사 : 중학교 3년 동안 배워야 할 교과목 수가 너무 많아 학생들의 학습 부담이 크다.
> 박 교사 : 어떤 교과목은 중학교 3학년과 고등학교 1학년 간의 교육내용 수준의 차이가 크다.
> 최 교사 : 내가 가르치고 있는 교과목의 내용이 너무 분과적이고 중복이 심하다.

	김 교사	이 교사	박 교사	최 교사
①	학습과제분석	계열(sequence)조정	연계적 조직	통합
②	표현목표설정	범위(scope)조정	연계적 조직	통합
③	표현목표설정	계열(sequence)조정	중핵적 조직	압축
④	문제해결목표설정	범위(scope)조정	연계적 조직	통합

⑤ 문제해결목표설정 계열(sequence)조정 연계적 조직 압축

3. 다음 대화에서 영수가 교육내용에 부여하는 가치는?

> **영숙** : 너 성적 잘 나왔어?
> **영수** : 별로야. 우리가 학교에서 왜 이런 내용을 배우는지 모르겠어. 대학입학에 필요하기는 하지만 실생활에는 별 쓸모가 없지 않아? 공부 잘 한다고 꼭 사회적으로 성공하는 것도 아니고 말이야.

① 사회통합적 가치 ② 내재적 가치 ③ 외재적 가치 ④ 본질적 가치

4. 다음은 학습경험의 선정 원리 중 어떤 원리에 대한 설명인가?

> (1) 독서에 대한 폭넓은 흥미를 함양하는 목표를 달성하기 위하여 다양한 분야의 책을 읽어볼 수 있는 경험을 제공한다.
> (2) 발표력을 기르는 목표달성을 위해서는 자기의 주장을 내세우는 경험을 자주 갖도록 한다.

① 기회의 원리 ② 다양성의 원리
③ 가능성의 원리 ④ 동목표 다경험의 원리

5. 교사가 수업계획안을 작성할 때는 교육내용 선정 및 조직을 위한 원리(준거)를 고려해야 한다. 다음 중 통계의 종류에 관한 수학과 교사가 고려해야 할 "범위"와 가장 관련이 깊은 것은?
① 본시의 수업내용이 전이가치가 높은지 검토한다.
② 학습자료들이 구비되어 있는지 확인한다.
③ 자료의 정리에서부터 통계분석의 어느 것까지를 가리칠 것인지를 검토한다.
④ 통계의 내용 중 가르쳐야 할 것들의 순서를 정한다.

6. 환경오염의 폐해를 학습시키기 위하여 교과서 내용의 학습, 사진자료의 관찰, 산업현장의 견학, 전문가의 강연 등 다양한 활동을 실시하였다. 이 경우에 적용한 교육내용(학습경험) 선정 원리는?
① 흥미의 원리 ② 기회의 원리 ③ 만족의 원리
④ 동경험 다성과의 원리 ⑤ 동목표 다경험의 원리

7. 다음은 학습경험의 선정 원리 중 어떤 원리에 대한 설명인가?

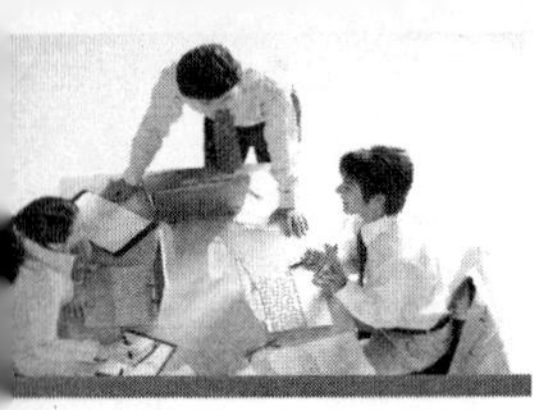

(1) 독서에 대한 폭넓은 흥미를 함양하는 목표를 달성하기 위하여 다양한 분야의 책을 읽어볼 수 있는 경험을 제공한다.
(2) 발표력을 기르는 목표달성을 위해서는 자기의 주장을 내세우는 경험을 자주 갖도록 한다.

① 기회의 원리　② 다양성의 원리
③ 가능성의 원리　④ 동목표 다경험의 원리

8. 다음 중 교육내용 혹은 학습경험의 조직 원리로서 scope에 관련된 질문들로만 묶여진 것은?

가. 모든 학생들이 학습해야만 하는 공통적인 교과나 내용이 있는가, 있다면 그것은 무엇인가?
나. 특정 시기나 발달단계에 있는 학생들은 어떤 교과를 배워야 하고, 어떤 학습경험을 해야 하는가?
다. 학생들이 배워야 할 교과들은 각각 어떤 내용을, 얼마만큼 학습하도록 해야 하는가?
라. 학습내용을 학습해 나갈 순서나 시기를 결정하는 데 어떤 원칙이나 기준이 있는가?

① 위 모두　② 가, 나, 라　③ 나, 다, 라　④ 가, 나, 다

9. 중학교 2학년 과학과목을 담당하고 있는 김 교사는 과학과 교육과정을 개발하면서 2학년 과학 과목에서 중요하게 다루어야 할 내용을 추출한 후 내용들의 횡적 연계성을 고려하면서 가장 먼저 가르쳐야 할 내용으로부터 가르칠 내용의 시간계열에 따라서 내용을 조직하였다. 김 교사가 적용하고 있는 교육과정 내용 조직의 원리는 무엇인가?

① 계속성의 원리　② 통합성의 원리
③ 수평적 조직 원리　④ 수직적 조직원리

10. 다음은 학습경험의 선정 원리 중 어떤 원리에 대한 설명인가?

(1) 독서에 대한 폭넓은 흥미를 함양하는 목표를 달성하기 위하여 다양한 분야의 책을 읽어볼 수 있는 경험을 선정한다.
(2) 발표력을 기르는 목표달성을 위해서는 자기의 주장을 내세우는 경험을 자주 가질 수 있는 경험을 선정한다.

① 기회의 원리　② 다양성의 원리
③ 가능성의 원리　④ 동목표 다경험의 원리

11. 다음은 교육내용 조직의 원리 중 어떤 원리에 대한 설명인가?

중요한 교육내용은 학년이 올라가면서 계속 가르치고 배우도록 반복하여 조직되어야 하되, 단순 반복의 차원을 넘어 점차 확대되고 심화학습이 가능하도록 조직해야 한다.

① 통합성의 원리 ② 계속성의 원리
③ small step의 원리 ④ 계열성의 원리

12. 다음에서 교육과정의 수직적 내용 조직의 특징을 나타내는 예를 골라 바르게 묶은 것은?

가. 아동 문학을 바탕으로 읽기, 쓰기, 말하기, 듣기를 함께 가르친다. 나. 수학 교과서에서 비율의 개념을 가르친 후 사회 교과에서 축척의 개념을 가르친다. 다. 사회 교과에서는 정치, 경제, 사회, 문화, 지리, 역사 등을 균형 있게 가르친다. 라. 초등학교 6학년 과학 교과에서 가르친 에너지 개념을 중학교 1학년에서 심화하여 다룬다.

① 가, 나 ② 가, 다
③ 나, 라 ④ 다, 라

13. 비판적 사고력 향상, 학교활동에의 적극적 참여 등 여러 가지 교육목표를 달성하기 위하여 '모의법정' 활동을 실시하기로 하였다. 이 경우에 적용한 교육내용 선정 원리는?

① 기회의 원리 ② 가능성의 원리
③ 동목표 다경험의 원리 ④ 동경험 다성과의 원리

14. 학습경험의 선정 원칙 중 "독서에 대한 폭넓은 흥미의 함양을 지향하는 목표가 있다면 다양한 분야의 책을 읽어볼 수 있는 경험을 제공해야 한다."는 원칙은?

① 기회의 원칙 ② 만족의 원칙
③ 협동의 원칙 ④ 가능성의 원칙
⑤ 사회적 유용성의 원칙

15. 관악기의 종류에 관한 음악과 수업계획안을 작성할 때, 범위(scope), 계열성(sequence), 중요성의 원리, 기회의 원리 등의 교육내용 선정 · 조직 준거 중 '범위'와 가장 관련이 깊은 것은?

① 학습 자료들이 구비되어 있는지 확인한다.
② 본시의 수업내용이 전이가치가 높은지 검토한다.
③ 관악기의 종류 가운데 어떤 것까지 다룰 것인지 검토한다.

④ 음 높이의 순서로 제시할 것인지, 크기의 순서로 제시할 것인지 결정한다.

16. 타일러(Tyler)가 제시한 학습경험의 조직 원리로 묶인 것은?

> 가. 교육철학에 비추어 학습경험이 교육적 가치가 있는지 판단하라.
> 나. 학습 경험을 분리하기보다는 구조적인 관련성을 갖도록 한다.
> 다. 하나의 교육목표를 위해서 학습경험을 제공한다.
> 라. 학습 경험을 계속 제시하면서 심화 · 확대시킨다.

① 가, 나
② 가, 다
③ 나, 라
④ 다, 라

17. 교육내용 조직의 횡적 원리(scope)와 가장 관련이 있는 것은?

① 발달과업
② 구안학습법
③ 학문의 구조
④ 학습자 흥미

18. 교육과정이 교육 내용을 단순하고 구체적인 것으로부터 점차 복잡하고 추상적인 것으로 조직하는 원리는?

① 계열성의 원리
② 계속성의 원리
③ 통합성의 원리
④ 균형성의 원리

19. 학년 간 교육내용의 반복성을 강조하는 교육과정 조직의 원리는?

① 통합성 ② 균형성 ③ 계속성 ④ 계열성

20. 다음에 제시된 교육 상황과 관련 있는 원칙들을 맞게 결합시킨 것은?

> 가. 인체의 기본 소화기관의 이름과 기능을 초등학교와 중학교에서 반복하여 가르친다.
> 나. 고려왕조 설립 과정에 대하여 초등학교에서는 진행된 사실만을, 중 · 고등학교에서는 사실과 역사적 의미를 함께 가르친다.

	가		나
①	계속성의 원칙	---	계열성의 원칙
②	계속성의 원칙	---	통합성의 원칙
③	일관성의 원칙	---	계열성의 원칙
④	일관성의 원칙	---	통합성의 원칙

21. 교육 내용을 조직하면서 동일한 내용 요인을 반복하여 제시하되, 그 의미를 확대 · 심화시켜 가는 원리는?

① 균형성 ② 계속성 ③ 통합성 ④ 계열성

22. 그림은 학교 교육과정의 내용조직에 관한 특정한 관점을 제시한 것이다. 이 그림이 나타내는 것은?

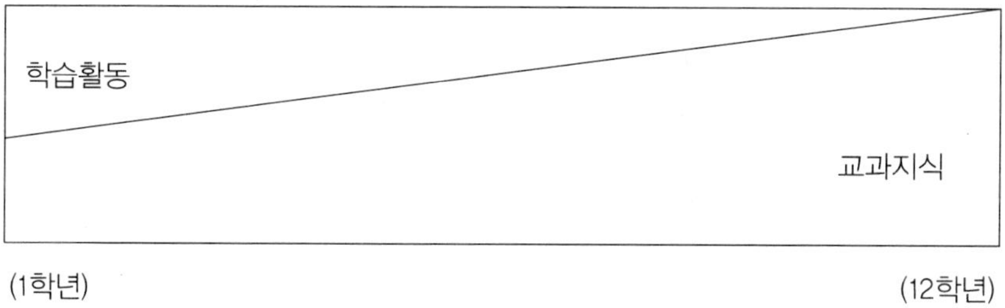

① 저학년일수록 분과적 접근이 강조된다.
② 저학년일수록 추상적 과제의 학습이 강조된다.
③ 고학년으로 갈수록 활동 주제 중심의 학습이 강조된다.
④ 고학년으로 갈수록 지식 획득 중심의 학습이 강조된다.

23. 다음의 '이것'은 무엇에 대한 설명인가?

> <u>이것은</u> 학생에게 바람직한 변화를 가져오기 위해 어떤 자원을 중심으로 학습내용 혹은 경험의 통일되고, 단일화된 하나의 조직 및 활동이다.

① 계열 ② 범위 ③ 단원 ④ 통합성 ⑤ 교육목표

제 10 장

수업방법의 결정과 교육과정 평가

이 장의 개요

1. 수업방법을 결정하는 일은 교육과정 개발의 중요한 한 영역이다. 수업방법은 특히 교육목표와 교육내용의 성질에 따라서 달라야 하며, 교육평가를 통하여 그 효과성이 평가되어야 하기 때문에, 이들을 서로 분리하여 사고하거나 접근하는 것은 불가능하다.
2. 수업방법을 결정할 때 적용하는 기준은 교육목표 및 교육내용의 성격, 학생에의 적합성, 교수 · 학습에 이용 가능한 자원, 제약 요인, 교수자 특성 등이다.
3. 교육과정 평가란 교육과정 연구와 계획, 운영 과정, 운영 결과, 교육평가 등의 적절성과 효과성을 확인 · 검토하고, 가치를 판단하고, 개선점을 찾아 보다 발전적인 교육과정 개발의 자료를 수집하는 과정이다.

지금까지 살펴본 교육목표 추출과 설정, 교육내용의 선정 및 조직 등 까지를 일반적으로 '교육과정 편성'으로 부르고, 이를 구체적인 교육의 장에서 전개 실천하기 위한 방안들을 모색하고 구상하는 것을 '교육과정 운영'으로 표현한다. 즉, 국가수준 교육과정, 시 · 도 교육청 수준 교육과정, 지역 교육청 수준 교육과정, 그리고 각급 학교에서 개발하는 학교교육과정 등에는 주로 '교육과정 운영' 이라는 명칭으로 제시하고 있다.

교육과정 운영 방법 개발이란 매우 포괄적인 의미와 요소들을 포함한다. 교육과정을 운영하기 위한 교사운용 방식과 연수 계획, 교과별 교육프로그램별 시간 배정의 융통성과 조정 방법, 교육과정 운영을 위한 교원 외의 인적 지원 방식, 재원의 확보 및 배분 방식, 교수-학습 자료의 연구 · 개발 · 확보 · 보급 방식의 결정, 수준별 수업 운영 방안, 특수한 배경을 지닌 학습자의 학습과정 개발, 다양한 선택과목의 개설과 운영 방법, 창의적 체험활동 운영 방법, 그리고 각 교과별 교육목표를 최대한 성취할 수 있는 수업방법 등 편성한 교육과정을 구체적으로 실행에 옮기기 위한 방안들이 모색되어야 한다.

이와 같은 교육과정 운영의 다양한 측면의 방법들을 개발한다는 것은 실로 방대한 작업임과 동시에 교육과정의 개발 수준에 따라서, 각급 학교의 특수한 사정에 따라서 매우 다른 모습으로 기술할 수 있기 때문에 그 범위를 좁히는 것이 불가피하다. 따라서 교육과정 개발에서의 수업방법 구상이란 교육과정 운영 방안의 중핵적인 하위 요소라고 할 수 있기 때문에 수업방법에 한정하여 기술하고자 한다.

이 장에서는 교육과정 개발로서의 수업에 관한 구상의 몇 가지 원칙을 제시하고자 한다. 그리고 교육과정 평가의 의미와 영역 등을 살펴보고자 한다.

제1절 수업방법의 결정

교육과정 개발에는 수업방법의 결정이 포함됨을 여러 번 강조한 바 있다.

이는 국가수준 교육과정이나 시 · 도 교육청 수준 혹은 지역 교육지원청 수준에서 개발되는 교육과정 기준이나 지침, 장학자료 등에도 밝혀져 있으며, 학교중심 교육과정을 개발할 경우에도 반드시 선정 및 조직한 교육내용을 어떤 방법을 통하여 교수-학습할 것인가가 사전에 구상되어야 한다.

수업방법을 구상할 때 고려해야 할 요소는 무엇이며, 어느 수준에서 구상할 것인가가 교육과정 개발자들에게 중요한 과제이다.

교육과정 개발자가 수업방법을 구상할 때는 어떤 기준(준거)을 적용할 필요가 있다. 일반적으로 적용할 수 있는 준거는 교육목표 또는 교과의 단원목표나 교육프로그램의 목표 및 교육내용의 성격, 학습자에의 적절성, 자원의 이용가능성, 그리고 교수-학습의 제약 요인 등이다(이경섭, 1997 : 179). 이들 준거에 교사의 특성을 추가하여 5가지의 준거를 제시하고자 한다.

첫째, 수업방법은 달성하려는 교육목표 혹은 수업목표 및 교육내용의 성격에 따라서 결정되어야 한다. 이를 수업방법 결정의 타당성 원칙이라고 할 수 있다. 이른바 교육목표-교육내용-수업방법 간의 일관성 혹은 체계성이 유지되어야 한다. Bloom 등의 교육목표 분류학에 의한 지식이나 이해력과 같은 교육목표 혹은 이에 관련된 교육내용의 교수-학습방법은 교사주도의 방법이, 종합력이나 평가력과 같은 교육목표나 이에 관한 교육내용의 수업방법은 학생주도의 방법이, 학생들의 정의적 특성을 변화시키는 데 초점을 둔 교육목표나 교육내용의 수업방법은 교수자와 학습자의 상호작용적 수업방법이, 그리고 심체운동기능의 변화를 의도하는 교육목표나 교육내용의 경우에는 시범-연습-강화에 기초한 수업방법이 보다 효과적일 것이다. 이와 같은 교육목표 혹은 교육내용과 수업방법 간의 관계를 이성호(2004 : 435)는 다음과 같이 제시하고 있다.

표 10-1 교수방법의 유형

목적 및 내용 ＼ 주체	교수자 주도	학습자 주도	교수자-학습자 상호작용
행동적 변화	· 강의식 지시적 교	· 완전학습법	

목적 및 내용 ＼ 주체	교수자 주도	학습자 주도	교수자-학습자 상호작용
	수법 · 수사학 교수법	· 개별화 교수법 · 프로그램 교수법 · 컴퓨터 보조수업	
인지적 사고	· 유의미 수용학습 · 과학탐구 교수법 · 사회탐구 교수법	· 개념성취 교수법 · 개념 개발 교수법	· 인지적 도제 교수법 · 발문교수법 · 대화교수법 · 시넥틱스법
사회적 관계 개발	· 법리적 교수법	· 집단 조사법 · 소집단 협동학습법 · 토의식 교수법 · 회의식 교수법	· 역할극법
인본적 자아이해		· 비지시적 교수법 · 자아이해의 방법	· 계약학습법 · 생애개발법

둘째, 학습자들의 수준에 적합하게 결정되어야 한다. 어떤 형태의 수업방법이건 교수자와 학습자의 상호작용에 의하여 구성 전개되기 마련이다. 따라서 학습자들이 수업방법에 적응할 수 있는가를 고려하여야 하며, 가능한 한 학습자들이 보다 흥미를 느끼고 만족감을 느낄 수 있는 수업방법이 결정되어야 한다. 이는 다양한 교육평가를 통하여 얻을 수 있는 정보이며, 교사의 수업에 대한 학생들의 평가 결과가 도움을 줄 수 있다.

셋째, 수업방법은 교수-학습에 이용 가능한 자원 여부에 따라서 결정되어야 한다. 교육의 사태는 어떤 수업방법을 결정하더라도 이용 가능한 모든 자원이나 설비를 지니고 있지 못한 경우가 많다. 그리고 이 점은 학교마다 매우 차이가 심하다. 아무리 이상적인 수업방법이라고 하더라도 수업에서 이용하려는 자원이 충족되지 않으면 현실성 있는 혹은 의미 있는 수업이 될 수 없다.

넷째, 수업방법은 해당 교육활동 단위에서의 제약 요인을 고려하여 결정할 수밖에 없다. 수업방법을 결정할 때 고려해야 할 제약 요인으로는 교육과정 운영에 주어진 시간, 학부모들의 압력, 재원 등이다. 물론 이들 제약 요인의 극복 방법만 적절하다면, 그리고 극복할 수만 있다면 이 기준은 큰 중요성을 갖지는 못한다.

다섯째, 수업방법은 교수자의 특성을 고려하여 결정되어야 한다. 학습자 주도의 수업방법이라고 하더라도 여전히 수업은 교수자에 의하여 이끌려지는 활동이다. 그러므로 다른 교수자가 효과적인 수업방법이라고 해서 수동적으로 따라갈 수는 없으며 교수자의 능력, 선호하는 방법, 자신의 독특한 방법 등을 염두에 두고 결정되어야 한다.

이상에서 제시한 수업방법 결정의 기준은 첫째부터 순차적으로 중요도 순을 기술한 것으로 이해할 필요가 있다. 동시에 수업방법 결정은 이러한 기준의 어느 하나만을 고려하여 결정될 수 있는 것이 아니며 여러 기준을 동시에 고려해야 할 성질의 것임을 유의할 필요가 있다.

제2절 교육과정 평가방안 계획

교육과정 개발은 교육과정 편성 및 운영을 평가하기 위한 방안을 포함한다. 따라서 교육과정 평가란 교육과정 편성의 적절성, 운영(일반적인 의미의 교육평가를 포함하여)의 적절성을 체계적으로 평가하여 교육과정에 관한 의사결정을 하기 위한 정보 수집과정으로 정의할 수 있다. 이는 교육과정 개발의 수준에 따라서, 교과에 따라서, 교과 외 교육프로그램에 따라서, 그리고 평가의 목적과 기능에 따라서 평가방안이 다를 수 있다. 여기서는 학교중심 교육과정을 염두에 두고 평가방안 계획의 주요 측면을 살펴보고자 한다.

1. 교육과정 평가의 의미

교육과정의 평가란 말 그대로 '교육과정'에 대한 평가, 곧 평가의 대상을 교육과정으로 삼는 평가를 말하며, 이는 교육평가의 가장 큰 부분을 차지한다. 즉, 교육평가를 교육의 계획에서부터 그 결과에 이르기까지 교육에 관련되거나 영향을 주고받는 모든 사상과 대상의 적절성과 효과성, 성취도 등의 가치판단 과정이라고 한다면, 교육과정 평가는 그 중에서 평가의 대상을 교육과정이라는 사상에 제한한 평가를 일컫는다. 따라서 교육과정 평가는 교육과정 개념을 어떻게 규정하느냐, 즉 협의로 규정하는가, 아니면 광의로 규정하는가에 따라서, 교육과정이라는 사상을 어디까지로 한정하느냐에 따라서 그 의미와 성격이 달라진다.

예컨대, 교육과정을 '교육내용의 체계적 조직'이라고 좁은 의미로 사용할 경우에는 교육과정 평가란 교육내용의 선정의 적절성, 그 조직의 적절성, 교육내용의 교육적 가치, 교육내용을 학생들이 습득한 정도 등이 주로 평가의 대상이 된다. 그러나 교육과정을 상황분석에서부터 교육목표 설정, 교육내용과 학습경험의 선정 및 조직, 교수 · 학습 방법의 결정, 협의의 교육평가로 구성되는 일련의 교육활동 전체로 규정할 경우에는 그 범주와 영역과 항목은 매우 넓고 다양하게 된다. 물론 오늘날 교육과정 개념을 이러한 교육활동 구성요소들의 전체적 통합체로 규정하기 때문에 교육과정 평가 개념도 광의로 규정하는 경향이 강하다. 따라서 교육과정 평가란 '교육활동의 계획에서부터 그 과정 및 결과(교육적 산출물)에 이르는 일련의 과정의 적절성과 효과성을 판단하고, 보완과 개선 방안을 모색하는 일'로 정의할 수 있다.

2. 국가 및 학교수준에서의 교육과정 평가 영역

교육과학기술부가 고시한 제7차 개정 교육과정에 의하면(교육부 고시 제

1997-15호, 1997) 국가수준 교육과정에 '교육과정의 평가와 질 관리' 기준을, 각 시 · 도 교육청 수준의 교육과정 편성 · 운영 지침과 지역 교육청 수준의 교육과정 편성 · 운영을 위한 장학자료에 같은 내용을 제시하고 있다. 그리고 각 학교 교육과정에도 교육과정 평가와 질 관리에 관한 사항이 기술되어 있다.

가. 국가수준에서의 교육과정 평가기준

먼저 국가수준 교육과정에 기술되어 있는 교육과정 평가 영역은 학생 학력평가, 학교와 교육기관 평가, 교육과정 편성 · 운영 등 3대 영역에 대하여 평가하는 것으로 밝혀 놓고 있다. 이는 시 · 도 교육청 수준이나 지역 교육청 수준, 그리고 각급 학교의 교육과정 평가의 핵심 영역을 밝혀 놓은 것으로 이해할 수 있다. 국가수준에서의 교육과정 평가의 기준은 다음과 같이 밝혀 놓고 있다.

1) 학업성취도 평가의 대상과 목적

학업성취도를 평가하기 위하여 교과별, 학년별 학생 평가를 실시하고, 평가 결과는 교육과정의 적절성 확보와 그 개선에 활용한다.

2) 학교와 관련 교육청에 대한 평가

학교의 교육과정 편성 · 운영과 교육청의 교육과정 지원 상황을 파악하기 위하여 학교와 관련 교육청에 대한 평가를 주기적으로 실시한다.

3) 교육과정 평가 연구 수행

교육과정 편성 · 운영과 지원체제의 적절성 및 효율성을 평가하기 위한 연구를 수행한다. 이 교육과정이 적용되는 첫 해부터 다양한 절차를 거쳐 해당 학교, 학년, 학생에게 적절한지를 조사하여 평가하되, 교육과정 평가 연구는 교육과정의 편제, 시간(단위) 배당, 편성 · 운영 지침의 적절성과 그 적용효과에 중점을 둔다.

4) 학교에서 교육과정 평가가 원활하게 수행될 수 있도록 다양한 방안을 강구해서 학교 현장에 제공

(1) 교과별로 '절대평가 기준'을 개발, 보급하여 학교가 교과 교육과정의 목표에 부합하는 평가를 실시할 수 있도록 한다.

(2) 국가수준의 평가 문항 은행을 구축하여 에듀넷 등 컴퓨터 통신망을 통해 학교가 평가에 이용할 수 있도록 한다.

(3) 교과별 평가 활동에 활용할 수 있는 다양한 평가 방법, 절차, 도구 등을 개발하여 학교에 제공한다.

나. 교육과학기술부가 제시한 학교수준에서의 교육과정 평가기준

(1) 평가는 모든 학생들이 교육목표를 성공적으로 달성하기 위한 교육의 과정으로 실시한다.

(2) 학교는 다양한 평가도구와 방법으로 성취도를 평가하여 학생의 목표 도달도를 확인하고, 수업의 질 개선을 위한 자료로 활용한다.

(3) 교과의 평가는 선다형 일변도의 지필검사를 지양하고, 서술형 주관식 평가와 표현 및 태도의 관찰 평가가 조화롭게 이루어지도록 한다.

(4) 실험 · 실습의 평가는 교과목의 성격을 고려하여 합리적인 세부 평가 기준을 마련하여 실시한다.

(5) 정의적, 기능적, 창의적인 면이 특히 중시되는 교과의 평가는 타당한 평정 기준과 척도에 의거하여 실시한다.

(6) 학교와 교사는 학교에서 가르친 내용과 기능을 평가하도록 유의한다. 학생이 학교에서 배울 기회를 마련해 주지 않고, 학교 밖의 교육 수단을 통해서 익힐 수밖에 없는 내용과 기능은 평가하지 않도록 유의한다.

(7) 초등학교의 교과활동 평가는 학생의 활동 상황과 특징, 진보의 정도 등을 파악하여, 그 결과를 서술적으로 기록하는 것을 원칙으로 한다.

(8) 재량활동에 대한 평가는 교과 재량활동과 창의적 재량활동의 특성과 학생의 특성을 감안하여 평가의 주안점을 학교에서 작성, 활용한다. 다만, 창의적 재량활동의 평가는 그 결과를 문장으로 기록하도록 한다.

이상의 국가에서 정한 교육과정 평가의 기준을 보면, 종래의 교육평가와는 판이하게 다른 교육과정 평가요 교육과정의 질 관리에 초점을 둔 평가임을 확인할 수 있다.

3. 교육과정 평가의 영역

앞에서 살펴본 교육과정 평가의 기준을 보면, 교육과정 평가의 영역이 어느 정도 드러나 있다. 교육과정 편성 및 운영과정, 운영 결과 등을 평가하기 위한 틀은 대영역, 중영역, 세부평가 항목 등으로 분류할 수 있다. 여기서는 배호순(1997)과 유한구(1997)가 제시한 학교 교육과정 평가 영역 분류를 중심으로 몇 개 항을 추가하여 제시하면 다음과 같다.

표 10-2 학교 교육과정 평가 영역

평가영역	평가 준거
1. 학교 교육과정 연구 개발의 적절성	1] 학교 교육과정 위원회 구성과 활동의 적절성 2] 학교 교육과정 개발을 위한 연구활동의 적절성 3] 학교 교육과정 개발 관련 연수 및 자율장학의 적극성
2. 학교 교육과정 계획의 적절성	1] 학교 교육목표의 적절성과 체계성 2] 학교 교육과정 편제의 타당성과 적법성 3] 학교 교육과정 계획의 실현 가능성
3. 교과교육활동의 적절성	1] 교과 교육활동 계획의 충실성 2] 교과 수업의 충실성 3] 교사의 교과 수업 개선 노력

평가영역	평가 준거
	4] 교과학습 성취도 5] 교과 교육활동 계획과 실천의 일치성
4. 특별활동 및 방과 후 활동 계획의 충실성 및 성취도	1] 특별활동 운영계획의 충실성 2] 특별활동 운영의 충실성 3] 특별활동 개선 노력 4] 방과 후 교육활동의 효율성
5. 생활지도 계획 및 성과	1] 생활지도 계획의 충실성 2] 생활지도 계획의 실천도 3] 생활지도 방법 개선 노력
6. 학교의 교육과정 편성 및 운영상의 특성[특성화]	1] 교육과정 특성화 계획의 충실성 2] 교육과정 특성화의 실현 정도
7. 학교 교육과정 지원체제	1] 교육과정 운영에 대한 학교 지원의 적절성 2] 교육과정 내실화를 위한 학교지원 개선 노력

또 J도 교육청(2010)이 예시로 제시한 학교 교육과정 평가의 기본적인 틀과 평가기준안을 보면 〈표 10-3〉, 〈표 10-4〉와 같다.

표 10-3 학교 교육과정 평가의 영역별 분류표

영역 내용	의도된 교육과정 (교육계획 평가)	실천된 교육과정 (교수 · 학습과정 평가)	성취된 교육과정 (교육효과/성취도 평가)
교육과정 연구 및 개발	-교육과정위원회의 구성 및 활동의 적절성 -교육과정 구성을 위한 위원들의 전문성 신장을 위한 연수 및 자율 장학의 적절성	-학교 교육과정 개발, 개선을 위한 연구의 충실성 -전문성 신장을 위한 연수 및 자기계발 활동의 충실성	-기본계획의 충실성
교육과정 기본계획	-교육목표 진술의 체계성 -편제의 타당성	-기본편제 실천의 충실성 -기본편제 실천의 융통성	-구성원의 학교교육 목표 인지도 및 공유도
교과	-교과별 교육과정 계획의 충실성	-교과 학습지도의 충실성 -교과 학습지도법 개발의 충실성	-교과 평가활동의 충실성 -교과 학습 성취도
재량활동	-재량활동 계획의 충실성	-프로그램 내용의 충실성	-재량활동 평가의 적절성

		-재량활동 운영의 충실성	-재량활동 성취도
특별활동	-특별활동 계획의 충실성	-프로그램 내용의 충실성 -특별활동 운영의 충실성	-특별활동 평가의 적절성 -특별활동 성취도
교육과정 지원체제	-지원계획의 적절성 (예산, 시설, 인력 등)	-교육과정 운영에 대한 학교지원의 적절성 -학교지원의 적절성 평가 및 개선	-지원의 적절성에 대한 평가

표 10-4

교육과정 평가 기준안(예시)

평가영역	평가항목	평가 준거	배점	평가	비고
1. 학교 교육과정의 연구 · 개발	1.1 학교 교육과정 위원회 구성과 활동	1.1.1 구성원의 균형성 -구성원 선출과정의 민주성, 공개성 -구성원의 식급별, 교과별, 학년별, 교육경력별 균형성 1.1.2 운영의 적절성 -운영의 적극성(횟수, 시간, 출석률, 토의내용 등) -운영의 민주성, 공개성(운영내규 수립 여부 등) 1.1.3 관련자 의견수렴을 위한 노력의 적절성 -교사, 학생, 학부모 등의 의견 수렴 활동(빈도, 내용, 방법 등) -의견 수렴 결과 반영 -학교운영위원회의 의결 사항 반영	10		
	1.2 연구활동	1.2.1 연구의 충실성 -상황분석의 충실성 -교육과정 분석 연구 및 연구 결과의 활용 -교육과정 편성 연구에 대한 학교의 지원 정도 1.2.2 학교 교육과정 자체평가와 질 관리 활동의 적절성	10		

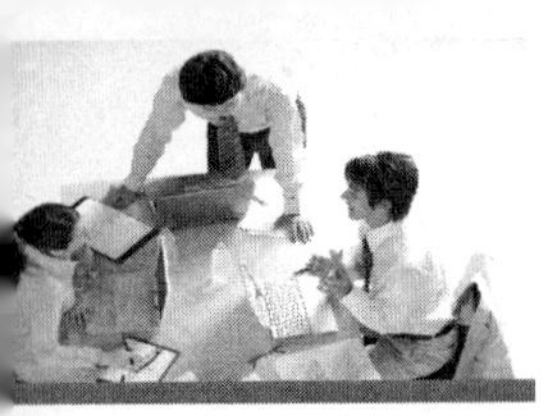

평가영역	평가항목	평가 준거	배점	평가	비고
1. 학교 교육과정의 연구 · 개발		-자체평가 계획 수립 여부 -평가의 충실성(실시 주기, 내용, 평가 방법, 결과 활용 등) -개선 노력의 실적, 개선 내용, 개선 근거, 개선 효과 등)			
	1.3 전문성 신장 노력	1.3.1 연수계획과 실천의 적절성 -연수계획의 적절성 -연수활동의 충실성 1.3.2 자율장학활동의 충실성 -자율장학 계획 및 실적 -수업연구의 적극성 -수업연구의 교과별, 연령별 균형성	10		
2. 학교교육과정 기본계획	2.1 학교 교육목표의 적절성과 타당성	2.1.1 학교 교육목표의 적절성 -학교 교육목표의 내적 일관성(국가 및 시 · 도 교육목표와의 일관성, 체계성) -학교 교육목표의 독특성(학교의 지역적 · 문화적 특성 반영) -학교 교육목표의 실현 가능성 -학교 교육목표에 대한 구성원의 인지 및 공감도	10		
	2.2 교육과정 편제의 타당성	2.2.1 법정 수업 일수 및 시수 확보 -학교 교육과정 문서상의 수업 일수 및 시수 계획 -교육과정 편제와 실제 수업운영의 일치 2.2.2 생활지도, 인성교육에 대한 계획과 실천의 적절성 -생활지도, 인성교육 프로그램의 적절성 -생활지도, 인성교육 프로그램의 실천 2.2.3 학교 특색프로그램의 계획 및 운영의 적절성 -학교 특색프로그램 설정과정에	10		

평가영역	평가항목	평가 준거	배점	평가	비고
		서 교사, 학부모 의견 수렴의 적절성 -학교 특색프로그램의 실천			
3. 교과교육과정	3.1 교과별 교육과정 계획의 충실성	3.1.1 동 교과(학년)협의회 활동의 적절성(횟수, 내용 등) 3.1.2 학교(학년)수준의 교과교육 목표 명료화 노력 3.1.3 학습내용 재구성의 적절성(교과별 학습량의 최적화와 수준의 조정 정도) 3.1.4 교과학습 자료 활용 확충 계획(수립여부 등) 3.1.5 교수 · 학습 방법에 대한 학교(학년)수준 계획의 적절성 3.1.6 평가에 대한 학교(학년)수준 계획의 적절성	10		
	3.2 교과수업의 충실성	3.2.1 수업목표의 적절성 3.2.2 수업내용 및 학습과제의 적절성(개인차 고려 정도) 3.2.3 교수 · 학습 자료의 적절성과 다양성(종류, 활용 정도) 3.2.4 교수 · 학습 방법의 적절성과 다양성 3.2.5 평가도구의 다양성 3.2.6 교과수업의 충실성 -수업준비의 충실성 -수업지도안 내용의 포괄성, 상세성, 체계성, 실제적 활용성 -수업평가의 실시 및 수업개선에 미친 영향	10		
	3.3 교과학습 성취도	3.3.1 교과 학습성취도 및 발전 정도(기초학력 성취도) 3.3.2 교과 학습성취도에 대한 학생의 만족도 3.3.3 학생의 성취도에 대한 학부모 만족도	10		

평가영역	평가항목	평가 준거	배점	평가	비고
3. 교과교육과정		3.3.4 학생 교과별 학업성취에 대한 교사의 성취감			
	3.4 수준별 수업 운영	3.4.1 수준별 수업운영의 적절성 -학습 집단 조직(수준별 반편성 방법) -수준별 학습의 연간 지도계획 수립 및 활용 - 수준별 학습자료의 제작 · 활용도 3.4.2 심화 · 보충 학습 운영의 적절성 -운영 형태(집단별, 단위시간별, 소 · 중 · 대단원별) -학습지도 연간 계획 수립 및 활용 -지도 자료 개발 및 활용 -평가 방법 및 시기, 결과 처리	10		
4. 재량활동	4.1 재량활동 운영	4.1.1 재량활동 운영 계획의 적절성 -재량활동 교육목표 설정의 적절성 -재량활동 과목 선정과 시간 배당(학교 특성, 학생의 요구 반영) -연간 지도계획 수립의 적절성 4.1.2 재량활동 운영의 충실성(계획과 실천의 일치 정도) 4.1.3 재량활동 지도자료 개발과 활용 4.1.4 재량활동 평가의 적절성(평가 기준, 결과 처리) 4.1.5 재량활동의 성취도 -교육목표 대비 학생의 성취 수준 -교사, 학생, 학부모 만족도	40		

평가영역	평가항목	평가 준거	배점	평가	비고
5. 특별활동	5.1 특별활동 운영	5.1.1 특별활동 운영계획의 적절성 -특별활동 교육목표 설정의 적절성 -특별활동 영역과 시간 배당의 균형성(학교 특성, 학생의 요구 반영) -연간 지도 계획 수립의 적절성 5.1.2 특별활동 운영의 충실성 -계발활동의 다양성 -학생회(전교, 학급)의 활발성 5.1.3 특별활동 지도자료 개발과 활용 5.1.4 특별활동 평가의 적절성(평가 기준, 결과 처리) 5.1.5 특별활동의 성취도 -교육목표 대비 학생의 성취 수준 -교사, 학생, 학부모의 만족도	40		
6. 기타	6.1 학교 지원 체제	6.1.1 학교장 지도성의 적절성(의사결정 과정 등) 6.1.2 행정 지원의 적절성(행정 사무 간소화 노력, 행정 지원에 대한 교사의 만족도 등) 6.1.3 재정 지원의 적절성(예산 편성 및 이에 대한 교사의 만족도 등) 6.1.4 시설 및 설비 지원의 적절성	5		
	6.2 교육과정 연수 · 홍보	6.2.1 교육과정 연수 및 홍보 적절성(대상-학부모 · 교사, 횟수, 방법, 내용 등)	5		

이 표에 제시한 학교 교육과정 평가 영역은 고정된 틀은 아니며, 창의적으로 필요한 영역과 평가 준거 항목을 추가하거나 줄일 수 있다.

위의 〈표 10-3〉에서 특별활동과 학교 재량활동 영역은 2009 개정 교육과정이 적용되면 영역의 명칭이 '창의적 체험활동'으로 통합되어 바뀌게 된다.

이상과 같은 학교 교육과정 평가 영역과 평가체제가 개발된 후에는 누가, 언제, 어떤 과정을 따라서 실제로 평가를 수행하며, 그 결과를 어떻게 활용할 것인가에 관한 구체적인 계획이 교육과정 개발에서 수립되어야 한다.

형성평가

1. 자신이 전공하는 교과의 단원 중 5개를 발췌하여 각 단원의 수업방법을 정하고, 그러한 수업방법 결정의 근거를 기술해 보라.

2. 앞 〈표 10-3〉에서 제시한 '교육과정 평가 기준안(예시)'을 검토하고, 보완되거나 수정되어야 할 사항이 있으면 보완 · 수정해 보라.

제 11 장

창의적 체험활동

이 장의 개요

1. 창의적 체험활동은 2009 개정 교육과정에서 등장한 것으로서, 교과활동과 더불어 교육과정의 2대 편제 영역의 하나이다. 창의적 체험활동은 2011학년도에 초등학교 1, 2학년과 중학교 1학년, 고등학교 1학년에 적용되기 시작하여 2013년이 적용의 완성연도가 된다.
2. 창의적 체험활동은 교과 이외의 활동으로서 교과와 상호보완적 관계에 있으며, 앎을 적극적으로 실천하고 나눔과 배려를 할 줄 아는 창의성과 인성을 겸비한 미래지향적 인재양성을 목적으로 한다.
3. 창의적 체험활동 영역은 (1) 자율활동 (2) 동아리활동 (3) 봉사활동 (4) 진로활동 등 4개 영역으로 구성 · 운영한다.

2011년부터 초 · 중 · 고등학교에 연차적으로 적용되는 2009 개정 교육과정에서는 기존의 재량활동과 특별활동을 통합하여 배려와 나눔의 실천을 위한 '창의적 체험활동' 교육과정을 신설하였다. 즉, 2009 개정 교육과정은 교과활동과 창의적 체험활동의 2대 영역으로 편제하도록 하였다. 창의적 체험활동은 기존의 재량활동과 특별활동의 내용 중복 및 형식적 운영을 극복하고, 이 교육과정을 통해 전인적 성장이 가능한 학교교육으로 개선하려는 취지에서 등장하였다. 이 장에서는 2009 개정 교육과정의 '창의적 체험활동'(교육과학기술부, 2009)을 중심으로 창의적 체험활동의 성격과 추구하는 교육목표, 이 교육과정이 다루는 내용과 교수-학습 방법, 운영 및 지원과 평가 방법 등에 대하여 기술하고자 한다.

제1절 창의적 체험활동의 교육과정적 성격과 목표

1. 창의적 체험활동의 성격

창의적 체험활동은 앎을 적극적으로 실천하고 나눔과 배려를 할 줄 아는 창의성과 인성을 겸비한 미래지향적 인재 양성을 핵심적인 목적으로 한다. 2009 개정 교육과정에 따른 창의적 체험활동 교육과정의 주요 변화는 수업 시수 제시 방식의 변화 및 영역의 조정이라고 할 수 있다.

창의적 체험활동의 성격에서는 학교급별 창의적 체험활동 편성 · 운영의 주안점을 다음과 같이 밝히고 있다.

초등학교에서는 창의적 체험활동에서는 학생의 기초생활습관의 형성, 공동체 의식의 함양, 개성과 소질의 발현에 중점을 둔다. 중학교의 창의적 체험활동에서는 남과 더불어 살아가는 태도의 확립, 자신의 진로에 대한 탐구, 자아의 발견과 확립에 중점을 둔다. 고등학교의 창의적 체험활동에서는 학습자의 다양한 욕구를 건전한 방향으로 유도하고, 원만한 인간관계를 형성하며 진로를 선택하여 자아실현에 힘쓰도록 하는데 중점을 둔다.

학교급별 강조점을 창의성과 인성에 따라 구분하면 〈표 11-1〉과 같다. 즉, 학교급별로 창의성과 인성을 고루 강조하되, 다음 [그림 11-1]과 같이, 초등학교에서는 창의성보다는 인성에, 중학교와 고등학교에서는 인성보다는 창의성에 중점을 두고 있다(이광우, 2010).

표 11-1
창의적 체험활동의 학교급별 강조점

		초등학교	중학교	고등학교
강조점	창의성	· 개성과 소질의 발현	· 자신의 진로에 대한 탐구 · 자아의 발견과 확립	· 학습자의 다양한 욕구를 건전한 방향으로 유도 · 진로 선택 및 자아실현
	인성	· 학생의 기초생활습관의 형성 · 공동체 의식의 함양	· 남과 더불어 살아가는 태도의 확립	· 원만한 인간관계를 형성

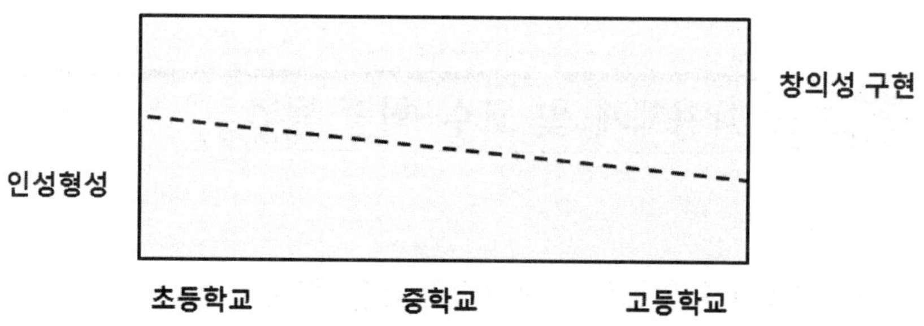

[그림 11-1] **창의적 체험활동의 학교급별 주안점**

2. 창의적 체험활동의 교육목표

창의적 체험활동 교육과정이 달성하려는 목표는, 학생들이 이 활동에 자발적으로 참여하여 개개인의 소질과 잠재력을 계발 · 신장하고, 자율적인 생활자세를 기르며, 타인에 대한 이해를 바탕으로 나눔과 배려를 실천함으로써 공동체 의식과 세계 시민으로서 갖추어야 할 다양하고 수준 높은 자질을 함양하는 것이다. 이러한 교육목표는 제7차 교육과정의 재량활동과 특별활동 교육과정이 추구하려는 교육목표와 거의 동일한 것으로 볼 수 있다. 창의적 체험활동 교육과정이 추구하는 구체적인 교육목표는 다음과 같다.

(1) 창의적 체험활동은 교과 이외의 활동으로서 교과와 상호보완적 관계에 있으며, 앎을 적극적으로 실천하고 나눔과 배려를 할 줄 아는 창의성과 인성을 겸비한 미래지향적 인재양성을 목적으로 한다.

(2) 창의적 체험활동은 기본적으로 자율성에 바탕을 둔 집단활동의 성격을 지니고 있으며, 집단에 소속된 개인의 개성과 창의성도 아울러 고양하려는 교육적 노력을 포함한다.

(3) 창의적 체험활동은 학습자의 다양한 욕구를 건전한 방향으로 유도하고, 원만한 인간관계를 형성하며 진로를 선택하여 자아실현에 도움이 되도록 한다.

제2절 내용체계 및 교수-학습 방법

1. 창의적 체험활동 교육과정의 내용 체계

창의적 체험활동은 그 영역을 자율활동, 동아리활동, 봉사활동, 진로활동 등

4개로 설정하였다. 4개 영역별 활동의 유형과 유형별 내용을 정리하면 〈표 11-2〉와 같다.

표 11-2
창의적 체험활동의 영역별 내용 체계

영역	활동 유형	유형별 내용
자율활동	적응활동	· 입학, 진급, 전학 등에 따른 적응활동 등 · 예절, 질서 등의 기본생활습관 형성 활동, 축하, 친목, 사제동행 등 · 학습, 건강, 성격, 교우 등의 상담활동 등
	자치활동	· 1인 1역, 학급회 및 학급 부서 활동 등 · 학생회 협의활동, 운영위원 활동, 모의 회의, 토론회 등
	행사활동	· 시업식, 입학식, 졸업식, 종업식, 기념식, 경축일 등 · 전시회, 발표회, 학예회, 경연대회, 실기대회 등 · 학생건강 체력평가, 체격 및 체질 검사, 체육대회, 친선경기대회, 안전생활 훈련 등 · 수련활동, 현장학습, 수학여행, 학술조사, 문화재 답사, 국토순례, 해외문화체험 등
	창의적 특색활동	· 학생 특색활동, 학급 특색활동, 학년 특색활동, 학교 특색활동, 지역 특색활동 등 · 학교 전통 수립활동, 학교 전통 계승활동 등
동아리활동	학술활동	· 외국어 회화, 과학탐구, 사회조사, 탐사, 다문화 탐구 등 · 컴퓨터, 인터넷, 신문 활용, 발명 등
	문화 · 예술활동	· 문예, 창작, 회화, 조각, 서예, 전통예술, 현대예술 등 · 성악, 기악, 뮤지컬, 오페라 등 · 연극, 영화, 방송, 사진 등
	스프츠활동	· 구기운동, 육상, 수영, 체조, 배드민턴, 인라인스케이트, 하이킹, 야영 등 · 민속놀이, 씨름, 태권도, 택견, 무술 등

영역	활동 유형	유형별 내용
	실습노작활동	· 요리, 수예, 재봉, 꽃꽂이 등 · 사육, 재배, 조경 등 · 설계, 목공, 로봇제작 등
	청소년단체활동	· 스카우트연맹, 걸스카우트연맹, 청소년연맹, 청소년적집자, 우주소년단, 해영소년단 등
봉사 활동	교내 봉사활동	· 학습부진 친구, 장애인, 병약자, 다문화 가정 학생 돕기 등
	지역사회 봉사활동	· 복지시설, 공공시설, 병원, 농·어촌 등에서 일손돕기 등 · 불우이웃돕기, 고아원, 양로원, 병원, 군부대에서의 위문 활동 등 · 재해 구호, 국제협력과 난민 구호 등
	자연환경 보호활동	· 깨끗한 환경 만들기, 자연보호, 식목활동, 저탄소 생활 습관화 등 · 공공시설물, 문화재 보호 등
	캠페인 활동	· 공공질서, 교통안전, 학교 주변 정화, 환경 보전, 헌혈, 각종 편견 극복 등에 대한 캠페인 활동 등
진로 활동	자기 이해 활동	· 자기이해 및 심성 개발, 자기정체성 탐구, 가치관 확립활동, 각종 진로검사 등
	진로정보 탐색활동	· 학업정보 탐색, 입시정보 탐색, 학교정보 탐색, 학교 방문 등 · 직업정보 탐색, 자격 및 면허 제도 탐색, 직장 방문, 직업훈련, 취업 등
	진로 계획활동	· 학업 및 직업에 대한 진로설계, 진로지도 및 상담활동 등
	진로 체험활동	· 학업 및 직업세계의 이해, 직업 체험활동 등

창의적 체험활동 교육내용 체계와 2007 개정 재량활동 및 특별활동 내용 간의 관계를 비교해 보면 다음 〈표 11-3〉과 같다.

표 11-3 창의적 체험활동 교육내용 체계와 2007 개정 재량·특별활동 내용의 관계 비교

창의적 체험활동			2007 개정 재량활동, 특별활동 내용
영 역	주안점	하위 활동	
자율활동	학교는 학생중심의 자율적 활동을 추진하고, 학생은 다양한 교육활동에 능동적·적극적으로 참여한다.	· 적응활동 · 자치활동 · 행사활동 · 창의적 특색활동 등	(특) 적응활동 자치활동 행사활동 (재) 창의적 재량활동 (재) 교과재량 (1학년) 우리들은 1학년
동아리활동	학생은 자발적으로 집단활동에 참여하여 협동하는 태도를 기르고 각자의 취미와 특기를 신장한다.	· 학술활동 · 문화·예술활동 · 스포츠활동 · 실습노작활동 · 청소년 단체활동 등	(특) 계발활동 특별활동의 상설반
봉사활동	학생은 이웃과 지역사회를 위한 나눔과 배려의 활동을 실천하고, 자연환경을 보존한다.	· 교내 봉사활동 · 지역사회 봉사활동 · 자연환경 보호활동 · 캠페인활동 등	(특) 교내·외 봉사활동 중심
진로활동	학생은 자신의 흥미, 특기, 적성에 적합한 자기계발활동을 통하여 진로를 탐색하고 설계한다.	· 자기 이해활동 · 진로정보 탐색활동 · 진로 계획활동 · 진로 체험활동 등	(특) 적응활동에서 독립

2. 내용 영역별 목표와 교수·학습 방법

가. 영역 1 : 자율활동

1) 목표

① 전입학과 진급 등에 따른 생활변화에 적응하고 이를 주도하는 능력을 길러

원만하고 즐거운 학교생활을 한다.

② 다양한 협의 및 실천 경험을 통해 문제를 합리적으로 해결할 수 있으며, 민주적인 의사 결정의 기본 원리를 익힌다.

③ 학급과 학교에서 일어나는 제 문제에 대해 적극적으로 참여하여 협의하고 실천함으로써 협동심과 유대감을 기른다.

④ 교내 · 외에서 실시되는 여러 행사의 의의와 중요성을 이해하고, 행사에 자발적으로 참여하여 학교와 지역사회의 발전을 위해 노력하는 태도를 기른다.

⑤ 학급, 학년, 학교의 특성 및 학습자의 발달 단계에 맞는 다양한 특색 활동을 계획하고, 이에 참여함으로써 자신감과 창의성을 기른다.

⑥ 학교의 전통을 계승하고 이를 창의적으로 발전시키려는 노력을 통해 소속감과 애교심을 기른다.

2) 교수 · 학습 방법

① 학생들의 자발적이고 자율적인 활동이 되도록 해야 하며, 그 활동이 바람직하고 창의적인 방향으로 이루어지도록 지도한다.

② 모든 구성원들이 골고루 참여할 수 있는 기회를 제공하고, 다양한 의견을 존중하여 참여 의식을 높이며 소속감을 가지게 한다.

③ 학생 전원이 학급 생활에 필요한 한 가지 이상의 일을 분담하여 자율적으로 실천하게 하되, 필요할 경우 역할을 교체하여 다양한 경험을 가지도록 한다.

④ 행사 활동의 계획 수립, 준비, 시행, 반성 등에 있어서 학생들이 적극적으로 참여하도록 지도하고, 적절한 역할 분담을 통하여 자치적인 운영이 되도록 한다.

⑤ 행사 계획을 수립할 때에는 행사명, 목적, 시기, 장소, 대상, 행사 과정, 역할 분담, 유의점, 배치도, 상황 변동시의 대책 등을 충분히 고려하고, 필요에 따라 사전 답사 및 사전 교육을 실시한다.

⑥ 학교 행사의 실시에서 필요한 경우 지역사회와의 연계성을 고려하되, 지역사회의 요청에 의한 학교 행사는 그 교육적 가치를 충분히 검토하여 선택적으로 운영할 수 있다.
⑦ 학생들이 교실과 교내를 벗어나 다양한 실생활과 자연을 접하여 호연지기를 기를 수 있는 기회를 적극 마련하다.

나. 영역 2 : 동아리활동

1) 목표

① 흥미, 취미, 소질, 적성, 특기가 비슷한 학생들로 구성된 활동 부서에 자발적으로 참여하여, 창의성과 협동심을 기르고, 원만한 인간관계를 형성한다.
② 다양한 활동에 참여하여 자신의 잠재 능력을 창의적으로 계발 · 신장하고, 자아실현의 기초를 닦는다.
③ 여가를 선용하는 생활 습관을 형성한다.
④ 지역 내 학교 간 각종 동아리 경연대회를 통해 우의를 다지는 협력과 공정한 경쟁을 익히도록 한다.

2) 교수 · 학습 방법

① 학생의 취미, 흥미, 적성, 요구, 학교 실정 및 지역 특성 등에 알맞은 활동 부서를 조직하고, 모든 학생에게 자세히 안내한다.
② 학교는 학생의 희망을 존중하여 활동 부서를 조직한다.
③ 교사가 주도적인 역할을 하지 않도록 유의하여 학생 중심의 흥미롭고 창의적인 운영을 도모한다.
④ 학생의 개성과 소질을 최대한 신장시키기 위하여 방과후, 휴업일, 방학 중에도 활동을 지속적 · 집중적으로 운영할 수 있다.
⑤ 동아리활동의 각종 프로그램을 활성화시키기 위하여 교내 · 외의 인적 자

원, 물적 자원을 적극 활용한다. 특히 지역사회 인사와 학부모의 자발적 봉사 협력을 통해 동아리활동이 이루어질 수 있도록 이를 장려한다.

⑥ 동아리활동을 활성화시키기 위해 교내 및 학교 간 경연대회, 전시회, 봉사활동과 연계 등을 적극 추진한다.

다. 영역 3 : 봉사활동

1) 목표

① 타인을 배려하는 너그러운 마음과 더불어 사는 공동체 의식을 가진다.

② 나눔과 배려의 봉사활동 실천으로 이웃과 서로 협력하는 마음을 기르고, 호혜 정신을 기른다.

③ 지역사회의 일들에 관심을 가지고 참여함으로써 사회적 역할과 책임을 분담하고, 지역사회 발전에 이바지하는 태도를 가진다.

2) 교수 · 학습 방법

① 봉사활동의 참된 의미와 가치를 인식시키고 미래 생활과도 연계되도록 지도한다. 효율적이며 진정한 봉사활동이 될 수 있도록 사전교육을 실시하며, 관련 정보를 충분히 수집하고 면밀한 계획을 세워 추진한다.

② 봉사활동의 내용은 학교나 지역사회의 여건을 고려, 학교 재량으로 선정하여 융통성 있게 운영할 수 있다.

③ 학생들의 처지와 능력수준에서도 봉사가 가능하며, 보람을 느낄 수 있도록 하기 위해서, 서로 협력하는 기회를 만들고, 특히 동아리활동의 성과를 봉사활동에 적극 활용한다.

④ 활동의 전 과정이 교육적 의미를 가질 수 있도록 활동의 계획과 과정 및 결과에 대한 사후 평가를 실시하고, 이를 향후의 활동 계획 수립에 반영한다.

⑤ 지역사회 유관기관 및 봉사 단체와 협조 체제를 유지하여 효율적인 봉사활동이 이루어지도록 한다.

라. 영역 4 : 진로활동

1) 목표

① 자신의 특성, 소질과 적성, 능력 등을 이해하고, 이를 바탕으로 자신의 정체성을 확립하고 자신만의 독특한 진로를 탐색한다.
② 각종 검사, 상담을 통해 진로 정보를 탐색하고 자신의 진로를 계획한다.
③ 진로와 직업 선택의 중요성을 인식하고, 자신의 적성과 소질에 맞는 진로를 탐색 · 설계한다.
④ 학업과 직업 세계를 이해하는 직업체험활동 기회를 통해 진로를 결정하고 준비한다.

2) 교수 · 학습 방법

① 학생이 자신에 대한 충분한 이해를 바탕으로 자신의 진로를 개척하려는 태도를 갖게 한다.
② 학생의 인성, 적성, 진로 성숙도 등 다양한 측면을 파악할 수 있는 각종 검사를 실시하고 그 결과에 대해 필요한 상담을 실시한다.
③ 진로 관련 상담활동은 담임교사가 하는 것을 원칙으로 하되, 학생의 진로와 가장 밀접한 교과교사를 진로지도교사로 할 수 있으며, 진로활동 내용에 따라서는 상담교사나 전문적 소양을 가진 학부모 또는 지역사회 인사의 협조를 받는다.
④ 학생의 학업 진로, 직업 진로에 대한 진로 계획서를 작성하고 꾸준히 수정하는 활동을 실시한다.
⑤ 진로 활동은 '진로와 직업' 과목과 연계하여 지도할 수 있다.
⑥ 지역사회 인사 및 시설 등을 활용하여 장래에 학생들이 선택하게 될 학업과 직업에 대해 탐구하고, 직접 체험할 수 있는 기회를 제공한다.

제3절 운영 및 평가 방법

1. 운영 방법

창의적 체험활동의 학교급별 수업시수와 개정의 특징은 다음 〈표 11-4〉와 같다.

표 11-4
창의적 체험활동의 학교급별 수업시수, 개정의 특징

	수업시수	개정의 특징
초등학교	· 1-2학년 : 272 · 3-4학년 : 204 · 5-6학년 : 204	· 초등학교 1학년의 경우에는 창의적 체험활동 시간을 활용하여 입학 초기 적응 프로그램을 편성 · 운영(기존의 '우리들은 1학년' 폐지) · 정보통신 활용 교육, 보건교육, 한자교육 등은 관련 교과(군)와 창의적 체험활동 시간을 활용하여 체계적인 지도
중학교	· 1-3학년 : 306	· 교과재량활동 폐지
고등학교	· 1-3학년 : 24단위	· 교과재량활동 폐지

그리고 창의적 체험활동의 운영 방법을 기술하면 다음과 같다.

(1) 창의적 체험활동에 배당된 시간(단위) 수는 영역별로 학생의 요구, 학교 및 지역의 특성을 고려하여 학교의 재량으로 배정하되, 학생의 발달 단계를 고려하여 학교급별, 학년별로 활동 영역 및 내용을 선택하여 집중적으로 운영할 수 있다.

(2) 창의적 체험활동의 운영의 효율성을 높이기 위해 관련 교과 및 창의적 체험활동의 하위 영역 간에 통합하여 편성 · 운영할 수 있다.

(3) 창의적 체험활동 운영 계획은 학생들의 흥미와 소질, 학교와 지역사회의 실정을 고려하여 작성하되, 계획을 수립하고 운영하는 과정에서 학생들의 의사가 적극적으로 표현되어 반영되도록 한다.

(4) 창의적 체험활동은 학교의 필요에 따라 기준 시간(단위)보다 더 많은 시간을 확보하여 운영할 수 있으며, 시간 운영은 통합, 집중 등 다양한 방식으로 융통성 있게 할 수 있다.

(5) 활동의 내용, 조직 단위, 장소, 시설 등 규모와 여건을 고려하여 정일제, 격주제, 전일제, 집중제 등과 같이 융통성 있게 운영할 수 있다.

(6) 자율 활동의 국토 순례활동, 봉사활동, 진로 체험활동 등은 활동의 특성에 따라 방학기간을 이용하여 집중 운영할 수 있다.

(7) 입학초기 적응활동은 창의적 체험활동의 자율활동 중 '적응활동'의 일부로 편성하여 지도한다.

(8) 학교와 교사, 학생의 요구와 필요에 따른 범교과 학습과 자기주도적 학습을 창의적 체험활동의 영역과 연계하여 운영할 수 있다.

(9) 지역사회의 인적, 물적 자원을 최대한 활용하기 위하여 창의적 체험활동 영역별로 활용 가능한 인사, 시설, 기관, 자료 등의 자원실태를 파악하고, 다양한 활동 프로그램을 개발하여 창의적으로 운영한다.

2. 평가 방법

(1) 학교와 지역사회의 실정 및 교육 목표에 적합하게 평가한다.

(2) 교육 목표의 설정, 평가 장면의 선정, 평가 도구의 제작, 평가의 실시 및 결과 처리, 평가 결과의 해석 및 활용의 절차를 고려하여 평가한다.

(3) 각 영역별로 평가 관점을 마련하고 참여도, 협력도, 열성도 및 그 이외의 활동 실적 등이 골고루 반영되도록 평정척도를 작성 · 활용한다.

(4) 학생의 자기평가, 상호평가, 활동 및 관찰기록, 질문지, 작품 분석, 포트폴리오 등 다양한 방법으로 평가한다.

(5) 평가 결과는 평소의 활동 상황을 누가기록한 자료를 토대로 학생의 활동 실적, 진보의 정도, 행동의 변화, 특기 사항 등을 담임 또는 담당교사가 수시로 평가한다.

(6) 학생의 창의적 체험활동에 참여한 정도와 성과를 지속적으로 기록하고, 학교가 제공한 창의적 체험활동 프로그램의 특성을 상세히 기록하여 상급학교 진학 자료로 활용되도록 한다.

(7) 학생 개개인의 성장, 발달, 변화를 평가하여 그 결과를 학생의 계속적 진보와 계발을 돕는 자료로 활용함은 물론, 학급 또는 학교 차원에서 전체 집단의 성장, 발달, 변화 등을 평가하여 지도 방법 개선자료로 활용한다.

(8) 프로그램 평가에는 운영 계획, 운영 과정, 운영 결과 등이 포함되도록 하며, 평가 결과는 차후 창의적 체험활동 계획 수립 및 운영의 개선 자료로 활용한다.

형성평가

1. 다음 중 창의적 체험활동에 대한 설명으로 올바른 것은?

① 초등학교에서는 학생의 기초생활습관의 형성, 공동체 의식의 함양, 자아의 발견과 확립에 중점을 둔다.

② 중학교에서는 남과 더불어 살아가는 태도의 확립, 자신의 진로에 대한 탐구, 개성과 소질의 발현에 중점을 둔다.

③ 고등학교에서는 학습자의 다양한 욕구를 건전한 방향으로 유도하고, 원만한 인간관계를 형성하며 진로를 선택하여 자아실현에 힘쓰도록 하는데 중점을 둔다.

④ 앎을 적극적으로 실천하고 나눔과 배려를 할 줄 아는 지력과 창의성을 겸비한 미래지향적 인재 양성을 핵심적인 목적으로 한다.

2. 창의적 체험활동 영역으로만 묶인 것은?

① 자율활동, 동아리활동, 봉사활동, 진로활동

② 자율활동, 학교행사, 봉사활동, 진로활동

③ 자치활동, 계발활동, 진로활동, 행사활동

④ 자치활동, 동아리활동, 봉사활동, 계발활동

3. 창의적 체험활동의 학교급별 수업시수로 틀린 것은?

① 1–2학년 : 272 ② 3–4학년 : 204 ③ 5–6학년 : 204

④ 중학교 1–3학년 : 300 ⑤ 고등학교 1–3학년 24단위

4. 다음과 같은 창의적 체험활동은 어느 영역에 관한 설명인가?

> ㉮ 흥미, 취미, 소질, 적성, 특기가 비슷한 학생들로 구성된 활동 부서에 자발적으로 참여하여, 창의성과 협동심을 기르고, 원만한 인간관계를 형성한다.
> ㉯ 다양한 활동에 참여하여 자신의 잠재 능력을 창의적으로 계발 · 신장하고, 자아실현의 기초를 닦는다.
> ㉰ 여가를 선용하는 생활 습관을 형성한다.

① 자치활동 ② 동아리활동 ③ 계발활동 ④ 진로활동

제 12 장

잠재적 교육과정과 영교육과정

이 장의 개요

1. 교육과정은 표면적 교육과정, 잠재적 교육과정, 영교육과정 등의 교육과정 개념과 사상의 실체가 올바로 파악될 때 교육과 교육과정의 모습을 올바로 볼 수 있게 된다.
2. 잠재적 교육과정이란 표면적 교육과정에 포함되지도 않았고 교사가 의도적으로 가르치지도 않았음에도 불구하고 학생들이 학교생활 과정에서 습득하거나 획득한 행동특성들을 일컫는다. 이러한 잠재적 교육과정은 표면적 교육과정과 전개한 교육과정과 더불어 학생들에게 실현된 교육과정에서 발견된다
3. 잠재적 교육과정은 주로 부정적인 행동특성에 관련되며, 교사의 교육적 책무성 범주를 크게 확장시키고 있다.
4. 영교육과정은 학교가 가르칠 가치가 있는 교육목표나 교육내용임에도 불구하고 표면적 교육과정에서 제외된 것들을 일컫는다. 영교육과정은 현재 적용되고 있는 교육과정의 미흡한 부분과 개선되어야 할 것이 무엇인가를 시사한다.

교육과정을 학문의 대상으로 삼건, 교육실천의 대상으로 삼건 일반적으로 표면적 교육과정을 전제한다. 그러나 표면적 교육과정 외에 실제로 잠재적 교육과정과 영교육과정이 존재한다. 이와 같은 교육과정 개념과 사상의 실체가 올바로 파악될 때 교육과 교육과정의 모습을 올바로 볼 수 있게 된다.

잠재적 교육과정이란 표면적 교육과정에 포함되지도 않았고 교사가 의도적으로 가르치지도 않았음에도 불구하고 학생들이 학교생활 과정에서 습득하거나 획득한 행동특성들을 일컫는다. 이러한 잠재적 교육과정을 발생시키는 자원(원천)은 학교조직의 특수성(군집성, 부단한 평가와 경쟁, 또래집단의 특성과 조직문화 및 풍토 등), 학교 제도(각종 규칙과 규정 등)의 특수성, 그리고 교사 특성 등이다. 잠재적 교육과정은 주로 부정적인 행동특성에 관련되며, 교사가 교육적 책무성을 어디까지 제한 혹은 확대시켜야 하는가에 대한 논쟁을 불러일으킨다.

한편, 영교육과정은 학교가 가르칠 가치가 있는 교육목표나 교육내용임에도 불구하고 여러 가지 이유 때문에 표면적 교육과정에서 제외된 것들을 칭하는 개념이다. 영교육과정은 교육과정 개발자들로 하여금 진정으로 가치 있는 교육과정 목표나 내용이 무엇인가에 대한 숙고를 요구하며, 교육과정을 운영하는 교사들에게 계획된 교육과정 내용 외에 가르쳐야 할 것을 선택하는 것이 어떤 의미를 주는가를 시사하고 있다.

이 장에서는 잠재적 교육과정과 영교육과정의 의미와 성격, 잠재적 교육과정을 발생시키는 원천, 표면적 교육과정과 비교한 잠재적 교육과정의 특징, 그리고 이들 교육과정 개념 혹은 사상이 교사들에게 주는 시사점 등을 살펴보고자 한다.

제1절 잠재적 교육과정(latent curriculum)

우리는 제1장의 교육과정 개념을 파악하는 부분에서 '잠재적 교육과정'의 의미를 살펴본 바 있다. 이는 공식적 표면적 · 형식적 교육과정과의 관계를 통하여 그 의미가 드러나며, 보통 일컬어지는 교육과정의 또 다른 측면 혹은 통상 교육과정이라는 이름으로 간과되거나 소홀히 하는 교육과정의 하나로 이해될 수 있다. 그러므로 학교교육의 사태를 올바로 파악하기 위해서는 표면적 교육과정뿐만 아니라 잠재적 교육과정의 실체를 제대로 볼 수 있어야 하며, 교육과정을 편성 · 운영하는 사람들은 잠재적 교육과정의 개념과 성격, 출현의 기제, 그리고 이것이 특히 교육과정을 실천에 옮기는 사람들에게 주는 시사점이 무엇인가를 올바로 이해할 필요가 있다.

1. 잠재적 교육과정의 개념

학생들은 학교에 입학하는 순간에는 어렵게 느껴졌던 과목 수업시간에는 좀 더 집중력을 가지고 흥미를 붙여 공부하려고 결심하며, 공부 잘 하는 친구들과 잘 어울리면서 서로 돕고 상대를 배려하는 마음과 방법을 배우려고 한다. 학교에서 공부할 과목들을 열심히 해서 학교와 선생님들이 기대하는 좋은 학생이 되고자 결심한다. 그러나 그러한 생각도 잠시뿐 경제적 격차로 인한 비애를 경험하며, 법을 지키는 것은 결국 손해 보는 일이라는 점을 배우고, 실력보다는 돈과 배경이 출세하는 데 더 큰 힘을 발휘한다는 사실을 학습하게 된다. 때로는 거짓말을 해야 따돌림을 당하지 않으며, 정직하고 조용히 자기 일만 열심히 하는 친구보다는 힘세고 어울려 다니기 좋아하는 친구들과 가깝게 지내는 것이 현명하다는 점을 배우게 된다.

잠재적(潛在的) 교육과정의 의미는 잠재적이라는 용어를 어떻게 해석하느냐에 따라 다르게 파악될 수 있다.

일반적으로 잠재적이라는 말은 잠재적, 숨은, 비가시적(非可視的), 내현적(內顯的), 내적, 계획되지 않은, 기대되지 않은, 비조직적, 비형식적 등의 다양한 용어들로 표현되고 있다. 이처럼 다양한 용어들은 각각의 의미와 뜻이 있는데도 모두 잠재적이라는 용어에 포함시킨다. 그 이유는 이것들이 공유하고 있는 한 가지 특성, 즉 의도성과 관련된 개념이라는 점이다. 위의 용어들 중 '숨은(hidden)'을 제외하고는 모두 의도성과는 무관한 것으로 의도하지 않았던 일이나 또는 이로 인해 생기는 상태를 설명하는 말이다. 따라서 잠재적 교육과정의 개념을 말할 때 의도성과 관련지어 설명하려는 경향이 있다.

또한 잠재적이라는 말을 할 때 그에 대응되는 개념으로 떠오르는 것이 명시적(明示的)이라는 용어이다. 우리가 흔히 쓰는 명시적 교육과정이라는 용어는 그런 교육과정이 있어서 표현한 말이 아니며, 원래 교육과정이라고 표현하던 것을 잠재적 교육과정이라는 개념이 등장하면서 이의 대응 개념으로 생긴 용어이다. 즉 잠재적 교육개념의 실체를 드러내기 위해 대비되는 개념으로 붙인 용어이다.

잠재적 교육과정이라는 용어는 초등학교 아동들의 학교생활을 집중적으로 관찰, 연구했던 Phillip W. Jackson이 『교실에서의 생활(Life in the Classroom)』이라는 저서에서 처음으로 'Hidden Curriculum'이라는 표현을 번역한 것이다. Jackson은 아동들의 교실생활이 교사의 수업을 통해서 학습되는 공식적인 교육과정 외에도 이와는 다르거나 의도한 바와는 다른 많은 것을 학습하고 있다고 지적하고, 이 학습내용, 즉 공식적 교육과정 외의 것을 학습하는 것을 '잠재적 교육과정'이라고 명명하였다.

한국의 경우 잠재적 교육과정에 관한 관심을 불러일으킨 대표적인 학자가 김종서이다. 김종서는 1987년도에 『잠재적 교육과정의 이론과 실제』라는 저서를 출간함으로써 교육과정학자들과 교육자들에게 교육과정을 중심으로 한 학교교육 사태를 보는 관점에 큰 변화를 가져오게 하였다. 그는 잠재적 교육과정을 "학교의 물리적 조건, 제도 및 행정적 조직, 사회적 및 심리적 상황을 통하여 학교에서는 계획한 바 없으나, 학교생활을 하는 동안에 학생들이 은연중에 가지게 되는 경험"으로 정의하였다(김종서, 1987).

이와 같은 잠재적 교육과정 개념 정의에 대하여, 김안중(1987)은 교육과정을 의도성, 계획성, 공공적 체계 등의 성격이나 그 성립 기준을 한정하는 경우에는 잠재적 교육과정이란 성립하기 어려운 개념이라고 지적하였다. 즉, 그는 잠재적 교육과정에 대하여 다음과 같이 비판한 바 있다.

첫째, 교육과정이라는 용어의 표준적인 의미, 즉 제도적 공공성, 교수의도, 체계성이라는 기준에 비추어 볼 때 잠재적 교육과정(의도하지 않은 학습결과)을 교육과정이라고 할 수 없다.

둘째, 잠재적 교육과정이란 아동중심교육이라는 아이디어를 이어받고 있는 듯이 보인다. 아동중심교육의 아이디어와 잠재적 교육과정의 아이디어는 모두 학생의 경험을 중시한다는 점에서 공통적이다. 그러나 교육과정 내적인 경험과 외적인 경험을 구분하지 않은 채, 모든 경험을 교육과정이라고 보는 것은 극단적 경험중심 교육과정론적 입장이다. 아동중심교육이라는 용어는 동어반복(同語反復)이다.

셋째, 잠재적 교육과정의 이론이 지지기반으로 삼으려는 인간중심교육의 이론은 '사실에서 가치를 도출하려는 오류'를 범하고 있으며 잠재적 교육과정 이론도 역시 마찬가지다. 인간중심교육이라는 용어 역시 동어반복이다.

이와 같은 문제가 있기 때문에 잠재적 교육과정이라는 용어는 성립되기 어려우며, 이를 '부수적인 학습 결과'로 표현하는 것이 적절하다고 지적하였다.

잠재적 교육과정으로 표현할 것인가, 아니면 부수적인 학습 결과로 표현할 것인가는 교육과정 개념을 파악하는 방식에 달려 있다. 물론 필자는 교육과정의 범주를 매우 포괄적으로 파악하지 않으면 학교교육 사태의 많은 부분을 간과하거나 왜곡시키는 잘못을 저지를 수 있다는 점에서 잠재적 교육과정이라는 개념으로 파악하고자 한다.

2. 잠재적 교육과정의 성격과 원천

잠재적 교육과정에 관한 논의는 미국의 경우 1970년대에, 우리나라는 1980년대에 활발하게 이루어졌다. 이에 대한 논의의 배경은 아동중심 교육사상, 교육의 인간화, 학생중심 교육 운동 등이다. 즉, 학교교육은 의도적으로 순기능을 수행하도록 계획되고 전개되지만, 항상 순기능만이 수행되는 것은 아니며 역기능적 작용이나 생태를 지니고 있기 때문에, 이 부분을 교육과정이라는 범주에 포함시켜야만 학교교육의 올바른 모습을 파악할 수 있다는 시각으로부터 전개된 것이다.

잠재적 교육과정의 의미를 좀 더 다양한 시각에서 살펴보고, 그 성격을 파악하기 위해서 잠재성이 지닌 의도성과 그 깊이에 대한 학자들의 생각을 두 가지 다른 관점, 즉 기능론적 관점과 갈등론적 관점에서 살펴볼 필요가 있다. 그리고 이들 관점은 잠재적 교육과정을 만들어 내는 원천을 무엇으로 파악하는가를 살펴보고자 한다.

가. 잠재적 교육과정에 관한 시각과 원천

1) 기능론적 관점

일반적으로 잠재적 교육과정의 초기 연구에서는 잠재적 혹은 숨겨진 교육과정, 학교교육의 비학문적 결과, 학교교육의 부산물 혹은 잉여물, 학습되지 않은 교육과정 등으로 이해되어 왔다. 이러한 사고는 교육과정을 '학교생활 중 학생들이 경험하는 학습경험의 총체'로 규정하고 잠재성의 의미에 대해서도 의도성을 크게 부각시키지 않게 된다. 교육과정을 학생들이 학교생활을 통하여 경험하는 학습경험의 총체로 규정하면, 학습경험의 총체에는 애초에 의도하여 편성된 교육과정, 교사가 의도적으로 경험하도록 조직하여 경험시킨 교육과정뿐만 아니라 이것들과는 관계없이 학생들의 의도적 · 무의도적인 학습경험들을 망라하는 것이다. 그러므로 학교교육에 관한 기능론적 관점은 잠재적 교육과정을 학교교육의 일부로 파악하면서 설혹 가치롭지 못한 학습경험일지라도 자연스러운 일종의 통과의례 또는 학생이면 누구나 겪는 과정으로 이해한다.

(1) Jackson(1968)의 잠재적 교육과정 논의

잭슨은 장기간에 걸쳐 초등학교 아동들과 함께 생활하면서 소위 '교실의 생활'을 이해하고자 하였다. 그 결과, 그는 교실의 생활이 종래 알고 있던 대로의 교육과정이 배우도록 요구하는 교과와는 대조되는 잠재적 교육과정을 배우도록 요구하는 측면이 있음을 발견하였다.

잭슨은 학교에서 많은 아동들이 어울려서 배우게 되는 것은 군집성(群集性, crowds), 여러 가지 형태의 평가를 통해서 배우게 되는 것을 상찬(賞讚, praise),

그리고 조직의 권위관계를 통해서 배우게 되는 것을 권력(power)이라는 세 가지 개념으로 다음과 같이 설명하였다.

첫째, 학교는 많은 학생들이 집단생활 속에서 배우는 곳이다. 학교의 이러한 특징은 학생들에게 남과 어울리는 것을 배우도록 하는가 하면 많은 사람 속에서 자기 일에만 열중하는 태도를 배우도록 하며, 질서를 지키기 위하여 식당 입구에서 또는 화장실 앞에서 기다려야 하는 것을 배우도록 하고, 교사를 비롯한 통솔자의 명령에 복종하는 것 등을 배우도록 요구한다.

둘째, 학교는 계속해서 여러 가지 형태로 쉴새 없이 평가가 이루어지는 곳이다. 학생들 상호간에 또는 교사에 의하여 계속해서 어떤 평가를 받는다. 성격을 좋다느니 성격이 비뚤어졌다느니, 음악에 대한 소질이 있다거나 섬세한 손놀림의 적성이 있다거나, 머리가 좋다 혹은 글쓰기 지능이 우수하다, 학력이 향상되고 있다거나 보잘 것이 없다거나, 성실하다거나 게으름뱅이 등의 평가를 비롯해서 학습활동은 말할 것도 없고 노는 시간에 있었던 사소한 행동까지도 잘 · 잘못을 늘 평가받는다. 이러한 평가를 통해서 학생들은 경쟁, 시기, 질투 등의 방법을 배우기도 하고 긍정적 또는 부정적 자아개념을 형성하기도 한다.

셋째, 학교의 특징은 권력관계에서 찾아볼 수 있다. 학생들에게 있어서 교사의 권위는 거의 절대적이다. 학생들은 학교생활에 적응하기 위하여 교사의 권위에 순종하는 것, 교칙을 준수하지 않으면 손해 본다는 것을 배운다. 다시 말하여 조직이 갖는 권위에 적응하는 방법을 배운다는 것이다.

잭슨에 의하면, 학교생활의 특징인 이러한 군집, 상찬, 권력은 학생들이 학교생활을 성공적으로 수행하기 위해서는 반드시 배워야만 하는 잠재적 교육과정을 구성한다. 이러한 잠재적 교육과정은 일반적으로 교육의 목적이나 목표에 명시적으로 나타나 있지는 않지만, 매우 효과적으로 학교에서 학습되고 있다.

(2) Dreeben의 잠재적 교육과정 논의

Dreeben(1970)에 의하면, 학교가 수행하는 사회화의 기능 중에 '독립심'과 '성취감'이라는 규범의 학습과 '성인 권위의 수용'이 가장 중요한 잠재적 교육과정을 형성한다.

학생들은 학교생활을 하는 동안 사회생활에 필요한 독립심과 성취감 등의 사회 규범을 배우게 된다. 즉 학생들은 학교에서 자신의 일을 독립적으로 수행하고 자신의 의무를 다하는 것을 배운다. 학생들은 학교생활을 통하여 또한 성인의 권위를 수용하는 방법을 배우게 된다. Dreeben에 의하면, 학교는 친화적인 인간관계로 특징지워지는 가정과 권위적인 관계로 특정지워지는 사회의 중간에 위치하며, 사회에 나가기 전의 학생들에게 사회생활에 필요한 규범, 가치, 태도 등을 잠재적 교육과정을 통해 학습시키는 장이다.

(3) 김종서(1987)의 잠재적 교육과정 논의

김종서에 의하면, 잠재적 교육과정은 학교의 물리적 조건, 제도 및 행정적 조직, 사회적 및 심리적 상황을 통하여 학교에서는 계획한 바 없으나, 학교생활을 하는 동안에 학생들이 은연중에 가지게 되는 경험을 말한다.

김종서는 잠재적 교육과정의 원천으로 학교의 목적성, 강요성, 군집성, 위계성을 지적하였다.

첫째, 학교의 목적성은 학교교육이 표방하고 달성하려는 목적과 학생의 교육받는 목적과 괴리를 보일 때 잠재적 교육과정의 원천으로 작용한다.

둘째, 강요성은 학교의 건물과 시설 사용의 규칙, 학생신분으로 지켜야 할 교칙, 일정한 절차를 따라 이수해야 할 교육과정, 학년제도 등에 맞추어 생활하는 가운데서 학생들로 하여금 잠재적 교육과정을 경험하게 된다.

셋째, 군집성은 개인적 특질이 다르고 가정배경이 다른 학생들이 모여서 생활하는 가운데 잠재적 교육과정을 경험하게 한다.

넷째, 위계성은 사회 조직으로서의 학교에 교사와 학생 간, 학생과 학생 간에 존재하는 위계질서 속에서 생활하는 가운데 잠재적 교육과정을 경험하게 한다.

잠재적 교육과정에 관한 기능론적 관점은 교육과정 개념을 표면적 교육과정에 국한시키는 것은 부적절하며, 경험중심 교육과정에서의 교육과정 개념 정의 방식, 즉 교육과정이란 '학교생활을 하는 동안에 학습자들이 겪는 모든 경험'으로 규정하면서 교육의 역기능적 요소도 인생을 살아가면서 익힐 가치 있는 것으로 본다.

2) 갈등론적 관점

기능론적 관점에서의 잠재적 교육과정은 계획되지 않고, 기대되지 않으며 쉽게 관찰되지 않는다는 특징을 지닌다. 이에 반해 급진적 관점에서는 잠재적 교육과정의 부정적인 측면을 강조하였다. 이러한 잠재적 교육과정의 부정적인 현상은 학교교육의 우연적인 결과라기보다는 보이지 않는 누군가에 의해 고의적으로 '의도'된 것이 아니냐는 의혹의 눈길을 보내는 경향이 있다. 따라서 이들은 잠재적 교육과정을 단순히 '계획되지 않았다'기보다는 '숨겨져 있는' 교육과정이라고 보는 경향이 강하다.

(1) Illich(1970)의 잠재적 교육과정 논의

학교교육이 갖는 잠재적 교육과정의 부정적인 측면을 가장 먼저 극단적으로 드러낸 사람은 흔히 탈학교론자로 알려진 일리치이다. 일리치는 학생들은 가르치는 것이 바로 배우는 것으로, 상급학년으로의 진급을 교육으로, 졸업증서를 능력으로, 언어의 유창성을 창의적인 사고의 표현력으로 혼동하도록 교육되고 있다고 주장한다(Illich, 1970 : 1).

일리치는 좀 더 근본적으로 학생들이 학교에 다니는 동안 무엇을 배우는지에 대한 의문을 제기하고 있다. 그는 우리들이 알고 있는 대부분은 학교 밖에서 배운 것이며, 학생들은 그들 학습의 대부분을 교사 없이 때로는 교사의 가르침과 관계없이 배우게 된다고 말하고 있다. 결국, 학교가 학생에게 무엇인가 의미 있는 것을 가르치는 것은 거의 없다는 것이다. 그래서 그는 '학교가 없는 사회(Deschooling Society)'를 건설해야 한다는 주장을 하기도 하였다.

Illich의 잠재적 교육과정 관점은 잠재적 교육과정의 개념 정의와는 관계없이, '진정으로 학교가 학생을 가르쳐야 할 것이 무엇인가?' 라는 매우 근본적인 질문과 연결되어 있다. 그에 의하면, 학교가 정말 가르쳐야 할 것은 가르치지 않고 의미 없는 것들을 잡다하게 가르친다고 주장함으로써 오히려 '영교육과정' 쪽에 관심의 무게를 두고 있다.

(2) Bowles와 Gintis(1976)의 잠재적 교육과정 논의

이들은 잠재적 교육과정을 학교교육의 숨겨진 기능으로 규정하고, 미국의 학교 교육사를 경제적 관점에서 분석하면서 잠재적 교육과정의 기제(機制)를 밝혀내려 시도했다. 학생들은 학교의 '숨겨진' 교육과정을 통해 자본주의 사회에 필요한 특정 가치 규범, 예컨대 돈이면 무엇이든지 해결할 수 있다든지, 사회적 지위는 학업성적과 관계되어 있다든지, 사회경제적 지위를 획득하기 위해서는 기존의 경제체제를 비판하거나 비리를 드러내는 일보다는 거기에 순응하는 행동양식을 배우게 된다. 이러한 숨겨진 교육과정의 기제를 통해서 현재의 불평등한 사회 구조는 효과적으로 재생산된다.

이들은, 학교는 자본주의 사회의 유지 및 발전에 필요한 가치관과 인간 특성을 주입시키는 기능을 수행한다고 주장한다. 학교는 학생의 출신 계층 배경에 따라 서로 다른 교육을 제공함으로써 자본가와 노동자를 길러낸다. 즉 학교교육은 잠재적 교육과정이라는 숨겨진 기능을 통하여 사회의 불평등 구조를 재생산하고 정당화하는 역할을 수행한다. 이들은 잠재적 교육과정의 원천을 표면적 교육과정으로 보고 있다.

(3) Apple(1979)과 Giroux(1983)의 잠재적 교육과정 논의

Apple(1979)의 잠재적 교육과정에 관한 논의의 특이한 점은 지식 영역에서 작용하는 잠재적 교육과정의 기제를 밝히고자 시도했다는 점이다. 그에 의하면, 특정 의미나 실천은 학교의 공식적인 지식으로 선택되어 강조되고, 다른 의미나 실천은 무시되거나 배제된다는 것이다. 공식적인 지식으로부터 배제되는 예가 바로 전통음악이나 대중음악, 연애소설, 대중만화 등이다.

학교의 잠재적 교육과정은 갈등의 특성이나 갈등의 유용성에 관한 기본 규칙을 강화하는 역할을 한다. 학교가 학생들에게 제공하는 지식은 특정한 방식으로 정당성이나 합법성의 경계를 형성한다.

잠재적 교육과정을 통하여 학생들이 갈등의 기본 규칙을 학습하는 방식은 갈등에 대한 부정적인 측면을 적극적으로 배움에 의해서라기보다는 교과 내용에서 지적 및 규범적 갈등이 지니는 가치와 중요성을 나타내 주는 내용을 학습할 수 있는 기회를 배제시킴으로써 표면적 교육과정이 아닌 잠재적 교육과정을 통해서 학습하는 것이다.

Giroux(1983)는 잠재적 교육과정에 대한 분석이 교육과 교육학의 새로운 관심 대상이 되기 위해서는 숨겨진 교육의 결과에 대한 단순한 기술(記述)에 머물러서는 안 되며, 지배적인 헤게모니(특정 주의나 주장)에 대하여 비판을 전개하면서 대항 헤게모니를 형성할 필요가 있다고 주장하였다.

Apple과 Giroux에 의하면, 우리가 학교교육의 잠재적 교육과정을 폭넓고 깊이 이해할 때 우리는 학교에서 편향된 이데올로기의 확대 재생산을 중단시키고, 보다 민주적이고 정의로운 사회를 건설할 수 있는 가능성을 지니게 된다. 우리가 잠재적 교육과정을 포함하여 학교 현실을 올바로 이해할 수 있는 관점을 형성하게 될 때 우리는 학생들이 자신의 현실을 새로 구성하는데 필요한 정치적이고 개념적인 도구를 제공해 줄 수 있다는 것이다.

> 잠재적 교육과정에 관한 갈등론적 관점은 정작 학교교육을 통하여 가르쳐야 할 필요가 있는 것과 가르치지 않아도 좋은, 혹은 가르치지 말아야 할 것이 구분되어야 한다고 주장한다. 현재의 교육과정은 성적이 곧 학력으로 인식하도록 조건화 시킨다든지, 특정 지배계급의 이데올로기를 교화시킨다든지, 정의로운 사회에 관한 편향된 시각을 기르도록 하는 것 등 '진정으로 교육을 잘 받은 사람의 모습'에 대한 고민보다는 사람들 간 갈등구조를 심화시키는 데 작용하는 교육과정이 편성되고 운영된다고 본다.

이상의 잠재적 교육과정에 관한 여러 학자들의 관점들은 결국 잠재적 교육과정을 정의하는 방식과 그 성격 파악 방식의 차이를 드러내고 있다. 바로 이러한 잠재적 교육과정의 성격을 파악하는 방식의 차이점 때문에 잠재적 교육과정을 생성시키는 원천을 설명하는 방식도 상당히 차이가 있다.

잠재적 교육과정의 원천으로서 기능주의적 관점은 주로 학교의 생태적 특성, 즉 여러 사람이 모여서 집단생활을 하면서 받아들이기 어려운 규칙이나 질서, 위계적 관계 등을 배우고 느끼고 경험하는 것과 같은 학교사회의 특성, 부단히 타인으로부터 주어지는 평가를 통하여 우월감이나 무기력감, 자신감과 패배의식 등 무엇인가를 경험하는 것, 학생사회의 독특한 문화(다양한 소집단이 형성되고, 서로 경쟁하며 자신의 우월성을 과시하거나 드러내려는 사고나 행동들)를 통하여 집단

따돌림이나 집단폭력을 행사하기도 하고 당하기도 하는 것, 그리고 부단한 경쟁 상황 하에서 생활해야 하는 생활로 인해 비인간적 특성을 학습하게 되기도 한다.

갈등론적 관점은 잠재적 교육과정의 원천을 다름 아닌 표면적 교육과정 자체에서 찾고 있다. 기능론적 관점이 표면적 교육과정을 일단 가치롭고 유익한 내용과 경험들로 구성된다는 점을 기정사실로 받아들이는 것과는 달리, 갈등론자들은 표면적 교육과정이 제대로 구성되지 못하고 올바로 가르쳐지지 못하기 때문에 학습의 왜곡과 비교육적 결과가 초래된다고 주장한다. 평등과 정의를 가르친다고 하여 내용을 구성하고 가르치고 있으나, 실은 평등과 정의의 올바른 의미와 모습을 표면적 교육과정에서는 제대로 다루지 않고 있다고 지적한다.

3. 표면적 교육과정과 잠재적 교육과정과의 관계

표면적 교육과정과 잠재적 교육과정은 학생에게 실현된 교육과정의 양대 축이다. 어떤 경우든지 표면적 교육과정과 잠재적 교육과정의 양대 교육과정 구도는 피할 수가 없다. 그러면, 두 가지 교육과정의 관계를 어떻게 설명할 수 있는가? 이 질문에 대하여 김종서 등(1999 : 112-121)은 다음과 같이 기술하고 있다.

가. 의도성 여부

표면적 교육과정은 학교에 의하여 의도적으로 조직되고 가르쳐 지는 반면에, 잠재적 교육과정은 학교에 의하여 의도되지 않았지만 학교생활을 하는 동안에 은연중에 배운 것이다. 즉, 전자는 의도한 교육과정이요 전개한 교육과정이라면, 후자는 실현된 교육과정의 일부분이다.

나. 학습내용 영역

표면적 교육과정은 주로 지적인 것과 관련되는 반면에, 잠재적 교육과정은 주로 정의적인 것과 관련이 있다. 물론, 여기서 지적 혹은 정의적이라는 교육과정의 내용은 상대적인 것이다. 지적인 측면에서도 의도적으로 조직되고 가르치지 않았음에도 불구하고 왜곡된 지식을 학습자들은 습득할 수 있기 때문이다. 그러나 잠재적 교육과정을 차지하는 보다 큰 부분은 정의적 영역이라는 점이다.

다. 교육과정 자원

표면적 교육과정이 주로 교과와 관련된다면, 잠재적 교육과정은 주로 학교의 문화풍토와 관련이 있다. 일반적으로 표면적 교육과정의 가장 큰 부분은 교과과정이며, 이는 정선하여 사전에 의도적 · 체계적으로 조직하여 가르치고 배우게 된다. 물론, 이 과정에서도 의도적으로 계획하거나 가르친 것이 아님에도 불구하고, 혹은 그런 것과는 반대의 결과를 학습자가 지닐 수 있으며, 이를 잠재적 교육과정이라고 할 수 있다. 그러나, 잠재적 교육과정은 교과과정보다는 교과외 활동 혹은 학습자들의 생활 속에서 나타나는 부분이 크다.

라. 실현된 교육과정의 지속 기간

표면적 교육과정은 단기적으로 배우며 어느 정도 일시적인 경향이 있는 반면에, 잠재적 교육과정은 장기적 · 반복적으로 배우며 보다 항구적이다. 학습자의 입장에서 볼 때 표면적 교육과정은 자발성, 흥미, 생활과의 밀접성 등과 거리가 있다. 자발적이며 흥미를 가지고 배우는 것과 그렇지 못한 것은 기억이나 내면화 측면에서 차이가 있을 수밖에 없다. 표면적 교육과정이 그 내용 조직에서 계속성과 계열성이 유지되도록 하기는 하지만 일상적으로 반복되고 자주 경험하는 학습자의 생활사태보다는 덜하다.

마. 교사의 영향

표면적 교육과정은 주로 교사의 지적 기능적인 영향을 받으나, 잠재적 교육과정은 주로 교사의 인격적인 감화에 영향을 받는다. 그리고, 교사보다는 학교의 분위기나 친구들의 영향을 크게 받는다.

바. 표면적 교육과정

표면적 교육과정이 주로 바람직한 내용인 반면에, 잠재적 교육과정은 대부분 바람직하지 못한 것으로 구성된다. 표면적 교육과정이 모두 바람직한가의 문제는 간단하게 답해질 수 있는 것이 아니다.

앞에서 살펴본 바와 같이 갈등론적 입장을 취하는 사람들의 입장에서 보면 표면적 교육과정은 많은 문제를 지니고 있는 것으로 볼 것이기 때문이다. 그런데 잠재적 교육과정은 거의 대부분 바람직하지 못한 것들로 구성된다. 여기에 바람직한 것이 포함된다고 주장하기도 하지만, 바람직한 것은 모두 표면적 교육과정에 관련되는 것들이다.

사. 조화와 상보적 관계의 중요성

표면적 교육과정과 잠재적 교육과정이 서로 조화되고 상보적인 관계를 지닐 때 학생 학습에 보다 강력한 영향을 미칠 수 있다. 예컨대, 수학에서 낮은 성취를 나타내고 있는 학습자의 경우 내용의 수준을 조절하거나 가르치는 방법을 개선하는 일보다는 수학 교사와 학생과의 관계를 개선하거나 수학에 대한 흥미를 느낄 수 있는 계기를 마련하는 일이 더 중요하다.

아. 잠재적 교육과정의 생리

잠재적 교육과정을 찾아내어 이를 표면적 교육과정으로 흡수한다 할지라도 표면적 교육과정과 잠재적 교육과정의 구조는 변하지 않는다. 어떤 표면적 교육과정이던지 잠재적 교육과정을 근본적으로 해소시키는 것은 불가능하다.

4. 잠재적 교육과정이 교사에게 주는 시사점

그러면, 잠재적 교육과정이 교육과정을 실천에 옮기는 역할을 수행하는 사람들, 특히 교사들에게 어떤 의의를 주는가? 교사가 잠재적 교육과정을 이해해야 하는 이유는 무엇이며, 표면적 교육과정을 운영할 때 어떤 점을 유의해야 하는가?

첫째, 교사들이 교육과정을 표면적 교육과정에 한정하여 규정하거나 이해하는 것은 매우 협소한 시각이라는 점이다. 이미 지적한 바와 같이, 교육과정을 운영하는 사람은 학습자의 학습 결과에 민감성을 지녀야만 한다. 그리고 이에 대한 책임감을 지니고 있다. 만약에 교사가 표면적 교육과정에 한정한 교육과정적 시각을 지니고 있고, 여기에만 충실하면 된다고 생각하는 것은 너무 안이한 사고이다.

둘째, 교사는 살아 있는 교육과정이다. 표면적이건 잠재적이건 교사의 외현적 행동뿐만 아니라 내재적 행동은 교사의 의도와는 관계없이 모두 학습자의 편에서는 학습의 소재이다. 학생들은 학교에서 단순히 표면적 교과과정만을 통하여 학습하는 것이 아니다. 교과과정 외에 인간이 인간답게 살아가는 법을 배운다. 이것은 단순히 가르침을 주는 것만으로 학습하는 데에는 한계가 있을 수밖에 없으며 교사가 학생들에게 무언가를 보여주고 모범이 되어야 생길 수 있는 배움이다.

잠재적 교육과정은 표면적 교육과정으로는 얻을 수 없는 것들을 의식적이든 무의식적이든 간에 전달시킨다. 이는 학생에게 아주 지대한 영향을 미친다. 잠재적 교육과정은 사회에서든 학교에서든 어디서나 일어날 수 있지만 그것에 가장 큰 작용을 하는 것은 역시 교사이다. 교사의 관심 어린 말 한 마디, 따끔하게 꾸짖는 순간적인 말 한 마디가 학생에게 동기부여가 되어 훗날 사회생활을 해 나가는 데 밑바탕이 되는 예를 얼마든지 찾아볼 수 있다.

셋째, 학교의 풍토와 분위기를 보다 인간적으로 조성하도록 노력해야 한다.

교사집단 간에 갈등과 반목보다는 협동과 협력하는 분위기로, 학생들 간 지나친 경쟁분위기보다는 협력과 상호지원을 조장하는 분위기를 조성하도록 힘써야 하며, 이 일을 학생들과 함께 수행하는 것이 바람직하다.

넷째, 교사는 잠재적 교육과정의 긍정적인 측면을 공적인 교육의 장으로 드러내고 이를 표면적 교육과정으로 전환하는 노력을 기울임과 동시에, 부정적인 측면을 해소하기 위한 노력을 기울여야 한다. 특히 학생들의 자율적이고 개인적인 생활에 보다 관심을 가지고 학생과의 관계성을 증진하도록 해야 한다.

제2절 영교육과정(Null curriculum)

> "Null curriculum," a term coined by Eisner(1979, pp. 83-92), refers quite simply to the curriculum not taught. It may seem strange to think of the curriculum that is not taught, but we often teach by our silence on many matters. When art, for example, is taught only once a week(and then as a construction paper, glue, and scissors project), much of the appreciation of art's role in culture and perception is missed by the students. If social studies is all history and geography and not anthropology, economics, sociology, and political science, the latter are part of the null curriculum. Advocates of value education, death education, drug education, family life education, and technological education are lobbying for the inclusion of topics that have been part of the null curriculum. The prevalence of autocratic classrooms often means that democracy(as a way of life as distinguished from precepts about it) is often part of the null curriculum. We need to realize that students in our schools continuously meet curricula that provide an absence that converts them in many ways. We need to ask ourselves : What worthwhile knowledge and experiences do we leave out as we make curricula decisions? [William H. Schubert, 1986, p. 107]

제1장의 교육과정 개념의 확장 현상을 설명하면서 영교육과정(null curriculum)의 의미를 기술한 바 있다. 이 개념은 예술의 교육적 가치에 관한 관심으로 교육과정 개발에 대한 생각을 발전시켜 온 Eisner가 1985년에 『The Educational Imagination : On the Design and Evaluation of School Programs』라는 저서를 통하여 소개된 이후 줄곧 이 방면의 연구를 수행하고 그 결과를 발표해 오고 있다.

Eisner에 의하면, 학교가 달성하려고 노력해야 할, 그리고 가르쳐야 할 중요한 내용이 있음에도 불구하고 공식적인 교육과정에 포함되지 않은 것을 영교육과정이라고 한다. 예컨대, 일본이 한국을 비롯한 주변국에 엄청난 피해를 입힌 역사를 교과에서 배제시킨 것, 한국 군대의 이라크에 파병에 관한 내용, 미국의 신자유주의 전개과정, 경제수준과 교육성취도와의 관계 등과 같은 내용은 학생들이 배워야 할 가치가 있음에도 표면적 교육과정에는 포함되어 있지 않은 것들이다. 공식적 교육과정에 포함되어 있지 않기 때문에 가르치지 않으며, 그래서 학생들은 정작 배워야 할 중요한 내용을 배우지 못하게 됨으로써 교육받을 기회가 제한되고, 교육의 위축현상, 불충분과 왜곡현상이 일어난다는 것이다.

잠재적 교육과정이 학습자들에게 실현된 교육과정에 주목하도록 요구한다면, 영교육과정은 교육을 위한 계획으로서의 교육과정에 관심을 갖도록 요구한다. 왜 어떤 내용은 공식적 교육과정에 포함되는데 어떤 내용은 어떤 이유로 배제되는가에 대하여 교육과정 개발자와 운영자가 깊은 관심과 검토를 하라는 요청이요, 가르칠만한 가치가 있음에도 불구하고 공식적 교육과정에 포함되지 않은 것을 어떻게 보아야 하는가, 교사는 이에 대하여 무엇을 해야 하는가에 대한 고민을 해야 함을 지적해 주고 있다.

이와 같은 영교육과정의 개념에 관한 논의는 크게 세 가지 측면에서 전개할 수 있다.

첫째, 영교육과정이라는 개념이 성립될 수 있는가 하는 것이다. 이 개념은 표면적 교육과정의 실체가 존재하기 때문에 사용되는 개념이기는 하되, 이것까지 교육과정이라는 개념으로 이해하게 되면 교육과정과 비(非)교육과정의 경계를 구분짓기가 불가능해진다는 것이다. 그러나 교육의 세계는 표면적 교육과정이 있으면 응당 영교육과정이 존재하는 것은 분명하다. 그리고 이는 교육과정의 탐구 대상이기도 하다.

둘째, 영교육과정이 발생하는 원천 혹은 이유가 무엇인가 하는 논의이다. 이에 대한 대답은 여러 가지로 제시될 수 있다. 교육과정을 운영할 수 있는 교육기간이 유한하다든지, 교육과정 개발은 부단한 의사결정 과정을 거치면서 내용의 정선과 우선순위를 결정하게 되는 데, 그러한 우선순위에서 밀려난 내용들은 공식적 교육과정에 포함되지 못한다든지, 어떤 내용은 가르칠 가치가 있음을 인정하면서도 가르칠 수 있는 여건이 충족되지 못하여 배제된다든지, 잘못 가르치면 가르치지 않은 것만 못한 내용이 있다든지와 같은 것이다.

이에 대하여 Giroux, Bowles & Gintis, Illich 등과 같은 갈등론자들은 좀 다른 생각을 하고 있다. 그들은 교육과정의 정치적 이해관계나 교육과정 개발자들의 이해에 따라서 의도적으로 배제한 것이라는 데 관심을 집중한다. 표면적 교육과정은 주로 지배계층의 지위를 유지하는 데 도움이 되는 내용, 사회 질서 유지에 도움이 되는 내용, 고급문화에 익숙한 사람들에게 유리한 내용을 의도적으로 선정하여 구성한다는 것이다.

셋째, 영교육과정이 교육과정 개발자와 실천가에게 주는 시사점이 무엇인가 하는 것이다. 이미 Eisner가 주장한 바 있듯이, 표면적 교육과정이 문자나 숫자 위주의 표현양식만을 강조하고 있고, 시각, 청각, 운동 등 다양한 방식의 표현양식의 개발을 무시하거나 경시한다면 교육의 힘은 그만큼 위축되거나 왜곡될 수밖에 없다. 이러한 점에서 영교육과정은 교육과정을 표면적 교육과정에 한정하여 보아서는 안 된다는 점, 표면적 교육과정에 포함되어 가르쳐야 한다고 주장하는 바의 이유를 되묻고, 더욱 중요한 것이 빠지지는 않았는가를 살펴보도록 교육적 민감성을 지닐 것을 요구한다(김대현 · 김석우, 1999 : 24). 그리고 가르칠 가치가 있다는 충분한 근거가 있다면 영교육과정을 가르쳐야 한다.

그러면, 영교육과정의 관점은 표면적 교육과정에 포함되어 있지 않으나 '가르칠 가치가 있다고 판단되는 교육목표나 내용'이라고 할 때, 그 판단을 누가 하는가의 문제가 제기된다. 이 판단자는 최종적으로 교사일 수밖에 없다. 바로 이 점에서 교육과정의 실천가인 교사의 균형잡힌 판단, 교사집단의 합의를 도출해 내려는 노력, 그리고 교육과정 운영에 주어진 교사의 자율성의 의미를 올바로 해석하고 행사하려는 노력, 바로 이것을 교육과정에 관한 교사의 책무성이라고 할 것이다.

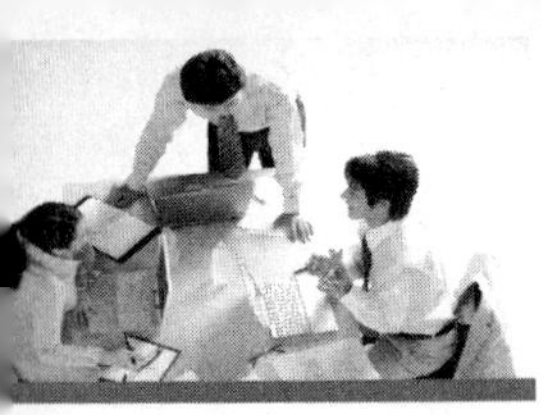

형성평가

1. 다음의 현상을 설명하는 데 가장 적합한 교육과정 유형은?

- 일본의 역사교과서에서 한국 여성의 정신대 운영 내용을 의도적으로 배제 - 사회과 교과서에서 노동계층에 대한 논의 배제 - 역사교과서에서 잘 사는 나라들은 적극적으로 다루지만, 아프리카 원주민의 역사 내용은 배제

① 잠재적 교육과정 ② 공식적 교육과정
③ 국가중심 교육과정 ④ 영교육과정

2. 다음은 어떤 교육과정에 대한 설명인가?

학습자의 전인적 성장과 사회적 총체성에 비추어 볼 때 공식적으로 가르치지 않거나 소홀히 되는 영역은 교육과정의 측면에서 중요한 영역일 가능성이 높다." 이는 어떤 교육과정에 대한 기술인가?

① 나선형교육과정 ② 잠재적교육과정
③ 통합교육과정 ④ 영교육과정

3. 잠재적 교육과정을 기술하고 있는 사례로 가장 적절한 것은?
① 현대사회에서 청소년의 진로개발과 취업준비 교육이 보다 충실하게 이루어지도록 교육과정이 편성되어야 하는데, 충실하지 못하다.
② 명문 A고등학교는 평준화가 실시되기 전의 전통과 학교분위기가 평준화 실시 후에도 잘 이어져 학생들의 실력이 우수하다.
③ 국어시간에 문학 작품이 쓰여진 역사적 배경을 학습한 후 문학 작품의 이해와 감상력이 더 우수해졌다.
④ 신자유주의가 인간과 사회에 미치는 부정적인 영향에 대해서 교육과정에서는 다루고 있으나 교사가 가르치지 않았다.

4. 다음 두 교사의 대화 내용은 어떤 교육과정 개념에 관한 것인가?

A교사	: 우리나라도 동남아 등지의 노동자, 결혼 이민자들 뿐만 아니라 여러 나라의 민족이 함께 어울려 사는 다민족 국가가 되어 가고 있어서 민족의 개념에 대한 재개념화가 필요하며, 다문화사회의 문제를 체계적으로 다루는 교육과정이 필요한데, 우리나라 중등학교에서는 왜 안 가르치는지 모르겠어요.
B교사	: 어떤 것을 가르친다는 것은 다른 것이 배제된다는 것을 의미하지요. 제한된 여건이나 정치관계 등으로 인하여 중요하다고 해서 모든 것을 다 가르칠 수는 없지요.

① 영교육과정　　② 잠재적 교육과정
③ 교사배제 교육과정　　④ 암시적 교육과정

5. 다음 두 교사의 대화 중, B교사가 근거하고 있는 교육과정의 개념은?

A교사	: 교육학은 정말 중요한 교과인데, 우리나라 고등학교에서는 왜 안 가르치는지 모르겠어요?
B교사	: 학교에서는 중요하다고 생각하는 모든 교과를 가르칠 수는 없지요. 어떤 교과는 가르쳐야 하지만, 어떤 교과는 가르치지 못하는 것은 불가피한 현상입니다.

① 잠재적 교육과정　　② 영교육과정
③ 표면적 교육과정　　④ 현성교육과정

6. 다음과 같이 비판받는 교육과정의 특징에 대한 설명으로 옳은 것은?

· 소수의 이익 집단의 압력에 의하여 특정한 교과가 선택될 수 있다. · 교육과정 구성 자체가 교육의 본질에서 이탈하여 가르쳐지기 쉽다. · 평가하기 쉬운 내용, 예로부터 가르쳐 왔기 때문에 가르쳐 온 내용만 가르치기 쉽다.

① 잠재적 교육과정과 표면적 교육과정을 모두 중시한다.
② 학습하는 방법이 학습에 의한 학습의 전이력이 높다.
③ 학교의 역기능을 표면화시켜 학교의 순기능을 확대 · 강화시키려는 교육적 노력이다.
④ 무형의 형태로 존재하는 교육과정으로 가르치는 교사의 마음 속에 계획되어 있는 교육과정이다.

7. 다음의 내용과 가장 관련이 깊은 교육과정은?

교사의 인격은 알게 모르게 학생들에게 계속적인 영향을 미친다. 세상을 부정적, 비관적으로 보는 교사 밑에서 배우는 학생들은 자신도 모르는 사이에 세상에 대한 부정적 견해를 가지게 되기 쉬우며, 교사로부터 사랑과 관심을 많이 받은 학생은 따뜻한 마음의 소지자가 될 가능성이 높다. 만약 한 학교의 여러 교사들이 공통적으로 어떤 인간적 특징을 나타낼 때 그렇게 집단화된 교사의 인격적 특징은 학생의 인성 발달에 더욱 강력한 영향을 미치게 될 것이다.

① 영교육과정　　② 표면적 교육과정
③ 잠재적 교육과정　　④ 공식적 교육과정

8. 다음 글에서 밑줄 친 부분과 관계가 있는 과정은?

학생들을 강력하게 통제하는 경우, 학교의 질서를 유지할 수 있을지는 모르나, 학생들에게 무슨 수단을 써서라도 학교의 통제를 회피하려는 태도를 가지게 하기도 한다.

① 잠재적 교육과정　　② 의도된 교육과정
③ 표면적 교육과정　　④ 형식적 교육과정
⑤ 명시적 교육과정

9. 다음 중 잠재적 교육과정에 해당되는 것은?

① 교사의 수업 의도　　② 문서화된 교육과정
③ 교사의 학습지도안　　④ 학교의 교육계획서
⑤ 교사의 인격적 감화

10. 표면적 교육과정과 잠재적 교육과정의 차이로 옳은 것은?

① 표면적 교육과정이 생활기능과 관련이 있다면, 잠재적 교육과정은 이론 · 지식과 관련이 있다.
② 표면적 교육과정은 장기적 · 반복적인데 비하여, 잠재적 교육과정은 단기적 · 일시적인 경향이 있다.
③ 표면적 교육과정이 주로 비지적인 것과 관련이 있다면, 잠재적 교육과정은 지적인 것과 관련이 있다.
④ 표면적 교육과정이 주로 비교과적인 것에 관련이 있다면, 잠재적 교육과정은 교과적인 것과 관련이 있다.
⑤ 표면적 교육과정이 주로 바람직한 것인데 비하여, 잠재적 교육과정은 바람직한 것과 바람직하지 못한 것을 포함하고 있다.

11. 잠재적 교육과정에 관한 설명으로 가장 적절한 것은?

① 수업과 평가에서 고려할 필요가 없는 교육과정의 영역
② 학교에서 소홀히 하거나 공식적으로 가르치지 않는 교과지식
③ 공식적 교육과정을 배우는 동안 놓치게 되는 학습내용
④ 의도되지는 않았지만 학교생활을 통해 얻게 되는 학생들의 경험

12. 다음 두 교사의 대화 내용 중, B 교사가 근거하고 있는 교육과정의 개념은?

A교사 : 고고학은 정말 중요한 학문인데, 우리나라 고등학교에서는 왜 안 가르치는지 모르겠어요.
B교사 : 어떤 것을 가르친다는 것은 다른 것을 가르치지 않는다는 것을 의미하지요. 제한된 여건 때문에 모든 것을 동시에 다 가르칠 수는 없지요.

① 영교육과정(Null Curriculum)
② 명시적 교육과정(Explicit Curriculum)
③ 암시적 교육과정(Implicit Curriculum)
④ 현성 교육과정(Emerging Curriculum)

13. 다음에서 제시된 박 교사의 생각을 가장 잘 설명해 주는 교육과정은?

무용교육을 전공한 A교사는 평소 학교교육에서 예능 교과가 그 중요성에 비해 소홀히 다루어지고 있다고 생각한다. 지적 기능 못지않게 중요한 감성은 무용이나 음악, 미술 교과를 통해서 잘 계발될 수 있으나, 학교에서는 체육과에서 무용을 부분적으로 다루고 있어 많은 내용이 가르쳐지지 않고 배제되고 있다는 것이다.

① 영교육과정 ② 중핵 교육과정
③ 융합 교육과정 ④ 상관 교육과정

14. 다음의 현상을 설명하는 데 가장 적합한 교육과정 유형은?

- 일본의 역사교과서에서 한국 침략 내용을 의도적으로 배제
- 진화론은 가르치나, 성경의 창조론은 배제
- 사회과 교과서에서 사회적 약자에 대한 논의 배제

① 영교육과정(Null Curriculum) ② 공식적 교육과정(Formal Curriculum)
③ 잠재적 교육과정(Latent Curriculum) ④ 교사배제교육과정(Teacher-Proof Curriculum)

15. "교과서에는 노동운동과 여성운동에 관한 지식이 포함되어 있지 않다."는 현상을 지칭하

기 위해 사용하는 개념은?

① 영교육과정
② 잠재적 교육과정
③ 중핵 교육과정
④ 형식적 교육과정
⑤ 의도적 교육과정

16. 잠재적 교육과정의 예를 초 · 중 · 고등학교별로 나누어 들어 보라.

17. 잠재적 교육과정을 생성시키는 요인들을 지적해 보라.

18. 영교육과정의 예를 들어 보라.

제 13 장

교육과정 이론과 탐구 영역

제1절 교육과정 이론
제2절 교육과정 탐구 영역

이 장의 개요

1. 교육과정 이론은 '교육과정' 현상을 기술하고, 설명하고, 예측하고, 통제하려는 목적을 지닌 법칙들 간의 일련의 망(網)이다.
2. 교육과정 이론은 교육과정이라는 현상을 규정하거나 파악하는 방식에 따라서 매우 다양하게 제시되고 있다. 교육과정 이론 형성의 한 범주로서 교육과정 개념을 파악하는 방식 혹은 교육과정의 성격을 규정하는 방식으로서 '교육과정 성격 이론'이 있다.
3. 교육과정의 성격을 파악하는 방식으로서 교육과정 이론에는 전통주의 이론, 개념-경험주의 이론, 재개념주의 이론 등이 제시되고 있다.
4. 교육과정 현상을 탐구하는 영역 혹은 분야는 교육과정 이론화, 교육목표에 관한 이론과 실제, 교육내용의 성격 및 선정과 조직, 교수-학습 방법, 교육과정 평가, 교육과정 유형, 교육과정 역사, 교과교육과정, 교육과정 실행 장학과 행정 등이다. 이들 교육과정 탐구 영역들은 서로 분리되거나 독립적일 수 없으며 상호 유기적인 관련성 속에서 탐구된다.

이론이란 어떤 현상이나 대상을 보고, 설명하는 법칙들의 망(網)이다. 이것이 수행하는 기능은 현상이나 대상의 기술과 설명, 예측, 통제 등이다. 그러므로 교육과정 이론이란 탐구 혹은 연구의 대상이 곧 '교육과정'이며, 교육과정이라는 복잡하고 역동적인 현상을 기술하고, 설명하고, 예측하고, 통제하기 위한 목적을 지닌 법칙들의 체계적 진술이다. 따라서 교육과정 현상의 복잡성만큼 교육과정 이론도 복잡하고 다양할 수밖에 없다.

즉, 교육과정 현상을 '교육과정 구성 요소들의 관계'로 규정하면 '교육과정 구성 요소 이론'이 형성될 수 있고, '교육과정 개념의 의미와 성격'으로 규정하면 '교육과정 성격 이론'이 형성될 수 있다. 또 교육과정 현상을 '교육과정에 관한 의사결정'으로 파악하면 '교육과정 의사결정 이론'이 형성되고, '교육목적 설정과 내용' 측면에 한정하면 '교육과정 목표와 내용 이론'이 도출될 수 있다.

이처럼 복잡하고 다양한 교육과정 이론들을 검토하는 일은 불가능한 일이다. 그러므로 여기서는 교육과정 성격 이론이라고 규정할 수 있는 이론, 즉 Giroux, Penna, Pinar 등(1981)이 분류하고 있는 전통주의 이론, 개념-경험주의 이론, 재개념주의 이론 등을 살펴보고자 한다. 이들 이론들은 교육과정이라는 실체를 파악하는 방식에서 차이를 보인다. 또한 이 장에서는 교육과정 학자나 교육과정 실제를 다루는 교사들의 탐구 혹은 연구 분야(영역)가 어떤 것들인가를 기술하고자 한다.

제1절 교육과정 이론

다른 교육학의 하위 학문들도 마찬가지지만, 특히 교육과정은 이론과 실제가 통합적으로 기능해야 하는 학문이다. 교육과정 이론은 교육과정 실천가로 하여금 교육과정을 그 성격에 알맞게 볼 수 있도록 하고, 교육과정 운영의 방향을 안내하는 역할을 한다. 교육과정 이론이 뿌리내리고 있는 장은 교육현장이어야 함은 두말 할 나위가 없다.

교육과정 이론은 기술적 이론과 처방적 이론으로 나눌 수 있다(진영은, 2003). 기술적 이론이란 교육과정 현상의 객관적, 사실적, 경험적 법칙들의 망으로 이루어진다. 기술적 이론은 우리가 실재의 특징을 알 수 있도록 혹은 우리들로 하여금 교육과정 활동과 행동을 기술, 설명, 예측, 통제할 수 있도록 실재를 어떻게 그릴 수 있는가에 대한 질문에의 대답으로 이루어진다. 이러한 이론은 "교육과정이라는 개념은 어떻게 범주화되는가? 교육과정은 어떤 요소들로 구성되는가? 교육과정 현상을 파악하는 데 잠재적 교육과정은 어떤 의미가 있는가? 학교 교육과정이 개발되는 과정은 어떻게 이루어지는가?" 등의 질문을 제기한다.

이에 비해 처방적 이론은 당위와 규범적 성격을 갖는다. 즉, 교육과정이 응당 지녀야 할 모습 혹은 가야 할 방향을 지시하는 진술이다. 처방적 이론은 "교육과정 개발에서는 교육목표가 가장 먼저 분명하게 밝혀져야 한다. 교육목표를 타당하게 설정하기 위해서는 상황분석이 체계적으로 이루어져야 한다."와 같은 진술들로 구성된다.

1970년대에 들어 교육과정 재개념주의자들이 등장하면서 자신들의 관점을 기존의 교육과정 관점과 비교하기 위하여 교육과정 이론을 새롭게 분류하는 시도들이 나타났다. 그러한 시도의 하나가 Girou, Penna, Pinar 등에 의한 것이다. 이들은 자신들의 편저 『Curricirum and Instruction』(1981)에서 그 당시의 교육과정 이론을 전통주의, 개념-경험주의, 재개념주의 이론 등 세 가지로 분류하였다(오만록, 2010 : 34). 이러한 교육과정 이론 분류의 한 가지 방식은 오늘날에도 여전히 유의미하다고 본다.

1. 전통주의 이론

전통주의 이론은 1918년 Flanklin Bobbitt에서 비롯되었으며, 교육과정에 관한 사고방식을 체계화시킨 Tyler의 목표중심의 체계론적 접근모형을 계승하고 받아들이는 이론이다. 이들은 실용적 가치의 과학적 효율성을 중시하는 실용주의적, 도구주의적 전통을 이어받고 있으며, 과학적 실증성을 존중한다.

전통주의 교육과정 학자들로는 Tyler, Taba, Ṣaylor & Alexander, Tanner 등이 있다. 이들은 교육과정을 구성하는 다양한 요소 중 특히 교육목표를 중시한다. 즉, 이들은 교육과정에 대한 사고의 출발점을 교육목표에 두고, 그 이하의 절차나 활동들은 목표를 효과적으로 달성하도록 돕는 수단으로 간주한다.

이와 같은 전통주의 이론에 대하여 MacDonald는 '공학적 합리성'이라고 비판하며, Pinar는 '기능공적인 발상'이라고, Kliebard는 '생산적 모형'이라고, 그리고 Apple은 '탈정치적, 탈윤리적 모형'이라고 비판하였다. 그리고 Peters는 '교육은 그 자체가 가치로운 것이지 어떤 외적인 목적을 달성하기 위한 수단으로 이루어지는 것은 아니다'고 하여 교육과 목표를 분리하고 있는 전통주의 이론을 비판한다.

2. 개념-경험주의 이론

개념-경험주의 이론은 1957년 구소련의 Sputnik 인공위성 발사 사건 이후에 실증적이며 체계적으로 숙고된 이론을 강조하는 행동과학을 토대로 사회개조주의가 강해지면서 미국의 교육개혁에 직접적인 영향을 끼쳤다. 이 이론가들은 교육과정에 관한 연구에 있어서 과학적 방법에 기초한 논리와 탐구방법을 옹호하면서 생산적이며 경제적인 지식을 다루어야 한다고 주장하였다.

교육과정에 관한 개념-경험주의자들은 뚜렷한 증거를 가지고 교육과정 현상을 이해하려고 하며 실제문제에 접근하려고 한다는 점에서 이들의 이론을 '**硬性 교육과정이론**'이라고 부르기도 한다.

3. 재개념주의 이론

'재개념화'라는 용어는 교육과정 연구를 지금까지와는 근본적으로 다른 관점과 방법으로 탐구하고 인식하고 연구해 보려는 시도를 나타내는 것이다. 재개념주의라는 용어는 MacDonald에 의해서 처음 소개되었고, Pinar의 "교육과정이론화 : 재개념주의자"에 의해서 발전되었다.

재개념주의 이론의 이론적 기반은 실존주의, 현상학, 상징적 상호작용론, 문화기술법, 정신분석학, 지식사회학, 신마르크스이론, 인문과학 등이며 1970년대 이후 포스트모던사상 등이 기초를 제공하였다. 교육과정에 관한 재개념주의 이론은 실증주의 혹은 객관적이며 과학적 방법에 기초한 교육과정적 접근으로서의 경성교육과정 이론과는 달리, 주관성과 개인적 지각 혹은 인식 등에 기초한 관점을 중요시한다는 점에서 '**軟性교육과정이론**'이라고 부르기도 한다.

교육과정 이론으로서의 재개념주의의 성격을 살펴보면 다음과 같다.

① 인간 자신과 그의 자연에 대한 관계는 총체적이고 유기적인 관점에서 다루어져야 한다.

② 개별적인 인간들이 지식과 문화를 창출하는 가장 핵심적인 주체로 간주함으로써 해석학적 접근을 취한다.

③ 방법론으로서 그 자신의 경험에 큰 비중을 둔다.

④ 교육과정 이론화는 의식 이전의 경험 영역을 그 주요 출처로 삼는다.

⑤ 이론화의 기초로서 실존주의 철학, 현상학, 정신분석학 등을 들 수 있으며, 사회학, 정치학, 인류학과 같은 인간 행동을 기술하거나 설명하려는 인접학문에서의 인본주의적 재개념화도 그 의존도가 높다.

⑥ 개인은 기본적으로 자유의지를 지닌 존재이며, 높은 수준의 의식화가 가능한 존재로 인식한다.

⑦ 획일성이나 단일주의보다 다양성과 복수주의를 바람직한 것으로 규정한다.

⑧ 교육을 정치적, 사회적 현상과 분리될 수 없는 것으로 본다.

⑨ 새로운 의미를 전달하기 위해서는 새로운 용어와 개념이 생성되어야 함을 강조한다.

⑩ 이데올로기와 도덕적 주요 쟁점을 분석하여 교육활동에서의 학생들의 '삶의 해방'을 추구하는데 주안점을 둔다.

재개념주의 교육과정 이론가의 대표적인 학자는 다음과 같다.

- Pinar : 재개념주의 운동의 실질적인 선구자이며 교육적 경험을 분석하기 위해서 자신의 이제까지의 삶에 대하여 반성적 사고를 가함으로써 경험을 재구성하는 자서전적 방법론을 제시하였다.
- Apple : 지식사회학의 비판이론 관점을 교육과정 현상에 적용하여 사회경제적 구조와 학교지식으로서의 교육과정과의 관계를 분석하였으며, 문화적 헤게모니 이론을 주장하였다.
- Eisner : 교육적 사고에서 예술적 성격도 중요하게 고려할 것과 공식적 교육과정 및 잠재적 교육과정뿐만 아니라 학교가 의도적으로 혹은 어떤 이유에서 가르치지 않는 영교육과정(null curriculum)의 중요성을 강조하였다.
- Chrryhomes : 모든 교육활동의 과제는 사회적 善의 생산이며, 교육과정이 다루어야 할 문제의 복잡성은 교육과정 이론이 하나의 '탐색'으로 이해되어야 한다고 보았다.

제2절 교육과정 탐구 영역

인문사회과학에 속하는 교육학은 교육과정을 비롯하여 다양한 하위 학문으로 분류된다. 여기에는 교육철학, 교육사회학, 교육심리학, 교육행정학, 교육과정학처럼 '학'을 붙이는 경우나 분야가 있는가 하면, 교육사회 · 교육심리 · 교수-학습 · 교육평가 · 교육과정처럼 '학'이라는 용어를 생략하는 경우나 분야가 있다. 그런가 하면, 교수-학습론 · 평생교육론 · 교사론 · 교과교육론 · 교육과정론 처럼 '론'을 사용하는 경우가 있다. 이러한 학문분야를 나타내는 용어들은 사뭇 다른 의미를 지닌다. '학'을 붙이는 경우에는 주로 이론을 다룬다면, 이를 붙이지 않고 사용할 경우에는 주로 실제적인 문제를 다루고, '론'을 사용할 경우에는 이론과 실제의 중간 정도를 다룬다고 할 수 있다.

교육과정의 경우, 국내의 전문서적의 명칭은 박승배(2001)의 『교육과정학』, 한국교육과정학회(2002)에서 펴낸 『교육과정 : 이론과 실제』, 김경자(2000)의 『교육과정론』, 이홍우 · 유한구 · 장성모(2003)의 『교육과정이론』 등을 제외하고는 거의 대부분이 "교육과정"이라는 명칭을 사용하고 있다. 교육학의 한 분야로서 교육과정 분야가 '교육과정학'이라는 명칭을 사용하기보다는 '교육과정'으로 표현하는 이유에 대하여 박승배(2001 : 25)는 영어 단어 Curriculum을 '교육과정'으로 번역하여 사용한 전통 때문이라고 지적하였다. 그러나 영어 단어를 번역하여 사용한 전통이라는 지적은 '교육과정학'이라고 번역했어야 할 단어를 잘못 번역하여 사용했다는 문제를 제기하거나, 그렇다면 지금이라도 제대로 된 용어를 사용해야 함에도 불구하고 여전히 교육과정학자들이 '교육과정'이라는 용어를 사용하고 있는 현실에 비추어 보아도 공감하기 어렵다.

그 보다는 교육과정 분야는 순수이론 진영과 순수실천 진영을 양 축으로 하는 직선상에서 대체로 중간 정도에 위치하는 학문으로 간주해 온 관념적 전통 때문으로 생각한다. 교육학 자체가 실천을 전제로 하는 이론체계로 구성되는 것처럼, 교육과정이란 교육의 실제에 적용되거나 교육 실천가들이 적용 혹은 응용하기를 기대하는 원리, 모형, 이론의 생성에 초점을 둔 학문분야로 간주해 왔다는 것이다.

또 이홍우 등(2006 : 7)은 교육과정이라는 용어는 두 가지 의미 혹은 용법이 있다고 하였다. 하나는 '교육에서 가르쳐야 할 내용을 항목별로 나열한 것(교수요목)'이며, 다른 하나는 '교육내용에 대한 학문적 탐구'라는 것이다. 그리고 그들은 전자를 '지시대상으로서의 교육과정'으로, 후자를 '학문적 탐구분야로서의 교육과정'으로 부르고 있다. 앞의 것이 교육과정 개념의 정의에 해당한다면, 뒤의 것은 교육과정 분야의 학자나 연구자들이 탐구할 대상을 밝힌 것으로 이해할 수 있다. 즉, 교육과정은 학교에서 가르칠 내용의 의미, 성격, 종류, 교수-학습의 방법적 원리, 내용을 올바로 습득한 증거를 밝히는 교육평가의 원리 등을 탐구하는 학문이라는 것이다.

교육과정 전문가 집단은 크게 이론화 집단, 개발과 구성 집단, 운영과 실천 집단 등으로 나누어진다. 이들은 모두 '교육과정'이라는 하나의 개념을 사용하면서도, 이 개념에 부여하는 의미와 성격은 다르다.

교육학의 한 하위 학문분야로서 교육과정의 영역(분야) 혹은 주제를 이홍우 등이 밝히고 있는 바와 같이 '학교에서 가르칠 내용'으로 규정하더라도 탐구의 대상은 단순하지 않다. 교육과정은 교수-학습과 더불어 교육과 교육학의 중심 영역의 위치를 지니고 있다. 이 말은 교육학을 종합과학이라고 규정하는 것과 같이, 교육과정도 종합과학이라고 규정할 수 있다는 것이다. 교육과정이 종합과학이라면 거기에는 철학, 심리학, 사회학, 생태학, 문화인류학, 공학, 미학 등 교육현상과 관련되어 있는 거의 모든 학문 분야들이 관련되어 있으며, 접근법도 분석철학과 같은 개념의 분석을 포함하여 양적 · 질적 접근에 해당하는 다양한 연구방법론이 적용된다.

교육과정의 설계, 개발, 구성 등은 수많은 사람들의 관점과 주장과 가치관이 드러나 의사결정의 과정을 거치기 마련이며, 여기에는 주장과 타협, 이해와 설득 작업이 필연적으로 요구된다. 보다 구체적으로는 교육목적과 목표를 추출하고, 우선순위를 정하고, 적절하게 진술해 내는 작업 자체는 철학의 몫이다. 또 교육은 인간들의 상호작용 과정을 대전제로 하는 활동이기 때문에 인간의 심리적 이해가 필수적으로 요청되며, 교육은 그 자체가 사회적 과정이어서 사회의 여러 현상을 기술하고 설명하는 방식과 관련되어 있다.

이처럼 복잡하고 방대한 분야를 탐구하는 교육과정의 탐구 주제를 일목요연하게 추출하여 제시하기란 매우 어려운 일이며, 교육과정학자들 간에도 의견의 일치가 이루어지지 않고 있다(Ornstein & Hunkins, 1993 : 15). 그러나 여기서는 교육과정의 핵심 구성 요소 및 전문저서들에서 교육과정학자들이 밝히고 있는 주제를 중심으로 개괄적으로 살펴봄으로써 교육과정의 학문적 구조 혹은 탐구 내용 체계를 이해하기 위한 기초를 마련해 보고자 한다. 교육과정 영역은 크게 이론 부문과 실천 부문으로 나눌 수 있다. 이 분야의 학자들은 다음과 같이 세분화하고 있다.

먼저, 이홍우(1978)는 교육과정 탐구 영역을 교육에 관련되는 주요 개념의 분석, 교육이념에 관한 연구, 교육목표 달성도의 효율성에 관한 여러 법칙의 발견을 통한 교수이론 정립 연구, 교수행위 및 교육현실에 관한 기술적 연구, 교과의 성격과 교과지식의 획득과정에 관한 연구 등 다섯 가지를 지적한 바 있다.

또 김순택(1979)은 교육과정 개념의 체계적 분석, 교육과정 구성을 위한 자원처 확인과 조정 연구, 교육과정과 수업의 관계 또는 상호작용 연구, 교육과정 수업방법의 역사적 탐구, 기존 교육과정에 부가되는 특수 교육과정의 타당성과 효율성 연구, 교과교육과정의 분류체계를 재검토하는 연구, 영재, 지진아, 유치원 등 특수교육과정 개발을 위한 기초연구, 교과서의 형식연구, 과거의 교육과정의 공과(功過)에 관한 전국적 분석연구 등 9개 영역을 제시하였다.

또 이경섭 · 이홍우 · 김순택(1982)은 교육과 교육과정에 관련된 기초적 개념의 분석과 이론화 연구, 교육과정의 적합성 증진에 관련된 기초적인 자원의 분석, 교육과정 목표와 내용의 선정 및 조직에 관한 연구, 교육과정의 효율성과 관련된 수업이론 연구, 교사행동과 교육현실에 관한 기술적 연구, 교과교육 연구, 교육과정의 평가 및 개선을 위한 연구 등 7가지를 제시한 바 있다.

김재춘 등(2005)은 전통적으로 교육과정은 주로 학교 교육과정을 의미하였으며, 학교 교육과정은 '무엇을 가르칠 것인가', '왜 그 무엇을 가르쳐야 하는가', '그 무엇을 어떻게 가르칠 것인가' 라는 질문을 다루는 학문 영역 혹은 실천 영역을 다루는 것으로 이해되어 왔다고 하였다. 그들은, 이러한 전통적인 교육과정 영역이 1970년대를 고비로 교육과정 개념이 계획된 교육과정, 전개된 교육과정, 실현된 교육과정으로 개념화되고, 여기에 잠재적 교육과정, 영교육과정 등이 추가되면서 교육과정 영역이 확대되어 오고 있다고 하였다.

강현석과 주동범(2004)은 교육과정 영역을 교육과정의 기초, 교육과정 설계,

교육과정 구성, 교육과정 개발, 교육과정 실행, 교육과정 공학, 교육과정 개선과 변화 등 7개를 제시함으로써 교육과정이란 특히 교육의 실제에 투입되는 매개체의 생성에 초점을 맞추고 있다.

국내의 학자들과는 달리, Beauchamp(1981)는 교육과정에 포함되는 지식을 계획, 실행, 평가 등으로 나누었으며, English(1983)는 교육과정을 이념적 분야(혹은 철학적-과학적 분야), 기술적 분야(혹은 설계 분야), 운영 분야(혹은 관리적 분야) 등으로 나누어 제시하고 있다. 또 Short(1987)는 정책 결정, 개발, 평가, 변화, 의사결정, 실행연구, 이론화 등으로 구분하였다. 또 20년 여년에 걸쳐 출판된 교육과정 전문서적들이 다루고 있는 내용분석을 한 Behar(1992)는 교육과정 영역을 교육과정 철학, 교육과정 이론, 교육과정 연구, 교육과정 역사, 교육과정 개발, 교육과정 설계, 교육과정 평가, 교육과정 정책, 현장연구로서의 교육과정 등 9개 범주로 구분하여 제시한 바 있다.

이상에서 살펴본 교육과정학자들의 견해를 참고로 보다 실제적 측면에 초점을 두고 다음과 같이 교육과정 영역을 기술한다.

1. 교육과정 이론화

여기서는 교육과 교육과정의 개념 자체와 이에 관련되어 제기되는 개념들의 분석, 교육과정 이론들의 논리적 검증과 이론의 구축 등을 다루거나 연구한다.

2. 교육목표에 관한 이론과 실제

교육목표와 관련하여 교육과정은 교육에서 차지하는 교육목표의 위치, 교육목표를 추출하는 방법, 교육목표의 분류와 우선순위를 정하는 방법 및 그 진술방법에 관한 이론적 · 실제적 문제를 탐구한다.

3. 교육내용의 성격 및 선정과 조직

교육내용은 교육과정 탐구의 핵심적 주제이다. 이 분야에서는 의미 있는 교육내용의 성격과 교육내용들의 가치, 교육내용의 의미와 분류, 교육내용과 교육목표와 교육방법 및 교육평가 등과의 관련성, 교육내용의 선정 및 조직의 원리와 방법 등을 탐구한다.

또 교육내용과 학습경험과의 관계, 양자의 통합에 관한 논의를 중심으로 학습경험에 관하여 교육내용에 대한 탐구 주제들을 다룬다.

4. 교수-학습 방법

교육목표 달성을 위한 최적의 교수-학습 방법의 형태, 교육내용의 종류에 따른 효과적인 교수-학습 방법의 유형 등을 탐구한다. 또한 수업을 비롯한 교수-학습 관련 개념의 명료화와 수업의 이론화 연구 등이 포함된다.

5. 교육과정 평가와 개선

교육목표와 교육내용의 성격 및 유형에 따른 타당한 평가방법, 특히 교육과정 평가 방법을 탐구한다. 교육과정 평가란 교육과정 개발에서부터 운영 결과에 이르기까지 전 과정, 즉 맥락, 투입, 과정, 산출 등 네 측면에서 어떻게 평가가 이루질 수 있으며, 평가 결과는 어떻게 활용될 수 있는가를 탐구한다. 그리고 실행된 교육과정의 개선에 관한 내용을 탐구한다.

6. 교육과정 유형

교육과정 유형이란 교육목표를 달성하기 위하여 선정한 교육내용을 조직하

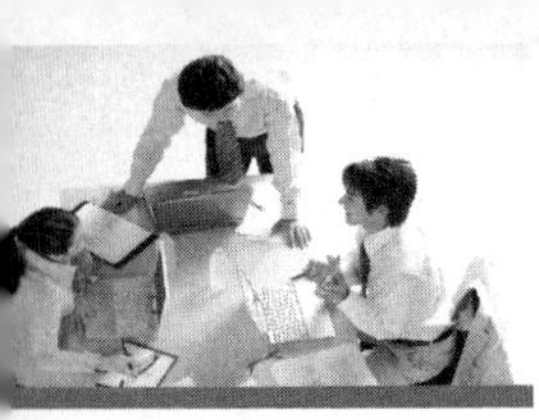

는 여러 형태들을 일정한 분류기준에 따라 분류해 놓은 것을 일컫는다. 역사적으로 교과형 교육과정을 비롯하여 경험형 교육과정, 학문형 교육과정, 통합형 교육과정 등의 형태를 근간으로 다양한 변형과 개선형과 각 하위유형들이 고안되어 적용되면서 학교교육이 전개되어 왔다.

이 분야는 교육과정 탐구의 중요한 영역으로서 각각의 교육과정이 지니고 있는 인식론, 지향점, 특징과 장 · 단점, 조직방법에 관한 이론적 실제적 측면을 탐구한다.

7. 교육과정 역사

교육과정이 역사적으로 어떤 변화과정을 따라서 오늘에 이르고 있는가, 교육과정 변천과정에 영향을 미친 요인들은 무엇인가, 교육과정 개정 시기마다의 특징은 무엇인가 등의 탐구를 통하여 과거 교육과정을 진단 · 성찰하고, 교육과정이 향후 어떤 방향으로 발전해 가야 할지에 관한 통찰을 얻기 위한 탐구를 한다.

8. 교과 교육과정

교과는 교육과정의 중심 영역이다. 제7차 교육과정은 교과과정, 특별활동, 재량활동으로 구성되며, 3개의 과정 중 핵심적인 요소가 교과과정이다. 그리고 2009 개정 교육과정은 '교과과정'과 특별활동과 재량활동을 통합한 '창의적 체험활동'의 2대 영역으로 편제된다. 국어, 영어, 수학, 과학, 사회, 음악, 미술, 체육과 같은 교과는 교육의 개념을 어떻게 규정하든지 혹은 교육과정의 형태가 어떠하든지 교육과정의 중심부분을 차지한다.

이 영역에서는 위에서 기술한 교육과정의 모든 탐구 영역이 관련된다. 즉, 교과교육목표의 설정에 관한 이론과 실제를 비롯하여 교과 교육과정의 역사, 그리고 교과서 개발에 이르기까지 이론과 실제가 혹은 분리되어 혹은 통합되어 탐구된다.

9. 교육과정 실행 장학과 행정

교육과정 장학이란 구성된 교육과정이 학교 현장에서 효율적으로, 그리고 정상적으로 운영 · 실천되도록 지원하고 돕는 활동이다. 그리고 교육과정 행정이란 교육과정 편성 및 운영에 관한 행정활동을 일컫는다. 여기에는 교육과정 실행행정의 효과성과 효율성을 높이기 위한 인적 · 물적 자원의 확보, 분배, 효과의 평가 및 개선 활동 등이 포함된다. 또 새로 구성된 교육과정에 대한 교사들의 저항을 최소화하고 적응력을 높여 정상적으로 실행되도록 하기 위한 전략의 개발과 적용에 관한 내용을 다룬다.

이 외에도 특별활동, 생활지도와 상담, 교과 외 교육프로그램들의 개념 분석에서부터 구성, 실제, 평가, 개선에 관한 분야도 교육과정이라는 범주에서 다루어지는 내용들이다.

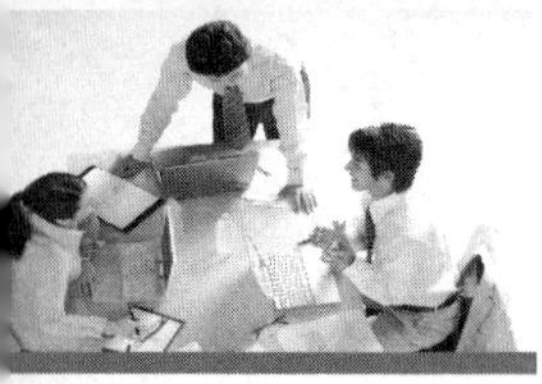

형성평가

1. 다음은 어떤 교육과정 이론에 대한 설명인가?

이 이론은 교육과정에 관한 사고방식을 체계화시킨 Tyler의 목표중심의 체계론적 접근 모형을 계승하고 받아들이는 이론이다. 이들은 실용적 가치의 과학적 효율성을 중시하는 실용주의적, 도구주의적 전통을 이어받고 있으며, 과학적 실증성을 존중한다.

① 개념-경험주의 이론 ② 전통주의 이론 ③ 기술적 이론 ④ 재개념주의 이론

2. 다음은 어떤 교육과정 이론에 대한 설명인가?

이 이론은 교육과정을 구성하는 다양한 요소 중 특히 교육목표를 중시한다. 이 이론은 교육과정에 대한 사고의 출발점을 교육목표에 두고, 그 이하의 절차나 활동들은 목표를 효과적으로 달성하도록 돕는 수단으로 간주한다.

① 개념-경험주의 이론 ② 전통주의 이론 ③ 기술적 이론 ④ 재개념주의 이론

3. 다음은 어떤 교육과정 이론에 대한 비판인가?

이 이론은 '공학적 합리성', '기능공적인 발상', '생산적 모형', '탈정치적이며 탈윤리적 모형' 이다. 특히 Peters는 '교육은 그 자체가 가치로운 것이지 어떤 외적인 목적을 달성하기 위한 수단으로 이루어지는 것은 아니다'고 하여 교육과 목표를 분리하는 것은 온당하지 못하다.

① 개념-경험주의 이론 ② 전통주의 이론 ③ 기술적 이론 ④ 재개념주의 이론

4. 다음은 어떤 교육과정 이론에 대한 설명인가?

이 이론은 행동과학을 토대로 사회개조주의가 강해지면서 미국의 교육개혁에 직접적인 영향을 끼쳤다. 이 이론가들은 교육과정에 관한 연구에 있어서 과학적 방법에 기초한 논리와 탐구방법을 옹호하면서 생산적이며 경제적인 지식을 다루어야 한다고 주장하였다.

① 개념-경험주의 이론 ② 전통주의 이론 ③ 기술적 이론 ④ 재개념주의 이론

5. 다음은 어떤 교육과정 이론에 대한 설명인가?

이 이론진영의 이론가들은 뚜렷한 증거를 가지고 교육과정 현상을 이해하려고 하며 실제문제에 접근하려고 한다는 점에서 이들의 이론을 '硬性교육과정이론'이라고 부르기도 한다.

① 개념-경험주의 이론 ② 전통주의 이론 ③ 기술적 이론 ④ 재개념주의 이론

6. 다음은 어떤 교육과정 이론에 대한 설명인가?

이 이론의 이론적 기반은 실존주의, 현상학, 상징적 상호작용론, 문화기술법, 정신분석학, 지식사회학, 신마르크스이론, 인문과학 등이며 1970년대 이후 포스트모던사상 등이 기초를 제공하였다.

① 개념-경험주의 이론 ② 전통주의 이론 ③ 기술적 이론 ④ 재개념주의 이론

7. 다음은 어떤 교육과정 이론에 대한 설명인가?

이 이론은 실증주의 혹은 객관적이며 과학적 방법에 기초한 교육과정적 접근으로서의 경성교육과정 이론과는 달리, 주관성과 개인적 지각 혹은 인식 등에 기초한 관점을 중요시한다는 점에서 '軟性교육과정이론'이라고 부르기도 한다.

① 개념-경험주의 이론 ② 전통주의 이론 ③ 기술적 이론 ④ 재개념주의 이론

8. 다음 중 교육과정 이론으로서 재개념주의의 성격으로만 묶여진 것은?

가. 인간 자신과 그의 자연에 대한 관계는 서로 독립적이고 분리될 때 가장 잘 파악될 수 있다. 나. 개별적인 인간들이 지식과 문화를 창출하는 가장 핵심적인 주체로 간주함으로써 해석학적 접근을 취한다. 다. 방법론으로서 그 자신의 경험에 큰 비중을 둔다. 라. 교육과정 이론화는 경험 이전의 의식 영역을 그 주요 출처로 삼는다. 마. 이론화의 기초로서 실존주의 철학, 현상학, 정신분석학 등을 들 수 있다.

① 가, 나, 다 ② 가, 다, 라 ③ 나, 다, 마 ④ 나, 다, 마 ⑤ 나, 라, 마

9. 다음 중 교육과정 이론으로서 재개념주의의 성격으로만 묶여진 것은?

가. 개인은 기본적으로 자유의지를 지닌 존재이지만, 높은 수준의 의식화가 불가능한 존재로 인식한다.
나. 새로운 의미를 전달하기 위해서는 새로운 용어와 개념이 생성되어야 함을 강조한다.
다. 이데올로기와 도덕적 주요 쟁점을 분석하여 교육활동에서의 학생들의 '삶의 해방'을 추구하는데 주안점을 둔다.
라. 교육은 정치적, 사회적 현상과 분리될 때 그 실체를 가장 파악할 수 있다.
마. 획일성이나 단일주의보다 다양성과 복수주의를 바람직한 것으로 규정한다.

① 가, 나, 라 ② 나, 다, 라 ③ 다, 라, 마 ④ 나, 다, 마 ⑤ 나, 라, 마

10. 재개념주의 교육과정 이론가에 대한 설명이 올바른 것은?

① Pinar : 교육적 경험을 분석하기 위해서 자신의 이제까지의 삶에 대하여 반성적 사고를 가함으로써 경험을 재구성하는 자서전적 방법론을 제시하였다.
② Apple : 모든 교육활동의 과제는 사회적 善의 생산이며, 교육과정이 다루어야 할 문제의 복잡성은 교육과정이론이 하나의 '탐색'으로 이해되어야 한다고 보았다.
③ Eisner : 지식사회학의 비판이론 관점을 교육과정 현상에 적용하여 사회경제적 구조와 학교지식으로서의 교육과정과의 관계를 분석하였으며, 문화적 헤게모니이론을 주장하였다.
④ Chrryhomes : 교육적 사고에서 예술적 성격도 중요하게 고려할 것과 학교가 의도적으로 혹은 어떤 이유에서 가르치지 않는 영교육과정(null curriculum)의 중요성을 강조하였다.

참고 문헌

강봉규 · 박성혜 · 최미리(2006). 교육과정 및 교육평가. 서울 : 태영출판사.

강현석 · 주동범(2004). 현대 교육과정과 교육평가. 서울 : 학지사.

곽병선(1987). 교육과정. 서울 : 배영사.

교육과학기술부(2009). 창의적 체험활동. 교육과학기술부 고시 제2009-41호. 별책 18호.

교육부(1994). 교육부 고시 제1992-11호('92.6.30.)에 따른 중학교 교육과정 해설.

______(1997). 제7차 교육과정(교육부 고시 제1997-15호[별책 1] 초 · 중등학교 교육과정 -국민공통기본 교육과정-.

교육인적자원부(1999). 교육부 고시 제1997-15호에 따른 중학교 교육과정 해설(Ⅰ)- 총론, 특별활동-.

김경자(2000). 학교교육과정론. 서울 : 교육과학사.

김대현 · 김석우(1996). 교육과정 및 교육평가. 서울 : 학지사.

김상원(1980). 최신 교육과정과 교수방법론. 서울 : 교육출판사.

김순택(1982) "교육과정의 개념", 이경섭 · 이홍우 · 김순택. 교육과정 -이론, 개발, 관리-. 서울 : 교육과학사.

김안중(1987). "잠재적 교육과정에 대한 비판적 검토", 윤팔중 편. 교육과정 이론의 쟁점. 서울 : 교육과학사.

김재복(1983). 통합교육과정의 이론과 실제. 서울 : 교학연구사.

김재복(1993). 교육과정의 통합적 접근(수정판). 서울 : 교육과학사.

김재춘 외(2005). 예비 · 현직 교사를 위한 교육과정과 교육평가. 서울 : 교육과학사.

김종건 외(1996). 통합교과의 교육과정 · 교과서 구조 개선 연구. '96 교육부 위탁 연구과제 답신 보고.

김종서(1987). 잠재적 교육과정의 이론과 실제. 서울 : 교육과학사.

김종서 외 3인(1997). 교육과정과 교육평가. 서울 : 교육과학사.

김종서 외 3인(1999). 개정판 교육과정과 교육평가. 서울 : 교육과학사.

김종선 · 김기웅 역(1978). 교육목표분류학 : 심리운동적 영역. 서울 : 동화문화사.

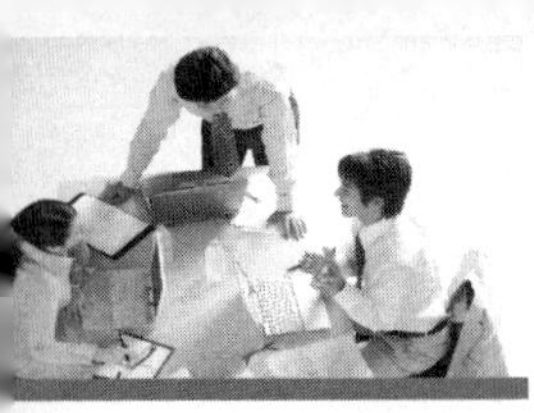

김주훈 외(1998). "수준별 교육과정 현장 적용 방안과 교수-학습 자료 개발". 한국교육과정평가원.

김진규(2003). 교육과정과 교육평가. 서울 : 동문사.

김호권 · 이돈희 · 이홍우(1983). 현대교육과정론. 서울 : 교육출판사.

길형석 · 손충기(1998). 교육과정과 교육평가. 서울 : 동문사.

대학교직과교재편찬위원회 편(1985). 교육과정 및 평가. 서울 : 교육출판사.

문교부(1982). 새교육과정 개요. 서울 : 인쇄공업협동조합.

박현주(2005). 교육과정 개발의 모형과 실제. 서울 : 교육과학사.

박현주 역(1998). 교육과정 이해를 위한 주요 개념. 서울 : 교육과학사.

배호순(1997). 초 · 중 · 고등학교교육과정 평가 방안 및 도구 개발 연구. 한국교육과정평가연구회.

서울대학교 교육문제연구소 편(1994). 교육학 용어 사전. 서울 : 도서출판 하우.

소경희(2005). 교육과정 개발 : 주요 쟁점 및 새로운 접근. 서울 : 교육과학사.

신동로(2007). 교육과정 및 교육평가. 서울 : 형설출판사.

오만록(2010). 교육과정론. 서울 : 동문사.

유한구(1997). 초등학교 교육과정평가 방안 연구. 서울교육대학교.

이경섭(1984). 현대교육과정연구. 서울 : 교육과학사.

이경섭(1990). 교육과정 유형별 연구. 서울 : 교육과학사.

이경섭(1997). 학교교육과정론. 서울 : 교육과학사.

이경섭 · 이홍우 · 김순택(1982). 교육과정 : 이론 · 개발 · 관리. 서울 : 교육과학사.

이광우(2010). 2009 개정교육과정의 연착륙 방안. 한국교육과정학회 2010년 추계학술대회 주제발표 논문.

이귀윤(1996). 교육과정연구. 서울 : 교육과학사.

이돈희(1977). "교육과 교육과정". 김호권 · 이돈희 · 이홍우. 현대교육과정론. 서울 : 교육출판사.

이성호(1985). 교육과정과 평가. 경기 : 양서원.

이성호(2004). 교육과정 개발의 원리. 서울 : 학지사.

이영덕(1987). 교육의 과정. 서울 : 배영사.

이영덕(1981). 소망스러운 한국인상의 형성을 위한 통합적 교육과정의 탐색 연구. 한국교육개발원.

이홍우(1992). 증보 교육과정탐구. 서울 : 박영사.

이홍우(1999). "교육내용으로서의 지식". 김종서 외. 교육과정과 교육평가. 서울 : 교육과학사.

이홍우 · 유한구 · 장성모(2006). 교육과정 및 평가. 한국방송통신대학출판부.

이홍우 · 유한구 · 장성모(2003). 교육과정이론. 서울 : 교육과학사.

임의도 · 고종렬 · 신세호 역(1978). 교육목표분류학(Ⅰ) : 지적 영역. 서울 : 교육과학사.

임의도 · 진위교 · 고종렬 · 신세호 역(1990). 교육목표분류학 : 교육목표의 분류 및 평가의 실제 (Ⅱ) 정의적 영역. 서울 : 교육과학사.

장성모(1979). 교육내용 선정 기준에 비추어 본 교육과정 통합의 의미. 석사학위 논문, 서울대학교 대학원.

전라북도교육청(1993). 고등학교 교육과정 편성 · 운영 지침(전라북도교육청 고시 제1993-2호).

정범모(1961). 교육과정. 서울 : 중앙교육출판사.

중앙대학교 부설 한국교육문제연구소(1974). 서울 : 문교사.

진영은(2003). 교육과정 : 이론과 실제. 서울 : 학지사.

한국교육과정학회 편(2002). 교육과정 : 이론과 실제. 서울 : 교육과학사.

한명희 외(1993). 초등학교 교육과정 해설(제6차 교육과정-교육부 고시 제1992-16호). 서울 : 교육과학사.

함종규(1983). 개정 교육과정. 서울 : 형설출판사.

함종규(2003). 한국 교육과정 변천사 연구. 서울 : 교육과학사.

홍후조(2006). 교육과정의 이해와 개발. 서울 : 문음사.

Alberty, H.(1950). Reorganizing the high school curriculum. New York : Macmillan Company.

Apple, M. W.(1979). Ideology and curriculum London : RKP, 박부권 역(1985). 교육과 이데올로기. 서울 : 한길사.

Armstrong, D. C.(1989). Developing and documenting the curriculum. Boston : Allyn and Bacon.

Beane, J. A., Toepfer, C. E., & Alessi, S. J.(1986). Curriculum planning and development. Boston : Allyn and Bacon.

Beauchamp, G.A.(1964). The Curriculum of elementary school. Boston : Allyn & Bacon.

Beauchamp, G. A.(1981). Curriculum theory, 4th ed. Itasca, Ⅲ, : Peacock.

Behar, L.(1992). A study of domains and subsystems in the most influential textbooks in the field of curriculum 1970-1990. Doctoral dissertation, Loyola University of Chicago.

Benjamin, H.(1939). The saber-tooth curriculum. New York : McGraw-Hill.

Bobbitt, F.(1918). The curriculum. Boston : Houghton Mifflin.

________(1924). How to make a curriculum. Boston : Houghton Mifflin.

Bode, B. H.(1927). Modern educational theories. New York : Macmillan.

Bondi, J. C.(1989). Curriculum development : A guide to practice, 3rd ed. Columbus, Ohio, Merrill.

Bowles, S. & Gintis, H.(1976). Schooling in capitalist america. New York : Basic Books.

Broudy, H. S., Smith, B. O., & Burnett, J. R.(1964). Democracy and excellence in american secondary education. Chicago : Rand McNally.

Bruner, J. S.(1960) The process of education. N.Y. : Vintage Books.

Bruner, J. S.(1966). Toward of theory of instruction. Cambridge, MA : Harvard University Press.

Callahan, R.(1962). Education and the cult of efficiency. Chicago : University of Chicago Press.

Caswell, H. L., & Campbell, D. S.(1935). Curriculum development. New York : American Books.

Charters, W. W.(1923). Curriculum construction. New York : Macmillan.

Counts, G. S.(1932). Dare the school build a new social order? New York : John Day.

Dewey, J.(1916). Democracy and education. New York : Macmillan.

Dick, W.(1987). Instructional design and the curriculum development process. Educational Leadership, December-January. 54-56.

Doll, R. C.(1992). Curriculum improvement : Decision making and process, 8th ed. Boston : Allyn and Bacon.

Dreeben, R.(1970). Schooling and authority. N. V. Overly(ed.). The unstudied curriculum : Its impact on children. Washington, D.C : ASCD.

Eisner, E. W.(1985). The educational imagination : On the design and education of School Programs. New York : Macmillan.

Eisner, E. W.(1993). The educational imagination, 3rd ed. New York : Macmillan.

English, F. W.(1983). Contemporary curriculum circumstances. in F. W. English, ed., Fundamental curriculum designs. Alexandria, Va. : Association for supervision and curriculum development. 1-17.

Giroux(1983). Theory and resistance in education. Bergin & Garvey Publishers, Inc.

Giroux, H. A.(1988). Teachers as intellectuals : Toward a critical pedagogy of learning. Westport, Conn., Bergin & Garvey.

Giroux, H. A., & Purpel, D. E.(1983). The hidden curriculum and moral education. Berkeley, Calif : McCutchan.

Giroux, H. A., Penna, A, N., & Pinar, W. F.(1981). Curriculum and instruction : Alternatives in education. California : McCutchan Publishing Corporation.

Glatthorn, A. A.(1987). Curriculum leadership. Glenview, Ⅲ. : Scott, Foresman.

Gress, J. A., & Purpel, D. E.(1988). Curriculum : An introduction to the field, 2nd ed. Berkeley, Calif : McCutchan.

Harap, H.(1928). The techniques of curriculum making. New York : Macmillan.

Hass, G. ed.(1993). Curriculum planning : A new approach, 6th ed. Boston : Allyn and Bacon.

Hass, G., Bondi, J., & Wiles, J.(Eds.)(1974). Curriculum planning - A new approach. Belmont, CA : Fearon.

Hosford, P. L.(1973). An instructional theory-A Beginning. Englewood Cliffs, New Jersey : Prentice-Hall.

Hutchins, R. M.(1955). The conflict of education in a democratic society. New York : Harper.

Illich, I.(1970). Deschooling society. N.Y. : Harper & Row.

Jackson, P. W.(1968). Life in classrooms. New York : Holt, Rinehart and Winston Inc.

Jones, B. F.(1991). Thinking and learning : New curricula for the 21st century. Educational Psychologist, Spring, 129-144.

Macdonald, J. B.(1965). Educational models for instruction introduction. in James B. Macdonald & Robert R. Leeper(eds). Theories of instruction. Washington D.C. : Association for Supervision and Curriculum.

Lawton, D.(1975). Class, Culture and the curriculum. London : Routledge.

Lewis, A. J., & Miel, A.(1972). Supervision for Improved Instruction : New challenges, New responses. Belmont, Calf. : Wordworth Publishing Co.

Marsh, C., & Willis, G.(1995). Curriculum : Alternative approaches, ongoing issues. Prentice-Hall, Inc.

Miles, M. B., Louise, K. S.(1990). Mustering the will and skill for change. Educational Leadership, May. 57-61.

Miller, J. P., & Seller, W.(1985). Curriculum perspectives and practice. New York : Longman.

Morrison, H. C.(1926). The practice of teaching in the secondary school. Chicago : University of Chicago Press.

Nicholls, A. & Nicholls, A. H.(1978). Developing a curriculum : A Practical guide. 2nd edn. London : George Allen & Unwin.

Oliva, P.(1992). Developing the curriculum(3rd ed.). New York : Harper Collins.

Oliva, P. F.(1988). Developing the curriculum, 3rd ed. Glenview, Ⅲ. : Scott, Foresman.

Ornstein, A. C., & Hunkins, F.(1993). Curriculum : Foundations, Principles, and Theory(2nd ed.). Allyn and Bacon.

Ornstein, A. C.(1986). Curriculum, instruction, and supervision : Their relationship and the role of the principal. Analyzing curriculum. NASSP Bulletin. April, 74-81.

Pajak, E.(1989). The central office supervisor of curriculum and instruction. Boston : Allyn and Bacon.

Portelli, J. P.(1987). Perspectives and imperatives on defining curriculum. Journal of Curriculum and Supervision, 2(4), 354-367.

Rugg, H. O., ed.(1939). Democracy and the curriculum. New York : Appleton-Century.

Saylor, J. G., & Alexander, W. M.(1974). Planning Curriculum for Schools. New York : Holt, Rinehart and Winston.

Saylor, J. G., Alexander, W. M., & Lewis, A. J.(1981). Curriculum planning for better teaching and learning(4th ed.). New York : Holt, Rinehart, and Winston.

Schubert, W. H.(1986). Curriculum : Perspective, paradigm, and possibility. New York : Macmillan Publishing Company.

Schubert, W. H.(1980). Curriculum books : The first eight years. Lanham, Md. : University Press of America.

Sears, J. T., & Marshall, J. D.(Ed.)(1990). Teaching and thinking about curriculum. New York : Teachers College Press, Columbia University.

Shepherd, G. D., & Ragan, W. B.(1992). Modern elementary curriculum, 7th Ed. New York : Holt, Rinrhart and Winston.

Short, E. C.(1987). Curriculum decision making in teacher education. Journal of teacher education, July-August, 2-12.

Skilbeck, M.(1976). School-based curriculum development and teacher education. Mimeograph, OECD.

Snow, R. E.(1986). Individual differences and the design of educational programs. American Psychologist, October, 1029-1039.

Taba, H.(1962). Curriculum Development : Theory and practice. New York : Harcourt, Brace and World.

Tanner, D.(1971). Secondary curriculum : Theory and development. New York : MacMillan.

Tanner, D., & Tanner, L. N.(1980). Curriculum development : Theory into practice. New York : Macmillan Publishing Co.

Tyler, R.(1949). Basic Principles of Curriculum and Instruction. Chicago : University of Chicago Press.

Unruh, G. G., & Unruh, A.(1984). Curriculum development : Problems, processes, and progress. Berkely, Calif. : McCutchan.

Wheeler, D. K.(1967). Curriculum process. London : University of London Press.

Wiles, J.(2005). Curriculum essentials : a resource for educators(2nd ed.). N.Y. : Pearson Education, Inc.

Zais, R.(1976). Curriculum : Principles and Foundations. New York : Harper and Row.

저자 소개

손 충 기

❑ 약력

공주사범대학 교육학과 졸업/서울대학교 대학원 교육학과 졸업/인하대학교 대학원 교육학박사/한국행동과학연구소 학습 · 검사 · 사회 · 조직 개발연구부장 역임
교육과학기술부 교육과정 심의위원
전라북도 교육청 교육과정 심의위원
한국교육과정학회 회원 · 이사 · 연구윤리위원장
현재, 원광대학교 교육학과 교수

❑ 주요 논문 및 저서

한국 초등학교 아동의 정의적 행동 특성/한국 초등학교 교육의 평가 I, II(공동)/한국 고교생의 진로의식/학습부진아의 정외적 행동특성 연구/중등학교 교사의 수업에 대한 학생평가의 타당성 연구/교사의 수업행동 진단척도 개발과 그 타당화 연구/행동적 수업목표의 진술(N. E. Gronlund)(역서)/교육학개론(공저)/교육과정과 교육평가/교육 · 심리 · 사회 연구방법론/내가하는 통계분석 SPSS 외 다수

교육과정

초판발행 2012년 8월 15일
재판발행 2015년 8월 25일

저 자 손 충 기
발행인 김 현 태
발행처 태영출판사

2015. 8.

주 소 (08301) 서울 구로구 구로동 104-10 동남오피스텔 201호
전 화 02 · 839-3757, 839-3752
팩 스 02 · 837-3754
등 록 2005년 5월 30일 제12-421호
http://www.taeyeongbook.co.kr
E-mail tys2005@hanmail.net
ISBN 978-89-6302-058-7 93370
정 가 18,000원

* 잘못 만들어진 책은 교환해 드립니다.

NAVER 태영출판사